# 동아시아 '불일치 딜레마' 외교

동아시아 '불일치 딜레마' 외교

초판1쇄 발행일 • 2013년 6월 30일

지은이 • 김관옥
펴낸이 • 이재호
펴낸곳 • 리북
등   록 • 1995년 12월 21일 제13-663호
주   소 • 서울시 마포구 독막로3길 33 서연빌딩 2층(서교동)
전   화 • 02-322-6435
팩   스 • 02-322-6752
홈페이지 • www.leebook.com

정   가 • 18,000원

ISBN 978-89-97496-15-0

# 동아시아 '불일치 딜레마' 외교

김 관 옥 지음

리북

동아시아는 세계 경제성장의 견인지역으로서 가장 역동적인 발전을 거듭하고 있다. 그러나 이러한 경제성장의 확산에도 불구하고 역내 국가 간 갈등 및 대립은 심화되어 가고 있어 경제적 상호의존성의 증가와 더불어 협력관계가 형성되었던 유럽과는 크게 대별되는 모습을 보이고 있다. 급부상하는 중국과 미국은 본격적인 패권경쟁을 시작했으며 역내 영향력을 강화하려는 중국과 이를 견제하려는 일본이 댜오위다오/센카쿠 열도 영유권을 매개로 심각하게 대치하고 있다. 더 나아가 북한은 여전히 핵무기를 통해 한국 등의 안보를 위협하며 역내 긴장을 끌어 올리고 있다. 특히 탈냉전의 상황에서 동아시아지역 국가들 사이에서 전개되고 있는 이러한 갈등과 대립의 양상은 과거 냉전시기의 대결양상과는 상당한 차이를 보이고 있다. 냉전기 대결양상이 미국과 소련을 중심으로 외형적으로 이분법적이었고 내용적으로는 전면적 대결의 양상을 보였다면 최근 갈등관계는 외형적으로는 분쟁주체의 다양화, 중층화 그리고 내용적으로는 복합적 성격을 보이고 있다.

중국의 급속한 부상과 미국의 경제적 쇠퇴는 기존의 역내 국가간 힘의 분배 상태를 변화시키며 동아시아지역을 패권경쟁의 주 무대로 등장시켰다. 경제적 쇠퇴에 직면하고 있는 기존 패권국 미국은 급부상하는 중국을 견제하는 외교를 추진하고 있고 반대로 중국은 지역 패권국으로의 위상을 확보하기 위해 '핵심이익' 영역을 확대하는 외교를 시행해나감에 따라 양국 간 패권경쟁이 동아시아를 중심으로 구조화되어 가고 있는 것이다. 즉 미국과 중국이 각자의 영향력을 강화하고 국가 이익을 극대화하는 외교전을 펼치면서 동아시아지역은 첨예한 경쟁 및 갈등지역으로 전환된 것이다.

　미국과 중국 간의 패권경쟁을 동아시아지역 전체를 아우르는 거대 구조적(mega-structural) 분쟁 요인으로 파악한다면, 장기간에 걸쳐 역내 군사적 긴장을 높여왔던 북핵문제는 분쟁의 규모와 범위 면에서는 제한적이지만 민감도와 폭발성(volatility) 측면에서는 수위가 매우 높은 분쟁 사안이다. 특히 북핵문제는 핵확산(proliferation of nuclear weapon) 문제와 직결되어 있기 때문에 한반도안보 문제에 국한되지 않고 국제안보의 최대 위협 요인으로 간주되고 있는 것이다. 통제되지 않는 북한의 세 차례 핵실험을 통한 도발적 핵정책은 동아시아지역의 안보 불안정성을 순간적으로 극대화시킬 수 있다는 점에서 가장 분쟁 촉발적인 안보위협 외교로 평가된다.

　동아시아 국가간 분쟁은 여기서 그치지 않고 있다. 냉전기간 동안 비교적 상호 협력적 외교를 펼쳐오던 중국과 일본은 지난 몇 년간 상대에 대해 급속히 강경일변도의 외교를 전개하고 있다. 따라서 양국 간 갈등의 초점이었던 댜오위다오/센카쿠 열도 영유권 분쟁을 벗어나 최근에는 상대에 대한 군사안보정책들을 강화하면서 역내 안보분쟁으로 확대 재생산되고 있다. 특히 중국이 남동중국해 전역으로 영향력을 확대하고 이에 대해 일본도 현행 헌법에서 인정되지 않고 있는 집단적 자위권을 수용하는 방향으로 맞서면서 양국 간 갈등은 영유권분쟁을 넘어 역내 군사대결로 비화할 가능성이 높아진 것이다.

이와 더불어 최근 동아시아 갈등과 분쟁의 양상은 냉전시대의 진영 대 진영의 대결구도도 무색케 하고 있다. 한국과 일본과의 갈등 그리고 북한과 중국과의 갈등은 분쟁대상의 다양화와 성격의 복합성을 여실히 보여주는 사례인 것이다. 한국과 일본은 북한의 핵위기가 증폭될수록 협력의 필요성도 증대되지만 현실적으로는 일본의 우경화와 과거사에 대한 인식부재로 인해 최근 양국의 권력교체가 이루어졌지만 정상회담조차 갖지 못할 정도의 갈등 양상을 보이고 있다.

사회주의 국가 북한과 중국은 전통적인 동맹관계였지만 최근 양국은 상대국에 대해 다소 변화된 외교를 전개하고 있으며 갈등적 양상도 발견되고 있다. 특히 북핵문제에 대해 '책임 있는 강대국' 외교기조를 천명하는 시진핑중국정부가 비핵화를 강조하며 변화된 입장을 보이면서 북중관계는 과거 동맹관계에서 사안별 외교를 펼치는 관계로 전환되고 있는 것이다.

이러한 동아시아지역 국가들의 중층적이며 복합적인 갈등 및 분쟁관계는 역내 국가들의 외교정책과 이에 따른 외교의 결과물이라고 할 수 있다. 즉 동아시아 국가들은 수준과 범위 그리고 내용을 달리하며 갈등과 분쟁에 개입하는 외교를 전개하고 있는 것이다.

왜 동아시아 국가들은 경제적 상호의존성이 다른 어떤 지역보다 증가했음에도 불구하고 상호간 갈등적 외교관계를 유지하고 있는가? 어떤 요인이 동아시아 국가들로 하여금 상호간 갈등 또는 분쟁적 외교를 추진하게 했는가? 미국과 중국의 패권경쟁 구조는 양국은 물론 역내 국가들 사이의 분쟁을 촉발하고 있는가? 이러한 동아시아 국가들 사이의 갈등과 분쟁은 지속되고 악화될 것인가? 아니면 완화되거나 협력의 기조로 전환될 것인가? 그러면 이러한 동아시아 국가들의 갈등적 외교는 어떤 이론에 의해 보다 적절하게 설명되고 분석되는가? 마지막으로 모든 역내 국가들이 각축하는 동아시아 외교관계에서 한국의 선택은 무엇이 되어야 하는가?

이 책은 기본적으로 위의 질문에 답하는 것을 목표로 한다. 즉 동아시아 지역내에서 경제적 상호의존성이 급증하는 상황에서도 역내 국가 간 분쟁적 외교행태가 증가하는 현상을 이해하고 그 원인을 규명하는데 이 책의 저술 목적이 있는 것이다. 이 책의 또 다른 동기는 외교정책 결정요인에 관한 이론들의 적실성을 경험적으로 검증하기 위한 목적도 있다. 외교정책 결정요인에 관해서는 국제정치이론들과는 달리 소수의 거대이론(mega theory)이 압도적 설명력을 가지지 못하고 있다. 즉 다양한 이론들이 각각 고유의 결정요인을 통해 외교정책 결정을 설명하고 있기 때문에 이 책은 가급적 여러 이론들을 동아시아 국가들의 외교정책결정 분석을 위한 접근법으로 채택하여 그 적실성을 검증한다.

마지막으로 이 책은 한국외교의 현실적인 요청에 기반해서 작성되었다. 한국은 현재 중국에 대해서는 경제적 의존도가 높고 미국에 대해서는 안보적, 정치적 의존도가 높은 현실에서 미중이 대결하고 한국은 하나의 선택을 요구받는 일종의 '불일치 딜레마'*) 상황에

---

*) 이수훈이 2010년 처음으로 '불일치 딜레마'라는 용어를 최근 한국외교의 상황 설명에 활용했다. 이수훈, "미중관계와 동북아," 한반도 포커스, 제10호, 2010년 11/12월호.

직면해 있다. 즉 미국과 중국의 패권대결 구도 속에서 한국은 선택을 강요받지만 둘 중 하나를 선택하기 어려운 상황에 처해 있다는 것이다. 따라서 이 책은 이런 구조적 제약 속에서 한국의 안보와 국익을 확보할 수 있는 한국외교의 선택들에 대한 고민과 해법 제시에 더 큰 저술 동기가 있다고 하겠다.

이 책은 동아시아 국가들의 외교와 외교정책에 집중한다. 오바마 미국대통령이 미국을 아시아국가로 부르며 아시아로의 귀환을 외친 것과 같이 동아시아는 주요 강대국들 외교의 핵심대상지역으로 부상했다. 특히 한반도가 동아시아지역의 한가운데에 위치하며 역내국가들과의 관계에 직접적인 영향을 받는다는 점을 고려한다면 동아시아 국가들의 외교에 대한 이해의 필요성은 더 커지는 것이다.

이런 측면에서 이 책은 우선 지리적으로는 동아시아국가가 아니지만 정치, 경제, 군사적으로는 가장 중요한 동아시아 국가인 미국의 동아시아 국가들에 대한 안보 및 경제외교 및 외교정책에 대해 연구한다. 이와 더불어 지난 30여 년간 지속적인 고도 경제성장을 바탕으로 강대국으로 부상한 중국의 기존 패권국인 대미국외교와 대주변국외교를 살펴봄으로서 미중 패권경쟁에 대한 양국의 외교정책과 외교행태 그리고 양국의 외교가 동아시아지역의 갈등과 분쟁에 미치는 영향들을 살펴본다.

하지만 동아시아지역의 갈등과 분쟁은 모든 역내 국가들이 개입하고 있기 때문에 이 책은 미국과 중국 외에도 일본과 북한 그리고 한국의 외교에 대해 연구한다. 특히 앞서 언급한대로 동아시아 최대 분쟁사안 중에 하나인 중일 영유권분쟁 및 북한의 핵정책 그리고 중국의 부상에 따른 동아시아 국가들의 외교정책 등에 대해 논의한다. 마지막으로는 동아시아 주요 분쟁들의 원인을 규명하고 이러한 분쟁의 환경에서 한국의 선택을 고민해 본다. 다만 이 책의 연구 범위의 한계를 지적하지 않을 수 없다. 동아시아란 용어를 사용하지만 동아시아 모든 국가들의 외교를 살펴보지 못하고 있으며 지리적으로는 동북아 국가들의 외교에 국한되는 경향이 크다.

이 책은 필자가 최근 작성한 동아시아 국가들의 외교에 대한 논문들을 토대로 이루어졌다. 따라서 여러 학술지에 발표된 논문들이 포함되었다. 다만 논리적 일관성과 체계적 구성을 위해 일부 장들이 새롭게 작성되었고 기존 연구들도 수정되었다. 책의 일부 장들은 〈한국정치학회보〉〈국제정치연구〉〈동북아논총〉〈평화학연구〉〈대한정치학회보〉 등에 게재된 논문들을 수정한 것임을 밝힌다.

이 책을 완성하는데 있어 여러분들의 도움이 있었다. 우선 미국의 경제외교정책과 대중국정책에 대해 조언을 아끼지 않은 석사과정 지도교수였던 델라웨어대학교의 Robert Denemark 교수께 감사드린다. 중국의 외교정책과 북한의 외교정책 연구 과정에서 좋은 조언과 토론을 함께 해준 계명대학교 정치외교학과 김옥준 교수께도 감사드린다. 특히 여러 모임과 수업시간 속에서 의미 있는 학문적 교류를 통해 연구에 도움을 준 계명대 정치외교학과 교수님들과 학생들께도 깊은 감사를 드린다.

아울러 여러 가지 국제현안에 대해 끊임없는 토론과 의견교환을 함으로서 연구주제 선정 등에 도움을 준 주간조선 정장열 기자와 MIN 컴퍼니 이재경 대표에게도 감사를 전한다. 특히 수차례에 걸쳐 북한문제와 미중관계 등에 대해 현장의 경험을 바탕으로 치열한 토론과 조언을 아끼지 않은 정동영 전 의장께도 감사드린다. 제목 선정에 도움을 주었고 또 매우 짧은 시간에 이 책의 출판을 위해 힘써준 이재호 대표께도 감사드린다.

무엇보다도 아버지 김봉두 님과 어머니 박홍미 님께 감사드린다. 두 분의 끊임없는 격려와 지지가 이 책을 완성할 수 있는 가장 큰 힘이었음을 밝힌다.

이 책은 아내 김만희, 딸 은지 그리고 아들 태훈에게 바친다. 묵묵히 매사를 가족을 위해 힘쓰고 있는 만희와 항상 열심히 생활하는 은지와 태훈에게 미안함과 고마움을 전한다.

2013년 6월

김 관 옥

# 미중패권경쟁과 급변하는 동아시아 외교

# I. 서론

2013년 중국은 함대를 동원해 대한해협을 통과해 전 일본 열도 외곽을 일주하는 무력시위를 단행했으며 이 과정에서 중국군 조기경보기 한 대가 미국의 대중국 군사방어선인 제1열도선(규슈-오키나와-대만)을 통과해 처음으로 태평양 쪽으로 진출했다. 이에 대해 일본의 아베정권은 강한 경계심을 드러내며 최근 발표한 '신방위대강' 중간보고서에서 일본의 군비 강화와 '무기수출 3원칙' 재검토 등을 제시함으로서 대만 등에 대한 무기 수출 가능성을 열어두기 시작했다. 특히 아베정권은 집단적 자위권 행사[1] 용인을 위한 절차를 본격화함에 따라 중국과 일본 사이의 군사적 긴장은 댜오위다오/센카쿠 열도 영유권분쟁을 넘어 한반도 분쟁 개입 가능성 등 동북아 역내 안보분쟁 사안으로 확대 재생산되는 상황이다. 즉 중일관계는 냉전시기 1972년 수교 이후 우호적 관계를 유지해왔고 탈냉전의 상황에서도 후쿠다정권과 하또야마 민주당정권 등에서 일본이 아시아 중시외교를 펼치며 우호적 관계가 회복되는 듯하였으나 2010년 양국이 댜오위다오/센카쿠 열도 해상에서 대치한 이후 심각한 갈등상황을 보여주고 있다.

2013년 2월 12일 북한은 제3차 핵실험을 강행했고 4월까지 한국과 미국 등을 대상으로 미사일발사 위협을 가하는 등 동아시아 안보질서를 직접적으로 위협했다. 이 과정에서 북한은 정전협정 폐기와

---

[1] 집단적 자위권은 일국이 직접 공격받지 않아도 동맹국이 타국에 의해 공격받을 경우 이를 자국에 대한 공격으로 간주하여 그 타국에 반격을 가할 수 있는 권리를 의미한다. 일본은 그간 전쟁포기, 전력보유 및 교전권을 인정하지 않는 헌법 9조로 인해 집단적 자위권 행사를 인정하지 않았다.

개성공단 폐쇄를 강행하고 전시상태를 선언하는 등 가용한 모든 수단을 동원해 긴장을 고조시키는 행태를 이어갔다. 이에 대해 미국은 B2 스텔스폭격기와 핵잠수함 등을 한국에 보내 군사역량을 과시하는 등 일촉즉발의 긴장상황이 전개된 바 있다. 특히 북한은 전통적 사회주의 동맹국인 중국의 핵실험 중단 요구를 거부하는 등 독자적 도발행위를 반복하고 있다. 즉 2002년 2차 북핵위기 발생 이후 북한의 두 차례 핵실험과 장거리 미사일 발사 등으로 긴장을 고조시키면서도 6자회담을 통한 9.19공동성명 도출, 북미 2.12합의 등으로 해결의 실마리를 찾아오던 북핵문제는 3차 북핵실험과 장거리 미사일발사로 다시 동아시아 안보를 위협하는 최대 분쟁요인으로 등장한 것이다. 북핵문제는 동아시아 안보에 직접적 위협을 주는 요인이라는 점에서 주요 국가들이 핵심적 사안으로 간주하며 개입의 가능성을 열어두는 역내 최대 분쟁 현안이다.

2010년 천안함사건과 연평도포격사건이 발생하면서 한국과 일본의 안보협력에 대한 필요성이 증대되었고 이런 맥락에서 2012년 이명박 한국정부는 일본과의 '한일군사정보포괄보호협정(GSOMIA)'을 국무회의에서 의결했다. 그러나 일본의 계속된 독도영유권 주장과 과거사문제 해결의지 부족에 따른 한국 내부의 반대에 부딪쳐 체결이 무산되었고, 이후 일본은 위안부문제와 독도영유권에 대해 보다 강경한 입장을 천명하면서 한일관계는 심각한 갈등양상으로 전개되고 있다. 특히 한국은 박근혜정부가 일본은 아베정권이 등장했음에도 불구하고 아직 정상회담을 갖지 못하는 등 파행적 관계가 유지되고 있다.

북한과 중국의 관계도 예외는 아니다. 양국은 사회주의 국가로서 전통적 동맹국임에도 불구하고 최근 북한의 도발적 핵실험로 인해 갈등적 입장을 보이기 시작했다. 중국의 한국전쟁 참전으로 동맹관계를 형성한 북한과 중국은 중국의 주변부 안정이라는 핵심적 이익과 북한의 경제, 안보적 이해관계에 따라 냉전 이후에도 동맹관계를 유지해왔다. 하지만 북한이 반복적인 핵실험을 통해 동아시아 안보질서를 위협하자 역내 안정과 핵비확산에 핵심적 이익을 갖고 있는 중국이 북한에 대해 압박과 설득을 병행하는 등 북중관계의 변화가 발생되고 있다. 특히 최근 집권한 시진핑정권은 북한의 비핵화를 공개적으로 강조하고 있기 때문에 핵무기를 빌미로 외교를 시행하고 있는 북한과의 불협화음은 불가피한 상황이다.

　마지막으로 가장 큰 범위에서의 갈등과 대결은 미국과 중국 사이에서 발생하고 있다. 1990년 중반부터 중국이 본격적인 경제성장을 이룩하며 강대국으로 부상하면서 양국과의 관계는 전략적 동반자관계에서 점차 전략적 경쟁자관계로 변화되어 왔다. 2001년 부시정권 등장이후 미국의 중국견제정책이 본격화되었고 중국도 이에 대해 자체 군사력 강화와 더불어 러시아 등과의 상하이협력기구(SCO) 구성 등을 통해 미국에 대한 균형정책을 이어가고 있다. 특히 2008년 서브프라임 모기지 사건 발생 이후 경제적 쇠퇴를 경험하고 있는 미국은 패권유지를 위해 부상하는 중국견제의 필요성이 더욱 커졌고 이런 맥락에서 "중국을 봉쇄하지 않고 실용적으로 협력하겠다"던 오바마 미국대통령도 취임 1년 만에 대만에 67억 달러어치의 첨단무기판매를 결정했다.[2] 부상하는 중국도 강력한 국력을 바탕으로 주변부와 남, 동중국해 등지에서의 영토분쟁을 양보할 수 없는 '핵심이익'으로 규정하며 동아시아지역에서의 영향력을 강화하고

---

2) 미디어오늘, 2010년 2월 2일. http://www.mediatoday.co.kr/news/articleView. html?idxno=85752 (2013/6/5 검색).

있다. 미국의 대만에 대한 무기판매결정에 대해서도 중국은 미국과의 군사교류 중단 선언 등으로 강경하게 대응함으로서 양국 간 관계는 경쟁을 넘어 갈등의 단계로 이전 되는 모습을 보이고 있다. 즉 1972년 미중 간 상하이코뮤니케 발표 이후 소련을 주적으로 협력관계를 유지해왔던 미중관계는 중국의 급부상과 미국의 경제적 쇠퇴 그리고 이에 따른 양국간 힘의 분배상태의 변화에 따라 경쟁 및 갈등관계로 전환되어 국제질서의 최대 불안요소로 작용하고 있다.

이렇듯 동아시아 국가들은 다양한 수준에서 다양한 내용으로 갈등과 분쟁을 이어 가고 있다. 냉전시기와 같이 이데올로기가 동아시아 외교의 기준점 역할을 하지 못하고 있으며 진영 대 진영의 대결외교 모습도 아니다. 모든 동아시아 국가들이 개입하여 서로 각축하는 다자간 갈등외교 양상이다. 특히 역내 국가들 간에 중층적으로 갈등을 반복하고 있지만 전면적 분쟁상태로 극단화되고 있지는 않다. 갈등과 협상 그리고 타협과 대결이 반복되고 있다. 즉 동아시아국가들은 일종의 '대결 속에서 타협' 또는 '갈등 속에서 협조 또는 협상'의 갈등중심의 이중적 외교를 전개하고 있는 것이다.

왜 동아시아 국가들은 경제적 상호의존도가 증대되는 상황에서도 유럽과는 달리 갈등과 분쟁이 지속적으로 발생하는가? 특히 갈등과 분쟁이 발생하면서도 전면적 양상으로 확대되지는 않는가? 또 미중패권경쟁 구도가 전개되고 있지만 왜 갈등의 양상은 진영 대 진영의 이분법적 대결로 전개되지 않는가? 어떤 요인이 동아시아 국가들로 하여금 상호간 갈등 또는 분쟁적 외교를 추진하게 했는가? 일부 학자들의 주장과 같이 미국과 중국의 패권경쟁 구조는 양국간의 대결은 물론 역내 국가들 간의 분쟁을 촉발하는가? 이러한 동아시아 국가들의 갈등적 외교는 어떤 이론에 의해 보다 적절하게 설명되고 분석되는가? 마지막으로 모든 역내 국가들이 치열하게 각축하는 동아시아 외교관계에서 한국의 선택은 무엇이 되어야 하는가?

현재 동아시아 국가들 사이에서 전개되고 있는 갈등적 외교관계는 위에 적시한 질문에 대한 답을 요구하고 있다. 동아시아지역이 세계경제와 정치의 중심이 되어가는 중요성에 비추어 볼 때 이러한 갈등적 외교관계에 대한 체계적 분석과 정확한 이해가 요구되는 것이다. 특히 북핵문제 및 미중대결과 같이 동아시아 갈등과 분쟁은 한반도와 한국의 안보 및 경제에 치명적인 영향을 미친다는 점에서 갈등과 분쟁의 원인을 규명하는 것은 필수적인 과제인 것이다.

본 연구는 동아시아 국가들의 최근 전개되고 있는 갈등적 외교관계는 미중패권경쟁 구도와 같은 구조적 요인과 경제적 상호의존성의 관계적 요인 그리고 개별 국가들의 상대국에 대한 이중적 인식과 이해관계의 국내적 요인 등에 의해서 비롯된다고 주장한다. 첫째, 중국의 지속적인 부상과 미국의 경제적 쇠퇴에 따른 미중간 힘의 분배상태의 변화가 기존 동아시아 국제질서의 변화를 가져왔고 이런 변화가 역내 불확실성을 증대시키면서 각국이 자국 이익중심의 상호 갈등적인 외교를 추진하게 되었다는 것이다. 특히 미중간 힘의 분배상태의 변화에 따른 양국간 패권경쟁구도가 역내 국가들로 하여금 일종의 '불일치 딜레마'[3)]의 상황에 직면하게 함으로서 갈등

---

3) 본 연구는 '불일치 딜레마' 상황을 '상대적 역량 열위에 있어 강대국에 의존성과 취약성이 높은 국가가 강대국들의 정책과 관계 속에서 대외적 선택의 제약을 받는 다자적 상황' 및 '한 국가가 상대국가에 대해 복수의 상반된 이해관계와 인식을 가질 경우 전면적 대결 또는 전면적 협력관계를 추진하기 어려운 양자적 상황'으로 정의한다. '불일치 딜레

과 협상 또는 분쟁과 타협을 반복적으로 이어가는 외교행태를 전개하게 한다는 것이다.

중국의 장기적인 고도 경제성장은 역내 경제적 영향력을 최대화했고 그 결과로 중국은 한국, 일본, 호주 등 대부분의 동아시아 국가들의 최대 교역국으로 부상함으로서 다수의 국가들이 중국에 대해 취약성에 가까운 의존도를 보이고 있다.4) 심지어는 2008년 서브프라임모기지 사건 발생이후 경제적 어려움을 겪었던 미국도 중국의 경제적 협력에 의존할 수밖에 없어 오바마 미국대통령도 '미중경제전략대화'를 구축한 바 있다. 즉 대부분의 동아시아 국가들은 미국이 아닌 중국에 경제적 취약성을 가지면서 경제적 요인을 위해 중국을 고려하지 않을 수 없는 상황에 직면한 것이다.

이는 기존의 미국중심의 동아시아질서의 변화를 의미하는 것으로 미국요인만을 고려할 수 없는 상황에 직면한 것이며 불가피하게 중국변수를 함께 고려해야하는 것이다. 하지만 이러한 두 강대국의 등장이 반드시 딜레마의 상황을 제공하는 것은 아니다. 미국과 중국이 조화롭고 협력적 관계를 유지한다면 대부분의 동아시아 국가들이 선택적 제약을 받는 상황은 매우 제한적이 될 것이다. 2013년

---

마'라는 용어는 이수훈의 논문 참조. 이수훈, "미중관계와 동북아," 〈한반도 포커스〉, 제10호, 2010년 11/12월호. 그러나 '불일치 딜레마'의 용어는 사용하지 않았지만 유사한 내용은 다음 책 참조. 정재호, 〈중국의 부상과 한반도의 미래〉, 서울: 서울대학교 출판문화원, 2011, pp. 11-13; Jae Ho Chung, Between Ally and Partner, New York: Columbia University Press, 2007, pp. 3-4. 따라서 본 연구의 '불일치 딜레마'에 대한 정의는 기존 연구들의 다자적 정의에 양자적 정의를 추가한 것이다.

4) 손열, "미중관계와 동아시아: 경제아키텍처를 둘러싼 전략적 경쟁," 김병국 외 공편, 〈미중 관계 2025〉, 서울: EAI, 2012, pp. 184-192. 2009년 한국과 일본 모두 중국이 양국 대외무역의 20%를 차지하는 무역구조를 보였다.

미중정상회담에서 시진핑중국주석이 오바마미국대통령에게 제시한 '협력과 소통'에 기초한 '신형대국시대'[5]가 실제로 열려 우호적인 G-2관계가 전개된다면 '불일치 딜레마' 상황은 심각하지 않을 수 있는 것이다.

그러나 반대로 미국과 중국의 관계가 경쟁 또는 대립 더 나아가 분쟁의 상황으로 전개될 경우에는 경제적으로는 중국에 안보, 정치적으로는 미국에 의존되어 있는 한국을 포함한 상당수의 동아시아 국가들은 심각한 선택적 제약, '불일치 딜레마'의 상황에 직면하게 되는 것이다. 최근 제시된 몇몇 '불일치 딜레마'에 관한 기존 연구들은 이런 미중패권경쟁의 구도를 상정하고 전개하는 주장인 것이다. 특히 이수훈과 정재호와 같은 한국학자들은 보다 직접적으로 미국과 중국의 패권경쟁관계에서 한국이 처한 어려운 상황을 설명하기 위해 제시한 개념인 것이다.

둘째, 앞서 언급한대로 위에 제시한 '불일치 딜레마'에 대한 설명은 동아시아 지역의 국가간 힘의 분배 상태의 변화에 의해 제기되는 구조적 효과에 주목하는 설명인 것이다. 하지만 동아시아 국가들의 복잡한 각축외교는 미중패권경쟁구도만으로는 설명되지 않는다.

1980년대 중반부터 세계적 범위에서 전개된 신자유주의와 세계화의 과정은 동아시아 국가들의 경제적 상호의존성을 최대화시켰다. 이런 높은 상호의존적 관계는 미중패권경쟁 구도와 같은 구조적 요인과 더불어 동아시아 국가들에게 '불일치 딜레마'의 상황을 제공하고 있다. 냉전시기와 같이 소련을 중심으로 한 사회주의권과 미국중심의 자본주의 세계가 경제적으로 분리되었던 상황에서는

---

5) 경향신문, 2013년 6월 17일.

경제적 의존성 요인은 외교정책 결정에 있어 고려 대상이 되지 못했다. 따라서 양극적인 힘의 분배상태를 바탕으로 한 미소패권경쟁 구도가 대부분 국가들의 외교를 결정하는 요인으로 작용했다.

하지만 지난 30년간 본격적으로 전개되고 있는 세계화는 동아시아 지역의 경제적 상호의존성을 극대화시켰다. 특히 중국이 '세계의 공장'으로 동아시아 지역의 급속한 경제성장을 주도하며 역내 경제적 교류를 증대시킨 결과 민감성(sensitivity)과 취약성(vulnerability)의 상호의존관계가 심화된 것이다.6) 높은 경제적 상호의존성에 따른 민감성과 취약성은 분쟁의 결과가 경제에 미치는 부정적 효과를 인식하게 함으로서 갈등회피적 외교를 선호하게 한다는 것이다.7) 즉 이러한 동아시아 국가들 사이의 상호의존적 관계가 냉전시기와는 달리 상대국과의 관계를 전면적인 분쟁 양상으로 비화시키지 않는 요인으로 작용하는 것이다. 이러한 상호의존적 관계요인은 미국과 중국에도 유사한 수준으로 적용된다. 지속 가능한 경제성장을 핵심이익으로 규정한 중국도 안정적 국제경제 질서를 유지하는 외교정책을 채택하고 있는 것이며 또 급부상하는 중국을 저지하고 패권을 유지해야 하는 미국도 중국과의 경제적 협력8) 없이 조속한 경제회복이 어렵기 때문에 중국봉쇄를 공식화하기 어려워 점진적인 견제정책을 취하는 것이다. 이렇듯 동아시아 국가들의 외교에

6) Robert Keohane and Joseph Nye, *Power and Interdependence*, New York: Longman, 2001.
7) Richard N. Cooper, "Economic Interdependence and Foreign Polices in the 1970's," *World Politics*, Vol. 24, 1972.
8) 2007년 현재 중국이 세계경제 성장에 차지하는 비율이 이미 19.2%로 미국의 15.7%를 상회하고 있기 때문에 미국은 중국과의 경제적 협력관계 유지가 긴요한 것이다. 〈인사이드 차이나〉, 한국무역협회, 2009년 11월 21일.

있어 '불일치 딜레마' 상황은 구조적 요인과 더불어 관계적 요인에 의해서도 영향을 받는 것이다.

셋째, 본 연구는 '불일치 딜레마' 상황은 한 국가가 상대국가에 갖는 이중적 인식과 복합적 이해관계에 의해서도 발생한다고 주장한다. 예컨대 상대국가에 대해 '복수의 상반된' 이해관계와 인식을 가질 경우 '갈등과 타협' 또는 '분쟁과 협상'을 반복하는 비일관적이며 불안정한 외교정책을 전개하게 된다. 특히 양자(bilateral) 또는 다자적(multilateral) 협력 경험이 일천한 동아시아 국가들은 과거의 경험에 근거한 인식 또는 현재의 국내외적 이해관계의 모순과 상충성이 복합적으로 작용하면서 미중패권경쟁구도의 구조적 제약을 벗어나는 비일관적이며 갈등 촉발적 외교행태를 보이게 된다는 것이다.

따라서 동아시아 국제구조를 구성하고 있는 미국과 중국은 물론 여타 동아시아 국가들도 이런 '불일치 딜레마'의 상황에 직면할 수 있다. 즉 앞서 언급한대로 미국은 경제회복을 위해 중국의 협력이 긴요하지만 동시에 중국을 사회주의국가라는 정체성에 기인해 위협국가로 인식함으로서 견제정책을 추진하는 것이다. 유사한 맥락에서 김정일이 '유훈'에서 최대 경제, 정치적 지원국인 중국을 경계의 대상으로 지목한 것도 상대국가에 대한 이중적 인식의 결과인 것이고 이는 중국의 요청을 거부하고 핵실험을 강행하는 결정에 영향을 미친 것이다.9) 이렇듯 상대국가에 대해 이중적 인식과 복합적 이해관계는 견제와 갈등 속에서도 타협과 협력의 외교를 병행하게 하여 절대적인 의존 또는 전면적인 분쟁양상으로 비화되지 않게

---

9) 김진하, "김정은 등장이후 대외전략과 동북아 정세변화," 〈김정은체제의 변화 가능성과 동북아 안보〉, (통일연구원, 2012), pp.53-55.

작용하는 것이다. 이런 개별국가의 상대국에 대한 복수의 상반된 인식과 이해관계 요인도 '불일치 딜레마' 상황을 구성하는 요인으로서 동아시아 외교에 영향을 미치는 것이다.

이에 본 연구는 미중패권경쟁 구도라는 구조적 요인, 경제적 상호의존성과 같은 관계적 요인 그리고 개별국가들의 상대국에 대한 '복수의 상반된' 인식과 이해관계라는 국내적 요인들이 중층적으로 동아시아 국가들의 외교결정에 영향을 미친 결과가 현재와 같은 비일관적인 갈등적 외교관계라고 주장하는 것이다.

따라서 본 서장에서는 동아시아 국가들의 '불일치 딜레마' 외교를 살펴보기 전에 이들의 외교정책과 외교행태에 심대한 영향을 미치고 있는 미중패권경쟁 구도, 역내 국가간 경제적 상호의존성 그리고 동아시아 개별 국가들의 상대국에 대한 인식과 이해관계에 대해 살펴본다. 우선 미국과 중국 간의 힘의 분배상태의 변화를 파악함으로서 미중패권경쟁구도의 실상을 규명한다. 아울러 동아시아 국가들의 경제적 상호의존성 정도 그리고 개별국가들의 분쟁 상대국에 대한 인식과 이해관계를 파악함으로서 역내 외교에 영향을 미칠 수 있는 비구조적 요인을 규명한다. 이러한 동아시아 외교 결정요인에 대한 논의를 바탕으로 이후 이 책 전반에 대한 구성에 대해 소개한다.

## II. 미국의 쇠퇴와 중국의 부상에 따른 미중패권경쟁 시대의 도래

국제질서의 변동은 세계 경제력 분배상태의 변화에서 기인된 바가 크다. 지난 30년간 9~10%의 경제성장을 이어온 중국은 2010년 일본을 추월하면서 2대 경제대국으로 부상했다. 중국의 GDP는 2010년 현재 5조4,354억 달러로 일본을 제치고 세계 2위의 경제력을 확보했다. 1990년대 전 세계 국내총생산(GDP)의 2%를 차지하던 중국이 미국 다음인 8%로 증가한 것이다. 제조업 분야에서도 미국을 제치고 1위로 올라섰으며 수출은 1위, 수입도 2위에 올라서는 등 경제적 역량은 이미 세계 최고의 수준에 이르렀다. 특히 중국의 외환보유액은 2011년 현재 3조 1,800억 달러이며 그 중 1조 1,541억 달러 가량의 가치는 미국국채로 이루어져 있다.[10] 이는 전체 미국국채의 8.2%에 해당하는 것으로 미국경제의 중국에 대한 의존성을 보여주는 부분이다. 이러한 강력한 중국의 경제력은 최근 세계적으로 확산되고 있는 금융 및 재정위기의 상황에서 유일하게 다른 국가들을 경제적으로 지원할 수 있는 국가로 등장하게 했고 EU 등은 중국의 지원을 요구하고 있는 상황이다.

이렇듯 급속히 축적된 경제적 역량을 바탕으로 중국은 군사력 현대화와 보다 적극적인 강대국 외교정책을 시행하고 있다. 우선 2011년 중국의 국방예산은 915억 달러로 전년대비 12.7% 증가 했으며 이런 국방비의 두 자리 수 증가추세는 1990년 초반부터 계속되고 있다.[11] 중국은 미국 다음의 세계 2위 규모의 풍부한 국방비를 바탕

---

10) 아시아경제, 2012년 1월 13일. http://www.asiae.co.kr/news/view.htm?idxno=2012011314483338723 (2012/1/22 검색).

으로 최근 '려오닝호'로 불리는 첫 항공모함을 취역했으며 스텔스전투기 '젠-20'을 개발 시험운행하기 시작했다. 실전 배치된 핵무기 수는 약 200~400개로 추정되고 있으며 더욱이 미국의 항공모함을 겨냥한 순항미사일 '둥펑(東風)' 등을 개발 배치했고 10척의 핵추진 잠수함을 가동함으로서 군사력 현대화와 투사능력 향상을 적극 추진하고 있다.[12]

이러한 현대화된 군사력을 바탕으로 중국은 안보의 영역을 본토에서 점차 확대하는 안보전략을 추진하고 있다. 중국은 주변 국가들과의 관계를 강화하여 파키스탄, 방글라데시, 미얀마, 스리랑카 등에 군사기지 구축과 더불어 경제적 지원을 제공함으로서 군사 및 경제협력을 강화하고 있다.[13] 이러한 주변 아시아국가들과의 협력과 더불어 중국은 에너지 및 자원의 안정적 공급과 안보협력을 위해 중앙아시아 국가들 및 러시아와 상하이협력기구(SCO)를 구축하고 이를 적극적으로 가동함으로서 이 지역에서의 미국의 영향력을 약화시키고 있다.[14]

그러나 중국이 주변국과 협력만을 추구하지는 않는다. 국가이익이 개입된 분쟁영역에서는 양보 없는 패권적 행태를 통해 자국의 역량 극대화를 추구하고 있다. 예컨대 아세안 국가들과의 남중국해 영유권분쟁, 일본과의 댜오위댜오/센카쿠 열도 영토분쟁, 인도와의

---

11) 경향신문, 2012년 1월 6일; Gerrard Cowan, "China's arms spend continues to soar," *Jane's Defense Weekly*, July 30, 2008, p. 19.
12) 아시아경제, 2012년 1월 23일. http://www.asiae.co.kr/news/view.htm?idxno=2012012215513200733 (2012/1/23 검색).
13) 경향신문, 2011년 12월 5일.
14) Shanghai Cooperation Organization, http://en.wikipedia.org/wiki/Shanghai_Cooperation_Organization (2012/1/22 검색).

카슈미르영토분쟁, 대만무기판매에 대한 미국과의 갈등 등에 있어서는 매우 강경한 접근을 통해 자국의 의사를 관철하려하고 있다. 즉 아세안국가들과의 FTA 체결 등을 통한 협력관계 강화를 추구하면서도 동시에 이권이 개입된 남중국해문제는 패권적 행태를 취하고 있고 이러한 패권적 이권추구 행태는 여러 분쟁사안에서 유사하게 나타나고 있는 것이다.

중국은 이렇듯 급속히 성장한 군사 및 경제적 역량을 바탕으로 적극적인 강대국 외교와 해외원조로 국제적 영향력을 증대시키고 있다. 중국은 아프리카, 아시아, 중남미지역 국가들에게 대규모 해외원조와 차관을 제공하고 동시에 교육, 의료, 인프라 건설을 지원하는 등 소프트파워전략15)을 바탕으로 자국의 해당지역 국가들에 대한 영향력을 강화하고 있다. 특히 과거와는 달리 중국은 UN, WTO, IMF, SCO 등 다양한 국제기구에도 적극적으로 참여하거나 주도하는 다자주의전략16)을 통해 국제사회에서의 자국의 영향력을 최대화함으로서 미국을 견제하고 있다.

따라서 중국의 부상에 따라 국제사회의 권력구조는 점차 미국중심의 단다극구조에서 미국과 중국 중심의 양극체제로 전환되고 있고 이는 미국중심 질서의 퇴조를 분명히 하는 것이다. 즉 급속한 중국의 부상은 소련붕괴 이후 유지되어온 미국중심의 국제질서를

---

15) 소프트파워전략은 국가가 물리적 강제 또는 경제적 보상보다는 자국의 가치, 문화, 정책, 또는 제도 등을 통하여 다른 국가로 하여금 자국이 원하는 행태를 하게 하는 능력을 활용하는 전략을 의미한다.
16) 로버트 코헨은 다자주의를 제도적 수단 또는 임시방편을 통해 3개 이상의 국가가 국가정책을 조정하는 관행으로 정의하고 있다. Robert Keohane, "Multilateralism: an agenda for research," *International Journal*, 45, No. 4, 1990, p. 731. 따라서 다자주의전략이란 3개 이상와 국가들의 제도화된 협력체제를 활용하는 전략으로 정의할 수 있다.

위협함으로서 패권유지라는 미국의 최우선의 국가이익을 훼손하는 것이다. 그러나 미국의 패권적 위상과 기존 질서에 대한 보다 직접적 위협은 2008년에 발생한 미국의 금융위기에서 비롯된 바가 더욱 크다고 할 수 있다.

미국은 클린튼정부 집권기간인 1998년부터 2000년까지 3년 연속 3,000억 달러에서 5,000억 달러의 재정흑자를 기록했으며 2001년 의회예산처는 향후 10년간 5조 6,000억 달러 규모의 재정흑자를 예상했었다.[17] 이러한 미국의 경제력은 부시정부 기간 동안 전개된 아프가니스탄 및 이라크 전쟁비용(1조 4,690억 달러)과 부시행정부 감세정책(1조 8,120억 달러)을 통해 급격히 악화되었다.[18] 더욱이 2008년에 발생한 서브프라임 모기지 사건은 미국경제의 상징인 금융시장을 무력화시켰으며 그 이후 미국의 쇠퇴는 지속적으로 이루어지고 있다.

2007년까지 전 세계 군사비 지출의 약 45%를 담당하는 미국은 최근 향후 10년간 5,000억 달러 규모의 국방비를 감축하는 결정을 했으며 이런 맥락에서 2013년 국방비 예산을 전년대비 300억 달러 삭감한 6,130억 달러로 책정했다.[19] 미국의 군사력은 상대적 개념에서 여전히 세계 최강의 역량을 보유하고 있지만 이러한 예산 삭감은 상징적으로 군사역량의 후퇴를 의미하는 것이다. 이러한 국방비

---

17) 시사인, 2011년 8월 30일. http://www.sisainlive.com/news/article View. html?idxno=11073 (2012/2/1 검색).

18) 조선일보, 2011년 8월 3일. http://biz.chosun.com/site/data/html_dir/ 2011/08/03/2011080300958.html (2012/2/1 검색).

19) U.S. Department of Defense, "Panetta Announces Fiscal 2013 Budget Priorities," *American Forces Press Service*, January 26, 2012. http://www. defense.gov/news/newsarticle.aspx?id=66940 (2012/2/1 검색).

감축과 더불어 미 국방부는 육군병력 규모를 현재 57만 명에서 2017년까지 49만 명으로 줄인다고 발표했다. 특히 록히드마틴사로부터 도입하기로 한 F-35 구매를 무기 연기했으며 유럽전투 여단수를 현행 4개에서 2개로 줄이기로 결정하는 등 미국은 국방력 감축정책으로 전환했다.[20]

미국이 국방비를 감축했다고 하지만 국방력의 급격한 감퇴로 이어지지는 않고 있다. 그러나 문제는 경제적 역량의 쇠퇴다. 미국정부의 재정은 2001년 이후 지속적으로 적자를 시현하고 있으며 무역수지 적자규모도 2000년부터 급격히 확대되고 있다. 더욱이 이러한 급속한 재정 및 무역적자 규모의 확대는 필연적으로 해외자본의 유입을 요구하게 되고 결국 연방정부 총부채의 규모도 급격히 증가하고 있다. 구체적으로 부시정부 이후 세수보다 지출이 확대되기 시작해 2008년 서브프라임 모기지 사건 발생 이후 경기부양을 위한 양적확대정책에 따라 2009년 재정적자는 1조 6천억 달러, 2011년은 1조 970억 달러까지 확대되었다. 이로서 미국은 지난 4년간 연속해서 1조 달러 이상의 재정적자를 시현하고 있으며 이는 재정적자가 국내총생산(GDP) 대비 12%를 이미 상회하는 것이다. 이와 더불어 무역적자 규모도 급속히 확대되어 2006년 최대 8천억 달러까지 증가했고 현재 무역적자 규모도 현격히 줄이지 못하고 있으며 가계 저축률은 마이너스에서 벗어나지 못하고 있는 상태다.[21] 즉 재정 및 무역의 '쌍둥이 적자'가 만연된 상태에서 단기적으로 미국경제가

20) 경향신문, 2012년 1월 7일.
21) Daniel W. Drezner, "Bad Debts: Assessing China's Financial Influence in Great Power Politics," *International Security*, Vol. 34, No. 2, Fall 2009, p. 12.

회복되기 어려운 것으로 평가되고 있는 것이다.[22]

미국의 GDP 성장률은 최근 3년간 1~2%에 불과해 미국의 경제회복은 매우 불투명한 상태에 있다. 특히 2012년 1월 30일 현재 미국 연방정부의 부채가 15조 2,900억 달러로 미국 GDP인 15조 1,400억 달러를 초과함으로서 총생산보다 부채가 더 많은 '결정적' 경제위기에 놓여있다.[23] 이는 미국 경제력의 절대적 쇠퇴의 기준으로 평가된다. 2000년 미연방정부 부채규모는 3.5조 달러 규모로 GDP의 35% 수준이었으나 2010년 9조 달러로 GDP의 62%, 2012년 1월 15조 달러로 GDP의 100%를 초과하고 있는 것이다.[24] 이는 미국이 정부 총부채를 기록하기 시작한 1792년 이래 최대의 부채규모인 것이다. 즉 세계 최대의 경제대국이 세계 최대의 부채국가로 전락한 것이다.

이러한 미국경제력의 쇠퇴는 동아시아 국제관계 변화에 상당한 영향을 미친다. 우선 미국연방정부의 부채의 상당 부분이 국채의 형태로 신흥경제 국가들에 의해 매입되어 있으며 특히 중요한 것은 미국중심의 국제질서를 위협하며 부상하는 중국이 미국정부가 발행한 총 채권의 22%에 해당하는 1조 5천억 달러규모의 미국국채를 보유하여 영향력을 행사할 수 있는 채권자 위치에 있다는 것이다.[25] 이러한 중국에의 과도한 부채에 대해 오바마대통령도 "중국

---

22) U. S. Census Bureau, Foreign Trade Division, "U.S. Trade in Goods and Services," June 9, 2011. http://www.census.gov/foreign-trade/statistics/historical/gands.txt (2012/2/1 검색).

23) 미국 국가 채무시계로 연방정부의 총부채가 실시간으로 나타나고 있다. http://www.usdebtclock.org/ (2012/2/1 검색).

24) Roger C. Altman and Richard N. Haass, "American Profligacy and American Power: The Consequences of Fiscal Irresponsibility," *Foreign Affairs*, 89:6, Nov/Dec, 2010, pp. 25-34.

이 우리의 은행이 될 경우 강력한 협상을 하기 어렵다"고 언급함으로서 중국에 대한 과도한 부채가 미국의 자율적 국제사회 관리에 어려움을 줄 수 있다는 우려를 표시했다.[26] 이는 미국이 1956년 수에즈(Suze)위기 당시 영국에 대해 IMF 차관 지원을 빌미로 압박했던 것과 같이 비상시에 중국이 미국경제에 심대한 영향력을 행사할 수 있다는 것을 의미하는 것이다.

미국의 급격한 경제적 쇠퇴는 부상하는 중국과의 국력 차이를 축소시키고 있고 이는 결국 국가 간 힘의 분배 상태를 기준으로 구성되는 국제구조의 변화를 촉발하고 있는 것이다. 즉 중국의 국내총생산(GDP) 규모가 2020년경에는 미국과 유사한 수준이 될 것이라고 전망되고 있고 군사비도 매년 두 자리 수로 증가시키고 있다는 점에서 중국을 미국과 더불어 G-2의 국가로 상정하는 것이다. 이는 기존의 미국중심의 단다극체제가 양극화된다는 것을 의미하고 결국 미국의 패권적 위상이 더 이상 유지될 수 없다는 것이다.

따라서 미국경제의 급격한 쇠퇴는 미국정부의 최대과제를 경제회복과 중국의 급속한 부상 저지를 통해 기존의 패권적 위상을 유지하는 것으로 전환시킨 것이다. 이런 선택여지 없는 과제에 당면한 오바마정부는 국내 경제회복에 집중하면서도 미국의 '아시아로의 귀환'을 강조하며 중국에 대한 견제의지를 분명히 하고 있다.

결국 이미 부상하는 중국과 쇠퇴하는 미국의 물리적 격차는 축소되어 양극구조의 힘의 분배상태가 형성되었으며 이에 근거하여 기

---

25) Brad Setser and Arpana Pandey, "China's $1.5 Trillion Bet: Understanding External Portfolio," Working Paper, New York: Center for Geoeconomic Studies, Council on Foreign Relations, May 2009.

26) David M. Dickson, "China's Economic Bargaining Chip," *Washington Times*, July 27, 2008.

존 패권국 미국은 중국의 도전을 저지하는 정책을 추진하고 있는가 하면 부상하는 중국은 영향력을 확대하여 초강대국의 위상을 확보하려는 정책을 추진함으로서 불가피하게 경쟁적 관계가 형성되고 있는 것이다. 즉 미중간 물리적 역량의 균등화가 양국의 정책적 변화를 유도하여 미국은 중국이 급속히 부상하던 시기부터 견제적 대중국정책을 채택하기 시작했으며 반대로 도광양회를 주장하며 때를 기다리던 중국도 역량의 증가와 더불어 강대국외교기조로 전환하면서 미국에게 초강대국 위상을 요구하고 있다. 이러한 미중간의 경쟁은 동아시아지역을 중심으로 전개되고 있어 역내 국가들의 외교에도 '불일치 딜레마'의 환경을 조성하고 있는 것이다.

## Ⅲ. 동아시아국가들의 상호 의존적 관계와 복합적 인식 및 이해관계

미중패권경쟁 구도가 동아시아 국가들의 외교를 제약하는 구조적 요인이라면 국가들 간의 상호 관계적 요인 및 개별 국가들의 상대국에 대한 이중적인 인식과 복합적인 이해관계 등의 내부적 요인도 이들 국가들의 외교적 선택에 영향을 미친다. 중국의 급부상으로 동아시아 지역의 국가 간 힘의 분배상태가 단극에서 양극구조로 전환되면서 중국이 미국과 더불어 역내 국가들 외교의 중요한 고려 요인으로 등장했다. 이러한 힘의 분배상태의 변화에 따른 불확실성의 상대적 증가는 개별 국가들의 상대국가에 대한 외교정책의 변화를 추동하는 요인으로 작용하는 것이다. 예컨대 중국의 급속한 부상과 소련의 붕괴에 따른 힘의 분배상태의 변화는 1972년 수교 이후 소련이라는 공통의 '적'을 기반으로 우호적 외교관계를 유지했던 일본으로 하여금 경계와 우려를 갖게 함으로서 중국에 대한 외교정책의 변화를 추동한 것이다. 이처럼 동아시아 국제질서의 구조적 변화는 개별국가들의 외교정책에 직접적인 영향을 미쳐 갈등적 외교를 양산하고 있는 것이다.

하지만 세계화를 통한 급속한 동아시아 국가 간 교류와 이에 의해 형성된 상호의존관계는 상대국가에 대한 인식과 이해관계를 적 또는 아군이라는 흑백논리적 규정을 적용하기 어렵게 하고 있다. 앞서 언급한대로 중국에 대한 높은 경제적 의존도는 미국을 포함한 동아시아 국가들로 하여금 중국과의 직접적인 충돌을 기피하게 하는 요인으로 작용한다. 즉 중국의 급부상을 우려하지만 중국에 대한 직접적인 봉쇄 또는 균형정책을 노골적으로 전개하기 어렵다는 것이다. 이러한 경향성은 중국에도 예외 없이 적용된다. 급속한 경제적 성장을 이루었지만 지속 가능한 경제발전을 위해서는 여전히 안정적인 세계경제의 작동이 요구되는 것이고 이는 미국 등 동아시아 국가들과의 협력적 관계 유지가 필수적이기 때문이다. 과거 냉전시기 소련과 같이 힘을 바탕으로 자신의 선호하는 바를 강제할 수 있는 관계가 아니라는 것이다. 따라서 상호의존적 관계요인은 동아시아 국가들로 하여금 일방적이고 자기 중심적 외교를 추진하지 못하게 하는 제약 요인으로 작용하며 '불일치 딜레마' 상황 조성에 영향을 미치는 것이다.

이런 맥락에서 동아시아 국가들의 경제적 상호의존 정도(degree)를 규명하는 것이 필요하다. 이는 동아시아 국가들이 어느 정도 상호 경제적으로 의존되어 있는가를 파악하는 것으로서 상호의존 정도가 높을수록 외교정책결정에 제약요인으로 작용하는 것을 의

미하는 것이다. 우선 중국의 입장에서 제1의 무역상대국은 개별국가들이 아닌 EU를 제외하고는 여전히 미국이며 2~5위에 해당하는 무역상대국들도 동아시아국가들이다. 특히 중국은 한국(24.4%), 일본(19.75%), 북한(67.2%), 호주(27.4%) 등 다수의 동아시아 국가들의 최대 무역상대국으로서 경제적 비대칭적 의존도를 높여가고 있다.[27]

미국도 동아시아 지역에 대한 경제의존도가 가장 큰 것으로 나타나고 있다. 최대 무역상대국은 여전히 이웃한 캐나다이지만 중국과 일본 그리고 한국 등 동아시아 국가들과의 비중이 전체 무역량에서 차지하는 비율이 약 35%에 육박하고 있다.[28] 하지만 중국(17.1%)을 제외하고는 동아시아 국가들의 최대무역상대국의 위상을 모두 중국에게 넘겨주며 대부분 남미국가들의 최대 무역상대국으로 경제적 위상이 축소되었다.[29] 특히 미국은 일본과의 무역량이 현격하게 축소되는 한편 중국과는 급속히 증가하는 현상을 보이고 있다. 이는 미국 경제의 중국의존도가 확대되고 있음을 보여주는 것이다.

일본의 경우도 유사하게 나타나고 있다. 미국을 대신해 중국이 수입, 수출 모두 최대 무역상대국(18.1%)으로 등장했으며 미국이 2위의 무역상대국(11.9%)으로 내려앉았다. 한국은 일본의 4대 무역상대국(5.5%)이며 호주(4.1%)가 뒤를 잇고 있다. 일본의 무역구조

---

27) List of the Largest Trading Partners of China, Wikipedia, http://en.wikipedia. org/wiki/List_of_the_largest_trading_partners_ of_ China (2013/6/6 검색).
28) 손열, "미중관계와 동아시아: 경제아키텍처를 둘러싼 전략적 경쟁," 김병국 외 공편, 〈미중 관계 2025〉, 서울: EAI, 2012, pp. 176-177.
29) List of the Largest Trading Partners of United States, Wikipedia, http://en.wikipedia.org/wiki/List_of_the_largest_trading_partners_of_ the_United_States (2013/6/6 검색).

도 EU가 3위에 해당되지만 상대적으로 중국과 미국에 집중된 경향을 보이고 있고 나머지 10위까지도 대부분 동아시아 국가들이 주요 무역상대국을 차지하고 있다.[30]

한국의 경우 역시 중국이 18%로 최대 무역상대국이며 일본이 8.5%, 미국이 8.4%로 일본과 같이 EU와 석유수입을 위한 사우디아라비아를 제외하고는 대부분의 무역은 동아시아 국가들과 사이에서 발생하는 것으로 나타나고 있다. 특히 중국에 대한 수출의존도가 상대적으로 높아 23.3%로 나타나고 있어 일종의 취약성의 의존도를 보이는 경향이 있는 것이다.

이렇듯 동아시아 국가들은 서로 최대 무역상대국으로서 경제적 상호의존성은 증가하는 추세인 것이다. 특히 대부분의 동아시아 국가의 최대무역국은 미국에서 중국으로 교체되었으며 중국과의 비대칭적 상호의존성이 증가하는 경향을 보이고 있다. 즉 한국과 일본은 중국에 대한 무역의존도가 20%를 상회하는데 반해 중국은 한국과 일본에 대해 각각 7%와 13% 정도로 비대칭성이 나타나고 있는 것이다.[31] 동아시아 국가들 사이의 경제적 상호의존성 지표는 중국의 영향력이 증가하고 있음을 보여주고 있으며 상대적으로 다른 역내 국가들은 중국에 대한 비대칭적 의존도가 상승하고 있음을 보여주고 있다. 반면 미국은 동아시아 지역에 대한 경제적 의존도가 가장 큼에도 불구하고 그 영향력은 약화되고 있음을 확인할 수 있다. 즉 경제적 상호의존관계 요인에 있어서는 중국변수가 가장

---

30) Japan-EU Bilateral Trade and Trade with World, June 5, 2013.
   http://trade.ec.europa.eu/doclib/docs/2006/september/tradoc_113403.
   pdf (2013/6/6 검색).
31) 손열, 위의 글, pp. 185-190.

중요한 요인으로 동아시아 국가들의 외교에 영향을 미칠 것으로
판단되는 것이다. 이런 중국의 경제적 영향력이 역내 국가들의 외
교정책 결정에 '불일치 딜레마' 효과를 발휘하게 하는 것이다.

　동아시아 개별 국가들의 상대국가에 대한 복합적 인식과 이해관
계 요인도 '불일치 딜레마' 상황을 구성하는 효과를 보인다. 이러한
인식과 이해관계 요인이 동아시아 외교에 미치는 영향은 구성주의
이론이 주장하듯이 동아시아 국가들의 상호작용을 통한 정체성의
확립 또는 변화가 이익개념을 규정 또는 재규정하여 외교정책에
영향을 미친다는 주장에 근거한다.32) 특히 국가간 상호작용에 의해
형성된 정체성이 사회적 관념으로 구조화되면서 한 국가의 상대국
가에 대한 인식을 규정하고 외교는 이런 인식에 영향을 받아 결정된
다는 것이다. 이러한 인식적 요인은 상대국가에 대한 이해관계를
변화시키는 역할을 하기 때문에 물질적 요인으로 재구성되는 것이
다.

　예컨대 1972년 중일수교 이후 일본은 중국과 소련을 공통의 주적
으로 규정하고 우호적 국가로 인식해 ODA 원조 등 물질적 지원을
제공했으나 중국이 강대국외교를 전개하기 시작한 2000년 초반부
터 경쟁 또는 위협국으로 인식하고 지원을 중단한 바 있다. 이는
인식의 변화가 이해관계의 변화를 유도하고 이에 따라 외교정책도
변화하는 것을 보여주는 것이다.

　상대국가에 대한 인식과 이해관계가 일정할 경우 '불일치 딜레마'
상황에 빠질 가능성은 낮다. 하지만 앞서 언급한대로 특정국가에
대한 복수의 상반된 인식과 이해관계가 형성될 경우 '불일치 딜레

---

32) Alexander Wendt, "Anarchy is What States Make of It," *International
　　Organization*, Vol. 46, No. 2, 1992.

마'의 효과가 발생하는 것이다. 예컨대 북한의 도발은 한미일 3국의 안보협력을 촉진시키는 효과를 발휘한다. 이런 맥락에서 2012년 천안함사건과 연평도포격사건 발생 이후 미국의 주도하에 한일군사협력에 관한 논의가 본격화되었지만 결국 독도영유권과 과거사 문제 등에 기인한 한국의 일본에 대한 부정적 인식이 협력적 외교를 기피하게 하는 요인으로 작용한 바 있다. 유사한 딜레마 상황은 한국의 중국에 대한 입장에서도 나타난다. 한국은 2008년 서브프라임 모기지 사건 발생이후 세계적 경제위기가 발생했음에도 불구하고 견고한 성장세를 보이던 중국과의 급속한 경제교류 확대를 통해 경제적 안정을 확보했다. 즉 경제적 동반자라는 인식이 형성된 것이다. 하지만 이러한 중국의 경제력이 지나치게 커지고 한국경제가 중국경제권에 흡수될 우려가 발생하면서 노무현정부는 오히려 미국과의 FTA를 추진함으로서 중국을 경제적으로 견제하려는 외교를 추진한 바 있다. 경제적 동반자와 위협국의 인식이 동시에 존재하는 것이다. 특히 2010년 천안함사건과 연평도사건 발생이후 전개된 한국과 중국의 상호작용은 중국에 대한 부정적 인식을 확대하는 효과를 발휘해 오히려 미국과의 안보협력을 강화하는 외교정책을 추진하는 계기가 되었다.

중국의 북한에 대한 인식도 이중적 경향을 띄고 있다. 순망치한 (脣亡齒寒)의 관계로 북한을 같은 사회주의 동맹국이며 일종의 완충지대로 받아들이는 긍정적 인식이 있는 가하면, 동시에 핵개발로 기존의 동아시아 안보질서를 위협하는 위기 촉발국으로 인식하는 경향이 있다. 최근 북한의 3차 핵실험 이후 중국의 관영 언론사인 신화사 통신이 북한을 "누가 뭐래도 자기방식만 고집하는 나라"라고 표현한 것은 이러한 인식을 보여주는 것이다.[33]

이렇듯 동아시아 국가들의 상대국가에 대한 이중적 인식과 복합적 이해관계는 양국간 상호작용에 따른 경험에 근거해 구성되는 경우도 있으며 정권의 변화에 따라 정권주체의 인식의 변화에 따라 발생할 수 있다. 한국외교가 노무현정부와 이명박정부를 거치며 상당한 변화를 거듭한 것은 상대국가에 대한 의사결정자들의 인식의 차이가 중요한 영향을 미친 결과다. 예컨대 노무현정부는 미국을 대등한 동반자로 인식한 경향이 컸다면 이명박정부는 안보보호자로 인식한 결과가 보다 강력한 한미동맹중심 외교기조로의 변화를 이끌었기 때문이다.

이 책은 위에서 열거한대로 미중패권경쟁 구도의 구조적 요인과 높은 경제적 상호의존관계의 관계적 요인 그리고 개별 국가들의 상대국에 대한 인식체계 등의 국내적 요인들이 동아시아의 '불일치 딜레마'외교를 결정한다고 주장한다. 하지만 국가 마다 이 세 가지 요인들이 외교에 미치는 영향의 정도 차이가 날 수 있으며 따라서 '불일치 딜레마' 효과도 다르게 나타날 것으로 예상한다.


## Ⅳ. 연구의 구성

이 책은 총 11장으로 구성되어 있다. 1장에서 3장까지는 동아시아 외교를 주도하는 미국의 외교에 대해 논의한다. 우선 1장에서는 쇠퇴하는 미국의 대중국 외교를 연구한다. 경제적 쇠퇴를 경험하고 있는 미국이 급격한 쇠퇴를 저지하고 잠재적 패권국으로 급부상하

---

33) 연합뉴스, 2012년 12월 11일; 2012년 12월 12일.

고 있는 중국 견제를 위해 어떤 외교를 전개하는지에 집중한다. 최근 쇠퇴하는 패권국의 잠재적 패권 도전국에 대한 외교정책과 관련해 다양한 이론적 주장이 제기되고 있기 때문에 기존 패권국인 미국의 대중국 외교는 이런 이론적 주장들의 적실성을 검증할 수 있는 사례연구인 것이다. 특히 1장은 오바마정부의 대중국외교에 있어 부과된 '불일치 딜레마' 상황을 파악한다. 즉 경제적 쇠퇴가 미국의 외교적 선택에 어떤 제약 요인을 제공하고 이런 환경에서 오바마정부가 어떻게 패권유지라는 외교적 목표를 추구하는지에 집중하는 것이다.

2장은 미국중심의 기존 동아시아 국제질서에 실질적인 위협을 제공하고 있는 북한에 대한 미국의 외교에 대해 연구한다. 미국의 대북한외교의 핵심은 북핵문제 해결과 한반도 안보 확보에 있기 때문에 오바마정부의 북핵정책 분석을 통해 북핵문제 해결 가능성과 시기를 전망한다. 북핵문제는 미국의 국제사회 거버넌스를 위한 운영원리 중 하나인 핵비확산 국제규범에 정면으로 도전하는 것이기 때문에 쇠퇴하는 패권국의 위기 촉발적 도발국가에 대한 정책을 파악하는 기회가 되는 것이다. 특히 미국이 경제적 쇠퇴를 경험하고 있는 상황이기 때문에 이런 경제적 제약 요인이 3차 핵실험을 강행하고 일련의 극단적 도발행위를 이어가 최고조의 긴장 국면을 조성한 대북한정책 결정에 미친 영향을 파악한다.

3장은 경제적으로 쇠퇴하는 미국의 대외무역정책에 대해 연구함으로서 산업 경쟁력 약화가 미국무역정책에 미친 영향을 분석한다. 특히 한미FTA 체결과정에서도 협상의 최대 쟁점이 되었던 미국자동차무역정책의 결정요인에 대해 규명함으로서 향후 미국이 경제적 쇠퇴를 저지하고 경쟁력 확보를 위해 채택할 무역정책을 전망한다.

4장과 5장에서는 중국의 외교정책에 대해 집중한다. 4장은 중국의 소프트파워전략과 다자주의외교 그리고 자원외교를 살펴봄으로서 중국의 대미 견제적 다극화외교의 본질을 파악한다. 특히 중국의 다극화외교를 분석함으로서 최근 시진핑중국주석이 제시한 "신형대국관계론"의 논리적 기반과 이해관계를 파악한다. 이렇듯 중국의 외교정책 분석을 통해 잠재적 패권도전국의 기존 패권국에 대한 외교정책과 행태를 파악하는 것이다. 5장은 남중국해와 동중국해에서의 영유권분쟁을 연구함으로서 중국이 가장 중요한 핵심이익으로 규정한 주변부 외교에 대해 규명한다. 특히 주변부 안정을 외교목표로 설정한 중국이 오히려 주변국들과의 분쟁을 촉발하는 영유권분쟁에 적극적인 원인 파악에 집중한다.

　　6장과 7장은 미중패권경쟁의 구도에서 '불일치 딜레마' 상황을 직면하고 있는 동아시아 국가들의 외교행태에 대해 집중한다. 6장은 중국의 급속한 부상으로 인해 형성된 안보 취약성을 해소하기 위한 호주, 인도 그리고 일본의 대중국 견제정책을 연구한다. 이 장은 중국에 대한 경제적 의존도가 매우 높은 동아시아 국가들의 외교를 살펴봄으로서 '불일치 딜레마' 상황에 처한 국가들의 외교를 파악하는 기회가 된다. 7장은 동아시아 국가들의 협력외교의 동인(動因)에 대해 규명한다. 한미FTA와 미−인도핵협력 사례연구를 통해 한국과 인도 등 동아시아국가들이 미국과의 협력외교를 추진하는 원인을 규명하는 것이다.

　　8장과 9장은 북한과 한국의 외교에 대해 논의한다. 8장은 김정일 정권과 김정은체제의 외교정책을 비교분석함으로서 북한의 외교정책 변화의 내용과 결정요인들을 규명한다. 북한의 1, 2, 3차 핵실험 강행과정과 유엔 제재에 대한 북한행태를 분석함으로서 북한의 외교정책 결정요인을 파악한다. 특히 3차핵실험과 연이은 일련의 도발행위 등 김정일정권에 비해 과격해진 김정은정권의 극단적 외교행태의 원인 규명에 집중한다. 9장은 미중패권경쟁의 구도 속에서의 한국외교 변화요인에 대해 연구한다. 노무현정부와 이명박정부의 외교정책을 비교함으로서 각 정부의 외교정책 내용과 정책변화 결정요인을 파악한다. 특히 미중경쟁구도 속에서 형성된 '불일치 딜레마' 상황이 한국외교에 미친 영향을 규명한다.

10장은 결론으로서 동아시아 지역의 주요 갈등과 분쟁사례를 종합적으로 분석하고 분쟁의 내용과 정도를 파악한다. 미중패권경쟁, 중일 간 갈등과 분쟁 그리고 북핵문제 등을 전체적으로 다시 조망함으로서 이런 동아시아 국가간 갈등과 분쟁의 원인을 규명한다. 특히 이 책이 동아시아 '불일치 딜레마' 외교의 원인으로 주장한 '미중패권경쟁 구도'와 '개별 국가의 상대국가에 대한 복수의 상반된 인식과 이해관계' 요인이 동아시아 국가간 갈등과 분쟁에 미친 영향에 대해 평가한다. 마지막으로 이런 '불일치 딜레마'의 상황에서 한국의 안보와 경제발전을 함께 담보할 수 있는 외교적 선택에 대해 제시한다.

제1장

# 쇠퇴하는 패권국 미국의 부상하는 대중국 외교

# I. 서론

2008년 서브프라임 모기지 사건발생 이후 경제적 쇠퇴를 경험하고 있는 미국의 최대 과제는 급격한 쇠퇴를 방지하고 패권국으로서의 위상을 유지하는 것이다. 미국의 패권적 위상은 상대적 개념이다. 냉전기간 동안 구 소련과 양극체제를 구성하던 미국은 현격한 국력신장 없이 구 소련의 일방적 붕괴로 자연스럽게 유일 초강대국으로 부상한 것이다. 같은 맥락에서 쇠퇴하는 패권국 미국은 부상하는 중국을 심각하게 고려해야 하는 상황에 직면한 것이다. 이는 몇몇 현실주의자들이 예측했던 것처럼 미국의 패권적 단극체제가 지나가는 순간(passing moment)을 맞이하고 있는 것이다.[1] 중국은 지난 30년간 급속한 경제성장을 거듭하며 경제대국은 물론 군사대국으로 부상하고 있다. 중국의 의사와는 무관하게 지난 30년간의 중국의 성장은 기존의 국가간 힘의 분배상태를 변화시켜 미국중심의 국제질서를 위협하는 요인으로 작용하고 있다.

이렇듯 경제적 쇠퇴에 직면하고 있는 상황에서 동시에 중국에 의해 도전받고 있는 미국은 패권국의 위상을 유지하기 위해 어떤 정책을 추구하는가?

중국과 지리적으로 인접해 있으며 대외의존도도 매우 높은 한국의 입장에서는 미국의 대중국정책이 자국의 안보와 경제에 직접적인 영향을 미친다는 점에서 미국의 대중국정책을 정확하게 분석할

---

1) Christopher Layne, "The Unipolar Illusion: Why New Great Powers Will Rise," *International Security*, Vol. 17, No. 4, Spring 1993, pp. 5-51; John J. Mearsheimer, "Back to the Future: Instability in Europe after the Cold War," *International Security*, Vol. 15, No. 1, Summer 1990, pp. 5-56.

필요성이 있는 것이다. 즉 2008년 서브프라임 모기지 사건 이후 미국은 쇠퇴하고 중국은 지속적으로 부상하는 세력전이(power transition) 상황에서 미국과 중국 사이에 전략적 딜레마를 겪고 있는 한국은 국가이익의 재규정과 새로운 국가전략 수립을 위해 쇠퇴하는 패권국인 미국의 부상하는 패권 도전국 중국에 대한 대외정책을 면밀히 분석하고 대안을 제시하는 것이 필요한 것이다. 또 부상하는 잠재적 패권국의 국력이 기존 패권국과 동등한 수준이 될 경우 세계전쟁의 가능성이 높아진다는 세력전이이론(Power Transition Theory)의 주장도 미국의 대중국정책에 대한 연구 필요성을 높이는 부분이다.[2]

따라서 본 연구는 미국의 대중국정책을 연구하여 쇠퇴하는 패권국의 부상하는 도전국에 대한 정책을 규명함으로서 향후 전개될 미중관계를 파악함은 물론 이를 바탕으로 쇠퇴하는 패권국의 행태에 대한 기존 이론들의 적실성을 경험적으로 평가하는데 그 연구목적이 있다. 이를 위해 본 연구는 우선 쇠퇴하는 패권국의 부상하는 도전국에 대한 정책과 관련된 이론적 접근법에 대해 소개한다. 현실주의이론은 힘의 분배상태의 변동의 상황에서 쇠퇴하는 패권국과 부상하는 도전국은 서로를 위협한다고 주장하고 있다. 특히 케네츠 월츠(Kenneth Waltz)는 패권국이 도전국보다 더 위협적으로 행동한다고 주장한다.[3] 이에 본 연구는 미국쇠퇴와 이에 대한 대응전략에 대한 기존 연구들의 주장을 비판적으로 개관한다. 이와 더불어 기존 연구들의 이분법적 주장에 대한 대안으로, 본 연구는

---

2) A.F.K Organski, *Power Transition: Strategies for the 21st Century*, New York: Chatham House, 2000.

3) Kenneth Waltz, *Realism and International Politics*, New York: Routledge, 2008, pp. xiiii.

쇠퇴하는 패권국이 채택할 정책들의 유형을 제시하고 이런 정책유형들을 중심으로 미국정부의 대중국정책을 분석한다. 셋째, 본 연구는 오바마정부의 대중국정책을 조사한다. 우선 오바마정부의 대중국경제정책을 살펴보고 이후 안보정책을 분석한다. 마지막으로 이러한 오바마정부의 대 중국정책 규명을 바탕으로 미국의 대중국정책들을 유형화하고 이를 배경으로 기존 이론들의 주장들을 경험적으로 평가한다.


## II. 쇠퇴하는 패권국의 대외정책에 대한 이론적 접근

패권국 미국의 쇠퇴에 대한 연구는 새로운 것이 아니다. 1980년대 말 미국이 경제위기를 겪고 일본이 성장을 거듭하던 시기에 이미 미국쇠퇴에 대한 연구들이 시작되었다. 그러나 이 시기 대부분의 연구는 미국이 진정으로 쇠퇴하는가에 집중되었다. 폴 케네디(Paul Kennedy)와 같은 쇠퇴주의자들은 미국의 과도한 대외개입이 이를 지탱해주는 미국경제력의 한계를 초과하게 되어 결국 쇠퇴한다는 것이다.4) 반면 몇몇 학자들은 미국은 여전히 구조적 역량 또는 연성권력 등을 보유하여 쇠퇴하지 않는다고 주장했다.5)

이러한 미국쇠퇴에 대한 연구는 소련의 붕괴와 1990년대 초반

---

4) Paul Kennedy, *The Rise and Fall of the Great Powers: Economic Change and Military Conflict from 1500 to 2000*, London: Fontana Press, 1989.

5) Stephen R. Gill and David Law, "Global Hegemony and the Structural Power of Capital," *International Studies Quarterly* 33, 4, December 1989, pp. 475-499; Joseph S Nye, *Bound to Lead: The Changing Nature of American Power*, New York: Basic Books, 1991.

IT혁명시기부터 시작된 미국경제의 회복과 더불어 급격히 감소되었다. 그러나 부시정부의 과도한 군사개입과 2008년 서브프라임 모기지 사건 발생 이후 미국쇠퇴에 대한 연구는 다시 활발하게 전개되고 있다. 하지만 1990년대 연구들이 미국쇠퇴 여부에 집중되었다면 최근의 연구들은 미국의 쇠퇴를 기정사실로 인정하고 이런 쇠퇴의 환경에서 미국이 어떠한 정책을 추구할 것인가에 모아지고 있다.[6] 키셔 마브바니(Kishore Mahbubani)는 패권이 아시아로 이동하고 있으며 미국의 쇠퇴는 자체의 취약성에 근거한 것이 아니라 아시아 국가들의 경쟁력과 역량의 급성장에 원인이 있다고 주장한다. 비슷한 맥락에서 파리드 자카리아(Fareed Zakaria)도 다른 국가들의 성장이 미국쇠퇴를 불러온 것이라고 주장한다. 이에 반해 로저 알트만과 리차드 하스(Roger Altman, and Richard Haass)는 미국의 쇠퇴는 금융산업의 무책임성에 그 근원이 있다고 주장하고 있다. 즉 월가로 대표되는 미국의 금융산업이 미국패권의 바탕이었고 금융산업에 심대한 타격을 준 서브프라임 모기지 사태는 결정적으로 미국을 쇠퇴시켰다는 것이다.

그러나 기존 연구들은 미국 쇠퇴를 입증하고 그 원인을 규명하는 데 집중하고 있는 반면 쇠퇴하는 미국이 급속한 쇠퇴를 방지하고 미국중심의 기존질서에 도전하는 국가들의 등장을 방지하기 위해 채택하는 정책에 대해서는 충분한 연구가 이루어지지 않고 있다.

---

6) Carmen M. Reinart, and Kenneth S. Rogoff, *This Time Is Different: Eight Centuries of Financial Folly*, Princeton: Princeton University Press, 2009; Kishore Mahbubani, *The New Asian Hemisphere: The Irresistible Shift of Global Power to the East*, New York: Public Affairs, 2008; Fareed Zakaria, *The Post-American World: And the Rise of the Rest*, New York: W.W. Norton, 2009; Roger C. Altman, and Richard N. Haass, *op. cit.*, pp. 25-34.

특히 미국과 중국 사이의 세력전이 발생여부 및 언제 양국 간 세력전이가 발생하는 지 등에 대한 연구는 상당히 전개된 반면 쇠퇴하는 미국이 부상하는 중국에 대해 채택하는 정책에 대한 경험적 연구는 상대적으로 충분하지 않은 것이 현실이다.

그럼 쇠퇴하는 미국은 쇠퇴방지와 부상하는 중국을 견제하기 위해 어떤 정책을 추구하는가? 탈냉전 이후 패권유지를 대외정책 목표로 유지해온 미국은 쇠퇴의 상황에서 채택할 대중국정책은 무엇인가?

위의 질문에 대해 일부는 쇠퇴하는 패권국은 도전국의 부상을 방지하기 위해 봉쇄정책을 채택하거나 또는 상대적으로 우월한 역량이 소진되기 전에 도전국의 부상방지를 위해 예방적 공격을 한다고 주장하고 있다.7) 특히 쇠퇴하는 패권국은 무정부상태의 조건에서 부상하는 도전국을 신뢰할 수 없기 때문에 패권국은 도전국과 싸울 수밖에 없다는 것이다.8) 이들은 군비축소정책은 도전국에게 약함을 보여주어 공격을 초래하기 때문에 위험한 정책이라고 주장한다. 즉 축소정책은 미국의 동맹국들을 낙담시켜 더 큰 협력을 얻을 수 없게 함은 물론 도전국의 지역 패권 구축을 허용하는 신호로 작용할 수 있다는 것이다.9) 따라서 이들은 쇠퇴하는 미국이 패권적 역할의 축소를 피해야 하며 현재의 군사적 역량을 지속적으로

---

7) Robert Gilpin, *War and Change in World Politics*, New York: Cambridge University Press, 1983, pp. 192-194 & 197.

8) Dale C. Copeland, *The Origins of Major War*, Ithaca: Cornell University Press, 2000, pp. 40 & 49.

9) Robert Kagan, "No Time to Cut Defense," *Washington Post*, February 3, 2009; Robert Kaplan, "Where's the American Empire When We Need It," *Washington Post*, December 3, 2010.

유지해야 한다는 것이다.

또 다른 일부는 쇠퇴하는 패권국이 패권유지를 위해 군비 축소정책을 채택하는 것이 필요하지만 국내정치적 요인들에 의해 기존의 패권적 정책을 유지할 수밖에 없다고 주장한다.[10] 이들은 강력한 군사력을 바탕으로 하는 패권유지를 선호하는 미국 내부의 이익집단과 의원들에 의해서 미국의 축소정책은 제어되어 패권적 대외정책을 유지하게 된다는 것이다. 이러한 미국 국내 이익집단 및 정치적 세력뿐만 아니라 대외정책결정을 담당하는 국무성엘리트들도 미국이 세계의 리더역할을 수행해야 한다는 인식을 유지하고 있기 때문에 축소정책 대신 패권 도전을 허용하지 않는 강경정책을 채택한다는 것이다.[11] 즉 이들은 축소정책이 쇠퇴하는 패권국에게 보다 적절한 정책이지만 국내정치적 요인들에 의해서 상당한 군사비가 요구되는 비효율적 패권유지정책을 추구하고 이런 맥락에서 중국의 도전을 압도하는 정책을 유지할 것이라는 것이다.

그러나 일부 학자들은 반대로 쇠퇴하는 패권국은 군비축소 및 역할 축소정책을 채택한다고 주장한다.[12] 이들은 쇠퇴하는 패권국을 기업과 동일시하여 국가도 예산이 자신들의 수단을 초과할 때

---

10) Fareed Zakaria, *op.cit.*, pp. 211−212; David P. Calleo, *Follies of Power: America's Unipolar Fantasy*, New York: Cambridge University Press, 2009, pp. 5−6 & 153−165.

11) Christopher Layne, "Graceful Decline: The End of Pax America," *American Conservative*, Vol. 9, No. 5, May 2010, p. 33; Stephen M. Walt, "In the National Interest: A New Grand Strategy for American Foreign Policy," *Boston Review*, Vol. 30, No. 1, 2005, http://www.bostonreview.net/BR30.1/walt.php (2012/2/13 검색).

12) Paul K. MacDonald and Joseph M. Parent, "Graceful Decline?: The Surprising Success of Great Power Retrenchment," *International Security*, Vol. 35, No. 4, Spring 2011, pp. 18−22.

부도를 겪게 된다고 강조하며 따라서 쇠퇴하는 패권국도 파산을 피하고 쇠퇴를 중지시키기 위한 방편으로 축소정책을 채택하게 된다는 것이다. 군비를 축소하고 고비용이 소요되는 분쟁을 회피하는 등 재조정의 정책을 통해 패권국은 국력회복이 가능하다는 것이다. 그러나 이들은 쇠퇴하는 패권국이 내부적 축소 및 조정정책만으로 균형을 회복하지 못할 경우 새로운 동맹형성 및 기존 동맹 강화와 같은 외부적 수단을 통한 축소정책을 추구한다고 주장한다.13) 즉 쇠퇴하는 패권국의 쇠퇴는 중장기적으로 불가피하지만 축소정책의 채택을 통해 '품위있는' 쇠퇴를 시도한다는 것이다.

이렇듯 기존의 이론적 접근들은 쇠퇴하는 패권국의 전략, 특히 도전국에 대한 전략에 대해 상반된 주장을 제시하고 있다. 특히 패권국의 도전국에 대한 정책을 지나치게 단순화하고 있으며 구체적 정책기조 및 내용 제시에 한계를 보이고 있다.

이에 본 연구는 쇠퇴하는 미국이 도전국에 대해 채택할 정책들의 유형을 제시하고 이런 정책유형들을 중심으로 미국정부의 대중국 정책을 분석한다. 본 연구는 쇠퇴하는 패권국이 채택 가능한 네 가지 체제관리 전략유형을 제시한다. 첫째, 예방전쟁전략(strategy of preventive war)으로서 쇠퇴하는 패권국이 도전국의 급부상에 대한 두려움으로 상대적으로 우월한 역량이 소진되기 전에 도전국에 대해 예방적 공격을 한다는 것이다.14) 둘째, 역량동원전략(strategy of power mobilization)으로서 쇠퇴하는 패권국이 자국의 쇠퇴를 저지하

---

13) *ibid*, p. 21.
14) Jack S. Levy, "Declining Power and Preventive Motivation for War," *World Politics*, Vo. 40, October 1987, pp. 82-107; Randall Schweller, "Domestic Structure and Preventive War: Are Democracies More Pacific?" *World Politics*, Vol. 44, January 1992, pp. 235-269.

고 도전국의 부상을 방지하기 위해 외부적 동맹강화 또는 내부적 국력증강개혁(self-strengthening reforms) 등을 통해 부상하는 도전국에 대한 역량을 축적하는 전략이다.[15] 셋째, 군비축소전략(strategy of retrenchment)은 패권국이 쇠퇴에 대응하기 위해 전략적 개입 또는 역할을 철회하는 전략이다. 축소전략은 다양한 형태의 정책적 선택으로 구성되어 있다. 예컨대 지출 효율화, 위험 축소, 부담전이, 선택과 집중의 자산재분배 등이 패권국이 선택할 수 있는 축소정책의 유형들이다.[16] 넷째, 타협전략(strategy of accommodation)은 쇠퇴하는 패권국이 부상하는 도전국의 요구 및 불평에 대한 양보 또는 유화전략 그리고 근본적인 문제해결 없이 긴장을 완화하는 제한된 데탕트 전략 등을 의미한다.[17]

본 연구는 위의 네 가지 유형의 쇠퇴방지전략을 바탕으로 쇠퇴기에 진입한 미국이 급격한 쇠퇴를 방지하기 위해 어떠한 전략을 추구하는지를 파악한다. 특히 본 연구는 오바마 미국정부가 위기에 빠

---

15) Randall Schweller, *Unanswered Threats: Politics Constraints on the Balance of Power*, Princeton: Princeton University Press, 2006; Victoria Tin-bor Hui, "Toward a Dynamic Theory of International Politics: Insights from Comparing Ancient China and Early Modern Europe," *International Organization*, Vol. 58, Winter 2004, pp. 175-205.

16) Colin Dueck, *Reluctant Crusaders: Power, Culture, and Change in American Grand Strategy*, Princeton: Princeton University Press, 2006, p. 12; Samuel P. Huntington, "Coping with the Lippmann Gap," *Foreign Affairs*, Vol. 66, No. 3, May/June 1988, p. 456; Michael Mastanduno, David A. Lake, and G. John Ikenberry, "Toward a Realist Theory of State Action," *International Studies Quarterly*, Vol. 33, No. 4, December 1989, pp. 465-469.

17) Ronald L. Tammen, Jacek Kugler, and Douglas Lemke, *Power Transitions: Strategies for 21th Century*, New York: Chatham House Publishers, 2001, p. 121.

진 경제회복과 위협받는 패권위상 수호를 위해 도전국에 대해 어떠한 경제 및 안보정책을 채택하는가를 규명하는데 집중한다.


## Ⅲ. 오바마정부의 대중국 경제외교정책


오바마정부는 2009년 취임과 더불어 "첫 번째 태평양 대통령이 되겠다"는 언급을 한 바와 같이 아시아에 대한 개입정책을 강화하고 있다. 특히 경제위기의 상황에서 집권한 오바마대통령은 경제위기 극복과 급속히 부상한 중국을 견제하기 위해 아시아에 집중하는 대외정책을 추진하고 있다. 우선 오바마정부는 경제적으로 아시아 각국으로부터 투자를 유치하고 대아시아 수출을 늘리는 길만이 국내 일자리를 늘리고 경제를 회복시키는 방안으로 인식하고 있다. 특히 오바마는 아시아국가들이 미국과의 경제관계에서 공정하지 못했다고 인식하면서 미국수출과 국내 일자리를 늘리기 위해서는 아시아국가들이 '공정무역'을 해야 한다고 압박을 강화했다.[18]

이런 맥락에서 오바마정부의 아시아정책의 핵심은 중국정책이다. 오바마대통령은 취임 이후 미국과 중국관계를 적극적이고 협력적이며 포괄적 관계로 규정했다. 오바마의 그의 저서 "담대한 희망 (The Audacity of Hope)"에서 그는 중국과의 관계의 핵심은 군사분야보다는 경제관계로 규정했다.[19] 특히 미국과 유럽이 경제위기에

---

18) 오바마는 2008년 대선 유세과정에서 "한국은 한 해 수 만대의 자동차를 미국에 수출하지만 반대로 한국은 고작 4~5,000대의 미국자동차를 수입한다"고 지적하면서 "이는 자유무역이 아니다"라고 주장한 바 있다.

19) Barack Obama, *The Audacity of Hope: Thoughts on Reclaiming the*

처한 상황에서 취임한 오바마대통령은 경제위기 극복을 위해 아시아시장을 미국의 성장동력으로 인식했고 중국과의 경제관계가 그 핵심이라고 판단했다.[20] 이에 중국과의 경제협력이 필요한 오바마정부는 중국의 위상을 G-2로 격상시키며 중국과의 전략대화(strategic dialogue)의 수준도 격상시켰다. 즉 오바마정부는 중국을 책임 있는 강대국으로 대우하며 협력을 촉구한 것이다. 그러나 오바마의 예상과는 달리 중국이 환율 재평가 및 무역불균형 시정 등에 대한 미국의 요구에 협력을 거부하고 외교, 군사, 경제적 역량을 지속적으로 강화하자 2010년을 기점으로 안보, 경제, 자원 등 다양한 분야에 걸쳐 본격적인 견제적 대중국경제정책을 추진하고 있다.

경제분야에 대한 오바마정부의 중국정책을 보면 협력과 압박정책을 병행채택하고 있다. 오바마정부는 중국의 경제협력과 국제적 금융위기 상황에서의 '책임있는 역할'을 요구하면서 이에 합당한 위상을 부여하기 시작했다. 우선 오바마정부는 IMF와 세계은행에서의 중국의 지분과 의결권을 3.9%에서 6.19%로 확대했으며 같은 맥락에서 IMF 부총재와 사무총장에 중국인 경제전문가인 주민과 린젠하이를 임명하는데 동의함으로서 중국과의 경제협력의 의사를 상징적으로 보여줬다. 특히 2012년 3월 23일 세계은행 총재에 한국계 미국인 김용을 추천한 것도 중국 및 아시아의 협력을 촉구하기 위한 조치로 이해된다.

그러나 오바마의 대중국경제정책은 협력보다는 견제 및 압박정책이 기조를 이룬다. 오바마정부는 미국의 총 무역적자의 약 60%를 차지하는 중국과의 무역역조가 중국의 인위적 위안화 평가절하와

---

*American Dream*, New York: Random House, 2006.
20) 경향신문, 2011년 12월 2일.

불공정 무역관행에 그 원인이 있다고 판단하고 중국의 환율정책과 무역정책을 비판하고 있다. 이에 미국 재무부는 중국을 환율조작국 명단에 명기할 것이라고 압박을 가하고 있으며 미 상원은 2011년 10월 12일 환율조작국 보복법안을 통과시켜 중국의 환율정책에 대한 직접적인 제재를 가시화하고 있다. 같은 맥락에서 오바마대통령은 최근 중국을 겨냥한 무역단속부서를 행정부에 설치할 것을 주장함으로서 중국과의 무역역조 개선에 강력한 정책을 추진할 것임을 분명히 하고 있다. 즉 오바마는 2012년 1월 24일 임기 마지막 국정연설에서 중국의 인위적 위안화 평가절하와 무역불균형에 대해 지적하고 이를 조사하기 위한 불공정 무역관행 무역단속부서(Trade Enforcement Unit)의 창설을 선언했다.[21]

오바마대통령은 2012년 시진핑 당시 중국부주석의 방미 시에도 "권력이 커지고 번영할수록 큰 책임이 따른다"라고 언급하면서 중국에 대한 보편적 경제제도의 도입을 압박했다.[22] 즉 시진핑의 미국방문 과정에서 중국이 35조원 가치의 미국상품 구매계약을 체결했지만 오바마대통령은 무역불균형, 위안화평가절상문제, 인권문제 등에 대해 집중적인 압박을 제기함으로서 미국경제 회복을 위해 중국에 대해 강화된 경제정책 채택을 분명히 한 것이다. 유사한 맥락에서 오바마는 2013년 미중정상회담에서 시진핑중국주석에게 사이버안보문제는 "해도가 없는 바다(uncharted waters)"라고 표현하며 중국의 해킹과 사이버 공격이 계속되는 경우 양국의 경제관계에 심각한 문제가 발생할 것이라고 경고함으로서 미국경제 회복에 부정적으로 영향을 줄 수 있는 사이버상의 중국의 행태에 압력을 행사

---

21) 경향신문, 2012년 1월 26일.
22) 경향신문, 2012년 2월 20일.

했다.[23)

중국에 대한 견제적 경제정책은 중국을 배제한 국제경제협력체제의 구성 노력에서도 확연히 나타나고 있다. 오바마정부는 2009년 아시아-태평양 지역경제의 통합을 목적으로 농산품을 포함한 모든 상품의 관세를 철폐하는 높은 단계의 자유무역협정인 태평양경제동반자협정(Trans- Pacific Strategic Economic Partnership : TPP)[24)에 가입하면서 TPP를 통해 중국을 배제한 아시아-태평양 국가들과의 경제협력 확대를 추구하고 있다.[25) 오바마정부는 TPP를 통해 아시아-태평양지역에 대한 경제개입 및 협력을 강화함으로서 미국의 경제회복을 꾀하는 것이다. 더 나아가 오바마는 TPP를 궁극적으로 미국이 주도하는 아시아-태평양지역의 세계 최대 규모의 지역경제통합체로 전환하여 중국에 대한 경제적 견제도 강화하는 것이다.[26) 특히 오바마정부의 TPP 확대전략은 자유무역지대 확대를 통해 무역 다변화를 추구하여 중국의 경제적 영향력을 약화시키고 중국과의 무역수지를 개선하려는 의도로도 해석된다.

---

23) 민중의 소리, 2013년 6월 17일, http://www.vop.co.kr/A00000645691. html (2013/6/20 검색).
24) TPP는 2006년 뉴질랜드, 칠레, 브루나이, 싱가포르 4개국이 높은 단계의 자유무역체제를 구성하는 차원에서 설립되었다.
25) 2011년 11월 12일 TPP에 가입한 9개국(미국, 베트남, 호주, 뉴질랜드, 브루나이, 싱가포르, 칠레, 페루, 말레이시아) 정상들은 무역과 투자 자유화 등을 포함하는 포괄적 경제협력 등에 합의했다. http://www.ustr.gov/tpp (2012/2/17 검색).
26) 오바마정부는 TPP를 미국경제의 새로운 성장동력으로 활용함은 물론 중국배제를 통해 중국경제에 대한 견제 효과도 추구하고 있다. 한국일보, 2011년 11월 10일. http://news.hankooki.com/lpage/world/201111/h2011111009142222510.htm; http://www.ustr.gov/about-us/press-office/fact-sheets/2011/november/united-states-trans-pacific-partnership (2012/2/17 검색).

오바마정부의 중국에 대한 이런 경제적 견제는 아시아 국가들과의 양자간 자유무역협정(FTA)의 확대로도 나타나고 있다. 오바마정부는 비준을 미루던 한미FTA를 비준했으며 호주, 싱가포르 등과의 FTA는 이미 발효되었고 현재 태국, 말레이시아 등과의 FTA 협상을 진행 중에 있다. 이는 TPP와 같은 다자적 경제공동체와 더불어 양자간 FTA를 통해 아시아지역 경제에 보다 적극적으로 개입하겠다는 것을 분명히 하는 것이다. 특히 미국은 이런 중국을 제외한 동아시아국가들과의 경제협력 강화를 통해 중국에 대해 경제적 의존도가 높은 역내 국가들에 대해 경제교류를 확대함으로서 중국의 이들에 대한 경제적 영향력을 상대적으로 축소하고 미국의 영향력과 위상을 유지하기 위한 것이다. 즉 오바마의 대중국경제정책은 미국의 경기회복과 대중 무역적자 감소라는 경제적 목적과 전략적 경쟁력 강화라는 정치적 목적이 결합된 결과인 것이다.

## IV. 오바마정부의 대중국 안보외교정책

오바마정부의 중국에 대한 견제정책은 안보분야에서 보다 선명하게 나타나고 있다. 오바마의 대중국 안보정책은 두 가지로 요약된다. 첫째, 오바마정부는 2012년 1월 5일 미국의 새로운 국방전략 가이드인 "미국 글로벌 리더십의 지속: 21세기를 위한 우선순위(Sustaining US Global Leadership : Priorities for 21st Century)"라는 보고서를 제시하고 아시아-태평양지역을 가장 중요한 지역으로 규정하며 미국의 기존 군사역량을 아시아 지역에 집중하여 부상하는 중국을 견제하는 정책을 채택하는 것이다.[27] 둘째, 오바마정부는 중국 주변의 미국의 기존 동맹국들과의 관계를 강화하고 새로운 동맹을 형성하는 전략을 추진하여 중국을 봉쇄하는 전략을 추진하는 것이다.

오바마정부는 2013년 회계연도 국방예산안을 전년도 대비 9% 감소한 6,130억 달러(약 688조원)로 책정함으로서 9.11 이후 최초로 국방예산을 감축했지만 오바마대통령은 신국방전략보고서에서 아시아지역에 대한 미군의 역할은 오히려 강화할 것을 천명했다.[28] 국방비 감축을 위해 기존의 2개의 전쟁을 동시에 수행하는 기존전략을 포기하고 대신 전력을 아시아-태평양지역에 집중함으로서 부상하는 중국을 전면적으로 견제하는 전략으로 전환된 것이다. 즉 2개의 전쟁을 동시 수행할 수 있는 군사적 역량을 유지하는 '윈-윈(win-win)'전략에서 하나의 전쟁을 수행하는 동안 다른 지역의 적을 억제하는 수준의 역량을 유지하는 '윈 플러스 원(win + 1)'전략으로 전환한 것이다.[29] 이는 부상하는 중국이 존재하는 아시아지역에서의 미군 역량을 강화시켜 전쟁을 승리로 이끌고 다른 한 곳의 전쟁은 억지시킨다는 전략으로 파악할 수 있다.

이런 맥락에서 신국방전략보고서는 중국과 같이 미사일, 잠수함 등 비대칭전력을 이용하여 미국의 전력투사와 작전수행을 저지하는 능력(Anti-Access/Area Denial)을 가진 국가들을 위협대상으로 지목하고 이에 효과적으로 대처할 수 있는 해중역량(undersea capabilities), 새로운 스텔스폭격기, 미사일방어체제(MD) 그리고 우주항공역량

---

27) Department of Defense, "Sustaining US Global Leadership : Priorities for 21st Century," January 2012, p. 2. http://www.defense.gov/news/ Defense_ Strategic_Guidance.pdf (2012/2/17 검색).
28) 연합뉴스, 2012년 1월 6일.
29) 경향신문, 2012년 1월 7일.

강화 등을 강조했다.[30] 같은 맥락에서 오바마정부는 국방예산 감축에도 불구하고 항공모함 11척을 유지하는 등 아시아-태평양 지역에서의 주도권을 계속 유지하겠다는 패권유지전략을 분명히 하고 있다.[31] 리언 패네타(Leon Panetta) 미국 국방장관도 최근 미의회 상원군사위원회 청문회에서 호주기지 등 아시아-태평양지역에 해병대를 추가로 순환 주둔시킨다고 밝힘으로서 아시아지역에 대한 미군역할 강화를 실제화 했다. 특히 베네타장관은 육군병력은 현재 57만 명에서 2017년까지 49만 명으로 줄이는 상황에서도 한반도 등 아시아지역의 육군병력은 상당한 규모의 병력을 유지할 것을 천명함으로서 부상하는 중국에 대한 오바마정부의 견제정책기조를 명확히 했다.[32]

오바마정부의 대중국 견제정책의 두 번째 수단은 미국의 중국 주변국들과의 관계 강화전략이다. 이 전략은 오바마정부가 단지 주변국과의 관계 강화를 통해 중국을 견제하기 위한 차원에서 전개하는 것이라기보다는 현재의 미국중심의 동아시아 질서를 유지 강화하기 위한 전략인 것이다. 즉 중국이 아시아 주변국들과의 협력 네트워크를 구성할 경우 미국의 역내 영향력은 상대적으로 약화될 수밖에 없기 때문이다. 이런 차원에서 오바마가 2008년 선거유세 기간에도 끼고 다녔다는 파리드 자카리아(Fareed Zakaria)의 저서 〈후기미국시대: 나머지의 부상(The Post-American World: And the Rise of the Rest)〉에서 제기된 주장이 오바마의 중국정책에 상당한 영향을

---

30) Department of Defense, "Sustaining US Global Leadership : Priorities for 21st Century," pp. 4-5.
31) 경향신문, 2012년 2월 16일.
32) 경향신문, 2012년 1월 28일.

미친 것으로 평가된다.[33] 자카리아는 중국이 영향력을 확대할 경우 미국은 자연스럽게 주변 국가들과의 협력을 통해 중국을 견제하는 정책을 채택할 수 있다고 주장한다.[34] 이는 중국의 지역패권국으로의 등장이 주변국들의 안보에 대한 우려를 증대시켜 오히려 역외에 위치한 미국과의 협력을 강화하게 되는 계기가 된다는 것이다.

이러한 주장은 오바마정부의 중국정책에 상당부분 반영되어 있다. 아시아지역 국가들과의 기존동맹 강화 및 새로운 동맹국 형성 전략의 시작은 중국과 오랜 기간 동안 대치상태에 있는 대만과의 관계 강화이다. 오바마정부는 2010년 초 대만에 대해 67억 달러 규모의 무기 수출계획을 발표했으며 중국의 반발에도 불구하고 지속적으로 판매를 강행하고 있다.[35] 오바마정부가 대만에 판매를 결정한 무기는 신형 패트리어트 요격미사일(PAC-3) 114기, 블랙호크 헬리콥터, 지상 및 함상 발사가 가능한 하푼미사일 12기 그리고 다기능정보유통시스템이 포함되어 있다.[36] 더욱이 중국의 반발에도 불구하고 오바마정부는 2011년 다시 대만에 F-16 개량형 145대 58억달러 규모의 전투기 판매를 결정함으로서 대만 군사력 강화를 중국 견제를 분명히 했다.[37] 이에 대해 커트 켐벨(Kurt Campbell) 미국무부 차관보는 중국의 대만에 대한 위협이 상존한 상태에서 대만 관계법에 근거하여 미국은 대만이 중국의 위협으로부터 안보를 확

---

33) New York Times, May 21, 2008, http://artsbeat.blogs.nytimes.com/ 2008/05/21/what-obama-is-reading/ (2012/2/20 검색).
34) Fareed Zakaria, op. cit., p. 128.
35) 한국일보, 2010년 1월 30일. http://news.hankooki.com/lpage/world/ 201001/h2010013005554922470.htm (2012/2/20 검색).
36) 중앙일보, 2010년 1월 30일.
37) 경향신문, 2011년 9월 21일. http://news.khan.co.kr/kh_news/khan_ art_view.html?artid=201109222124095&code=970204 (2012/2/20 검색).

보할 수 있도록 대만의 역량을 강화해야 한다고 주장했다.[38] 즉 오바마정부는 대만을 통한 중국에 대한 견제정책을 지속할 것을 분명히 하는 것이다.

중국과 갈등관계에 있는 대만과의 관계강화와 더불어 오바마정부는 아시아의 기존 동맹국들과의 관계 강화를 추진하고 있다. 즉 기존 동맹국들인 한국 및 일본 등과의 동맹을 강화하는 것이다. 대만이 중국과의 직접적 분쟁당사국으로서 중국견제 전략에 용이한 수단이라면 일본과 한국은 역량적 측면에서 중국을 실질적으로 견제할 수 있는 국가들이기 때문이다.

우선 일본과의 동맹강화는 아시아지역전략의 핵심이다. 오키나와의 후텐마 미군기지 철수 문제로 비화된 미국과 일본 민주당정권 간의 갈등은 2010년 9월 중일간의 영토분쟁사건인 댜오위다오/센카쿠 열도사건이 발생하면서 급격히 약화되었다. 오바마정부는 중일간 영토분쟁에 대해 기존의 영토분쟁 불개입의 전통을 벗어나 힐러리 클린튼장관이 센카쿠열도가 미일안보조약 제5조(일본영토방위의무)에 해당하는 것이라고 강조하며 일본영유권을 지지한다는 입장을 표명했다.[39] 일본의 이런 중국과의 영토분쟁은 미일동맹을 복원시키고 오히려 강화시키는 요인으로 작동했다. 이에 일본은 2010년 12월에 제시한 신방위대강에서 중국을 지역 및 국제사회의

38) Assistant Secretary of State for East Asian and Pacific Affairs Kurt Campbell testifies before the House Foreign Affairs Committee on "Why Taiwan Matters" on Capitol Hill in Washington, D.C., on October 4, 2011. http://www.youtube.com/watch?v=m0fksFOwUT4 (2012/2/21 검색).

39) 조양현, "일·중 센카쿠/댜오위다오 열도 분쟁과 동아시아 지역질서," 〈주요국제문제분석〉, 2010. 12. 31, p. 11.

우려사항으로 규정하고 2004년 신방위대강에서 제시한 미국과의 '통합안전보장전략'을 바탕으로 일본군의 '동적방위력(動的防衛力)'과 오키나와를 중심으로 하는 남서군도 방위력 강화를 천명했다.[40]

이런 환경에서 일본의 중국에 대한 정책변화는 2011년 미일 양국의 외무-국방장관회담(2+2 회담)에서 공식화되었다. 미국과 일본 양국은 중국을 지역안보환경을 불안하게 하는 요인으로 규정하고 중국은 국제적 행동규범을 준수해야 한다는 합의문을 발표했다.[41] 특히 이 회담에서 미일은 그간 논란의 핵심 사안이었던 오키나와 후텐마기지 이전 문제를 전향적으로 합의했고 중국 견제를 위한 양국 간 동맹 강화를 확인했다.[42]

이러한 오바마정부의 미일동맹 강화전략은 안보영역에서 경제 분야로 확대하고 있다. 중국의 경제적 팽창을 억제하기 위해서 오바마정부는 중국을 배제한 TPP를 전 아시아-태평양 지역국가들로 확대하기 위해 노력하고 있다. 이런 차원에서 중국 경제력을 실질적으로 견제할 수 있는 일본의 TPP 가입을 독려하였고 노다 일본정부는 교섭에 참여의사를 표명했다.[43] 이는 일본과의 안보 및 경제 동맹을 강화하여 전방위적으로 중국을 견제하려는 오바마정부의

---

40) 경향신문, 2010년 12월 14일. http://news.khan.co.kr/kh_news/khan_art_view.html?artid=201012142201535&code=970203 (2012/2/21 검색).

41) 아시아투데이, 2011년 6월 22일. http://www.asiatoday.co.kr/news/view.asp?seq=493304 (2012/2/23 검색).

42) 양기웅, "미일동맹과 동아시아의 세 가지 딜레마," 〈코리아연구원 현안진단〉, 제194호, 서울: 코리아연구원, 2011. 기존에 양국이 합의한 후텐마기지 이전시한인 2014년을 공식폐기하고 "2014년 이후 가능한 빠른 시일"에 이전을 완료한다고 새로이 합의하였다.

43) 최희식, "TPP를 둘러싼 일본 국내정치적 배경분석 및 평가," 〈KNSI 특별기획〉, 제36호, 코리아연구원, pp. 4-5. http://knsi.org/knsi/admin/work/works/KNSIspe36_111202_1.pdf (2012/2/23 검색).

전략인 것이다.

오바마정부의 한미동맹 강화전략은 미일동맹관계와 유사한 맥락에서 추진되고 있다. 한미동맹은 기본적으로 북한의 위협을 억제하고 한반도 안보를 안정화시키는데 주목적이 있지만 오바마정부는 중국의 부상의 상황에서 한미동맹의 성격 전환을 추구하고 있다. 이런 맥락에서 오바마정부는 2010년 QDR에서 주한미군을 전진배치에서 전진주둔으로 전환하고 비상사태의 경우 다른 지역으로 차출되는 병력이 될 수 있다고 적시하고 있다.44) 2012년 1월에 발표한 신방위전략보고서에서도 오바마정부는 한국을 포함한 아태지역의 동맹국들과의 협력을 통해 중국의 평화적 부상을 관리하겠다는 것을 강조하고 있다.45) 이는 한국과 같은 기존 동맹국들을 중국의 부상을 견제하는 세력으로 구축하겠다는 것을 의미한다. 특히 오바마정부는 한미FTA를 비준함으로서 한미동맹을 전통적인 군사안보 동맹관계에서 경제동맹이 추가된 전면적 동맹관계로 전환하여 중국을 견제하려는 의도를 보여주고 있다.

오바마정부는 기존 동맹들과의 관계 강화와 더불어 새로운 동맹형성을 통해 중국을 견제하는 전략도 동시에 수행하고 있다. 오바마정부는 호주, 베트남, 미얀마, 인도 중국의 주변국들과의 동맹형성 또는 관계 강화를 통해서 중국 견제력을 제고하는 정책을 추진하고 있다. 우선 조지 부시 전대통령이 인도의 핵보유를 인정하면서 형성된 미-인도 동맹을 오바마대통령은 그의 '핵 없는 세상'

---

44) US Department of Defense. *Quadrennial Defense Review*, 2010, p, 51. http://www.defense.gov/QDR/images/QDR_as_of_12Feb10_1000.p df (2012/2/23 검색).

45) Department of Defense, "Sustaining US Global Leadership : Priorities for 21st Century," p. 2.

기조와 배치됨에도 불구하고 인도와의 동맹관계를 유지 강화하고 있다. 오바마대통령은 취임 후 만모한 싱 인도총리를 최초의 국빈 방문자로 초대했으며 2009년 3월에는 인도에 대한 2조1천억 달러 규모의 무기판매를 최종 허용함으로서 부시 행정부 시기부터 강화되어온 미-인도관계를 더욱 공고히 했다.[46) 특히 오바마대통령은 2010년 인도방문 시 인도의 UN 안전보장이사회 영구적 상임이사국 진출을 지원할 것으로 공식적으로 선언했으며 중국의 반대에도 불구하고 아시아개발은행(ADB)으로부터 2조9천억 달러 규모의 차관을 받을 수 있도록 지원했다.[47) 이는 오바마정부가 중국과의 경쟁관계에 있는 인도를 전략적 동반자로 관계를 강화하여 중국을 실질적으로 견제 또는 포위하려는 봉쇄정책의 일환인 것이다.

오바마정부는 중국을 견제하기 위해 베트남과 필리핀 등 동남아 국가들과의 관계도 강화하고 있다. 오바마정부는 특히 중국과 이들 동남아국가들 사이에서 벌어지고 있는 남사군도 영유권분쟁에 개입해서 중국의 특별한 권리를 부정하고 자유로운 항해를 강조하며 어떠한 무력사용도 반대한다고 강조함으로서 중국에 대한 견제를 분명히 했다.[48) 즉 오바마정부의 동남아국가들과의 관계 강화는 중국견제의 맥락에서 이루어지고 있는 것이다. 오바마정부는 2011년 6월에 싱가포르에서 있었던 아시아안보회의에서 아시아에 군함 기항을 늘리고 해군활동과 다자훈련을 확충한다고 선언했다. 이에 오바마정부는 싱가포르에는 최신형 연안 전투함을 배치했고 미국

46) *Reuters*, March 16, 2009. http://www.reuters.com/article/2009/03/16/us-india-usa-arms-idUSTRE52F6X520090316 (2012/2/23 검색).
47) *New York Times*, November 8, 2010. http://www.nytimes.com/2010/11/09/world/asia/09prexy.html?_r=1 (2012/2/25 검색).
48) 경향신문, 2012년 1월 9일.

과 태국이 해오던 연례 코브라골드 군사훈련에는 처음으로 말레이시아를 참가시켰으며 미국과 동남아 6개국이 해오던 캐럿 합동해상훈련에 캄보디아를 참가시켰다.[49] 특히 미군 제7함대는 7일 동안 베트남과 미국-베트남 연합군사훈련을 실시했다. 이어 베트남과 군사협력 강화 양해각서를 체결했으며 대규모 투자 각서도 교환했다.

이러한 오바마정부의 중국 주변국들과의 관계 강화의 상징은 단연코 미얀마와의 관계 개선 노력이다. 민주세력을 억압하는 군부정권에 대한 경제 제재를 실시하여 미국 내 미얀마의 자산동결 및 송금금지 등의 조치를 연장했던 오바마정부는 클린턴 미국무부장관이 미얀마를 방문하면서 정책적 대전환을 추진하고 있다. 2010년 20년 만에 처음으로 선거를 통해 민간정부가 들어선 미얀마는 과거 군사정권과는 다른 '정상국가화'를 추진하면서 일방적 중국의존에서 탈피하여 미국과의 관계 개선을 선택했다. 즉 클린턴장관의 방문은 중국의 미얀마에 대한 압도적 영향력을 차단하고 중국의 인도양으로의 본격적 진출에 대한 견제로서의 의미가 있는 것이다.[50] 이런 맥락에서 클린턴장관은 미얀마에 대한 금융, 투자 그리고 수출제한 조치를 완화하고 외교관계 복원을 마무리할 것임을 분명히 했다.[51] 이에 테인 세인 미얀마대통령은 중국이 미얀마에 추진하던 수력발전소 건설사업을 포기하면서 중국에 대한 일방적 의존정책의 변화를 현실화했다.

49) 한겨레신문, 2011년 7월 17일. http://www.hani.co.kr/arti/international/china/487809.html (2012/2/25 검색).
50) 한겨레신문, 2011년 11월 20일.
51) 연합뉴스, 2012년 4월 5일. http://www.yonhapnews.co.kr/politics/2012/ 04/05/0503000000AKR20120405008300071.HTML?template=2087 (2012/4/5 검색).

마지막으로 오바마정부는 중국견제정책의 일환으로 호주 북부 다윈지역에 로버트슨 해군기지 건설을 추진하고 2012년부터 미해병을 상시 주둔시켜 2016년까지 2,500명을 주둔시킬 예정이다. 특히 미−호주군사협력은 로버트슨해군기지를 중심으로 미군은 단독 또는 호주군과의 합동훈련을 실시하고 미군전투기와 핵탑재함정 정박을 포함하고 있다.[52] 다윈의 미군기지 건설은 단지 호주와의 군사협력만을 의미하지 않는다. 다윈기지는 지리적으로 남중국해 남단에 위치하면서 남중국해에서 벌어지고 있는 중국과 동남아시아 국가들 사이의 영유권분쟁에 보다 용이하게 개입할 수 있는 전초기지의 의미가 추가된다. 즉 오바마정부는 호주와의 동맹강화전략을 통해 중국의 동남부지역으로의 영향력 확대를 견제하는 효과를 확보한 것이다.

　　위에서 본 바와 같이 오바마정부는 중국에 대해 직접적 봉쇄를 강화하지는 않지만 아시아지역에 대한 자국의 국방력 강화 및 역내 기존 동맹 강화와 주변국과의 관계 강화로 중국에 대한 견제적 정책의 기조를 명확히 하고 있다. 특히 이런 안보적 측면에서의 포위 및 견제전략은 경제분야로도 확대하여 위안화 평가절상 또는 불공정 무역관행 시정 등 중국에 대한 직접적 압박을 강화하는 동시에 아시아국가들과의 양자간 FTA 및 TPP와 같은 다자간 자유무역지대 확대 등의 전략을 통해 경제적 포위 및 견제정책도 동시에 수행하고 있다. 즉 오바마정부는 중국의 급속한 부상을 방지하기 위해 안보 및 경제 등 전방위적인 봉쇄정책을 추진하면서도 세계경제회복과 북핵문제 등 중국의 협력이 필요한 여러 사안들을 고려하여

---

52) 조선일보, 2011년 11월 17일.

중국과의 불필요한 직접적 충돌은 피하고 선택적 분야에서 협력을 유지하는 "포괄적 봉쇄 속 선택적 협력"을 추구하는 대중국정책을 채택하고 있는 것이다.


## V. 결론

본 연구는 쇠퇴하는 패권국의 부상하는 도전국에 대한 정책을 규명하기 위해 쇠퇴하는 미국의 오바마정부의 부상하는 대중국정책을 조사했다. 특히 이런 미국의 대중국정책은 향후 동아시아 안보질서를 예측하게 하고 미중패권경쟁의 정도를 파악하게 하는 좌표인 것이다. 연구결과 오바마정부는 미국 대외정책의 목표를 패권유지로 규정하고 있고 이를 위해 개입주의적 대외정책 기조를 유지하는 것이다. 특히 오바마정부는 과거 부시정부와 같이 미국안보의 최대 위협을 테러집단이 대량살상무기를 확보하는 것으로 규정하고 있다. 따라서 오바마정부도 여전히 강력한 군사역량 유지 및 동맹 강화 그리고 추가적으로 경제회복을 미국이 수행해야 할 가장 중요한 과제로 제시하고 있는 것이다. 이에 오바마정부는 미국의 경제적 위기와 쇠퇴를 인정하여 중국의 급속한 부상이 미국중심의 국제질서를 위협하는 요인으로 인식하고 있다. 즉 패권유지를 미국 대외정책의 목표로 규정하고 이를 위해 미국의 경제회복과 부상하는 중국에 대한 견제를 강조하고 있는 것이다.

오바마정부의 대중국정책을 다시 요약하면 우선 중국의 부상을 견제하기 위해 미국의 군사력을 아시아-태평양지역에 집중하고 역내 국가들과의 동맹을 강화한다는 것이다. 기존 동맹국들과의 관계강화와 새로운 국가들과의 협력강화를 통해 중국을 포위하는 전략을 추구하는 것이다. 즉 한국, 일본과 같은 기존동맹과 인도 그리고 인도네시아 등의 협력국가들과의 관계강화를 통해 중국을 견제하는 정책을 제시하고 있다. 예컨대 일본 등과의 군사동맹 강화와 더불어 레이건정부 시기 이후 중국에 약속했던 대만에 대한 무기판매금지 약속을 깨고 정권초기부터 대만에 대한 집중적인 무기판매를 단행함으로서 중국 주변의 동맹국들의 군사적 역량을 강화해 중국을 견제하는 것이다.

둘째, 오바마정부는 중국이 의도적으로 위안화를 평가절하하고 있고 불공정무역 관행을 반복하고 있다고 간주한다. 따라서 이 문제해결을 위해 중국에 대해 상당한 압박을 가하는 정책을 추진하고 있다. 이에 오바마대통령은 위안화평가절상 문제와 불공정무역관행에 대해서 무역단속부서 창설과 환율조작국 지정을 경고하며 압박을 강화하고 있다. 즉 오바마정부는 중국과의 경제적 문제 해결이 미국 경제회복에 결정적 요인으로 간주하고 특정사안에 대해서 강한 압박을 행사하고 있는 것이다.

셋째, 오바마대통령은 중국에 대해 배타적인 경제통합체 형성을 통해 미국경제 회복을 시도하고 중국을 경제적으로 준(quasi) 봉쇄하는 정책을 제시하고 있다. 즉 오바마정부는 TPP와 아시아국가들과의 양자적 FTA 체결의 방법으로 중국을 경제적으로 견제하는 정책을 추구하는 것이다. 이는 중국에 대한 군사적 견제정책만으로는 중국의 부상을 저지할 수 없다는 것이며 따라서 중국을 배제한 자유경제공동체를 통해 미국이 경제력을 회복하고 이러한 상대적 이익의 확보를 통해 중국을 압도하겠다는 것이다.

그러나 오바마대통령은 중국에 대한 견제를 위해 아시아-태평양 지역에 필요한 군사력을 유지하지만 전체적으로는 군비축소정책을 채택했다. 즉 쇠퇴하는 미국이 결국 급격한 쇠퇴를 방지하기 위해 군비를 축소는 정책을 채택한 것이다. 패권유지라는 대외정책 목적과 이를 위한 경제회복 그리고 부상하며 미국중심의 기존 질서를 위협하는 중국에 대한 견제가 오바마정부의 대중국정책의 핵심인 것이다. 이런 오바마정부의 대중국정책은 쇠퇴하는 패권국이 부상하는 도전국에 대해 채택하는 정책에 대한 기존 이론들의 주장을 검증할 수 있는 경험적 증거가 되는 것이다.

본 연구가 제시한 쇠퇴하는 패권국이 도전국에 대해 채택하는 4가지 유형의 정책들을 통해 오바마정부의 대중국정책을 유형화하면 오바마정부는 [그림-1]이 보여 주는 바와 같이 중국에 대해 쇠퇴하는 패권국이 쇠퇴를 저지하고 도전국에 대해 외부적 동맹강화 및 내부적 국력증강개혁 정책을 채택한다는 "역량동원전략"과 군비축소, 동맹에의 부담 이전 그리고 선택과 집중의 자산배분 등의 "축소정책"을 병행해서 추진하는 것으로 파악된다. 즉 오바마정부는 미국의 쇠퇴를 방지하고 패권을 유지하기 위해 외부적 수단을 통한 힘의 분배상태를 유리하게 조성하려하고 있으며 동시에 내부적으로 군비를 축소하면서도 '선택과 집중'의 원칙으로 중국을 겨냥하는 아시아-태평양 지역에 대한 군사역량은 유지하는 정책을 추구하는 것이다.

이와 같이 오바마정부는 쇠퇴를 방지하기 위해 군비를 축소하여 경제회복에 집중함으로서 '품위있는' 쇠퇴를 시도하는 것이다. 동시에 동맹국들과의 안보 및 경제관계 강화로 중국을 중층적으로 봉쇄하면서도 필요한 분야에서 부분적으로 협력을 추진하는 "포괄적 봉쇄 속 선택적 협력정책"을 추진하는 것이다.

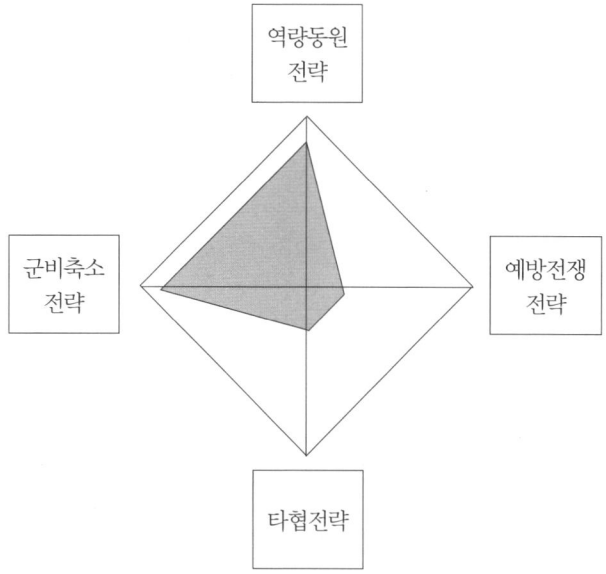

[그림-1] 오바마정부의 대중국전략 기조

역량동원
전략

군비축소
전략

예방전쟁
전략

타협전략

　　이런 오바마정부의 대중국정책을 바탕으로 기존 이론들의 주장
을 평가하면 기존 이론들이 군비축소를 기준으로 이분법적인 주장
을 제기한 것과는 달리 오바마정부의 대중국정책은 "역량동원전략"
과 "군비축소전략"을 병행 채택하고 있는 것이다. 이는 기존 이론들
의 이분법적 주장이 쇠퇴하는 미국의 중국에 대한 정책을 설명하는
데 한계가 있음을 보여주는 것이다. 오바마정부의 대중국정책은
쇠퇴하는 패권국이 도전국에 대해 채택하는 정책은 하나의 단일한
정책보다는 복합적 정책들을 병행 추진한다는 본 연구의 주장을
확인한 것으로 평가된다.
　　이러한 오바마정부의 대중국정책은 동아시아 미중패권경쟁구도
에서 미국이 채택한 정책을 요약하고 있는 것이다. 즉 경제적 쇠퇴
를 인정하여 군비축소를 추진하지만 미국의 패권위상 유지를 위해

이를 위협하는 중국에 대해서는 현 군비를 그대로 유지하고 동아시아 동맹국들의 역할확대를 통해 중국을 완만하게 견제한다는 것이다. 특히 중국견제는 군사력 유지만으로는 충분하지 않음을 인식해 중국의 경제적 영향력을 제어하는 전략을 함께 추진하는 것이다. 그러나 오바마정부는 경제력 회복과 현상유지가 미국 패권유지의 요체라고 간주함으로서 중국견제를 강화하면서도 '전략대화'를 통해 협력의 분야를 확대하는 등 온건하고 완만한 대중국견제정책을 취하고 있는 것이다. 이는 단기적으로는 동아시아지역에서 본격적인 미중대결구도가 형성될 가능성이 낮음을 의미하는 것이다.

# 제2장

# 미국 오바마정부의 대북한 외교

# I. 서론

2012년 4월 13일 아침 북한은 한 달 전부터 예고했던 '광명성 3호' 발사를 강행했고 1년 후인 2013년 2월 12일 3차 핵실험을 실시했다. 미국은 물론 중국과 같은 북한의 우방국도 적극 반대했던 핵실험과 장거리 미사일발사를 강행한 것이다. 이에 미국 등은 유엔 안전보장이사회를 소집하여 북한을 강력히 제재하는 내용의 의장성명과 유엔안보리 제재결의안을 만장일치로 채택했다.[1] 이러한 북한의 미사일 발사 및 핵실험 강행은 동아시아 안보를 위협하는 것이며 이는 곧바로 미국중심의 국제질서를 불안정하게 하는 요인으로 작동하고 있다. 이에 3차 핵실험 강행과 '광명성 3호'와 '은하 3호' 등 미사일 발사는 미국의 강력한 대응을 불러왔다. 북한핵 문제가 단순히 한반도 및 동북아 안보를 위협하는 요인이 아닌 미국의 국제사회 거버넌스체제를 무력화시키는 요인이기 때문이다. 즉 북핵문제는 이란핵

---

1) 2012년 4월 16일에 유엔안보리가 채택한 의장성명의 내용은 모든 핵무기와 핵프로그램을 완전하고 검증가능하며 불가역적으로 폐기하며, 모든 관련활동을 중단하고, 탄도미사일 기술을 이용한 어떠한 추가발사나 핵실험 또는 추가도발도 하지 말 것을 포함해 1718, 1874호의 의무를 즉각적이고 완전하게 준수할 것을 요구하는 내용이다. 연합뉴스, 2012년 4월 17일; 3차 핵실험에 대한 유엔안보리 제재결의안 2094호는 유엔헌장 7장(평화에 대한 위협, 평화의 파괴 및 침략행위에 관한 행동) 41조(비군사적 조처)에 근거한 제재안으로서 군사적 강제조처에 해당하는 42조는 채택되지 않았다. 그러나 기존의 제재안보다 강화된 내용으로 구성되어 북한과 관련되어 금지물자 적재가 의심되는 선박 검색과 항공기 영공통과 및 이착륙 금지 등이 포함되었다. 특히 해당 선박이 검색을 거부할 경우 유엔회원국들이 자국에 북한선박의 기항을 불허한다는 조처가 포함되었다. 금융거래 부분에서도 북한의 제재 대상 관련 단체 또는 개인의 자산동결뿐만 아니라 금융거래 서비스 제공 금지와 대리인의 자산 동결도 추가되었다. 한겨레신문, 2013년 3월 8일.

문제와 연계되어 미국중심의 국제안보체제를 유지하는 핵비확산체제를 약화시킴으로서 미국 패권체제를 위협하는 것이다.

이렇듯 북한의 미사일 발사와 핵실험에 기인해 동아시아지역의 불안정성은 급속히 증가하는 상황이다. 이런 상황에서 미국이 최근 군비를 축소하고 군병력을 감축하는 등 군축정책을 본격화하고 있다. 이에 오바마2기정부가 패권유지와 쇠퇴 방지를 위해 어떤 대북정책을 채택할 것인가에 국제사회의 관심이 집중되고 있는 것이다.

즉 미국과 같이 쇠퇴하는 패권국이 미국중심의 국제질서를 지탱하는 핵심적 요소인 핵비확산국제규범을 정면으로 위협하는 북한과 같은 도전국에 대해 어떠한 정책을 취할 것인가?

2008년 서브프라임 모기지 사건 발생 이후 경제적 쇠퇴에 직면하고 있는 상황에서 북한의 계속되는 도발을 방지해야 하는 오바마정부는 핵확산방지와 비핵화를 위해 어떤 정책을 채택하는 가는 동아시아는 물론 한국의 안보 및 경제에 중요한 영향을 미치는 것이다. 특히 최근 북한의 김정은체제가 등장하고 3차 핵실험 강행 등 역내 불안정성이 증폭된 상태에서 미국정부의 대북정책 방향은 한반도 및 동아시아안보를 좌우하는 결정적 요인으로 작용하는 것이다. 이런 맥락에서 쇠퇴의 상황에서 전개되는 미국의 대북정책을 파악하는 것이 필요한 것이다.

따라서 본 연구는 오바마정부의 대북한정책을 분석하고 이를 바탕으로 미국정부의 대북정책이 한반도 및 동아시아 안보에 미칠 영향을 파악한다. 이를 위해 본 연구는 우선 미국의 경제적 쇠퇴와 북한의 도발로 요약되는 미국중심의 기존 국제질서에 대한 현상타파적 요인을 규명함으로서 국제 구조적 변화와 미국이 직면한 구조적 제약에 대해 살펴본다. 둘째, 쇠퇴하는 패권국의 기존 질서를

위협하는 도전국에 대한 정책과 관련된 이론들의 주장에 대해 소개
한다. 일부 현실주의자들은 쇠퇴하는 패권국은 급격한 쇠퇴를 방지
하고 패권을 유지하기 위해 역외균형전략(offshore balancing) 또는 선
택적 개입전략(selective engagement)을 채택할 것이라고 주장한다.[2]
즉 쇠퇴하는 미국은 북한에 대해 제한적으로 개입함으로서 과도한
역량의 소진을 회피한다는 것이다. 반면 일부는 쇠퇴하는 패권국의
급격한 쇠퇴를 방지하는 최선의 방안은 도전국의 도발이 발생하기
전에 상대적으로 우월한 역량을 바탕으로 도전국에 대해 예방적
공격을 한다고 주장하고 있다.[3] 북한이 도발하기 전에 미국이 예방
적 공격을 하는 것만이 미국의 급격한 쇠퇴를 막고 패권을 유지하는
길이라는 것이다. 이에 본 연구는 쇠퇴하는 미국이 위기촉발 행태
를 통해 기존 질서를 위협하는 대북한정책에 대한 기존 연구들의
주장을 비교적으로 개관하고 한다. 셋째, 미국정부의 대북정책을
1기 오바마정부 시기와 최근의 미국의 대응을 중심으로 조사한다.
특히 최근 북미 2.29합의와 '광명성 3호' 발사 그리고 3차 핵실험
이후의 오바마정부의 입장을 중심으로 분석한다. 결론에서는 오바
마 미국정부의 대북한정책들의 유형을 제시하고 이를 배경으로 기
존 이론들의 주장을 평가 한다. 특히 오바마정부의 대북정책 분석
을 바탕으로 한반도 및 동아시아안보에 미칠 영향과 한국이 추구해
야할 정책적 선택들을 고려한다.

---

2) John Mearsheimer, "The Future of American Pacifier," Foreign Affairs, Vol.
   80, No. 5, 2001, pp. 46-61; 이동선, "미국의 안보실행전략," 〈EAI 국가안
   보패널(NSP)보고서〉, 2009년 12월, p. 10. http://www.eai.or.kr/data/bbs/
   kor_report/2009122914432569.pdf (2012/4/22 검색).
3) Robert Gilpin, War and Change in World Politics, New York: Cambridge
   University Press, 1983, pp. 192-194 & 197.

## Ⅱ. 미국의 쇠퇴와 대북정책의 현황

미국의 쇠퇴에 대한 논의는 이미 1990년대 초반부터 시작된 바 있지만 클린튼정부 시기의 경제회복과 더불어 잠재워졌다. 그러나 부시정부시기부터 역량을 초과하는 과도한 팽창정책을 채택하여 지난 10여 년간 아프가니스탄 및 이라크 전쟁에 소요된 비용(1조 4,690억 달러)과 부시행정부 감세정책(1조 8,120억 달러)을 통해 미국의 경제적 역량이 급격히 악화하면서 쇠퇴에 대한 논의는 재개되었다.[4] 이런 과도한 대외개입과 감세정책이 이를 지탱해 주는 미국 경제력의 한계를 초과한 상황을 본격적인 위기상황으로 전환시킨 것은 2008년 서브프라임 모기지 사건이다. 즉 서브프라임 모기지 사건은 미국경제의 심장이라고 할 수 있는 금융시장을 붕괴시킴으로서 미국의 경제적 역량을 급격하게 약화시켰고 결국 미국의 대외전략을 뒷받침하는 경제적 기반이 훼손된 것이다.

미국이 아프가니스탄전쟁과 이라크전쟁을 수행하기 시작한 2002년 이후 미국정부의 재정은 지속적으로 적자를 시현하고 있어 2009년에는 재정적자 규모가 1조 6,000억 달러, 2010년은 1조 3,000억 달러 등 1조 달러를 상회하는 규모로 확대되었다.[5] 이러한 막대한 재정적자 규모는 필연적으로 부채의 급속한 증가를 불러와 현재 미국 연방정부의 부채가 15조 2,900백억 달러로 미국 GDP인 15조 1,400백억 달러를 초과함으로서 총생산보다 부채가 더 많은 상황이다.[6]

---

4) 조선일보, 2011년 8월 3일. http://biz.chosun.com/site/data/html_dir/ 2011/08/03/2011080300958.html (2012/2/1 검색).

5) Roger C. Altman and Richard N. Haass, *op. cit.*, pp. 26-27.

6) 미국 국가 채무시계로 연방정부의 총부채가 실시간으로 나타나고 있다. http://www.usdebtclock.org/ (2012/2/1 검색).

1792년 미국이 정부 총부채를 기록하기 시작한 이후 최대의 부채규모를 보여주는 것이며 더욱 현실적인 문제는 막대한 부채에 따라 지급해야 할 과도한 이자가 다시 미국경제 회복의 발목을 잡는다는 것이다. 현재의 부채 규모는 GDP의 1~4%의 이자비용을 필요로 하고 있고 이는 국방비(약 GDP의 5%)와 유사한 수준이며 교육, 에너지, 농업, 사회기반시설 투자 등의 지출보다 많은 금액인 것이다.[7]

특히 이러한 대규모 재정적자와 높은 부채 규모를 감소시키기 위해서는 지속적인 무역수지 개선 및 저축률 그리고 국내총생산 등의 증가가 필요한데 GDP 성장률은 최근 3년간 1~2%에 불과하고 가계 저축률은 마이너스에서 벗어나지 못한 상태이며 무역적자 규모도 급속히 확대되어 2006년 최대 7천 5백억 달러까지 증가했고 2011년 현재도 5,000억 달러 규모의 무역적자를 시현하고 있다.[8] 즉 재정 및 무역의 '쌍둥이 적자'가 만연된 상태에서 미국경제의 빠른 회복을 예상하기 어려운 것이다.[9]

이러한 미국의 경제력 쇠퇴는 군사비의 감소로 이어지고 있다. 미국방부는 2012년 1월 3일 미국의 새로운 국방전략 가이드인 "미국 글로벌 리더십의 지속: 21세기를 위한 우선순위(Sustaining US Global Leadership : Priorities for 21st Century)"라는 보고서를 제시하고 군사비 감축을 공식화했다.[10] 미국은 향후 10년간 4,780억 달러 규모의

7) Roger C. Altman, and Richard N. Haass, op.cit., p. 27.
8) U. S. Census Bureau, Foreign Trade Division, "U.S. Trade in Goods and Services," June 9, 2011. http://www.census.gov/foreign-trade/ statistics/ historical/gands.txt (2012/2/1 검색).
9) Daniel W. Drezner, "Bad Debts: Assessing China's Financial Influence in Great Power Politics," International Security, Vol. 34, No. 2, Fall 2009, p. 12.
10) Department of Defense, "Sustaining US Global Leadership : Priorities

국방비를 감축하는 결정을 했으며 이런 맥락에서 2013년 국방비 예산을 전년대비 300억 달러 삭감한 6,130억 달러로 책정했다.[11] 미국의 군사력은 여전히 세계 최강의 역량을 보유하고 있지만 이러한 예산 삭감은 불가피하게 개입의 범위를 축소시킬 수밖에 없는 것이다. 2008년 서브프라임 모기지 사건을 상징으로 시작된 미국의 경제적 쇠퇴는 구조적 제약으로서 미국 대외정책에 직접적인 영향을 주어 패권유지를 대외정책 목표로 규정하고 있는 오바마정부의 대북한정책 결정에도 중요 변수로 작용하는 것이다. 즉 쇠퇴하는 미국이 쇠퇴를 중지시키고 패권을 유지해야 하는 상황에서 북한의 핵실험과 미사일 발사와 같은 도발은 오바마정부 외교의 선택을 더욱 제약하는 것이다.

북한의 핵개발은 미국중심의 국제질서를 위협하는 요인으로 작용하고 있다. 2001년 2차 북핵위기 발생 이후 북핵문제 해결을 위해 작동해왔던 6자회담은 전면적으로 정체된 지 5년 가까이 지났으며 그 사이 북한은 2006년과 2009년 그리고 2013년 등 세 차례의 핵실험과 다수의 미사일 발사를 강행함으로서 미국패권체제의 국제안보 운영규범인 핵비확산규범에 도전하고 있다. 이러한 북핵문제의 장기적 표류는 동아시아 안보에 대한 우려를 가중시키고 있으며 이란과 같은 다른 핵개발국가의 등장을 촉진하는 등 미국의 국제사회 관리에 상당한 부담을 주고 있다. 특히 2011년 12월에는 김정일 국방위원장이 사망하고 그를 이어 체제 장악력과 국정운영 능력이

---

for 21st Century," January 3, 2012, p. 2, http://www.defense.gov/news/Defense_Strategic_Guidance.pdf (2012/2/17 검색).

11) U.S. Department of Defense, "Panetta Announces Fiscal 2013 Budget Priorities," *American Forces Press Service*, January 26, 2012, http://www.defense.gov/news/newsarticle.aspx?id=66940 (2012/2/1 검색).

검증되지 않은 김정은이 북한의 최고지도자로 등장함으로서 북한 내부정치의 불확실성 또한 커지고 있는 것이 현실이다.

이런 북한의 핵실험과 미사일 발사 강행은 '전략적 인내'정책 기조에서 대화전략으로 전환하며 2.29 북미베이징 합의를 도출시켰던 오바마정부를 다시금 대북봉쇄정책으로 회귀하게 했다. 특히 천안함사건과 연평도포격 사건 그리고 2013년 2월 3차 북핵실험 이후의 일련의 위기 상황전개 이후 북한과의 대화를 단절하고 있는 한국도 단기적으로 북한과의 관계 복원 전망이 어두운 상태다. 중국은 시진핑정권 들어 북핵문제에 대해 변화된 입장을 보이며 비핵화를 강조하고 있지만 북한의 김정은체제 안정도 중요하게 간주하고 있다.

즉 북핵문제는 북한 내부정치의 불확실성의 증가와 외부로의 도발 그리고 이에 따라 미국과 한국을 포함한 주요 관련국들이 봉쇄정책을 유지하는 상황에서 장기화되고 있어 비핵화라는 근본적 문제해결의 전망은 어둡다. 하지만 체제를 공고히 해야 할 김정은정권은 중국과 러시아마저도 반대를 분명히 하는 핵실험과 장거리미사일 발사 강행 등을 통해 북핵문제의 이슈화를 촉진하고 있다. 특히 오바마대통령이 이란핵문제에 대해 군사적 공격수단까지 언급하는 상황에서 북한이 제3차 핵실험을 강행한 것은 동아시아안보를 더욱 위협하는 것이다.

이와 같이 북한의 핵실험과 미사일 발사 강행은 소련붕괴 이후 유지되어온 미국중심의 국제질서를 위협하고 있다. 이는 현상유지를 통한 미국패권유지라는 미국 최우선의 국가이익을 위협하는 것이다. 따라서 미국의 오바마정부는 쇠퇴의 상황에서 쇠퇴를 저지하고 동시에 이러한 북한의 도발을 제어하여 기존 질서를 유지해야 하는 과제를 안고 있는 것이다.

## Ⅲ. 미국정부 대북정책에 대한 이론적 주장들

장기간의 이라크 및 아프가니스탄 전쟁과 2008년 서브프라임 모기지 사건 발생으로 미국역량의 쇠퇴가 본격화되면서 미국의 쇠퇴 방지와 패권유지 정책에 대한 논쟁이 다시 활발해지고 있다. 일부는 1990년 초반과 같이 미국의 쇠퇴가 물질적 역량의 변화에 기반을 둔 현상이 아니라 미국의 약점을 지적하는 미국 내부 식자층에서의 순환적 비유라고 주장하거나 물질적 역량의 약화를 지나치게 과장했다고 지적하며 미국의 쇠퇴를 인정하지 않고 있다.[12] 하지만 더 많은 사람들은 이번은 다르다는데 공감하며 미국의 쇠퇴를 인정하고 있다.[13]

미국의 쇠퇴를 주장하는 이들은 미국의 쇠퇴를 자체 역량의 쇠퇴보다는 경쟁국가의 부상이라는 상대적 개념을 중심으로 파악한다. 키셔 마브바니(Kishore Mahbubani)는 미국의 쇠퇴는 아시아 국가들의 상대적 역량 강화[14]로, 파리드 자카리아(Fareed Zakaria)는 나머지 세계의 부상을 미국의 상대적 쇠퇴 이유로 주장하고 있다.[15]

그러나 기존 연구들은 미국 쇠퇴를 입증하고 그 원인을 규명하는

---

12) Josef Joffe, "The Default Power: The False Prophecy of America's Decline," *Foreign Affairs*, Vol. 88, No., 5, 2009, pp. 21-35; Joseph Nye, "The Future of American Power," *Foreign Affairs*, Vol. 89, No., 6, 2010, pp. 2-12.

13) Carmen M. Reinart, and Kenneth S. Rogoff, *This Time Is Different: Eight Centuries of Financial Folly*, Princeton: Princeton University Press, 2009.

14) Kishore Mahbubani, *The New Asian Hemisphere: The Irresistible Shift of Global Power to the East*, New York: Public Affairs, 2008.

15) Fareed Zakaria, *The Post-American World: And the Rise of the Rest*, New York: W.W. Norton, 2009.

데 집중하고 있는 반면 쇠퇴하는 미국이 쇠퇴를 완화하고 북한과
같이 미국중심의 기존질서를 위협하는 도발국가들을 억제하기 위
해 채택하는 정책에 대해서는 충분한 연구가 이루어지지 않고 있다.
즉 쇠퇴하는 미국이 북한 또는 이란과 같은 위기 촉발적 국가들에
대해 채택하는 정책에 대한 이론적 접근과 경험적 연구가 상대적으
로 충분하지 않은 것이다.

쇠퇴하는 패권국은 기존 질서를 위협하는 도전국에 대해 어떤
정책을 채택하는가? 일부 현실주의자들은 쇠퇴하는 미국이 쇠퇴를
방지하기 위해서는 절제된 대외정책을 추진해야 하며 따라서 대외
개입을 축소하고 역외의 세력균형이 깨지고 미국의 핵심적 국가이
익이 직접적으로 위협받을 경우에만 개입하는 '역외균형 전략'을
채택해야 한다고 주장한다.16) 즉 비용절감과 미국의 패권유지를
동시에 추구하기 위해서는 해외 개입을 최소화하고 미국의 핵심적
이익이 존재하는 지역의 세력균형이 깨졌을 경우에만 개입해야 한
다는 것이다. 특히 역외균형자 전략은 미국의 직접적 지역 통제는
불필요하다고 간주하고 대신 지역동맹국을 지원함으로서 미국에
적대적 국가가 지역을 통제하지 못하게 하는데 역점을 둔다는 것이
다. 이런 맥락에서 스태판 왈트(Stephen Walt)는 '역외 균형 전략'을
채택할 때가 됐다고 강조하며 테러집단들로부터 미국 및 동맹국의
안보가 직접적으로 위협받는 상황을 제외하고는 군사개입을 최소
화해야 하며 잠재적 핵확산 국가에 대한 무장해제 또는 정권교체와

---

16) John Mearsheimer, "The Future of American Pacifier," *Foreign Affairs*,
Vol. 80, No. 5, 2001, pp. 46~61; Christopher Layne, "America's Middle
East Grand Strategy after Iraq: The Moment for Offshore Balancing
Has Arrived," *Review of International Studies*, Vol. 35, No. 1, p. 5.

같은 개입은 시도하지 말아야 한다고 강조한다.[17] 따라서 '역외 균형전략'은 미국의 쇠퇴에 대응하기 위해 일부 해외주둔군의 철수, 역할 철회, 또는 동맹국으로의 부담전이 등을 포함한다.[18]

일부는 쇠퇴하는 패권국은 패권을 유지하고 쇠퇴를 방지하기 위해 '선택적 개입전략'을 채택해야 한다고 주장한다.[19] 이 '선택적 개입전략'은 '역외 균형전략' 보다는 개입의 강도가 높은 것으로서 아시아와 같이 미국의 국가이익이 존재하는 지역에 군사력을 주둔시켜 대량살상무기 확산 등을 통제하여 기존 질서를 유지해야 한다는 것이다. 그러나 선택적 전략은 예방전쟁 또는 예방적 공격을 주장하지 않는다. 쇠퇴를 방지하기 위해 군사력의 사용은 가급적 제약되어야 하며 군사력활용도 미국의 단독 수행이 아닌 다자적 협력 또는 다자기구를 통해 이루어져야 한다고 강조한다.[20] 선택적

17) Stephen M. Walt, "Offshore balancing: An idea Whose time has come," *Foreign Policy*, November 2, 2011. http://walt.foreignpolicy.com/posts/2011/11/02/offshore_balancing_an_idea_whose_time_has_come (2012/4/20 검색).

18) Christopher Layne, *The Peace of Illusions: American Grand Strategy from 1940 to the Present*, Ithaca, NY: Cornell University Press, 2007: chapter 8; Colin Dueck, Reluctant Crusaders: Power, Culture, and Change in American Grand Strategy, Princeton: Princeton University Press, 2006, p. 12; Samuel P. Huntington, "Coping with the Lippmann Gap," *Foreign Affairs*, Vol. 66, No. 3, May/June 1988, p. 456; Michael Mastanduno, David A. Lake, and G. John Ikenberry, "Toward a Realist Theory of State Action," *International Studies Quarterly*, Vol. 33, No. 4, December 1989, pp. 465-469.

19) Robert Art, "Geopolitics Updated: The Strategy of Selective Engagement," *International Security*, Vol. 23, No. 3, Winter 1998/1999, pp. 79-113.

20) Stephen M. Walt, "In the National Interest: A New Grand Strategy for American Foreign Policy," *Boston Review*, Vol. 30, No. 1, 2005, p. 2. http://www.bostonreview.net/BR30.1/walt.php (2012/2/13 검색).

개입전략은 역내 동맹국들과의 관계 강화를 강조한다. 동맹국들은 미국이 세계 곳곳에 접근할 수 있는 기지를 제공함은 물론 동맹국들의 군사적 역할 확대와 협력은 지역안정을 유지할 수 있기 때문이다. 특히 선택적 개입전략은 전쟁수행 또는 군사적 행동 개시에 대해 매우 엄격한 기준을 제시함으로서 군사행동의 절제를 강조하고 미국의 사활적 이익이 결부되는 경우로 축소하고 있다.21) 이런 맥락에서 로버트 아트(Robert Art)는 미국은 쇠퇴 방지와 현상유지를 위해 지역내 동맹을 강화하고 사활적 이익이 개입된 사안에 대해서만 선택적으로 개입해야 한다고 주장한다.

그러나 일부는 미국은 쇠퇴를 방지하고 패권유지를 위해서 "지구패권전략"을 추구해야 한다고 강조한다.22) 쇠퇴하는 패권국은 도전국의 도발을 방지하기 위해 봉쇄정책을 채택하거나 또는 상대적으로 우월한 역량이 소진되기 전에 예방적 공격을 한다고 주장하는 것이다.23) 미국이 개입을 주저하거나 군비축소정책을 채택할 경우 동맹국으로부터는 신뢰를 상실함은 물론 도전국에게는 취약성을 보여주어 오히려 도발을 촉발시키는 방향으로 작용하기 때문에 쇠퇴하는 미국은 패권적 역할의 축소를 피해야 하며 현재의 군사적 역량을 지속적으로 유지 또는 강화해야 한다는 것이다.24) 이런 맥

21) Robert Art, "Selective Engagement after Bush," in Michele Flournoy and Shawn Brimley, *Finding Our Ways: Debating American Grand Strategy*, Center for a New American Security, 2008, p. 34. http://www.cnas.org/files/documents/publications/FlournoyBrimley_Finding%20Our%20Way_June08.pdf (2012/4/25 검색).

22) Stephen Brooks and William Wohlforth, *World out of Balance: International Relations and the Challenge of American Primacy*, Princeton: Princeton University Press, 2008.

23) Robert Gilpin, *op. cit.*, pp. 192-194.

락에서 로버트 길핀(Robert Gilpin)과 데일 코프랜드(Dale Copeland) 등은 쇠퇴하는 패권국은 고립된 도전국에 의해서 제기된 위협을 해소하고 쇠퇴를 중지시키기 위해서 예방전쟁을 수행해야 한다고 주문한다.25) 특히 이들은 도전국의 의도가 보다 공격적일 경우 쇠퇴하는 패권국은 예방적 공격을 취하게 된다는 것이다. 1993~1994년에 발생한 북한핵 1차 위기 상황에서 클린튼행정부가 추진했던 북한 핵프로그램 시설이 위치했던 영변지역에 대한 '외과적 공습(surgical air-strike)'계획은 예방적 공격의 대표적 사례인 것이다. 즉 쇠퇴하는 미국은 쇠퇴를 방지하고 현상유지를 위해 북한과 같이 기존 질서를 위협하는 도전국에 대해 예방적 공격을 해야 한다는 것이다.26)

이렇듯 기존 이론적 접근들은 쇠퇴하는 패권국의 전략, 특히 도전국에 대한 전략에 대해 상반된 주장을 제시하고 있다. 이에 본 연구는 위에 언급한 이론적 주장들의 적실성을 평가하기 위해 쇠퇴기에 진입한 미국의 1기 오바마정부의 대북한정책을 분석하고 2기 정책을 전망한다.

24) Robert Kagan, "No Time to Cut Defense," *Washington Post*, February 3, 2009; Robert Kaplan, "Where's the American Empire When We Need It," *Washington Post*, December 3, 2010.

25) Dale C. Copeland, *The Origins of Major War*, Ithaca: Cornell University Press, 2000, pp. 40−41 & 49; Gilpin, *op cit.*, p. 197.

26) Jack S. Levy, "Declining Power and Preventive Motivation for War," *World Politics*, Vo. 40, October 1987, pp. 82−107; Randall Schweller, "Domestic Structure and Preventive War: Are Democracies More Pacific?" *World Politics*, Vol. 44, January 1992, pp. 235−269.

## Ⅳ. 미국 오바마정부의 대북한정책: "전방위 봉쇄 속 조건부 대화정책"

오바마대통령은 2008년 대선 당시부터 북한에 대해 직접대화를 통한 개입정책을 천명했다.[27] 오바마정부의 대북한정책의 핵심은 비핵화와 반확산의 실현이다. '핵무기 없는 세상'을 추구하는 오바마대통령에게 북한핵문제는 반드시 풀어야 할 과제인 것이다. 2008년 대통령선거 캠페인 과정에서 오바마는 부시정부의 북한에 대한 외교적 개입정책의 부족이 북한으로 하여금 핵무기 역량을 강화하게 했다고 비판하면서 2006년 중간선거 이후의 부시정부의 재개입정책이 약간의 진전을 이루어냈다고 언급한 바 있다.[28]

이런 맥락에서 북한과의 대화를 강조한 오바마대통령은 당선 직후 뉴욕에서 그의 안보보좌관과 북한관료의 회담을 허용했다.[29] 특히 2009년 2월 오바마행정부 출범 직후 힐러리 클린튼 미국무장관은 아시아 순방길에서 북한이 핵무기 폐기 준비를 시작하고 NPT에 복귀하면 양국관계 정상화, 평화협정체결, 대규모 에너지 및 경제 지원을 제공할 것이라는 새로운 포괄적 접근전략(a new comprehensive approach)을 제시했다.[30] 같은 맥락에서 오바마대통령은 집권 직후 9.19공동

---

27) Charles Kupchan, "Enemies into Friends," *Foreign Affairs*, Vol. 89, No. 2, March/April, 2010, p. 120.

28) Council on Foreign Relations, "The Candidates on North Korea," January 19, 2012. http://www.cfr.org/us-election-2012/candidates-north-korea/p26861 (2012/3/14 검색).

29) "North Koreans, Obama Advisors Meet in New York," *Korea Times*, November 8, 2008.

30) Brenda Cronin, "Clinton Gives North Korea A Peace Offer," *Wall Street Journal*, February 10, 2009.

성명과 그 이후의 진전을 바탕으로 북핵문제 해결을 더 진전시키고 싶다는 의사를 분명히 했다.[31] 구체적으로 스티븐 보즈워스를 대북정책 특별대표로 임명해 북한에 특사 파견을 제의한 바 있다.

그러나 북한은 미국특사의 수용을 거부하고 오바마대통령의 프라하연설 수 시간 전에 로켓 발사를 강행했다. 즉 북한이 2009년 4월 장거리 미사일을 발사하고 5월 25일 2차 북핵실험을 강행하면서 오바마정부는 UN결의안 1874호 채택을 주도하는 등 강력한 봉쇄정책으로 전환하였다.[32] 북한에 대해 대화를 통한 개입정책을 천명했던 오바마정부는 북한의 잇단 도발로 인해 국내외로부터 강경정책을 요구받게 되고 결국 압박과 봉쇄전략의 방향으로 전환하기 시작한 것이다.[33]

이후 오바마정부의 대북정책은 '대화와 봉쇄'를 병행하는 투 트랙접근법으로 전환되었다. 이는 오바마정부가 과거정부들과 같이 실패를 반복할 수 없다는 것을 강조한 결과로서 '미국주도'의 '원칙을 견지하는' 대북정책 기조를 수용한 결과인 것이다.[34] 즉 대화

---

31) 프레시안, 1021년 3월 15일. http://www.pressian.com/article/article.asp?article_num=40120315012043&Section=05 (2012/3/20 검색).

32) 유엔결의안 1874호는 북한의 대한 모든 무기수출 금지, 대량살상무기와 관련된 모든 금융거래 차단 그리고 그 외에 북한의 확산과 관련될 수 있는 어떠한 지원, 차관 등이 모두 금지되는 것 등을 내용으로 한다. Mary Beth Nikitin, Mark Manyin, Emma Chanlett-Avery, and Dick Nanto, "North Korea's Second Nuclear Test: Implications of U.N. Security Council Resolution 1874," *CRS Report for Congress*, April 15, 2010, pp. 9-15.

33) Elizabeth Bumiller, "North Korea is Warned By Gates On Testing," *New York Times*, May 30, 2009.

34) 미국 신안보연구소(Center for New American Security)가 오바마정부의 대북정책에 제안한 정책기조이며 오바마정부의 대북정책 결정에 상당한 영향력을 행사하는 기관이다. 배정호 외, "오바마행정부 출범

기조는 유지하지만 국제규범 위반에 대해서는 봉쇄와 고립화 정책을 추진한다는 강경정책을 채택한 것이다. 특히 오바마정부는 북한의 도발에 대응하기 위해 한국과 일본 등과의 동맹을 강화했고 더나아가 중국이 북한에 대한 압력을 행사하게 하기 위해 중국에 대한 압박도 가중시켰다.[35]

이런 봉쇄와 압박정책의 기조에서도 오바마대통령은 2009년 처음으로 보즈워스 대북정책특별대표를 북한에 파견하여 김정일위원장에게 친서를 전달하는 등 대화의 맥을 이어갔다. 즉 오바마정부는 북한에게 미국의 개입의사를 인지시키는 동시에 봉쇄 및 고립화정책은 그대로 유지하여 북한이 스스로 대화 국면으로 나오게 하는 전략적 인내(strategic patience) 정책을 추진하고 있는 것이다.[36] 오바마대통령은 북한의 호전적 행태에 대한 어떠한 보상도 없음을 분명히 함으로서 자신은 북한이 변할 때까지 압박을 유지하며 기다릴 것을 강조했다.[37]

더욱이 국내경제위기 상황에서 경제회복을 추진해야하는 오바마정부의 북한과의 대화 추진의 우선순위는 낮아지면서 실질적 대화는 사실상 이루어지지 않았던 것이 현실이다. 즉 대화가 이루어지지 않는 상황에서 봉쇄적 수단들[38]만 강화되었고 따라서 오바마

---

이후 동북아전략환경의 변화와 한국의 동북아 4국 통일외교전략," 〈KINU 연구총서〉, 통일연구원, 2010, 12, pp. 22-23.

35) Mark Landle and David Sanger, "US Presses China For Tough Response to North Korea," *New York Times*, May 29, 2009.

36) Emma Chanlett-Avery, "North Korea: U. S. Relations, Nuclear Diplomacy, and Internal Situation," *CRS Report for Congress*, January 17, 2012, p. 6.

37) "Obama, Iran and North Korea, Meeting Thuggery With Coolness," *The Economist*, June 20, 2009.

38) 미국은 북한의 미사일과 핵개발에 상업적 도움을 줄 수 있는 외국기업

정부의 새로운 포괄적 접근전략은 부시정부 초기의 봉쇄일방의 선 핵폐기론과 동일한 효과를 보였다.

특히 2009년 12월 오바마대통령이 보즈워스 대표를 평양에 보내고 친서를 김정일위원장에 전달했지만 북미대화의 진전을 보지 못했다. 이런 북미대화의 실패는 오바마정부가 봉쇄적 대북정책을 유지하게 하였으며 이에 2010년 국정연설에서 오바마는 미국정부의 봉쇄정책 으로 북한은 더욱 고립되었고 더 강한 압박에 직면해있다고 언급하 며 대북봉쇄정책의 유용성을 강조한 바 있다. 특히 2010년 3월과 11월에 연이어 발생한 천안함사건과 연평도포격사건은 남북관계는 물론 미북관계 더 나아가 한중 및 미중관계도 악화시켰으며 한반도 안보 정세는 위기 상황으로 급전되며 오바마정부는 북한에 대해 봉 쇄정책을 더욱 강화했다.

이와 더불어 오바마대통령은 북한의 장거리미사일 발사능력에 따른 미국본토 위협을 우려하여 2011년 1월 미중정상회담 시 후진 타오주석에게 북한의 잠재적 공격으로부터 미국국토를 보호해야 한다고 언급함으로서 북한핵과 더불어 북한의 대륙간탄도미사일을 미국안보의 위협요인으로 간주하였다. 게이츠 전 미국방장관은 북 한이 5년 내에 미국본토를 공격할 수 있는 장거리미사일 역량을 확보할 것이라고 평가했다.

그러나 2011년 초부터 오바마정부의 대북정책에 변화가 발생했 다. 오바마정부는 4월 18일 대북제재와 관련된 새로운 행정명령

들에 대한 제재를 강화했으며 미사일과 핵개발에 관여한 북한 개인들 에 대한 UN차원의 제재도 주도했다. "US Resumes Firms With Ties to North Korea," *New York Times*, July 1, 2009; Colum Lynch, "UN Security Council Sanctions 10 In N. Korea," *Washington Post*, July 17, 2009.

발효를 선언하는 등 북한에 대한 봉쇄와 제재는 계속 유지하면서도 대북정책라인의 주요 인사들의 교체를 단행했다. 즉 오바마대통령은 강경파로 분류되었던 제임스 스타인버그(James Steinberg) 국무부 부장관과 제프리 베이더(Jeffrey Bader) 백악관 NSC 아시아담당 선임보좌관을 교체하는 조치를 취했다.39) 이어 캐트린 스티븐스 주한미대사 후임에 온건파로 불리는 성 김(Sung Kim) 6자회담 수석대표를 앉히면서 북한과의 대화 국면을 유도한 것이다.

이런 인적 변화를 바탕으로 오바마정부는 2011년 10월 북한과의 식량지원을 위한 대화를 했으며 이 과정에서 북미고위급회담과 6자회담 재개를 위한 합의에 도달했다.40) 2011년 말을 기점으로 미군의 이라크철수가 단행되는 상황에서 오바마정부가 북한과의 대화에 나서기 시작한 것이다. 이런 대화의 와중에 2011년 12월 17일 북한의 김정일국방위원장이 사망하면서 북한의 정정불안에 대한 우려가 있었지만 그 직후인 19일에도 북미간 뉴욕접촉은 이어졌다. 즉 오바마정부는 김정일사망을 전후로 북한과의 대화에 집중했으며 김정일 사후 북한에 대해 유연한 행태를 보였고 이런 행태의 일환으로 오바마는 2012년 국정연설에서 이란핵 불용을 천명했음에도 불구하고 북한에 대한 언급은 하지 않음으로서 대화의 기회를 만들어 가는 노력을 기울인 것이다.

이에 '전략적 인내' 또는 '전략적 무시'라는 이름으로 북한에 대한 '봉쇄적 개입주의정책'을 유지해오던 오바마정부는 2011년 후반부

---

39) 문순보, "임기 후반의 오바마정부의 대북정책 변화 전망," 〈정세와 정책〉, 2011년 5월호, p. 6.

40) 김준형, "2012년 미국과 동북아: 연속 또는 불연속," 〈KNSI 특별기획〉, 제37호, p. 13.

터 시작한 북미대화를 유지하면서 결국 2012년 2.29 합의를 성사시켰다.[41] 북미간 2.29 베이징합의는 북한의 우라늄 농축 중단과 핵, 미사일 실험유예 그리고 IAEA의 북한 핵시설 사찰 허용과 이에 대한 미국의 식량지원을 내용으로 하고 있다.[42]

이러한 2.29 합의는 북한의 김정은체제에서의 미국과의 최초의 합의이기 때문에 김정일 사망 후 북한의 전향적 변화를 기대하는 오바마정부에게는 긍정적인 신호로 여겨졌다. 이와 관련해 클린튼 미국무장관은 미하원 청문회에서 "북한의 새로운 리더십이 평화의 길을 선택하길 기대하며 2.29합의는 옳은 방향으로의 첫 번째 선택"이라고 언급했다.[43]

그러나 이러한 오바마정부의 기대는 북한이 3월에 들어서 로켓 발사를 선언함으로서 무산되었고 결국 2.29북미합의도 결렬되어 오바마정부의 대북 대화전략도 사실상 효력을 발휘하기 어렵게 된 것이다. 이에 오바마정부는 북한의 비핵화와 미사일발사 반대를 강조하며 2012년 3월 27일 서울에서 있었던 핵안보정상회의에서 핵물질 이전 및 확산 차단을 강화하는 서울코뮤니케 채택을 주도했다.[44] 특히 북한이 '광명성 3호' 발사를 주장하자 오바마대통령은 발사 시 북한의 고립은 심화될 것이라고 경고하였다. 더욱이 오바

---

41) 김창수, "광명성 3호발사의 딜레마," 창비주간논평, 2012년 4월 4일. http://weekly.changbi.com/621 (2012/4/6 검색).

42) Mike Green, "North Korea : It's not a rocket science," *Foreign Policy*, March 26, 2012. http://shadow.foreignpolicy.com/posts/2012/03/26/north_korea_ it_s_not_rocket_science (2012/4/6 검색).

43) "North Koreans Agree to Freeze Nuclear Work: U.S. to Give Aid," *New York Times*, February 29, 2012.

44) Daily NK, 2012년 3월 27일. http://www.dailynk.com/korean/read.php? cataId=nk00900&num=94694 (2012/4/1 검색).

마대통령은 한국외국어대학교에서 행한 연설에서 "도발에 대한 보상은 없다"고 언급하며 북한의 광명성 3호 발사 시 식량지원 철회와 제재 강화를 강조했다.[45]

이런 북한의 미사일발사에 대한 압박에도 불구하고 북한이 4월 13일 미사일발사를 강행하자 오바마정부는 백악관대변인 명의의 성명을 통해 북한을 강력히 비난하며 더 강한 제재를 예고했다. 즉 김정은체제에서의 최초의 도발에 대해 오바마정부는 이는 북미합의와 UN결의안을 정면으로 위반한 것으로 규정하고 미국은 24만톤 대북식량지원을 철회하고 UN안보리를 소집하며 북한에 대한 제재를 강화할 것을 확인했다.[46] 이에 새뮤얼 라클리어 미태평양사령관은 북한이 3차 핵실험을 단행 할 경우 핵실험기지에 대한 정밀타격을 포함한 모든 범주의 대응방안을 강구할 것이라고 밝히면서 북한에 대한 강력한 대응조치를 언급했다.[47] 특히 UN 안전보장이사회는 북한이 로켓을 발사한지 15시간만에 긴급회의를 소집하여 중국을 포함한 15개 상임이사국이 의장성명을 만장일치로 채택하여 북한에 대한 제재를 강화했다.[48] 북한의 로켓발사는 북미대화를

---

45) 연합뉴스, 2012년 3월 26일. http://news.naver.com/main/read.nhn? mode=LSD&mid=sec&sid1=100&oid=001&aid=0005565287 (2012/4/1 검색).

46) 한국일보, 2012년 4월 14일.

47) 연합뉴스, 2012년 4월 17일. http://www.yonhapnews.co.kr/politics/ 2012/ 04/17/0521000000AKR 20120417116200043.HTML? template= 55 (2012/4/18 검색).

48) 2012년 4월 16일에 유엔안보리가 채택한 의장성명의 내용은 모든 핵무기와 핵프로그램을 완전하고 검증가능하며 불가역적으로 폐기하며, 모든 관련활동을 중단하고, 탄도미사일 기술을 이용한 어떠한 추가발사나 핵실험 또는 추가도발도 하지 말 것을 포함해 1718, 1874호의 의무를 즉각적으로 완전하게 준수할 것을 요구하는 내용이다. 연합뉴스, 2012년 4월 17일. http://www.yonhapnews.co.kr/politics/

원점으로 돌려놓았을 뿐만 아니라 미국의 북한에 대한 불신을 더욱 악화시키는 계기가 되었다.

이러한 북한에 대한 봉쇄적 기조의 정책은 2012년 12월 12일 북한의 '은하 3호' 장거리 미사일 발사로 시작되어 2013년 2월 12일 3차 핵실험 그리고 3월 30일 전시체제 선언과 같은 일련의 도발행위들과 더불어 더욱 강화되고 있는 경향이다. 다만 4월 15일을 전후해 북한이 한국과 미국에 대해 미사일 공격을 선언하며 위기를 고조시키자 제임스 켈리 미국 국무장관이 한국을 방문해 북한과의 대화를 언급해 상황을 진정국면으로 전환시킨 바 있지만 그 이후 북미대화는 전개되지 않았다. 2013년 6월 미중정상회담에서도 오바마대통령은 시진핑중국주석에게 북한의 행동변화가 전제되지 않는 한 대화가 어렵다고 밝힘으로서 북한의 태도 변화가 대화의 전제임을 분명히 했다.[49] 이는 미국의 경제위기 상황에서 국내 여론을 의식해야 하는 오바마대통령으로서 성과 없는 '대화를 위한 대화'를 하지 않겠다는 것으로 이해되는 것이다. 하지만 더욱 중요한 시사점은 북한의 연이은 도발로 미국의 동아시아 개입의 명분이 국내외적으로 강화되었으며 특히 한국과 일본의 미국에 대한 안보의존도가 급증하면서 동아시아지역에서의 미국의 영향력 유지와 중국 견제가 동시에 충족되는 효과를 보인다는 것이다. 이런 측면에서 북한의 전향적 태도 변화가 없는 한 오바마정부는 이러한 북핵상황을 유지시킬 가능성이 크며 직접적인 개입정책을 추진할 개연성은 낮

---

2012/04/17/0501000000AKR20120417006400072.HTML?template= 2085 (2012/4/17 검색).

49) 민중의 소리, 2013년 6월 17일. http://www.vop.co.kr/A00000645691. html (2013/6/20 검색).

은 것으로 평가된다. 즉 오바마정부의 대북정책은 '전략적 인내 전략'의 성격보다는 '전략적 무시 전략'의 의미가 크다고 할 수 있다. 이런 맥락에서 경제위기 극복과 패권유지를 취우선 과제로 삼고 있는 오바마정부는 북한에 대해 전방위 봉쇄를 유지되면서도 북한의 협상의사가 확인될 경우에 제한적으로 대화를 추진하는 "전방위 봉쇄속 조건부 대화정책"을 채택하는 것으로 분석된다. 이는 오바마정부가 북핵 폐기보다는 비확산에 주력하겠다는 의지로 해석할 수 있으며 동아시아안보의 최대 위협요인으로 간주되고 있는 북핵문제가 조기에 해결될 전망이 불투명하다는 것을 의미한다. 따라서 북핵문제에 심각한 취약성을 갖는 한국으로서는 상당기간 동안 정책적 선택의 폭이 심각한 제약을 받는 것이 불가피할 것으로 예상된다.


## V. 결론

본 연구는 쇠퇴하는 패권국의 도발하는 도전국에 대한 정책을 규명하기 위해 쇠퇴하는 미국의 오바마정부의 대북한정책을 연구했다. 연구결과는 첫째, 오바마정부는 미국의 대외정책의 목표를 미국의 패권유지로 규정하고 있고 이를 위해 핵확산방지에 대해 강력한 입장을 견지하고 있다는 것이다. 이런 맥락에서 북한핵의 기술, 원료, 장치 등의 외부확산방지에 집중하는 정책을 제시한다. 특히 오바마대통령은 '핵 없는 세상'을 지향하고 미국안보의 최대 위협을 테러집단이 대량살상무기를 확보하는 것으로 규정하고 있기 때문에 테러집단 또는 또 다른 '깡패국가'로의 '북한핵의 확산방지'를 최대 과제로 강조하고 있다. 그러나 이런 핵확산방지에 대한 집중적인 노력과는 다르게 오바마정부는 '북핵 폐기'에 대한 구체적 노력과 전략은 상대적으로 취약한 것으로 나타나고 있다. 특히 오바마대통령은 미국의 경제적 쇠퇴의 상황에서 북한에 대해 봉쇄정책으로 일관하면서 핵확산방지에 집중한 반면 북한핵 폐기에 대한 구체적 전략 제시는 빈약했다. '북핵폐기'를 내용으로 하는 9.19공동성명을 이행하기 위한 2007년의 10.3합의와는 달리 오바마후보가 달성했던 2012년 2.29북미 베이징합의는 핵과 미사일문제가 더 악화되지 않도록 '유예'를 규정하는 임시변통적 성격을 띠고 있기 때문이다.[50]

둘째, 오바마정부는 한국 및 일본 등 지역 동맹국들과의 관계 강화를 통한 북핵의 반확산을 강조하고 있다. 오바마대통령은 '선남북대화' '후 북미대화' 등을 강조함으로서 북핵문제에 있어 한국과 일본의 역할을 강조했다. 특히 오바마는 북핵문제 해결에 중국의 역할이 중요하다고 인식하며 중국에 대해 북한에 대한 영향력 행사를 주장하고 있다. 그러나 오바마정부는 이렇듯 비확산과 조건부 대화를 강조하며 '전략적 무시'정책을 추진하고 있지만 전임 부시정부와는 달리 물리적 방식의 해결은 배제하고 있다. 즉 봉쇄는 유지하지만 북한과의 대화는 지속적으로 추진함으로서 북핵문제의 협상을 통한 해결에 주안점을 두고 있는 것이다. 즉 오바마정부는 2.29북미합의 등 북한과의 불연속적 대화를 통해서 협상을 유지하고 6자회담의 재개를 추진하고 있는 것이다.

셋째, 경제적 쇠퇴에 직면한 오바마정부는 국방비를 삭감하고 북한 등의 미사일 공격에 대비한 MD체제 구축을 지연시키며 북한

---

50) 백학순, "북한 인공위성 로켓발사와 북미관계," 창비주간논평, 2012년 4월 18일. http://weekly.changbi.com/626 (2012/4/26 검색).

에 대한 직접적 개입을 축소하고 있다. 오바마정부는 북한의 3차 핵실험 이후 한반도에 긴장이 조성되자 다양한 무기체계를 한국에 들여와 무력시위를 단행했지만 본질적으로는 북핵문제에 적극적인 개입주의적 정책을 추진하지 않고 있다. 이는 북핵문제에 대한 주도권과 부담을 한국에게 이전함으로서 경제적 소요가 요구되는 역할을 축소시킨다는 것이며 아울러 장기적으로 미국이 추진하는 MD체제 등에 한국과 일본이 자발적으로 참여하게 하는 환경을 조성하는 효과도 발휘하는 것이다.

이러한 오바마정부의 대북한정책에 대한 연구결과를 본 연구가 제시한 쇠퇴하는 패권국의 대 도전국정책에 관한 이론적 접근들의 주장의 관점에서 분석하면 오바마정부의 대북정책은 [그림-1]이 보여주는 바와 같이 '역외균형전략'과 '선택적 개입전략'의 내용이 함께 존재하고 있다.

[그림-1] 오바마정부의 대북한전략 기조

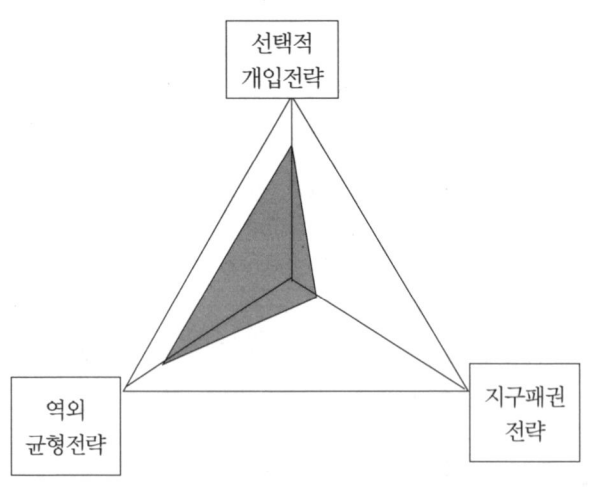

첫째, 오바마정부의 대북정책은 쇠퇴를 저지하기 위해 군비를 축소하고 한국과 일본 등과의 외부적 동맹강화를 통해 역할을 분담하는 등 '역외균형전략'의 내용이 일부 채택되고 있지만 여전히 한국과 일본에 상당한 군사력을 주둔시키고 있고 이러한 압도적 군사력을 바탕으로 개입하고 있기 때문에 '선택적 개입전략'의 성격이 보다 뚜렷하다. 하지만 오바마정부의 대북정책은 군사력 사용보다는 봉쇄에 집중되고 있기 때문에 예방적 공격을 강조하는 '지구패권전략'은 추진하지 않는 것으로 평가되는 것이다.

이와 같이 오바마정부는 쇠퇴를 방지하기 위해 군비를 축소하여 경제회복에 집중하며 동맹국들과의 관계강화로 북한을 봉쇄하는 '역외균형전략'의 일부 내용이 포함된 '선택적 개입전략'의 대북정책을 채택하는 것으로 파악된다. 즉 오바마정부는 경제회복을 위해 군비를 축소하며 북한 봉쇄를 위한 한국과 일본의 역할을 증대함으로서 북핵확산을 방지하고 미국은 북한이 협상의 준비가 되었거나 또는 불가피한 상황에서만 선택적으로 개입하는 "전방위 봉쇄 속 조건부 대화정책"을 추진하는 것이다.

이런 오바마정부의 대북한정책 연구를 바탕으로 기존 이론들의 주장을 평가하면 기존 이론들의 주장들과는 달리 오바마정부의 북한정책은 한 가지 전략으로 구성되어 있지 않으며 부분적으로 병행 추진되고 있는 것이 확인되었다. 이는 기존 이론들의 이분법적 주장이 쇠퇴하는 미국의 북한정책을 설명하는데 한계가 있음을 보여주는 것이다.

마지막으로 본 연구결과는 두 가지 측면에서 오바마정부의 대북정책이 한반도 안보와 한국 대북정책의 선택에 제약을 줄 것으로 평가된다. 우선 미국 오바마정부는 봉쇄정책을 바탕으로 북핵 비확산에 집중할 것으로 보이며 북핵 폐기에 수동적인 접근을 할 것으로 분석된다. 오바마정부는 북한이 협상의 준비가 되는 상황까지 봉쇄를 유지하며 기다리는 정책을 추진할 것이기 때문이다. 이런 상황에서 핵비확산은 방지할 수 있지만 북한의 핵역량은 더 강화될 가능성이 커지는 것이다. 따라서 북한 핵역량이 강화되는 상황에서 한반도 안보의 불안정성은 더욱 증폭될 수밖에 없는 것이다. 둘째, 미국의 '전략적 무시'전략이 계속되고 북한의 도발이 반복될 경우 한국의 미국에 대한 안보의존도를 증대될 수밖에 없다. 이러한 미국에의 절대적 안보의존도는 결국 미중패권경쟁구도에서 한국의 선택에 심각한 제약요인으로 작용할 것이다. 따라서 한국의 입장에서는 한반도 긴장완화와 북핵문제 해결이 국익에 근거한 자율적 선택의 환경을 만드는 조건인 것이다. 이런 맥락에서 북핵문제 해결에 있어 한국정부의 보다 적극적인 역할이 요구되는 것이다. 즉 남북대화를 재개해 긴장완화를 추진하는 동시에 미국 오바마정부가 단순 봉쇄 또는 압박만이 아닌 북핵문제 해결에 직접 나서는 개입정책을 채택하도록 유도하는 것이 필요한 것이다.

제3장

미국 무역정책의 변화 연구:
미국 항공기 및 자동차산업 무역정책을 중심으로

# I. 서론

2002년 당시 부시미국행정부는 미국에 수입되는 외국산 철강제품에 대해 세이프가드(Safe Guard)를 적용하여 최고 30%의 특별관세를 부과하는 결정을 했다. 이런 미국의 보호주의적(protectionist) 철강무역정책은 타 국가들의 무역정책에도 중대한 영향을 미쳐 유럽 및 중국 그리고 캐나다 등 많은 국가들이 이와 유사한 정책 채택을 심각하게 고려하게 했다. 즉 새로운 미국 철강무역정책으로 인해 "철강세계대전"을 우려할 상황에 직면했던 것이다.

이렇듯 2차대전 이후 미국이 지속적으로 채택해왔던 자유주의 무역정책(Liberal Trade Policy)으로부터 보호주의 무역정책으로의 변화는 세계경제질서에 막대한 영향을 미치고 있으며 이미 1980년대 초부터 여러 무역 분야에서 뚜렷이 나타나고 있고 2008년 서브프라임 모기지 사건 발생 이후 미국의 경제적 쇠퇴가 뚜렷해지면서 이런 경향성은 강화되고 있다.1) 특히 경제위기 이후 미국이 경제력 회복과 중국에 대한 경제적 견제 차원에서 보호주의적 무역정책을 추진하는 사례들이 증가하는 상황에서 미국의 보호주의적 무역정책에 대한 연구 필요성이 증대되고 있는 것이다.

이러한 중요성에 비추어 많은 학자들은 미국무역정책에 대해 집중적인 연구를 수행해 왔다. 그러나 이 연구들의 대부분은 미국무역정책이 어떤 수준(level)의 요인들에 의해서 결정되는지 또는 어떤 조건에서 미국무역정책이 보호주의 또는 자유주의로 결정되는지에

---

1) 2013년 미국 법원에서 전개되고 있는 애플과 삼성간의 휴대폰 특허분쟁에서 애플에 유리한 판결이 계속되고 오바마대통령이 거부권을 행사하는 등 미국의 보호주의적 행태는 다양한 분야에서 확대되고 있다.

대한 연구에 집중되어 왔다.[2] 하지만 최근 미국무역정책의 변화는 전통적인 자유주의와 보호주의의 이분법적 형태에서 벗어나 전략적 무역정책(Strategic Trade Policy) 또는 결과지향적(Result-Oriented) 무역정책 등으로 다양하게 전개되고 있다. 예를 들면 항공기, 반도체, 정보통신산업 등 미국산업의 경쟁력이 강해 전통적으로 자유무역을 채택했던 분야의 무역정책들이 1980년대 중반부터 경쟁국가의 동종산업에 대한 무역정책을 미국과 같은 조건으로 변경하지 않을 경우 미국 시장에 수입되는 상품들에 대한 보복조치를 취한다는 전략적 무역정책으로 전환되었다.[3] 더욱이 자동차무역정책은 80년대 초의 상대국가가 자율적으로 수출을 제한하는 자율적 수출제한정책(Voluntary Export Restraint Policy)에서 1990년대 초부터는 자동차무역 상대국들이 자국의 시장을 열어 미국산 자동차의 수입을 증가시키게 하는 자율적 수입확대정책(Voluntary Import Expansion Policy)으

---

2) Judith. Goldstein, Ideas, *Interests, and American Trade Policy*, Ithaca: Cornell University Press, 1993; John, G. Ikenberry, David A. Lake and Michael Mastanduno. "Introduction: Approaches to Explaining American Foreign Economic Policy," *International Organization*. 42, 1988, pp. 1-14; Stephen. Krasner, "State Power and the Structure of International Trade," *World Politics*. 28. 1976. pp. 317-343; Timothy J. McKeown, "Firms and Tariff Regime Change: Explaining the Demand for Protection," *World Politics*. 36, 1984, pp. 215-233; Peter F. Cowhey, and Edward, Long. "Testing Theories of Regime Change: Hegemonic Decline or Surplus Capacity?" *International Organization*, 37, 1983, pp. 157-188.

3) Helen Milner, and David B. Yoffie, "Between Free Trade and Protectionism: Strategic Trade Policy and a Theory of Corporate Trade Demand," *International Organization*, 43, 1989, pp. 239-272; Laura D. Tyson, *Who's Bashing Whom?: Trade Conflict in High-Technology Industries*. Washington D.C.: Institute For International Economics, 1992.

로 전환되었다. 특히 미국은 상대국의 미국산 자동차 및 부품의 수입을 확대시키기 위해 목표 수치를 규정했다는 점에서 결과지향적이었으며 상대국이 미국의 요구에 상응하는 시장개방과 수입확대 조치를 취하지 않을 경우 보복을 행사한다는 점에서 전략적 무역정책을 취했다.[4]

이런 새로운 형태의 미국무역정책들은 상대국가들의 시장조건과 산업정책의 변화가 무역정책의 주요 쟁점사항이라는 점에서 미국시장의 개방여부가 무역정책의 초점이 되던 기존의 자유주의 또는 보호주의 무역정책과 다르다.[5]

따라서 기존의 미국무역정책에 관한 이분법적 연구 또는 무역정책의 결정요인에 대한 연구들은 왜 특정한 분야에서 자유주의 또는 보호주의도 아닌 전략적 무역정책이 채택되는지 그리고 또 다른 무역 분야에서는 상대국 시장개방을 위한 결과지향적 무역정책이 채택되는지에 대한 충분한 설명을 제시하지 못하고 있다.

이러한 기존 이론들의 한계 속에서 몇몇 학자들은 전략적 무역정책의 형성조건에 대한 연구를 수행하여 왜 특정산업분야에 전략적 무역정책이 채택되고 다른 산업에는 적용되지 않는지에 대해 설명하고 있다.[6] 이 연구들에 따르면 초기에 경쟁력을 확보하여 자유주

---

4) Kwanok. Kim, "Sources of Variation in International Cooperation: A Comparative Analysis of U.S.-Japan Automobile Trade Negotiations (1980-81 & 1993-95)." *Pacific Focus*. 14, 1999. pp. 113-158.

5) Laura D., Tyson, *op. cit.*, p. 13.

6) David, J. Richardson, "The Political Economy of Strategic Trade Policy," *International Organization*. 44, 1990. pp. 107-134; Paul. Krugman, ed., *Strategic Trade Policy and New International Economics*. Cambridge, 1986: MIT Press; Stephen Cohen, and John Zysman. *Manufacturing Matters: The Myth of the Post-Industrial Economy*. New York: Basic Books, 1987.

의 무역정책을 추구했던 무역 분야도 무역의 조건들이 변화할 경우 전략적 무역정책을 채택하게 된다는 것이다. 이들 중 헬렌 밀러 (Helen Milner)와 데이비드 요피(David Yoffie)에 따르면 산업규모와 기술학습효과의 급격한 증가 그리고 경쟁국가들의 시장개입 등 시장조건의 변화가 발생할 경우 해당산업의 무역정책은 자유무역에서 전략적 무역정책으로 변화한다는 것이다.[7] 특히 이 연구들은 공통적으로 기술집약적 산업(High-Technology Industries)에 전략적 무역정책이 적용된다고 주장하고 있다.

그러나 이 연구들은 전략적 무역정책의 형성 조건들에 대해 일치된 주장을 제시하지 못하고 있으며 또 이들의 이론적 주장이 기술집약산업과 같은 특정산업에 제한되어 연구된 반면 비기술집약적 산업(Non- High Technology Industry)에서는 검증되지 않았다. 즉 전략적 무역정책의 정의, 형성조건 그리고 적용범위에 합의된 이론의 부재는 체계적인 전략적 무역정책이론을 제시하는데 한계가 있다.

따라서 체계적이며 일반화(generalization)된 전략적 무역정책이론을 정립하고 다양화하는 미국무역정책의 변화를 정확하게 이해하기 위해서는 이 연구들의 이론적 적실성(validity)을 보다 다양한 분야에서 경험적으로 평가하는 것이 필요하다. 특히 이들이 주장하는 전략적 무역정책의 형성조건들의 일반화 정도를 평가하기 위해서는 기술집약산업 뿐만 아니라 이들의 연구에서 제외된 비기술집약적산업의 무역정책 연구가 필수적이다.

이러한 맥락에서 본 연구는 미국의 항공기무역정책과 자동차무역정책 변화의 사례를 비교 분석함으로써 전략적 무역정책이론가

---

7) Helen Milner, and David B. Yoffie, *op. cit*.

들의 주장들을 평가한다. 이 연구는 두 가지 이유에서 미국항공기와 자동차무역정책을 사례연구로 선택하였다. 첫째, 미국항공기산업은 전략적 무역정책이론가들이 주장하는 바와 같이 고도의 기술을 필요로 하는 기술집약산업인 반면 미국자동차산업은 미국상무성(U.S. Department of Commerce)과 브루킹스 연구소(Brookings Institution) 그리고 캘리포니아 버클리대학(University of California, Berkeley)에 의해 중간기술산업으로 분류되어 있어 전략적 무역정책은 기술집약산업에만 국한되어 적용된다는 전략적 무역정책이론가들의 주장을 효과적으로 검증할 기회를 제공한다.[8]

둘째, 이러한 두 산업의 구조적 차이를 전제할 때 미국항공기 및 자동차산업의 무역정책에서 공통적으로 표출되는 정책방향은 산업구조이외의 요인들에 의한 결과로 간주할 수 있다. 즉 두 분야 모두 상대국들의 해당 산업에 대한 정책의 변화를 요구했다는 점에서 그리고 두 분야에서 공통적으로 미국의 요구가 수용되지 않을 경우 미국이 섹션 301조를 통해 상대국들의 수입품에 대한 보복조치를 취하는 정책을 채택했다는 점에서 항공기 및 자동차산업에 대한 비교사례 연구는 어떤 요인들에 의해서 다른 조건의 다른 분야에서 같은 종류의 무역정책이 결정되는가를 파악할 수 있는 기회를 제공한다.

이러한 연구주제의 이해를 토대로 본 연구는 우선 미국의 전략적 무역정책을 설명하는 기존 이론들의 주장을 비교, 소개하는 것으로 시작한다. 둘째로 이러한 이론들의 주장을 검증하기 위한 사례연구

---

8) United States Department of Commerce, *Emerging Technologies: A Survey of Technical and Economic Opportunities*, Washington D.C. 1990, p. 9.: Ellis S. Krauss and Simon Reich, "Ideology, Interests, and the American Executive: Toward a Theory of Foreign Competition and Manufacturing Trade Policy," *International Organization*. 46, 1992. p. 868.

로 먼저 미국 항공기무역정책을 분석하여 어떤 조건 그리고 어떤 요인들에 의해서 미국이 전략적 무역정책을 채택하였는지를 파악한다. 특히 미국의 유럽에 대한 1979년의 항공기무역정책과 1992년의 항공기무역정책을 비교함으로써 어떤 요인과 조건에서 미국항공기무역정책이 전략적으로 변화하는지를 파악한다. 셋째, 같은 맥락에서 먼저 1980년대 초의 미국 자동차무역정책을 살펴보고 자동차무역정책의 변화 조건과 요인을 이해하기 위해 1990년대 초의 미국 자동차무역정책의 변화를 분석한다. 마지막으로 이런 사례연구를 바탕으로 결론에서는 위의 두 사례를 비교, 분석함으로서 미국무역정책 변화의 조건과 요인들을 규명하고 이를 바탕으로 전략적 무역정책이론들의 적실성을 평가한다.

## II. 기존의 전략적 무역정책에 관한 주장들

미국무역정책의 변화를 이해하기 위해서는 우선 전략적 무역정책에 대한 이해가 우선되어야 한다. 그러나 기존 전략적 무역정책이론가들 사이에서도 일치된 정의를 제공하지 못하고 있다. 밀러와 요피에 따르면 전략적 무역정책은 상대국가의 시장이 보호되고 있는 경우 자국의 시장도 무역장벽을 설치함으로써 상대국의 시장개방을 유도하는 정책이 전략적 무역정책이라고 정의하고 있다.[9] 반면 데이비드 리차드슨(David Richardson)과 로라 타이슨(Laura Tyson)과 같은 학자들은 상대국이 그들의 시장을 자국 상품에 대해 개방하는

---

9) Helen Milner and David B. Yoffie, *op. cit.* p. 240.

정도와 동등한(equivalent) 정도로 자국의 시장을 개방하는 정책이 전략적 무역정책으로 파악하고 있다.10) 더욱이 스텐리 놀렌(Stanley Nollen)과 데니스 퀸(Dennis Quinn) 같은 학자들은 정부가 보조금 또는 배타적 계약(exclusionary contracts) 등을 자국의 주요산업에 제공함으로써 해당산업의 경쟁력을 강화하는 정책으로 이해하고 있다.11)

이들 중 놀렌과 퀸의 전략적 무역정책에 대한 정의는 상대국의 기업전략 또는 정책의 변화보다는 자국의 정책을 통한 자국산업의 경쟁력을 강화하는데 정책의 목적이 있다는 점에서 무역상대국과의 관계에서 구체적 상호주의(specific reciprocity)를 강조하는 다른 이론가들의 주장과는 차이가 있다.12) 반면 다른 대부분의 학자들은 전략적 무역정책을 구체적 상호주의가 적용되어 상대국의 행태에 따라 변화하는 조건부적(provisional) 무역정책이라는데 동의하고 있다. 따라서 전략적 무역정책은 다자주의적인(multilateral), 확산된(diffuse) 상호주의가 아니라 양국간(bilateral) 무역의 상호이익관계를 구체적으로 규명하여 상대국 시장조건과 정책을 미국의 그것들과 동등하게 함으로써 자국산업의 이익과 경쟁력을 확대시키는 정책으로 파악할 수 있다.

그럼 이러한 전략적 무역정책은 어떤 조건과 요인들에 의해서 형성되는가? 이 문제에 대해서도 전략적 무역정책이론가들 사이에 이견이 존재하지만 여러 부분에서 공통되는 주장을 제시하고 있다. 첫째, 대부분의 학자들은 전략적 무역정책은 불완전 경쟁(imperfect

---

10) David, Richardson, J. *op. cit.* p. 116; .Laura D., Tyson, *op. cit.* p. 6.

11) Stanley Nollen, and Dennis P. Quinn. "Free Trade, Fair Trade, Strategic Trade, and Protectionism in the U.S. Congress, 1987-88." *International Organization.* 48, 1994. pp. 497-498.

12) Robert. Keohane, "Reciprocity in International Relations," *International Organization.* 40, 1986. pp. 1-28.

competition)의 시장조건에서 발생한다고 주장한다.13) 이들에 따르면 불완전 경쟁 시장에서는 자유주의 무역정책이 항상 최적의 정책이 아니며 수입을 제한하거나 수출을 촉진하는 전략적 정책이 자국산업의 이윤을 확대시켜 국가이익을 확대할 수 있다고 전제한다. 이 불완전 시장은 다음의 두 가지 시장조건들에 의해서 형성된다고 한다: 큰 산업 경제규모(large economies of scale)와 기술 학습효과(learning effects)의 급격한 증가.14)

특정한 산업의 상품과 서비스의 생산이 큰 경제규모를 가질 경우 큰 규모의 초기 투자비용을 회수하기 위해서 판매량 확대는 절대적으로 필요하다. 특히 자국시장에서의 판매 점유율이 모든 자국내 기업들의 손익분기점을 만족시키지 못할 경우 수출을 통한 해외시장 진입은 매우 중요해진다. 따라서 이런 자국산업의 이익창출능력(profitability)이 상대국에 대한 대량수출에 의존되는 상황에서 외국기업과 외국정부의 행태가 직접적으로 자국산업의 이익에 영향을 주

---

13) Helen Milner and Yoffie, *op. cit.*, pp. 243–244; Laura Tyson, *op. cit.*, p. 4.

14) Helen Milner and Yoffie, *ibid.*, pp. 244–245; Laura Tyson, *ibid.*, pp. 4–5. 놀렌과 퀸 등은 이 두 가지 조건 외에도 큰 자본의 요구(large capital requirements)를 그리고 스테판 코헨(Stephen Cohen)과 존 지스맨(John Zysman) 등은 잉여 이윤(excess profits)을 불완전 시장을 형성하는 추가적인 조건들로 파악하였으나 큰 자본의 요구조건은 큰 산업 경제 규모의 조건에 포함되며 잉여이윤의 조건은 잉여이윤이 지속적으로 유지될 경우 필연적으로 그 잉여이윤을 나누려고 하는 새로운 업체들이 진입하기 때문에 장기적으로 불완전시장을 만드는 조건이 될 수 없다. Stephen Cohen and John Zysman, *op. cit.*; Stanley Nollen and Dennis Quinn, *op. cit.*, p. 497; David Richardson, *op. cit.*, p. 123. 이외에 공통적으로 불완전 시장 형성 조건으로 간주되는 큰 규모의 연구개발 비용(high level of expenditure on R&D)은 새로운 기업의 진입을 어렵게 해서 불완전 경쟁을 촉진한다고 인정할 수 있지만 기업들로 하여금 전략적 무역정책을 채택하는 동기를 부여했다고 보기는 어렵다.

는 불완전 시장이 형성되는 것이다.[15]

같은 맥락에서 생산과정에서 증가하는 경험과 지식은 시간이 경과할수록 생산단가를 절감하는 기술학습 효과를 급속히 증가시킨다. 따라서 초기 진입기업은 큰 규모의 판매망을 구축할 수 있고 결과적으로 경쟁자들이 따라올 수 없는 정도로 비용을 절감할 수 있다. 이렇듯 특정 산업시장에 위의 두 조건들이 존재할 경우 새로운 기업들의 시장진입을 막는 효과를 가져오기 때문에 외국정부의 자국시장에 대한 보호주의정책 또는 보조금지급은 외국경쟁기업들에게 특별히 유리한 지위를 부여하게 되는 결과를 가져온다. 특히 이런 조건들에서 미국의 시장은 개방되어있고 경쟁국의 시장은 보호될 경우 외국기업들은 미국시장과 자국시장 모두에서 판매량을 증가시켜 효율성을 증가시킬 수 있으나 미국기업들은 미국시장에서도 압박을 받고 판매점유율도 떨어질 수밖에 없는 것이다. 즉 산업의 큰 경제규모와 기술학습 효과의 급속한 증가와 같은 조건에서 전통적으로 자유주의 무역을 추구했던 미국기업과 정부는 수출확대를 위해 상대국 시장개방을 요구하고 미국시장을 통제하는 전략적 무역정책을 취하게 된다는 것이다.[16]

둘째, 이와 같은 시장조건들과 더불어 대부분의 전략적 무역정책 이론가들이 합의하는 전략적 무역정책 형성의 또 다른 요인은 외국정부의 시장 개입(foreign government intervention)이다.[17] 외국정부의 시장개입이 없을 경우 국제적으로 활동하는 미국의 다국적기업들

---

15) Helen Milner and Yoffie, *ibid.*, p. 244.
16) Helen Milner and Yoffie, *ibid.*, p. 245.
17) Helen Milner and Yoffie, *ibid.*, pp. 245–246; Laura Tyson, *op. cit.*, pp. 5–6.

은 기존의 무조건적 자유주의를 계속 추진할 가능성이 크다. 이는 전략적 무역정책을 채택해서 얻을 수 있는 이익보다 이에 따른 보복의 위험이 더 크기 때문이다. 그러나 외국 정부가 개입하여 외국기업이 시장에서 생존할 수 있도록 지원하고 이 기업이 보호된 자국시장뿐만 아니라 미국시장에서도 시장점유율을 증가시킬 경우 미국은 전략적 무역정책을 추구하게 된다는 것이다.

셋째, 대부분의 전략적 무역정책이론가들은 전략적 무역정책이 소수의 규모가 큰 다국적기업이 주도하는 기술집약적 산업에서 채택된다고 주장한다. 그 이유는 앞서 언급했던 불완전 시장을 형성하는 두 가지 조건들이(산업의 큰 경제규모와 기술학습 효과의 급속한 증가) 기술집약산업에서 뚜렷이 나타나기 때문이다. 즉 고도의 기술산업은 초기투자와 생산규모가 크고 급격한 기술학습 효과를 보이고 있어 시간이 경과할수록 생산단가를 절감함은 물론 기술의 축적과 발전은 다른 경제활동에도 긍정적인 효과를 제공하여 국가 경쟁력 강화에 중요한 산업이다.[18] 이런 조건에서 초기진입 기업이 월등한 지위를 누리며 상대적으로 새로운 진입은 어려워 세계적으로 소수의 기업에 의해서 주도되는 과두적(oligopolistic) 경쟁 시장구조를 형성하게 된다. 따라서 타이슨이 지적한 바와 같이 여러 국가들은 국가경쟁력도 강화하고 경제적 이익도 확보하는 이런 기술집약적 산업을 발전시키기 위해 정책적 지원을 하고 있으며 결국 이런 외국 정부의 지원은 미국과의 통상마찰을 야기시켜 미국으로 하여금 상대국의 시장조건과 정책을 미국의 그것들과 상응하는 수준으로 변화하게 하는 전략적 무역정책을 채택하게 한다는 것이다.[19]

---

18) Laura Tyson, *ibid.*, p. 3.
19) Laura Tyson, *ibid.*, pp. 6-13.

이런 점에서 밀러와 요피는 외국기업들이 장기적으로 유지 가능한 이점을 얻기 전에 미국이 전략적 무역정책을 채택해야만 그 정책의 효용성이 있다고 주장한다.[20] 다시 말해서 한번 외국기업이 초기진입자의 이점(first-mover advantages)을 획득하게 되면 미국기업들의 경쟁력상실로 외국시장에의 진입은 의미가 없어진다는 것이다. 미국기업들이 초기 진입자의 이득을 상실한 경우 이들의 대부분의 선택은 무조건적인 보호주의정책의 채택을 요구하는 것이다.

지금까지 기존의 전략적 무역정책이론가들의 주장을 간단히 살펴보았다. 다음 3, 4장에서는 미국항공기 및 자동차산업의 시장조건, 외국정부의 개입여부 그리고 두 산업에 대한 미국무역정책의 변화를 살펴봄으로써 기존 전략적 무역정책이론가들의 주장을 검증한다.

## Ⅲ. 미국 항공기산업 무역정책의 변화

미국 항공기제작산업은 시작 단계부터 소수의 기업에 의해 주도되었다. 보잉(Boeing), 맥도널 더글라스(McDonnell Douglas), 컨베어(Convair) 그리고 록히드(Lockheed) 등 네 항공기제작기업들이 시장을 과점하고 있었다. 그러나 기술개발을 미루고 있던 맥도널 더글라스와 록히드와는 달리 보잉은 1953년 처음으로 제트엔진(turbojet engine)의 비행기를 시장에 소개함으로써 1940년대부터 DC-3으로 미국시장을 주도했던 더글라스를 추월하고 항공산업을 주도하기 시작했다.[21]

---

20) Helen Milner and Yoffie, *op. cit.*, p. 246.
21) Laura Tyson, *ibid.*, pp. 182-183.

제트엔진 개발이라는 기술적 혁신은 세계 항공기산업에서 미국이 독점적인 주도권[22])을 갖게 하였음은 물론 항공기개발과 제작의 비용을 대폭적으로 증가시켜[23]) 시장의 경제규모와 구조를 혁명적으로 변화시켰다. 이러한 경제규모의 급격한 상승, 특히 새로운 항공기 모델(model)의 개발에 막대한 자본이 요구된다는 점은 새로운 모델의 개발은 막대한 투자금을 상쇄할 수 있는 다량의 판매가 필요하다는 위험부담을 필연적으로 갖게 하여 새로운 항공기제작회사의 시장진입은 물론 기존의 항공기회사들에게도 새로운 모델의 개발을 어렵게 하였다. 이런 환경에서 경영난을 겪던 더글라스사는 미국군수 항공기제작의 주요기업인 맥도널사와 1967년 합병하여 군수계약의 확대로 판매부진을 보충하였다.[24])

이는 제트항공기 시대의 미국시장에서 두 대표적인 항공기제작회사가 정부의 연구개발지원, 군수조달(military procurement) 그리고 정부의 항공기산업 합리화정책 없이는 이익창출이 어렵다는 것을 증명하는 것이다. 따라서 항공기산업 경제규모의 대폭적 증가는 〈표 1〉이 보여주는 바와 같이 항공기기업들이 해외시장으로의 수출에 크게 의존하는 수출지향의 정책을 채택하게 하였다.

---

22) Laura Tyson, *op. cit.*, p. 177. 유럽은 에어버스가 창설될 때까지 미국으로부터 비행기를 수입하는 순수 수입국의 위치에서 벗어나지 못했다.

23) 보잉사의 제트엔진비행기 개발로 비행기 개발비용이 기존의 피스톤엔진(piston engine)과 프로펠라(propeller) 비행기개발 비용인 1,400만 달러에서 1억 천2백만 달러로 대폭 상승하였다. Office of Technology Assessment. *Competing Economics: America, Europe, and the Pacific Rim*, Washington D.C.: Government Printing Office, 1991.

24) David Mowery, and Nathan Rosenberg, "The Commercial Aircraft Industry," Richard Nelson. ed., *Government and Technical Progress: A Cross-Industry Analysis*, New York: Pergamon Press, 1982, p. 133.

〈표 1〉 세계 항공기 수출입 분포 현황

(단위: %)

| 연도 | 1977 | 1979 | 1981 | 1983 | 1985 | 1987 |
|------|------|------|------|------|------|------|
| 미국 | 57.8 (8.8) | 50.8 (7.6) | 53.4 (12.4) | 48.7 (10.7) | 50.3 (16.7) | 54.3 (17.3) |
| 유럽 | 34.0 (43.6) | 39.5 (48.7) | 36.3 (39.8) | 41.1 (44.9) | 37.6 (40.4) | 34.1 (38.1) |

*괄호안의 숫자는 수입분포 비율임.
출처: United Nations, Statistical Yearbook of International Trade, Various Issues.

더욱이 급격한 학습효과의 상승은 항공기제작 비용을 상대적으로 절감하는 효과를 보여 기술수준과 산업의 경제규모에서 열세였던 외국항공사들, 특히 그 당시 세계 제2의 항공기제작국이었던 영국의 시장진입을 막았음은 물론 경쟁모델을 출시하지 못했던 맥도널 더글라스사도 치명적인 타격을 받아 항공기시장에서 보잉사가 우월한 입장을 확보하게 하였다.

이렇듯 항공기산업에서 보잉사의 주도권은 보잉사가 4개의 엔진을 장착하는 원거리(long-range) 항공기인 747모델을 출시함으로써 더욱 확고히 굳어졌다.[25] 보잉사는 747의 판매로 막대한 수익을 올렸으며 세계에서 유일하게 자체적인 역량으로 수익을 올리는 기업으로 성장하였다. 747 판매를 통한 성장으로 보잉사는 다른 국내 항공기기업들 또는 외국항공기회사들과의 경쟁에서 지속적인 생산 경쟁력을 확보하였다.

이런 맥락에서 70년대까지 보잉사를 비롯한 미국항공기제작회사들은 미국의회청문회에서 자유주의적인 미국항공기 무역정책 결

---

25) Laura Tyson, op. cit., p. 185.

110

정을 주장하였으며 1979년 유럽과의 항공기무역에 관한 GATT협상에서도 유럽의 국가들이 연합하여 창설한 항공기제작회사인 에어버스(Airbus)가 유럽국가들로부터 공개적이며 적극적인 지원을 지속적으로 받고 있음에도 불구하고 자유주의 무역원칙을 확인하는 선에서 합의하였다. 따라서 미국과 유럽간의 항공기무역에 가장 핵심적인 사안인 유럽정부 개입의 문제는 1979 GATT협상에서 제외되고 대신 관세, 쿼타(quota), 선호기술표준제(preferential technical standards) 그리고 폐쇄적 조달협정(closed procurement arrangements) 등 항공기무역의 전통적인 장벽들을 제거하는 수준의 결과를 가져왔다.[26]

그러나 이러한 미국항공기산업의 독점적 위상은 1980년대 초반부터 발생하는 시장조건의 변화와 더불어 흔들리기 시작하였다. 첫째, 항공기의 대형화와 더불어 새로운 항공기 모델의 개발비용이 또 다시 큰 폭으로 상승하여 새로운 대형항공기 모델의 개발비용은 1980년대 들어서 50억 달러($5 billion)로 상승하였다.[27] 이러한 최소 생산비용의 상승은 손익분기점을 도달하기 위해서는 400대 이상의 다량의 판매가 이루어져야 하고 이 경우 만약 두 개 항공기제작회사가 같은 종류의 모델을 출시하면 적어도 한 개 이상의 회사는 막대한 경제적 손실을 입게 되는 것이다.[28] 이러한 상황은 현실화되어 나타났는데 1960년대 말 보잉사가 747모델을 출시하면서 우월한

---

26) David Mowery, and Nathan Rosenberg. *Technology and the Pursuit of Economic Growth*. Cambridge: Cambridge University press, 1989. p. 186.
27) Helen Milner and Yoffie, *op. cit.*, p. 257; Vicki. Golich, "From Competition to Collaboration: the Challenge of Commercial-Class Aircraft Manufacturing." *International Organization*. 46. 1992. p. 907. 한 좌석당 항공기 개발비용도 1960년대 중반 5만달러 수준에서 1980년대 중반 20만달러로 대폭 상승하였다.
28) Howard Banks, "Airbus Comes of Age." *Forbes*. 23 February, 1987, p. 36.

지위를 유지해나가자 맥도널 더글라스사와 록히드사는 같은 종류의 모델인 넓은 동체항공기(wide-body aircraft) 개발에 모두 뛰어들어 양사 모두 심각한 피해를 입었다.[29]

둘째, 1990년대 들어 냉전체제의 붕괴와 더불어 국방예산의 대폭적인 감축으로 오랜 기간 동안 미국항공기산업의 구명조끼(life vest)와 같은 역할을 해왔던 미국정부 조달량이 대폭 감소되었다.[30] 따라서 상호 파괴적인 결과를 받았던 록히드사와 맥도널 더글라스사는 항공기 판매에 더욱 어려운 상황에 직면하게 되었다.

셋째, 유럽항공노선의 자유화와 미국 항공서비스산업에 대한 규제완화 정책이 항공기제작산업의 구조변화를 촉진하는 영향을 미쳤다. 항공노선의 급격한 변화는 원거리을 운항하는 작은 사이즈의 항공기에 대한 요구를 증가시켜 많은 항공기제작회사들이 같은 종류의 항공기 개발에 집중하게 되어 결국 항공산업의 경쟁구조를 변화시켰다.[31] 따라서 항공산업시장에서 각기 우월한 영역으로 분할되어 경쟁하던 시장경쟁구조가 무너지고 서로 무차별적인 경쟁을 요구하는 환경이 된 것이다. 이렇듯 점차 완전 경쟁상태로 이전되는 상황에서 유럽 9개국으로부터 연구개발비용과 수출장려금 등을 전폭적 지원을 받고 있던 에어버스사는 공격적인 경쟁자로 부상하였으며 결국

---

29) 두 회사의 같은 종류 항공기 개발 경쟁으로 맥도널 더글라스사는 심각한 재정적 위기를 지속적으로 겪어야 했으며 록히드사는 연방정부의 2억5천만 달러 차입보증으로 부도위기를 간신히 넘겼다. David Mowery, *Alliance Politics and Economics: Multinational Joint Ventures in Commercial Aircraft*, Cambridge: Ballinger, 1987. p. 39.

30) Vicki, Golich, *op. cit.*, p. 919; Laura Tyson, *op. cit.*, p. 191.

31) Rex Toh, and Richard Higgins, "The Impact of Hub and Spoke Network Centralization and Route Monopoly on Domestic Airline Profitability," *Transportation Journal* 24, 1985. pp. 16-27.

앞장의 〈표 1〉이 보여주는 바와 같이 1970년대 말부터 전 세계 항공기 수출량의 30%이상을 생산하였다.

이러한 시장조건의 변화는 미국항공기회사들의 항공기무역정책에 대한 선호정책을 변경시키기에 충분하였다. 이에 1980년대 초부터 미국항공기회사들은 유럽의 에어버스사를 공격하기 시작했으며 특히 유럽국가들이 제공하는 수출보조금은 또 다른 형태의 보호주의로써 경쟁기업들의 경쟁력을 악화시키는 정책임을 강조하였다. 보잉사 등 미국항공기제작회사들은 유럽과의 항공기무역에 관한 협상은 유럽이 모든 종류의 보조금제공, 비현실적으로 낮은 가격을 통한 항공기 판매 그리고 정치적 압력을 통한 항공기 판매 등을 모두 제거하지 않는 한 협상을 인정할 수 없다고 주장하였다.

이와 같은 국내 항공기회사들의 요구 속에서 국가경쟁력을 제고해야 하는 미국정부는 유럽의 에어버스에 대한 정책을 GATT에 여러 차례에 걸쳐 공식적으로 제소하였다. 1986년부터 1992년까지 계속된 미국 유럽간 항공기무역협상에서 양측은 수출보조금에 대한 이견을 비교적 쉽게 조정하였으나 미래의 항공기무역 경쟁에서 가장 중요한 영향을 미칠 것으로 판단되던 유럽국가들의 에어버스 항공기개발 지원금 문제로 난항을 겪었다. 미국은 1990년에 항공기 개발비용 총액의 75%에 달하던 유럽국가들의 개발지원비를 25%로 낮출 것을 요구하였으나 유럽은 45%를 주장하면서 미국의 요구에 합의하지 않았다.[32] 이런 상황에서 미국정부는 유럽이 미국의 요구를 수용하지 않을 경우 자국무역법인 섹션 301조를 통해 미국시장의 에어버스의 수입품에 100%관세를 부과하는 조치를 취하겠다고

---

32) Laura Tyson, *op. cit.*, p. 207.

위협하였다. 이런 과정을 겪으며 양측은 1992년에 유럽국가들이 에어버스에 33%의 개발지원비를 제공하는 것을 양해하였으며 다른 부분에서의 유럽국가들의 개입은 최소화하는데 합의하였다.[33]

　이상에서 본바와 같이 미국항공기무역정책은 70년대말까지의 자유무역에서 80년대 이후 보복을 전제로 유럽의 항공기산업 시장조건과 정책을 미국의 그것과 동등하게 하는 전략적 무역정책으로 전환되었다.


## Ⅳ. 미국 자동차산업 무역정책의 변화

　자동차산업 시장도 항공기산업과 마찬가지로 산업형성 초기에는 미국의 GM(General Moters), 포드(Ford) 그리고 크라이슬러(Chrysler) 등 미국자동차기업들이 절대적으로 우월한 입장을 유지하는 산업이었다. 예를 들면 1950년대에는 미국이 전세계 자동차생산량의 75%를 그리고 1960년대까지도 50%의 생산량을 차지하였다.[34] 즉 미국의 자동차산업은 미국의 핵심산업으로써 적어도 1970년대 중반까지는 경쟁력을 확보하여 미국시장은 물론 해외시장에서도 주도적 입장을 유지하였다.

　그러나 1973년과 1979년의 두 차례의 에너지위기의 영향과 이와 같은 상황에서도 에너지 절약형의 소형차개발을 간과했던 미국 자

---

33) Agreement Concerning the Application of the GATT Agreement on Trade Civil Aircraft 1992.
34) Peter F. Cowhey, and Edward, Long, "Testing Theories of Regime Change: Hegemonic Decline or Surplus Capacity?" *International Organization*, 37, 1983, pp. 167–171.

동차기업들의 전략은 미국의 독점적 지위를 붕괴시켰고 미국자동
차시장에서도 주도권을 장담하기 어려워졌다. 미국 자동차 시장에
서 대형차와 소형차의 판매비율은 1979년에 56% 대 44%였던 것이
에너지위기로 연료절약형 자동차를 선호하는 판매구조로 변화함에
따라 1980년에는 64대 36으로 급격히 변하였다.35) 이런 환경에서
미국자동차기업들은 1970년대 후반부터 수출은 물론 자국의 자동차
시장에서 판매 점유율이 떨어지기 시작했으며 반면 소형차중심의
일본 자동차들은 미국시장에서 상당한 정도의 판매비율을 차지했
다.36) 그 결과 미국 자동차회사의 대량 손실을 입었으며 특히 크라이
슬러사는 1978년에 2억 4백만 달러를 그리고 79년 상반기에만 2억
6천만 달러의 손실을 입고 심각한 재정적 위기를 겪기 시작했다.37)

더욱이 1973년의 에너지 위기를 겪었음에도 불구하고 미국의 자동
차생산기업들은 소형차량이 이윤율이 낮다는 이유38)와 변화된 시장
구조에 대한 미국자동차산업의 적응능력의 과신으로 본격적으로 소
형자동차를 양산하지 않았으며 대형차 생산중심의 전략을 그대로
유지하였다.39)

---

35) Jeffrey A. Hunker, *Structural Change in the U.S. Automobile Industry.*
Lexington: Lexington Books, 1983.
36) 일본자동차의 미국시장 점유율이 1979년 17.7%에서 1년 만에 1980년
에는 26.7%로 급격히 높아졌다. Peter F. Cowhey, and Edward, Long.
*op. cit.,* p. 177.
37) 1980년 단일 년도에만 미국 자동차회사들은 $3.7 billion의 손해를 봤다.
Congressional Budgeting Office, *Has Trade Protection Revitalized
Domestic Industries?.* Washington, D.C.: U.S. Government Printing
Office, 1986. p. 87.
38) Lee. Iacocca, *Iacocca: An Autobiography.* New York: Bantam Books,
1984. p. 106.
39) John Bell. Rae, *The American Automobile Industry.* Cambridge: Twayne
Publishers, 1984. pp. 121-122; Carolyn. Rhodes, *Reciprocity, U.S. Trade*

반면 일본과 유럽 등은 70년대 말까지 수입품에 대해 높은 관세, 차별적 세제정책 그리고 해외직접투자(foreign direct investment)의 제한 등을 통해서 미국자동차기업의 시장진입을 원천적으로 막았다.[40] 이러한 대내외적 시장조건의 변화는 결국 미국자동차회사들로 하여금 다량의 재고, 공장폐쇄 그리고 대량해고에 직면하게 하였다. 물론 일본과 유럽 등 많은 국가들의 자동차시장이 폐쇄적이었던 것이 매우 중요한 영향을 미쳤지만 자동차산업은 본질적으로 항공기산업과는 달리 경제규모 특히 초기 투자비용이 새로운 기업의 진입을 막을 만큼 크지 못했으며 급속한 기술학습효과 증가현상도 나타나지 않아 일본 등 여타 국가들이 미국시장의 점유율을 대폭 상승시킬 수 있었다.

이런 시장조건에서 전통적으로 자유무역정책을 지지하던 미국자동차산업과 자동차노조(UAW: United Auto Workers)는 일부자동차기업들의 도산을 막고 산업경쟁력을 유지하기 위해 보호주의 무역정책의 채택을 요구하기 시작했다.[41] 특히 미국자동차회사들의 경영악화로 근로자 해고가 확대됨에 따라 자동차무역정책의 변화는 미국자동차노조에 의해서 가장 먼저 제기되었다. 이러한 전미자동

Policy, and the GATT Regime. Ithaca: Cornell University Press, 1993, p. 158.
40) Japan Automobile Manufacturers Association, The Motor Industry of Japan. Tokyo: JAMA, 1995, p. 15.
41) Gilbert R., Winham, and Ikuo Kabashima. The Politics of U.S.-Japanese Auto Trade, in I.M. Destler, and Hideo Sato, ed., Coping with U.S.-Japanese Economic Conflicts. Lexington: Lexington Book, 1982, pp. 113-115. 일본의 이수즈(Isuzu)와 소형승용차 및 트럭생산 제휴를 맺고 있던 미국 최대 자동차회사인 GM은 초기에는 보호주의 무역정책으로의 전환 요구에 참여하지 않았으나 손실이 커지고 대량해고 사태가 나타나면서 자동차노조와 포드 등과 같이 수입제한을 요구했다.

차노조와 자동차회사들의 일본자동차수입 규제를 위한 요구와 맞물려 미국의회도 일본자동차 수입규제를 요구하기 시작하여 1981년 3월 일본의 자동차 수입을 매년 160만 대(1.6million)로 제한하는 할당수입법안을 제출하였다.[42]

이러한 자동차산업과 자동차노조 그리고 미국의회의 일본수입규제를 위한 일체적 압력은 대통령선거전에서 일본의 자동차수입을 제한하겠다고 공언하였던 레이건대통령으로 하여금 일본과의 자동차협상에서 효과적인 전략을 수립하기 위한 자동차특별팀(Auto Task Force)을 조직하게 하였다. 그러나 특별팀은 자유주의 무역정책이 미국의 국가이익에 부합된다고 주장하는 부류[43]와 미국자동차산업을 회복시키기 위해서는 보호주의 무역정책을 채택해야한다는 부류로 나뉘었다.[44]

이러한 환경에서 레이건행정부는 미국이 GATT의 자유주의무역원칙을 위반하지 않으면서 동시에 일본의 수출을 규제할 수 있는 절충적인 방안, 즉 일본의 자율적 수출제한정책을 채택하였다. 이런 정책적 기조 아래 미국과 일본은 일본자동차의 수출을 1년에 168만 대(1.68million)로 제한한다는 자율적 수출규제 합의문을 발표함으로서 협상은 마무리되었다.

---

42) Richard. Nations, "Pressure for a Trade-Off," *Far Eastern Economic Review*, March 27, 1981, p. 119.

43) 이들은 다음과 같은 네 가지 이유에서 보호주의적 조치에 반대하였다: (1) 수입규제는 인플레이션을 촉진할 수 있다; (2) 이 조치는 자유무역원칙에 위배된다; (3) 자동차부분에서의 보호주의 조치는 다른 영역까지 확산될 수 있다; 그리고 (4) 수입규제로 인한 미국자동차회사 보호는 미국소비자들의 손해로 결과될 것이다. David A. Stockman, *The Triumph of Politics: How the Reagan Revolution Failed*, New York: Harper & Row, 1986, pp. 154-158.

44) *Washington Post*, March 24, 1981.

이와 같이 80년대 초에 채택된 자율적 수출제한정책은 약 10년간 유지되었으나 90년대 초 자동차산업분야뿐만 아니라 미국경제 전반에 혹독한 경기침체가 나타나면서 미국자동차무역정책도 변화하기 시작하였다. 90년대 초반 미국 총국내생산(GDP: gross domestic product)은 2~3%씩 매년 감소했으며 실업률 또한 7.4%를 기록했다.45) 특히 쌍둥이적자라고 불리는 재정적자와 무역수지적자는 지속적으로 증가했으며 무역수지적자 총액의 50~70% 가량이 일본과의 무역에서 만들어졌다. 더욱이 일본과의 총 무역수지적자의 60% 가량은 자동차무역에서 이루어졌다.46)

이러한 자동차무역에서의 적자는 곧 바로 미국자동차의 손실을 의미하는 것으로 1990년 GM은 21억 달러의 손실을 또 91년 상반기만 47억 달러의 손실을 보았다.47) 더욱이 일본시장에 있어서의 미국자동차 시장점유율은 극히 미미해 미국자동차는 2% 미만의 판매를 기록했으며 자동차부품 판매는 단지 1.3%의 점유율을 보였다.48) 즉 〈표 2〉가 보여주는 것과 같이 자율적 수출제한정책을 채택하고 유지하였지만 일본의 자동차생산량은 지속적으로 증가하였으며 반대로 미국의 생산량은 감소하였다.

45) United States Department of Commerce, *Statistical Abstract of the United States 1993*, Washington, D. C.: Government Printing Office, 1993, p. 395 & p. 444.
46) United States Department of Commerce, *Statistical Abstract of the United States 1995*. Washington, D. C.: Government Printing Office, 1995, pp. 818−829.
47) *Washington Post*, June 16, 1991.
48) *Tokyo Business*, August 1995, 48.

<표 2> 국가별 세계자동차 생산량

(단위: %)

| 국가<br>연도 | 미국 | 유럽 | 일본 | 기타 | 총합 |
|---|---|---|---|---|---|
| 1985 | 26.0 | 28.2 | 27.4 | 18.4 | 100.0 |
| 1990 | 20.5 | 32.7 | 28.3 | 18.7 | 100.0 |

Pemberton, G. 1988. "The World Car Industry to the Year 2000," *Automotive Special Report No. 12,* London: Economist Intelligence Unit.; Frederic C. Deyo. edt. 1996. *Social Reconstructions of the World Automobile Industry,* New York: St. Martin's Press, p. 4.

그럼 왜 10년간의 자율적 수출규제정책이 유지됐음에도 일본자동차회사들은 미국시장의 점유율을 높이고 더 많은 이익을 획득할 수 있었는가? 수출자율규제로 인해 수출물량이 제한 받게 되자 일본자동차회사들은 두 가지 방법을 통해서 이익을 극대화하였다. 첫째, 80년대 초까지 일본의 자동차수출은 판매이윤이 적은 소형차 위주로 전개되었다. 따라서 수출물량이 제한된 상황에서 일본자동차회사들은 큰 폭의 이윤을 남길 수 있는 대형의 고급차 수출로 전략을 바꾸기 시작하였다. 이런 목적 하에 토요타(Toyota) 등 일본 3대자동차회사는 고급 브랜드차량 위주로 수출하여 같은 판매대수에서 몇 배의 이익을 얻는 효과를 보았다.[49] 둘째, 일본자동차회사들은 정해진 수출물량을 극복하기 위해서 미국 내에 차량조립공장들을 건설하였다. 1984년과 1987년 사이 6개의 자동차회사들이 미국에 조립공장을 설치하여 수출자율규제를 회피하였다.[50]

---

49) Congressional Budgeting Office, *Has Trade Protection Revitalized Domestic Industries?,* Washington, D.C.: U.S. Government Printing Office, 1986, p. 85.
50) Jagdish. Bhagwati, "VERs, Quip Pro Quo DFIs and VIEs: Political

이렇듯 심각한 경제 불황과 경제적 손실 속에서 1991년 미국자동차노조와 3대 자동차회사들은 또다시 일본수입차의 규제를 요청하였고 특히 클린튼이 집권하자마자 일본 미니벤(minivan)의 미국시장 진입 규제를 요청하였다.[51]

그러나 클린튼행정부는 이와 같은 미국자동차회사의 수입규제 요청을 받아들이는 대신 일본시장의 완전한 개방을 막고 있던 폐쇄적 유통구조와 같은 비관세 장벽을 제거하고[52] 일본의 미국산 자동차 및 부품수입에 목표수치를 규정하는 방식으로 수출을 확대하여 일본과의 무역수지적자를 해소하고자 하였다. 이런 결과지향적 무역정책은 미국의 경제후퇴가 일본과의 무역적자에서 비롯됐고 또 이런 무역적자문제를 해소하기 위해서는 결과지향적인 무역을 통해 수출을 확대시키는 길뿐이 없다는 수정주의자(revisionist)들의 견해를 수용한데서 이루어졌다.[53]

특히 클린튼행정부는 미국상품의 수입확대요구가 받아들여지지 않을 경우 미국은 301조를 발동해 일본산 대형수입자동차에 100%의 관세를 부가한다고 결정하였다.[54] 더욱이 미국은 일본의 미국산

Economy Theoretical Analysis." *International Economic Journal*, 1, 1987, p. 5.

51) 이들 미국자동차 3사는 일본 미니벤의 관세를 2.5%에서 25%로 증가시켜 줄 것을 구체적으로 요구하였다. *Washington Post*, march 26, 1991; Susumu, Awanohara, and Jonathan Friedland. "How to Handle America." *Far Eastern Economic Review*, June 24, 1993. p. 41.

52) 미국은 여전히 일본시장진입을 가로막고 있던 장벽들의 제거를 요청하여 특히 자동차검사(inspection) 규제완화, 미국차 판매매장 수의 확대 그리고 일본자동차회사와 그들의 하청업체와의 배타적인 특별관계의 청산 등을 주장했다.

53) Laura Tyson, *op. cit.*,

54) Testimony Before the Section 301 Committee of the Office of the USTR. 1995. June 8.

자동차 및 부품의 수입확대량을 수량으로 정하고 일본정부가 목표수치를 이행할 책임을 져야한다고 주장했다. 즉 미국은 자동차무역정책을 자율적 수출규제에서 자율적 수입확대로 전환한 것이다.

이러한 미국의 요구에 일본은 수치목표설정과 정부책임규정은 GATT의 원칙에 위배된다고 단호히 거부하자 미국은 정부책임요구는 철회하였고 결국 계속된 협상 끝에 양국은 1995년 5월 28일 자동차와 부품무역에 관해 합의도출에 성공하였는데 이 합의에는 미국의 주장과는 달리 수치목표 설정은 제외되었다.[55] 그 대신 미국은 5개 일본회사들의 자율적으로 결정된 미국산 자동차 및 부품의 수입확대 계획을 일본이 미국산 생산품의 수입을 확대시키는 기준으로 간주하였다.

이상에서 본바와 같이 미국자동차무역정책은 80년대 초반에 이미 보호주의적인 자율적 수출규제정책으로 전환되었으며 90년대에는 항공기무역정책과 같이 보복을 전제로 심각한 무역수지 개선을 위해 일본이 자율적으로 미국산 자동차 및 부품 수입을 확대하게 하는 전략적인 자율적 수입확대정책을 채택하였다.

---

55) 이 합의안에는 4가지 주요 조치들이 포함되었다: (1) 일본시장의 외국산 자동차수입 확대 조치; (2) 일본자동차회사들의 외국산 부품구입 확대 조치; (3) 일본정부의 자동차산업규제 개선; 그리고 (4) 이러한 조치들의 이행 평가. "U.S.-Japan Automotive Agreement and Supporting Documents," in *International Legal Materials*, 34, 1995. pp. 1492-1541.

## V. 결론

본 연구는 자유주의, 보호주의의 이분법적 형태에서 점차 다양해지는 미국무역정책의 변화를 체계적으로 이해하고자 최근 미국무역정책의 "제3의 길"로 여러 분야에서 채택되고 있는 전략적 무역정책을 분석하였다. 특히 이와 같은 새로운 형태의 미국무역정책을 설명하는 주장들이 상호 상충되는 부분이 있고 이런 주장들이 기술집약산업과 같은 제한된 분야에서만 연구되어 이론의 일반화는 검증되지 못했다는 점에서 시장조건과 구조가 다른 두 산업, 기술집약산업인 미국항공기산업과 중간기술산업으로 분류되는 미국자동차산업, 무역정책을 살펴봄으로써 기존의 전략적 무역정책이론의 타당성을 평가하였다.

두 분야의 사례연구 결과 전략적 무역정책이론가들이 주장하는 바와 같이 항공기산업의 무역정책은 불완전한 시장조건과 유럽국가들의 적극적인 시장개입이 미국항공기산업 무역정책을 전략적 무역정책으로 전환하게 하는 요인이 되었다. 즉 미국항공기산업 시장은 급속한 학습효과의 증가, 경제규모의 대형화(대형자본의 요구), 과두적인 시장구조, 높은 수출의존도 그리고 유럽정부들의 개입정책 등 전략적 무역정책이론가들이 제시하고 있는 전략적 무역정책 형성조건들이 존재하고 있음을 확인하였다. 이런 환경에서 미국항공기제작 업체들과 미국정부는 유럽국가들의 지원 속에서 시장점유율을 확대하고 있는 에어버스와 효과적으로 경쟁하여 약화되고 있는 자국항공기산업의 경쟁력을 강화시킬 목적으로 전략적 무역정책을 채택하였다.

반면 미국자동차산업의 무역정책은 일본의 자동차시장을 미국

시장과 상응한 정도로 개방할 것을 요구하고 불이행시 보복을 전제로 했다는 점에서 항공기산업과 같은 전략적 무역정책을 채택했으나 무역정책이론가들의 주장과는 달리 경제규모 또는 학습효과 등의 시장조건과 외국정부의 개입 요인이 전략적 무역정책으로의 전환을 가져온 결정적인 요인은 아니었다. 오히려 일본과의 무역수지 적자를 개선해야 하는 미국정부의 정치, 경제적 목적과 일본시장을 개방하여 수출을 확대시키는 정책만이 무역적자문제를 해소할 수 있다고 주장하는 수정주의자들의 주장 등이 자동차무역정책을 전략적 정책으로 변화시킨 주요 요인들이었다.

물론 일본의 자동차시장이 미국과 같이 완전히 개방되지 않았다는 것이 매우 중요한 영향을 미쳤지만 자동차산업은 본질적으로 항공기산업과는 달리 요구되는 기술의 수준과 초기 투자비용 등 경제규모가 새로운 기업의 진입을 막을 만큼 크지 않았고 급속한 기술학습효과 증가현상도 없었기 때문에 일본 등 여타 국가들이 미국시장의 점유율을 대폭 상승시킬 수 있었다. 예를 들면 항공기 시장에서 미국이 70년대 중반까지 80%정도의 세계시장 점유율을 확보할 정도로 미국이 독점하는 불완전 시장이 형성되었으나 자동차시장은 미국이 주도하던 시기에도 일본, 독일, 프랑스, 영국 등의 수많은 기업들이 시장에 진입하였다. 즉 자동차산업은 대규모의 산업 경제규모 그리고 학습효과의 급속한 증가 등 불완전 경쟁시장 형성조건들이 존재하는 고도의 기술집약산업이 아니며 따라서 수출 없이는 유지될 수 없는 항공기산업과는 달리 수출중심의 전략보다는 내수중심의 전략이 채택될 수 있었던 것이다. 따라서 〈표 3〉이 보여주는 바와 같이 미국자동차산업은 항공기산업과는 달리 수출 의존도가 매우 낮은 산업이었다.

<표 3> 미국 자동차 해외 수출량

(단위: 천)

| 연 도 | 1990 | 1991 | 1992 | 1993 | 1994 | 1995 |
|---|---|---|---|---|---|---|
| 생산량 | 9,775 | 8,795 | 9,747 | 10,857 | 12,189 | 12,023 |
| 수출량 | 818 | 879 | 880 | 913 | 1,088 | 1,024 |
| 수출(%) | 8.37 | 9.99 | 9.03 | 8.41 | 8.93 | 8.52 |

출처: American Automobile Manufacturers Association
http://www.infoplease.com/ipa/A0104801.html(2002년 4월 23일)

따라서 미국자동차산업은 항공기산업과는 매우 다른 시장조건과 구조를 보여주고 있음을 확인하였다. 하지만 앞서 언급한대로 두 산업은 공통적으로 상대국(유럽과 일본)에게 미국에 상응하는 산업 및 무역정책을 채택할 것을 요구하고 수용하지 않을 경우 보복을 전제로 했다는 점에서 같은 전략적 무역정책을 채택하고 있다. 즉 급속한 학습효과의 증가, 경제규모의 대형화 그리고 상대국정부의 시장개입 등으로 전략적 무역정책의 형성을 설명하는 기존의 전략적 무역정책이론은 이러한 조건들이 갖추어지지 않은 환경에서 전략적 무역정책을 채택한 자동차산업의 무역정책을 충분히 설명하기 어려운 것이다.

이러한 기존 이론의 한계는 미국무역정책에 있어서 시장조건의 변화와 이에 따른 기업들의 선호정책의 변화 등의 역할을 지나치게 강조한 반면 특정한 국정목표를 설정하고 이를 정책에 반영하는 미국정부의 독립적 역할과 이익집단과 더불어 정책결정에 중요한 영향을 미치고 있는 정책집단(Epistemic Community)의 역할을 상대적으로 간과한데서 비롯된 것이다. 특히 1990년대의 미국자동차무역 정책결정의 경우 일본자동차의 미국시장 진입규제 등 보호주의적 정책을 주장하던 자동차기업들의 요구와는 달리 클린튼정부는 수정주의학자들의 주장을 바탕으로 일본시장개방을 통한 수출중심의 전략적 무역정책을 채택했던 점은 이러한 시장의 조건과 업계의 선호정책에 무역정책의 변화요인이 있다고 가정하는 기존이론의 한계를 분명히 하는 것이다.

# 제4장

# 부상하는 중국의 다극화외교: 소프트파워, 다자주의, 자원외교

## I. 서론

중국은 2010년 9월 27일 미국산 수입닭고기에 대해 5년간 최대 105.4%의 반덤핑과세 부과를 결정했다.[1] 이는 9월 24일 미국하원 세입위원회가 중국을 겨냥해 자국통화를 의도적으로 평가절하하고 있다고 판단되는 국가에 대해 미국상무부가 징벌적 관세를 부과하는 것을 허용하는 '환율조작 제재법'을 통과시킨데 대한 보복적 조치이다. 미국 상무부는 이러한 중국의 보복적 조치에 대해 다시 중국산 동파이프 2억 3,300만 달러어치에 대해 최고 60.85%의 반덤핑관세 부과를 결정했다.[2] 비슷한 시점에서 미국을 방문했던 원자바오 중국총리는 오바마 미국대통령의 위안화 절상요구에 대해 "위안화 가치를 급격하게 올려야할 아무런 근거가 없다"라고 언급함으로서 미국의 위안화 절상 압박에 대해 반대의 입장을 분명히 했다.[3] 중국은 과거와는 달리 미국의 압박에 대해 공격적이고 직접적으로 대응하는 행태를 보인 것이다.

이러한 중국의 공격적 행태는 최근 일본과의 영유권 분쟁과정에서 보다 명확히 드러났다. 댜오위다오/센카쿠 열도에 대한 일본과 중국의 영유권분쟁은 어제 오늘의 이야기는 아니지만 최근 일본이 중국어선을 나포하고 선장 등을 구금하자 중국은 과거와는 달리

---

1) 세계일보, 2010/9/27. http://www.segye.com/Articles/NEWS/ INTERNATIONAL/ Article.asp?aid=20090927002590&subctg1= &subctg2= (2010/9/29 검색).

2) 매일경제, 20109/28. http://kr.news.yahoo.com/service/news/shellview. htm?articleid=2010092808364825198&dinkid=4&newssetid=1352 (2010/9/29 검색).

3) 한국경제, 2010/9/27. http://www.hankyung.com/news/app/newsview. php?aid=2010092746431 (2010/9/29 검색).

댜오위다오/센카쿠 열도의 영유권을 천명하며 외교적 수단과 더불어 첨단제품에 들어가는 희토류의 대일 수출제한 및 일본산 수입품에 대한 통관절차 강화 등 경제제재를 통해 일본을 강력히 압박했다.[4] 이러한 일본에 대한 강력한 압박은 미국의 개입을 불러왔고 궁극적으로 미국을 견제하는 효과를 보인 것이다.

중국의 이런 미국에 대한 견제적 행태는 비단 양국 간의 관계에서만 전개되는 것이 아니라 전 세계에 걸친 외교 전반에서 나타나고 있다. 중국은 소프트파워전략[5]을 배경으로 아프리카지역의 자원확보 경쟁에서 미국을 압박하고 있으며 중앙아시아에서는 러시아와 함께 상하이협력기구(Shanghai Cooperation Organization)와 같은 다자주의전략[6]을 통해 미국의 영향력을 견제하고 있다. 특히 중국은 미국의 안마당이라고 할 수 있는 중남미지역에서도 적극적인 외교관계 확대와 자원외교전략[7]을 강화하여 미국의 전면적 지배권을 견제하고 있다.

이러한 중국의 행태는 과거 중국이 미국과의 분쟁과정에서 보여주

---

4) 서울경제, 2010년 9월 26일. http://economy.hankooki.com/lpage/worldecono/201009/e2010092622102669760.htm (2010/9/30 검색).

5) 소프트파워전략은 국가가 물리적 강제 또는 경제적 보상보다는 자국의 가치, 문화, 정책, 또는 제도 등을 통하여 다른 국가로 하여금 자국이 원하는 행태를 하게 하는 능력을 활용하는 전략을 의미한다.

6) 로버트 코헨은 다자주의를 제도적 수단 또는 임시방편을 통해 3개 이상의 국가가 국가정책을 조정하는 관행으로 정의하고 있다. Robert Keohane, "Multilateralism: an agenda for research," *International Journal*, 45, No. 4, 1990, p. 731. 따라서 다자주의전략이란 3개 이상의 국가들의 제도화된 협력체제를 활용하는 전략으로 정의할 수 있다.

7) 자원외교는 국가역량의 지속적 발전을 위해 요구되는 자원 및 에너지의 확보를 위한 대외적 노력을 포괄적으로 의미한다. 따라서 자원외교전략은 이러한 자원 및 에너지 확보를 위한 외교를 기반으로 자국이 원하는 방향으로 타 국가와의 관계를 견인하는 전략으로 파악한다.

었던 유화적 및 수동적 또는 레토릭 차원에서의 접근과는 상당한 차이를 보이는 것이다. 중국이 1999년 유고 중국대사관 피폭사건, 2001년 미국정찰기 충돌사건 그리고 부시정부 시절 미국의 대만에 대한 무기판매 등의 갈등 상황에서 보여주었던 분쟁 확대를 지양하는 행태들과는 다른 것이다.

그러면 급속히 부상하는 중국의 미국에 대한 외교정책이 근본적으로 견제적이고 공격적으로 변화된 것인가? 중국이 급속한 국력 신장을 바탕으로 기존의 미국중심 국제질서에 도전하고 미중패권 경쟁을 본격화하는 것인가?

중국의 이런 미국에 대한 견제적 행태와 다른 지역에서의 영향력 확대정책은 기존의 '중국위협론'8)을 재점화시키는 효과를 보이고 있다. 즉 부상하는 강대국은 그들의 국가권력을 확대하는데 집중하고 이를 위해 자연히 공격적이 될 수밖에 없다고 강조하는 존 미어셰이머(John Mearsheimer)는 부상하는 중국은 결국 미국중심의 기존 국제질서를 타파하는 정책을 추구한다고 주장한다.9) 최근 중국의 미국에 대한 견제 행태는 이러한 공격적 현실주의 주장에 근거한 '중국위협론'의 적실성을 다시 경험적 사례연구를 통해 평가해야 할 필요성을 제기한 것이다.

---

8) 부상하는 중국은 필연적으로 초강대국 미국과 충돌하게 된다는 주장인 중국위협론은 중국의 급속한 성장과 함께 제기되었다. Paul Wolfowitz, "Bridging Centuries: Fin de Siecle All Over Again," *National Interest* 1997, Vol. 47, pp. 3-8; Robert Kagan, "The Illusion of Managing China," *The Washington Post*, May 15, 2005; Aaron Friedberg, L., "The Future of U.S.-China Relations: Is Conflict Inevitable?" *International Security*, Vol. 30, No. 2, Fall 2005, pp. 17-22.

9) John J. Mearsheimer, *The Tragedy of Great Power Politics*, New York: Norton, 2000.

중국의 변화된 행태는 중국위협론 주장에 대한 검증의 필요성과 더불어 중국이 기존에 제시했던 대외정책 기조에 대한 재분석의 필요성도 함께 제기하고 있다. 즉 중국의 견제적 행태가 대외정책 기조의 근본적 변화에서 기인한 것인지 또는 정책 우선순위의 변화에서 비롯된 것인지 등을 규명하는 것이 필요한 것이다. 따라서 중국이 2007년 중국공산당 제17차 전국대표대회보고서[10]에서 채택한 "평화발전(平和發展)" "조화세계(和諧世界)" "호리공영(互利共瀛)" 등과 2012년 11월에 개최된 18차 전국대표대회보고서[11]에서 채택한 "신형대국관계론"과 "해양강대국론"의 대외정책 기조 및 정책의 우선순위에 대한 보다 면밀한 분석이 요구되는 것이다. 물론 중국정부가 제시하는 여러 정부문서 및 정책보고서들이 대외정책의 기조와 전략을 규정하지만 공산당 우위체제인 중국은 5년마다 개최되는 공산당전국대표대회에서 채택되는 보고서가 국내정책은 물론 대외정책을 규정하는 가장 중요한 대외정책 지침서라는 점에서 이를 중심으로 중국의 대외정책을 분석한다.[12]

이에 본 연구는 중국의 미국에 대한 적극적 견제 행태의 정책적 기반을 파악하기 위해 2장에서 중국공산당 제17차, 18차 전국대표대회 보고서에 나타난 대외정책기조와 정책적 우선순위를 분석하고 이 기조들과 정책들이 어떻게 대외정책에 적용되고 있는지를 파악하기 위해 3, 4, 5장에서는 중국의 아프리카, 중앙아시아 그리고

---

10) 中國共産黨 第十七次 全國代表大會 報告. http://www.chinataiwan.org/zt/szzt/zgsqd/yw/200710/t20071026_474249.htm (2009/03/10 검색).
11) 中國共産黨 第十八次 全國代表大會 報告. http://korean.people.com.cn/78529/15274464.html (2013/6/5 검색).
12) 김옥준 · 김관옥, "중국공산당 제17기 전국대표대회 보고서에 나타난 대외정책적 함의," 〈평화학연구〉, 제9권, 2008, p. 198.

중남미지역 등에 대한 중국의 대외정책과 행태를 중심으로 한 경험적 사례연구를 전개한다.[13] 마지막으로 결론에서는 중국의 미국에 대한 견제정책의 전략과 수단을 평가함으로서 '중국위협론'의 주장을 검증하고 중국의 대미 견제정책의 성격을 규명한다.

## Ⅱ. 중국대외정책 기조의 재평가

중국공산당 제17차, 제18차 전국대표대회 보고서는 중국의 국내외정책을 규정하는 가장 중요한 문건이다. 따라서 2012년의 18차 보고서, 2007년의 17차 보고서 그리고 2002년에 채택된 16차 보고서에 나타난 대외정책의 기조를 분석하는 것은 중국대외정책의 변화를 가장 효과적으로 파악할 수 있는 방법인 것이다. 16차 보고서는 후진타오(胡錦濤)정권 초기의 대외정책 기조를 규정했지만 내용적으로는 쟝저민(江澤民)체제하의 대외정책이 유지되는 경향이 강했다. 16차 당대회보고서는 쟝(江)시대와 마찬가지로 '장기간의 평화적 국제환경과 양호한 주변 환경의 조성을 가능하며 세계의 발전전망이 밝다는 비교적 낙관적인 상태'로 국제정세를 인식하고 있다.[14] 즉 쟝(江)시기의 '지속적인 경제발전을 위한 평화롭고 안정된

---

13) 중국의 소프트파워전략, 다자주의전략 그리고 자원외교전략은 전 세계에 걸쳐 대부분의 지역에서 병행 추진되고 있지만 본 연구에서는 아프리카지역에서는 소프트파워전략을, 중앙아시아지역에서는 다자주의전략을 그리고 중남미지역에서는 자원외교전략을 중심으로 중국의 대외정책과 행태를 분석한다.

14) 中國共産黨 第十六次 全國代表大會 報告. http://news.xinhuanet.com/ziliao/2002-11/17/content_693542.htm

주변 국제환경 조성'이라는 대외정책 기조가 16차 보고서에도 유지 된 것이다. 이런 16차 보고서에 나타난 대외정책 기조를 명확히 하는 것은 보다 유연하면서도 현상유지적 대외정책을 강조하는 '화 자위선(和字爲先)'의 기조 채택에 있다.[15] '화자위선'의 기조는 미국 및 역내국가들과의 관계에 있어 조화와 화합을 최우선시 하는 정책 으로서 2000년대 초반 부각되었던 '중국위협론'을 불식시키는데 주 안점을 둔 것이다. 따라서 16차 보고서에 나타난 중국의 대외정책 기조는 미국에 대한 견제보다는 미국중심의 질서 속에서 발전에 집중하는 것으로 평가할 수 있다.

17차의 전국대표대회 보고서는 16차 보고서와는 다른 국제정세 인식에서 출발한다. 17차 보고서는 현 세계를 대변혁과 조정과정의 상황에서 평화와 발전이 질서를 주도하지만 패권주의와 강권주의 가 여전히 존재하고 국지적 충돌 가능성과 첨예한 갈등이 잠복하고 있는 상태로 규정하고 있다.[16] 즉 16차 보고서 보다 국제정세를 보다 부정적으로 인식하고 있는 것이다. 특히 17차 보고서는 세계 의 다극화 추세는 되돌릴 수 없는 것으로 규정하며 중국의 단극적 패권주의와 강권주의에 대한 반대를 분명히 했다. 이러한 국제정세 에 대한 인식아래 17차 보고서는 "평화 부상론" 대신 "평화발전(平和 發展)" "조화세계(和諧世界)" "호리공영(互利共瀛)"을 새로운 대외정책 기조로 제시했다.

첫째, 동 보고서는 "평화발전" 기조를 "중국정부와 국민이 시대의

---

15) 김흥규, "후진타오 신외교노선과 북중관계," 〈주요국제문제 분석〉, 서울: 외교안보연구원, 2006, p. 1.
16) 中國共産黨 第十七次 全國代表大會 報告. http://www.chinataiwan. org/zt/szzt/zgsqd/yw/200710/t20071026_474249.htm (2010/9/10 검색).

조류와 자신의 근본이익에 따른 전략적 선택으로 규정"하고 있다. 특히 보고서는 "평화발전" 기조는 "모든 국가는 자신의 길을 선택할 권리가 있으며 타국의 내정에 간섭하지 않으며 자신의 뜻을 강요하지 않는 것"이라고 주장하고 있다. 즉 "평화발전" 기조는 중국의 지속적 발전의 중요성을 강조하고 있지만 중국의 발전전략에 대한 패권국의 강요와 내정간섭에 대해서는 반대를 분명히 함으로서 미국과의 대등한 입장을 추구할 것임을 확인했다.

둘째, "조화세계"의 대외정책 기조는 대내외적으로 연계된 개념으로 중국 내부적으로는 낙후지역과 소외계층을 배려하는 조화사회를 건설한다는 것이며 대외적으로는 타 국가들과 안정적 공존관계를 추구한다는 것이다. 그러나 17차 보고서는 이 "조화세계"를 구축하기 위해서는 "UN헌장의 정신과 원칙 준수, 국제법과 공인된 국제관계의 준칙 고수, 국제관계의 민주화 그리고 국가 간 협력 및 윈-윈(win-win) 정신이 필히 준수되어야 한다"고 적시하고 있다.[17] 이는 패권국의 강권정치가 조화세계 형성을 저해하는 가장 중요한 요인이며 중국은 각국이 평등한 상태에서 윈-윈 하는 국제관계의 민주화를 지향한다는 것을 강조한 것이다.

셋째, 17차 보고서는 16차 보고서에서 '독립자주'의 수세적 외교정책 기조를 제시한 것과는 달리 상호이익과 윈-원관계를 강조하는 '호리공영'의 개방전략을 제시했다. 보고서는 "세계와의 공동발전을 촉진하고 각국과의 공동이익을 확대할 것이며 중국의 발전을 실현함과 동시에 상대방 특히 개발도상국의 정당한 이익을 배려할 것이다"라고 언급함으로서 개도국과의 협력관계 형성을 강조하고 있다. 이는

---

17) 전병곤, "중국공산당 제17차 전국대표대회의 의미와 전망," 통일연구원, 2007.

중국이 다른 국가, 특히 개도국들의 성장과 발전에 기여하겠다는 의지의 표현이며 중국의 활동 영역을 전 세계적으로 확대한다는 의미를 내포한다고 할 수 있다.

이렇듯 17차 전국대표대회 보고서에 나타난 세 가지 주요 대외정책 기조는 16차에서 제시된 '중국위협론'을 의식한 화합과 조화를 우선 강조하는 '화자위선'정책 기조와는 달리 미국을 겨냥한 패권주의와 강권주의 반대를 분명히 하고 있으며 미국과의 대등한 입장을 추구하는 국제질서의 다극화가 중국의 대외정책의 목표임을 뚜렷이 하고 있다. 특히 중국은 타국의 내정간섭을 반대하고 국제사회의 민주화를 추구한다고 밝힘으로서 세계 전역의 개발도상국들과의 상호이익의 윈-윈관계 설정을 강조했다. 즉 17차 당대회를 기점으로 중국은 미국과의 대등한 입장에서 국제사회에 개입하는 강대국외교의 기조를 명확히 한 것이다. 따라서 최근 중국의 미국에 대한 견제적 행태와 다극화 추구 노력은 일시적이거나 우발적이 아니며 대외정책 기조에 의해 뒷받침되고 있다고 평가할 수 있다. 그러나 17차 보고서에 나타난 중국의 대외정책 기조는 미국중심의 현 국제질서에 대한 전면적인 현상타파 또는 미국에 대한 직접적인 도전보다는 미국과의 대등한 입장에서 다극화를 추구해 나가는 기조로 이해할 수 있다.

2012년 11월에 개최된 중국공산당 전국대표대회에서 채택한 보고서는 후진타오정권의 마지막 보고서이자 시진핑정권의 최초보고서의 성격을 띤다. 따라서 17차 보고서 기조 및 내용과 크게 차이가 나지 않으며 대부분의 내용이 국내정치, 경제, 사회문제에 집중되어 있다. 대외정책적 측면에서 가장 큰 변화는 중국이 "신형대국관계론"과 "해양 및 우주"를 강조했다는 점이다.[18] 이는 2013년 미중정상회담에서 시진핑중국주석이 오바마미국대통령에게 제시한 내용과 동일한 것이다. "신형대국관계론"은 기존패권국인 미국과 잠재적 패권국인 중국이 냉전시기와 같은 대결적 관계를 지양하고 상호존중의 전략적 협력관계를 형성해 상생하는 G-2관계를 의미한다. 이는 미국중심의 단극적 세계질서에서 다극화 또는 양극의 체제로의 전환을 공식화한 것이다.[19] 이와 더불어 18차 보고서에서 제시된 또 하나의 중요한 대외정책적 내용은 해양과 우주의 중요성을 강조했다는 것이다. 이는 최근 중국이 남중국해와 동중국해에서 영유권분쟁을 전개하고 해양 영역에서의 영향력을 확대시키는 것과 밀접한 관계가 있으며 이런 해양문제가 '양보할 수 없는' 중국의 핵심이익임을 분명히 한 것이다.

결론적으로 17차 보고서와 18차 보고서 내용은 중국의 강대국 위상을 확보하고 미국과의 전략적 협력관계를 유지하면서도 국제질서의 다극화를 추구하겠다는 것으로 요약할 수 있다. 즉 기존의 미국중심의 국제질서를 정면으로 도전하지 않지만 중국에게 유리한 다극화를 완만한 속도로 추진하겠다는 것으로 해석되는 것이다.

---

18) 中國共産黨 第十八次 全國代表大會 報告. http://korean.people.com.cn/78529/15274462.html (2013/6/5 검색).
19) 경향신문, 2013년 6월 8일.

## Ⅲ. 중국의 아프리카 대외정책: 소프트파워전략을 통한 다극화전략

중국의 아프리카외교는 1960~70년대 중국이 비동맹외교를 주도하던 시기에 시작되었다. 즉 초기의 아프리카외교는 1955년 반둥회의(Bandung Conference)에서 제창되었던 반식민주의, 주권존중 그리고 비동맹주의 등의 원칙에 기반하였다. 그러나 중국은 1970년대 말부터 자본주의적 개혁을 실시하고 세계경제로 편입되면서 아프리카대륙으로부터 후퇴했고 1980년대 말과 1990년 초반에 이르러서야 다시 적극적인 외교활동을 전개하기 시작했다.[20] 중국의 1990년대 이후의 아프리카외교의 최대 초점은 경제관계이며 특히 풍부한 아프리카의 에너지와 자원 확보에 집중되어 있다.

중국은 지난 25년간 세계경제가 약 3% 성장을 이루는 동안 연평균 약 10%의 경제성장을 경험했다. 이러한 중국의 급속한 경제성장은 더 많은 자원과 에너지를 필요하게 했고 결국 세계 제2의 에너지수입국과 주요 자원수입국으로 전환되었다. 2009년 현재 약 2억 300만 톤의 석유를 수입하고 있고 중국의 원유 해외수입의존도는 약 52%를 기록하고 있다.[21] 중국의 해외원유 수입의존도가 커지고 특히 원유수입의 50% 이상이 중동지역에 집중되면서 에너지안보의 심각성이 가중되었다. 특히 석유수요 증가율이 전 세계 평균 수치인 3.1%보다 5배 이상 높은 16.9%의 높은 증가율을 보이는

---

20) Ian Taylor, "China's Foreign Policy Toward Africa in the 1990s'," *The Journal of Modern African Studies*, Vol. 36, No. 3, 1998, pp. 443-460.
21) 연합뉴스, 2010년 2월 10일. http://www.yonhapnews.co.kr/bulletin/ 2010/02/10/0200000000AKR 20100210121300083.HTML?did=1179m (2010/10/2 검색).

상황에서 미국의 절대적 영향력 하에 있는 중동지역에 대한 의존도가 높다는 것은 에너지 및 자원의 대외의존 취약성을 확대시켜 결국 미국의 영향력에 더욱 취약해진다는 것을 의미하는 것이다.[22]

에너지 및 자원에 대한 자급능력은 국제관계에 있어 국력을 평가하는 기준이다. 조셉 나이(Joseph Nye)와 로버트 코헤인(Robert Keohane)은 대외 의존도를 민감성(sensitivity)과 취약성(vulnerability)의 개념으로 설명하며 강대국은 외부 의존에 따른 취약성이 낮아 다른 국가의 영향력에서 비교적 자유로운 국가로 규정했다.[23] 이런 맥락에서 중국의 적극적인 아프리카외교는 미국이 배타적 영향력을 행사하는 중동지역으로부터의 에너지수입 의존도를 완화시켜 미국에 대한 취약성을 감소시키고 궁극적으로는 미국과의 아프리카지역의 에너지 및 자원 확보경쟁에서 우위를 점해 미국과 대등한 입장을 확보하려는 것으로 이해 할 수 있다.[24]

자원 및 에너지 확보 목적과 더불어 중국의 아프리카외교는 역내 국가들과의 우호적인 협력관계 강화를 통해 미국의 패권주의 공고화를 견제하는 목적도 있다. 아프리카지역의 에너지와 자원을 확보하는 것이 보다 시급한 목적이지만 중국은 비(非)에너지 및 비(非)자원보유국들과의 관계도 강화함으로서 이런 목적을 명확히 하고 있다.

---

22) 김주영, "중국의 자원수급 문제와 파급효과," 〈수은해외경제〉, 2006, 2, p. 7.
23) Joseph Nye and Robert Keohane, *Power and Interdependence*, New York: HarperCollinsPublishers,1989, pp. 13-17.
24) 서동주, "주요국의 자원외교 전략과 우리의 정책과제," 〈국제문제연구〉, 2005 여름, pp. 237-238.

이러한 목적 달성을 위해 중국은 소프트파워(soft power)전략을 기반으로 아프리카외교를 시행하고 있다. 소프트파워라는 개념은 1990년 초 미국 쇠퇴에 대한 논쟁의 과정에서 조셉 나이가 미국은 군사력 및 경제력뿐만 아니라 소프트파워 측면에서도 우월하다는 주장을 하면서 국력의 또 다른 요소로서 제시된 개념이다.[25] 나이에 의하면 소프트파워는 한 국가가 강제 또는 보상보다는 그 국가의 가치 또는 정책 그리고 경제모델 등을 추종하거나 따라 하고자 하는 매력을 통해 자국이 원하는 바를 얻는 능력을 의미하며 소프트파워가 일정 분야에서는 하드파워보다 자국이 원하는 바를 얻는데 더 효과적이라고 주장한다.[26] 이런 맥락에서 나이는 최근 국제정치의 힘의 개념에서는 군사적 역량의 강조점이 약해지고 기술, 교육 그리고 경제성장과 같은 요인들이 더욱 강조되고 있다고 주장했다.[27] 가치, 문화, 정책 그리고 제도 등 한 국가의 소프트파워를 구성하는 요인들을 보다 광범위하고 구체적으로 적시하면 국제무역, 해외투자, 개발원조, 문화교류, 인도적 원조, 재난구제, 교육지원 및 교류, 관광교류 등이 포함된다.[28]

중국은 아프리카지역 국가들의 에너지 및 자원 확보 그리고 우호·협력관계 강화를 위해 소프트파워전략을 활용하고 있다. 첫째, 아프리카지역에 대한 중국의 대표적인 소프트파워전략은 개발원조와

---

25) Joseph S. Nye, *Bound to Lead: The Changing Nature of American Power*, New York: Basic Books, 1990.

26) Joseph S. Nye, *Ibid.*, p. x, p. 5.

27) Joseph S. Nye, "Soft Power," *Foreign Policy*, No. 80, 1990, p. 154.

28) Congressional Research Service, Library of Congress, *China's Foreign Policy and "Soft Power" in South America, Asia, and Africa*, Washington D.C.: U.S. Government Printing Office, 2008, p. 3.

인도적 지원방안이다. 중국은 2007년까지 국제개발협회(IDA)의 원조수혜국이었지만 이미 1990년 중반부터 해외원조를 시작했고 2000년부터는 아프리카지역을 포함한 저개발국에 대한 원조를 확대하고 있다. 예컨대 중국의 대외원조액은 연간 약 15~20억 달러이며 이의 60% 정도는 아프리카지역에 배분되고 있다.[29] 특히 중국의 아프리카지역 국가들에 대한 집중적인 지원강화는 2006년 중국－아프리카협력포럼에서 후진타오주석이 제시한 원조내용에 집약되어있다. 후진타오 주석은 이 선언에서 2009년까지 현재 아프리카 원조 규모의 두 배 증가, 50억 달러의 우대차관 및 신용차관 제공 그리고 약 100억 달러에 이르는 2005년말 만기 무이자 차관 및 채권 전액 탕감 등을 포함하는 원조계획을 발표했다.[30] 이어 2012년 1월에 중국은 향후 3년간 6억 위안(약 1,064억 원)을 아프리카연합(UA)에 무상으로 지급하기로 결정했다.[31]

이외에도 50억 달러 규모의 중－아프리카 발전기금 조성, 아프리카산 무관세 수입상품 190개에서 440여개로 확대, 아프리카에 3~5개 경제무역 협력지구 설치 그리고 3년 내 1만5천 아프리카 인재초청 연수 등의 지원책이 포함되어 있다. 중국의 지원은 아프리카지역 전역에서 30여개의 병원 및 다수의 말라리아치료소 그리고 많은 학교 등을 건설하는 것을 포함하고 있다.[32] 원자바오(溫家寶) 총리

29) 오마이뉴스, 2008년 9월 25일. http://www.ohmynews.com/NWS_Web/ view/ at_pg.aspx?CNTN_CD=A0000983667 (2010/10/3 검색).
30) Jintao Hu, "Full text of Hu Jintao's speech at China－Africa summit," November 4, 2006. http://english.people.com.cn/200611/04/eng20061104_ 318372.html (2010/10/3 검색).
31) 중앙일보, 2012년 1월 30일.
32) Ernrst Harsch, "Big Leap in China－Africa Ties," *Africa Renewal*, 20, January 2007, p. 3.

는 이러한 원조가 중국의 "호리공영"의 대외정책 기조에 기반을
둔 아프리카와 중국이 함께 '윈-윈'하는 협력임을 설명함으로서
'자원수탈'을 위한 조건부 지원이 아니라 선의의 원조정책임을 강조
하고 있다.33)

둘째, 중국은 자국의 문화와 언어를 확산시킴으로서 소프트파워를
강화시키는 전략을 추구하고 있다. 중국은 중국어를 교육하고 문화
적 교류를 촉진하는 공자아카데미(the Confucius Institute)를 전 세계적
으로 구축하여 현재 90개국 300여 곳이 설립되어 있으며 아프리카지
역도 15개국 21개소가 설립되어 운영되고 있다. 즉 중국은 문화적
자산을 배경으로 하는 소프트파워전략을 아프리카외교에 활용하고
있는 것이다.

셋째, 중국은 교육협력과 외교학원 등의 설립을 통해 중국의 가치
와 정책 등을 아프리카지역에 확산시키는 소프트파워전략도 활용하
고 있다. 중국은 외교학원을 설립하여 1995년 이래 10여 년간 아프리
카 등 제3세계국가 130여개 국가들의 외교관을 상대로 중국외교정책,
중국경제 그리고 중국정치제도 등에 대한 교육을 시행해 오고 있
다.34) 또 중국은 개발도상국 인재 3만 명을 교육시키고 있으며 아프
리카 50개 국가와 교환교육 프로그램을 운영하여 10여개 아프리카국
가의 60개 학교에서 6,000명이 넘는 학생들이 중국어 및 중국 관련
과목을 수강하고 있다.35) 즉 중국은 다른 국가들의 외교관과 학생들

---

33) 조선일보, 2006년 11월 6일. http://www.chosun.com/international/
news/200611/200611060019.html (2010/10/3 검색).
34) 내일신문, 2005년 12월 23일.
35) Zhiqun Zhu, "China's New Diplomacy in Africa and Its Implication,"
Prepared for delivery at the 48th International Studies Association Annual
Conference in Chicago, Il, February 28-March 3, 2007, p. 13.

을 교육함으로서 자국의 가치와 정책의 정당성을 확산시키는 소프트
파워전략을 시행하는 것이다.

넷째, 중국이 최근 아프리카외교에 활용하는 소프트파워전략 중
에 하나는 청년자원봉사프로그램의 시행으로 미국이 활용했던 중
국식 평화단(The Chinese Peace Corps,)의 기능을 수행한다. 2005년에
시작된 이 프로그램은 매우 초보적 단계로서 단지 200명이 해외에
서 봉사하고 있지만 짐바브웨, 에티오피아 등과 같은 아프리카국가
들과 미얀마 및 라오스 등 여타 개발도상국들에서 중국어, 중국의
료, 농업기술 그리고 컴퓨터 분야 등에 대한 교육을 수행하고 있
다.36) 후진타오 중국주석은 중국-아프리카경제포럼에서 청년자원
봉사자수를 2009년까지 300명으로 확대한다고 약속했고 이는 장기
적으로 중국의 국제적 이미지를 개선하려는 노력의 일환인 것이
다.37)

이러한 중국의 소프트파워전략을 통한 적극적인 아프리카외교
는 중국이 목적했던 것들이 달성되는 성과로 이어지고 있다. 즉
아프리카 대륙에서 벌어지고 있는 에너지 및 자원 확보 경쟁의
승리자는 중국이다. 중국의 아프리카 교역규모는 2007년 650억 달
러로 전년 대비 36% 증가해, 미국에 이어 아프리카의 2대 교역대상
국으로 부상했고 2004년부터 석유 및 광물자원 수입 급증으로 아프
리카지역으로부터의 수입이 수출을 초과 했다. 특히 2009년에는
중국·아프리카 간 교역규모가 약 1,000억 달러에 달하면서 미국

---

36) 중국대외기본정황(中國對外援助基本情況), Ministry of Commerce,
　　Department of Foreign Aid, 30 January 2008. http://yws.mofcom.gov.cn/
　　aarticle/m/ 200801/20080105361773.html (2010/10/3 검색).

37) Donna Harman, "Young Chinese Idealists Vie to Join their Peace Corps
　　in Africa," *Christian Science Monitor*, 27, June 2007, p. 12.

과 대등한 입장에서 아프리카지역 국가들과의 관계를 전개하고 있다.[38] 특히 소프트파워 전략의 활용과 더불어 중국의 아프리카 지역에서의 에너지 및 자원 확보경쟁에서 성과를 보이고 있고 아프리카지역 국가들의 중국에 대한 여론도 매우 긍정적인 것으로 확인되고 있다.

〈표 1〉의 자료는 중국이 추구했던 중동지역에 대한 에너지 수입 의존도를 아프리카지역으로부터의 수입확대로 완화시킨 것을 명확히 보여주고 있고 〈표 2〉는 아프리카지역 국가들의 중국에 대한 선호 여론을 경험적으로 보여주고 있다. 즉 중국은 소프트파워 전략을 중심으로 하는 대아프리카외교를 통해 미국과의 아프리카지역 에너지 및 자원 확보 경쟁에 우위를 차지했으며 역내 국가들의 중국에 대한 선호도를 개선하는데 성공함으로서 중국의 강대국위상을 확보했으며 미국에 대한 지역 내 견제력도 확보한 것으로 평가할 수 있다.

〈표 1〉 중국의 지역별 원유 수입현황

|  | 1998년 | 2000년 | 2002년 | 2005년 |
|---|---|---|---|---|
| 중 동 | 61% | 53.6% | 50.0% | 47.8% |
| 아시아 | 20.0% | 15.1% | 17.0% | 아·태 7.7% |
| 아프리카 | 8.0% | 24.1% | 23.0% | 30.2% |
| 기 타 | 11.0% | 7.2% | 11.0% | 러시아+중남미 14.2% |

출처: 국제석유경제(2003년 기준); IHS Energy (2005년 기준)

---

38) Steven Jackson, "Reflections of Soft Power: African Perceptions of China," *Paper prepared for International Studies Association Annual Convention*, New Orleans, February 19, 2010, pp. 5-6.

<표 2> 아프리카 국가들의 중국에 대한 선호여론

| | 긍정적 | 부정적 |
|---|---|---|
| 이집트 | 65% | 31% |
| 에티오피아 | 67% | 28% |
| 가 나 | 75% | 14% |
| 케 냐 | 81% | 15% |
| 세네갈 | 81% | 12% |
| 탄자니아 | 71% | 8% |
| 우간다 | 45% | 23% |
| 평 균 | 71% | 18% |

출처: Pew Global Attitudes Project, 2009, Steven Jackson,
　　 "Reflections of Soft Power: African Perceptions of China,"
　　 p. 14. 재인용


## Ⅳ. 중국의 중앙아시아 대외정책: 다자주의를 통한 다극화 전략

중국은 미국을 효과적으로 견제하고 다극화를 실현하기 위해 다자주의 전략도 병행하고 있다. 중국에게 있어 중앙아시아는 에너지 및 자원의 공급원으로서의 중요성뿐만 아니라 안보적 측면에서도 전략지역이다. 중앙아시아는 석유와 천연가스의 세계 부존량에 4%와 5%를 차지하는 "제2의 중동"으로 불리는 천연자원의 보고로서 이 지역에 인접한 중국으로서는 에너지 및 자원의 안정적이고 지속적인 공급이 용이한 지역인 것이다.[39] 특히 미국이 통제력을 행사하는 말라카해협(the Strait of Malacca)을 관통해야 하는 중국의 해상 원유

수입노선은 미국의 영향력에서 벗어나기 어려운 것이 현실이다. 따라서 미국의 영향력을 최소화하고 원활한 에너지공급선을 확보해야 하는 중국으로서는 대륙을 통한 에너지 공급선이 필요한 것이다.[40]

이런 경제적 목적 외에도 중앙아시아는 중국의 국내정치에도 민감한 영향을 주는 지역이다. 중앙아시아와 인접한 중국의 신장지역은 이슬람종교를 믿는 위구르족이 주 구성원이며 따라서 같은 이슬람국가들인 중앙아시아지역 국가들로부터 상당한 영향을 받는 지역이다. 특히 신장지역에서 분리주의 운동과 테러가 상시 발생함에 따라 아프가니스탄과 같은 중앙아시아 이슬람테러리스트들과의 관계단절과 중앙아시아지역의 안정이 중국 사회질서 안정 유지에도 필수적인 과제로 등장하게 된 것이다.[41] 즉 중앙아시아 지역의 안정은 중국의 내부 안정에도 중요한 영향을 미치는 것이다.

2001년 발생한 9.11테러는 중국이 중앙아시아에 더욱 적극 개입해야 하는 필요성을 제공했다. 미국은 9.11테러의 진원지인 아프가니스탄 침공을 위해 주변 국가들인 우즈베키스탄, 타지키스탄, 키르기스스탄 등의 중앙아시아 국가들에 기지를 구축하면서 미국의 중앙아시아에 대한 영향력을 확대하였고 결과적으로 미국이 중국을 포

---

39) 김기정 · 천자현, "중국 자원외교의 다자주의와 양자주의: 중앙아시아 및 아프리카에 대한 중국자원외교 비교," 〈국제지역연구〉, 제13권 제1호, 2009, p. 112.

40) Wu-Ping Kwo and Shiau-Shyang Liou, "Competition and Cooperation between Russia and China in Central Asia and Shanghai Cooperation Organization: Analytical View from International Regime," *Issues and Studies*, Vol. 44, No. 3, 2005, p. 146; Thrassy Marketos, *China's Energy Geopolitics: The Shanghai Cooperation Organization and Central Asia*, New York: Routledge, 2009, p. 17.

41) 김옥준 · 김관옥, "상하이 협력기구(SCO)의 중국 국가안보전략에서의 함의," 〈중국연구〉, Vol. 43, 2008, p. 459.

위하는 효과를 만들었다.[42] 특히 미국의 중앙아시아의 주둔은 역사적으로 지배권을 행사해 왔던 러시아로 하여금 역내 영향력을 다시 회복시키는 정책을 추구하게 하였다.[43] 즉 미국의 아프가니스탄 침공으로 인한 미국의 중앙아시아 주둔은 역내 역학관계를 변화시켜 중국이 보다 주도적으로 미국을 견제하는 전략을 채택하게 하였다.

따라서 중국의 중앙아시아외교는 지리적으로 인접한 동 지역의 자원 및 에너지의 안정적 공급확보, 내부적으로 신장지역의 분리주의 저지와 안정을 도모할 수 있는 역내 안정화 그리고 미국에 대한 견제와 다극화 추구 등의 다양한 목적이 내재된 것이다. 이런 목적을 달성하기 위해 중국은 다른 지역과는 달리 중앙아시아외교에 있어서는 다자주의 전략을 적극 활용하고 있다.

중국의 중앙아시아외교는 "조화세계"의 기조에서 전개되었다. 소련의 붕괴에 따른 중앙아시아 국가들의 독립은 중앙아시아지역의 힘의 공백현상을 불러왔고 테러, 분리주의 그리고 극단주의와 같은 새로운 불안요인들을 양산했고 이는 중국의 주변부와 중국서부 신장지역의 안정을 위협하는 요인으로 등장했다.[44] 이러한 환경에서 중국의 초기 중앙아시아외교의 목표는 중앙아시아 주변국들과의 외교관계를 정상화하고 공동으로 국경지역의 안전을 확보하여 신장지역에서의 테러와 분리주의 척결에 중앙아시아국가들의

---

42) Ramakant Dwivedi, "China's Central Asia Policy in Recent Time," *China and Eurasia Quarterly*, Vol/ 4, No. 4, 2006, pp. 143-144.

43) Chih-Wei Yu and Ming-Te Hung, "An Analysis of Chinese Foreign Policy in Central Asia," Paper prepared for International Studies Association Annual Convention, New Orleans, February 17-20, 2010, p. 3.

44) Yitzhak Shichor, "China's Central Asian Strategy and the Xinjiang Connection: Predicaments and Medicaments in a Contemporary Perspective," *China and Eurasia Forum Quarterly*, Vol. 6, No. 2, 2008, pp. 56-57.

협력을 이끌어 내는 것이었다.45) 이에 중국은 1992년 5개 중앙아시아국가들과의 관계를 정상화했다.

이러한 관계정상화를 바탕으로 중국은 1990년대 중반부터 중앙아시아 국가들과 보다 많은 영역에서의 협력을 추진하여 에너지, 무역 그리고 안보분야로 확대했다. 특히 중국의 경제성장이 본격화되어 에너지 및 자원에 대한 수요가 급증하고 이에 따라 미국의 영향력 하에 있는 중동에 대한 에너지 의존도가 증가하자 중국은 중앙아시아 국가들과의 에너지 및 자원 분야 등의 협력을 강화했다. 이러한 맥락에서 중국은 1996년 러시아와 카자흐스탄, 키르기스스탄, 타지키스탄 등 중앙아시아 3개국과 더불어 "상하이-5"의 다자간 회의체의 구축을 주도했으며 결국 2001년 우즈베키스탄을 포함해 상하이협력기구(SCO)를 창설했다. 이러한 러시아와 중앙아시아 국가들이 포함된 다자간 협력체의 등장은 중국이 중앙아시아지역에서의 러시아의 기득권을 인정하고 국제질서의 다극화를 추진한다는 차원이며 동시에 중앙아시아 국가들 사이에 형성되어 있던 결속력을 인정한 결과인 것이다.46) 즉 러시아와 중앙아시아지역 국가들로부터 협력을 주도적으로 이끌어내야 하는 중국으로서는 다자주의가 중앙아시아외교의 목적을 달성하는데 가장 유용한 전략이었던 것이다.

---

45) Dewardric Ncneal, *China's Relations with Central Asian States and Problems with Terrorism*, Washington D.C.: Library of Congress, 2001.
46) 러시아, 카자흐스탄, 키르기스스탄, 타지크스탄, 우즈베키스탄 등 5개국은 1992년 '공동관세협정'을 체결했으며 94년에는 이들 중 카자흐스탄, 우즈베키스탄, 키르기스스탄 등은 '중앙아시아 경제동맹'을 체결했다. 같은 맥락에서 기존 중앙아시아 4개국과 투르크메니스탄과 벨로루시를 포함한 6개국은 94년 다자간 '집단안보조약'을 체결한 바 있다. 김기정, 천자현, *op.cit*, pp. 114-115.

이런 맥락에서 중국이 창설을 주도한 "상하이-5"는 중국의 다자주의 전략이 적용된 결과이며 1996년 "상하이-5"회담에서 5개국은 국경문제 해결 및 국경지역 군사 신뢰구축을 위한 "국경지역의 군사적 신뢰강화에 관한 조약"을 체결하였다.[47] 이러한 국제레짐(international regime)적 성격을 띠던 "상하이-5"회의체는 2001년 베이징에 사무국을 두는 상하이협력기구(SCO)로 대체되었다. 2002년에 채택된 'SCO헌장'은 회원국간의 상호신뢰 및 선린우호 강화, 지역의 평화, 안정추구, 민주적인 신국제경제질서 구축, 테러리즘과 분리주의 척결, 등 역내 정치, 안보, 경제, 자원 및 에너지 등 전반적인 영역에 걸친 협력강화를 천명하고 있다.[48] SCO창설 초기는 대부분 경제, 자원협력이 주요 의제였고 이를 통해 중국은 상당한 에너지 및 자원을 확보했다. 중국은 1997년 카자흐스탄과 석유 및 천연가스공급에 대한 합의문을 체결했으며 카자흐스탄에서 중국으로 연결되는 송유관을 2005년에 건설했다. 또 투르크메니스탄의 사만데페(Samandepe) 가스전에서 시작하여 우즈베키스탄과 카자흐스탄을 경유하여 중국서부까지 그리고 다시 중국 남부 연안지방까지 연결되는 세계 최장(약 10,533km)의 세계 최대 용량(400억m³)을 공급하는 가스관이 2009년 12월에 개통되었다.[49] 이러한 중앙아시아로부터의 원유송유관 및 가스관 건설은 중국의 에너지자원의 안정적이고 지속적인 공급을 가능하게 하고 있다. 중국은 중앙아시아국가들과 에너지 협력과 더불어 러시아로부터의 송유관과

---

47) 許鐵兵 編, 김옥준 역주, 〈21세기 중국과 세계〉, 대구: 중문출판사, 2003, p. 191.

48) "上海合作組織憲章" http://big5.huaxia.com/zt/tbgz/2004-87/00245151. html (2010/10/4 검색).

49) 윤성학 · 이재영 · 이시영, "중앙아시아-중국 가스관 개통과 정책 시사점," 〈지역경제포커스〉, 2010년 1월 25일, pp. 1-2.

가스파이프라인 구축에도 합의해 현재 건설 중에 있다.

　이러한 중국과 중앙아시아 국가들과의 경제적 협력은 미국이 아프가니스탄 전쟁의 마무리되는 상황에서도 중앙아시아지역에 기지를 유지하려 하자 미국의 역내 영향력 견제를 위한 군사협력으로 확대되었다. 즉 중국과 러시아는 미국의 중앙아시아지역에서의 영향력 확대를 방지하고 패권적 단극질서를 다극화 한다는데 이해관계가 일치하였고 결과적으로 SCO를 중심으로 미국을 견제하기 시작한 것이다. 이런 맥락에서 2005년 SCO정상회의에서 미군의 중앙아시아 기지철군문제가 제기되었고 결국 2005년 11월 미군은 우즈베키스탄 정부의 요청으로 철수했다.

　미국의 중앙아시아지역에 대한 영향력 확대 노력에 대해 중국과 러시아는 공히 미국의 군사패권주의와 일방주의를 비판하며 다극적 국제질서 구축을 강조했다. 이에 SCO국가들은 2003년부터 2005, 2007 그리고 2009년까지 '평화사명'이라는 이름아래 매 2년마다 정례적으로 합동군사훈련을 시행하고 있고 이는 명목상 반테러훈련이지만 미국의 패권주의를 견제하고 다극화를 추구하는 전략의 일환이라고 평가된다.[50] 따라서 중국은 다자주의 전략으로 러시아 및 중앙아시아 국가들과의 협력을 이끌어냈고 이를 통해 중앙아시아 지역에서 미국을 견제하고 있고 궁극적으로 다극화를 추구하고 있는 것이다.

---

50) Chris Buckley, "China and Russia Are Set to Begin Joint Military Exercise Today," *New York Times*, August 18, 2005.

# V. 중국의 중남미 대외정책: 자원외교를 통한 다극화전략

중국은 미국의 지배력이 압도적인 중남미지역에 대해서도 매우 적극적인 외교활동을 전개하고 있다. 중남미지역에 대한 중국의 외교는 아프리카지역과 같이 1950~60년대부터 반미·반소·반제국주의 형태의 이념지향적 성격으로 전개되었다. 이에 1960년 소련에 앞서 쿠바의 카스트로(Fidel Castro)정권을 외교적으로 승인했다. 그러나 이런 중국의 이념지향적 중남미외교는 미국이 배타적 영향력을 행사하고 대만과의 공식적 외교관계를 맺고 있는 여타 중남미국가들과의 외교관계 확대를 어렵게 했다. 결국 쿠바 이외의 다른 중남미국가들과의 관계정상화는 중국이 미국과의 관계개선을 시작한 1960년대 말과 70년대 초반부터 시작되었다.[51]

중국의 적극적인 중남미외교는 탈냉전이후 중국의 급속한 경제성장에 따른 역량의 강화와 자원 및 에너지의 수급 필요성이 대두되면서 본격화 되었다. 특히 1960년대의 이념지향적 중남미외교가 실질적인 외교관계 확대에 실패했다는 경험이 중국으로 하여금 보다 실용주의적인 외교노선을 추구하게 했다. 우선 중국의 중남미외교의 가장 중요한 목표는 무역과 투자를 통해 원유, 철강, 동, 구리 등과 같은 필요한 자원과 에너지를 확보하는 것이다. 이런 맥락에서 90년대 이후 중남미국가들을 방문한 쟝저민(江澤民)을 포함한 중국지도부들은 중남미국가들과의 경제 및 자원협력 강화를 강조

---

51) 멕시코, 아르헨티나, 베네수엘라, 브라질 등 중남미 대표국가들과의 수교는 72년 미국과 중국이 관계 개선을 선언하는 시기에 이루어졌다. 강석찬, "중국의 중남미정책 – 정책과 행위의 양면성을 중심으로," 〈중국연구〉, 건국대학교 중국문제연구소, 1995, p. 174.

해 왔다.52) 특히 중국은 중국-중남미국가들 사이의 경제 및 자원협력을 남·남협력(South-South Cooperation)의 모델로 제시하며 "호리공영(互利共瀛)" 기조의 실질적 실천사례로 추구하고 있다. 이는 중국과 중남미국가들과의 관계를 윈-윈관계로 형성하여 아메리카대륙에서 포괄적 지배권을 갖는 미국을 견제하려는 취지인 것이다.

이러한 자원 및 에너지 확보 외에도 중국의 중남미외교는 역내에서 대만을 외교적으로 고립시켜 대만을 안보적으로 지원하고 역내에서 패권적 영향력을 행사하는 미국을 견제하려는 의도도 있다.53) 특히 33개 중남미국가들 중 12개 국가가 여전히 대만과의 외교관계를 유지하고 있는 현실은 강대국외교를 지향하며 역내에서의 미국 견제를 통한 다극화를 추진하는 중국으로서는 보다 적극적인 중남미외교를 전개할 필요성이 있는 것이다.54)

이러한 중남미외교 목표를 달성하기 위해 중국은 자원외교와 해외원조의 전략을 활용하고 있다. 중남미는 세계 동 생산의 약 40%, 철광석, 주석, 보크사이트 생산의 25%, 아연, 알루미늄 생산의 20%를 차지하고 있고 중동에 이어 세계 두 번째 원유매장량을 보유하고 있다.55) 이러한 역내 다량의 자원 및 에너지 보유는 이들의 공급이 필요한 중국으로서는 자원의 확보와 더불어 남·남협력관계 강화로 미국에 대한 견제의 효과를 거둘 수 있는 것이다. 이에 중국은 중남미지역 국가들에 대해 적극적인 자원외교를 전개하고 있다. 중국은 2000년부터 본격적인 자원외교를 성사시키고 있으며 그 결

---

52) 강석찬, *ibid.*, pp. 181-182.
53) 김진오, "중국의 대중남미 경제협력 강화배경과 전망," 〈세계경제〉, 2005년 4월, p. 87.
54) Congressional Research Service, *op. cit*, pp. 16-18.
55) 김진오, *op. cit.*, p. 95.

과 페루에서 중국의 진진(Zinjin) 광산그룹은 2007년 페루자원을 소유한 영국계 금속회사 소유권을 확보했으며 같은 해 중국알루미늄회사는 페루의 대부분의 구리를 보유하고 있던 캐나다계 광업회사를 구매했다.56)

중국은 브라질과도 자원개발 및 인프라를 포함한 제 분야에서의 협력 확대에 합의했고 후진타오주석도 2004년 브라질 방문시 남미에 10년 안에 1,000억 달러 규모의 투자계획을 밝혔다.57) 중국의 투자 내용은 브라질에서의 철광 및 원유탐사, 칠레의 구리 광산 프로젝트 그리고 에콰도르, 볼리비아 그리고 콜롬비아 등에서의 원유 및 가스탐사 등을 포함하고 있다. 이외에도 중국의 3대 주요 에너지 회사들인 중국석유화학기업(China Petroleum and Chemical Corporation), 중국국영해외원유기업(China National Offshore Oil Corporation) 그리고 중국국영석유회사(China National Petroleum Corporation) 등이 남미지역의 에너지 분야에 대한 투자를 확대했다. 중국석유화학기업은 2006년 브라질 천연가스 파이프라인 건설투자에 합의했으며 중국국영해외원유기업도 베네수엘라국영원유회사와 합작으로 원유매장탐사를 시작했다. 특히 미국의 전체 수입원유의 10%를 공급하는 베네수엘라의 차베스대통령은 2006년 중국 방문 시 주요 석유수출 대상국을 미국에서 중국으로 바꾸고 중국이 필요한 원유의 20%를 공급하겠다고 언급하며 8개항의 중국-베네수엘라 경제협력협정에 서명했다.58)

---

56) Marco Aquino, "China Miners Keenly Eyeing Peru Resources," Reuters News, September 13, 2007.
57) He Li, "China's Growing Interest in Latin America and Its Implications," *The Journal of Strategic Studies*, Vol. 30, No. 4-5 August-October 2007, p. 846.
58) 프레시안, 2006년 8월 20일. http://www.pressian.com/article/article.

이렇듯 중국은 다양한 자원과 에너지 확보를 위한 중남미자원외교를 적극적으로 수행하고 있다. 이런 중국의 적극적인 투자와 자원외교는 중국과 중남미간의 교역량을 1999년도의 82억불에서 2006년에는 700억불로 증가시켰고 중국은 대부분의 중남미국가들에게 주요 무역상대국으로 부상되었다.[59]

그러나 이러한 활발한 자원외교에도 불구하고 중국의 중남미지역으로 부터의 원유수입량은 전체수입량에 약 3%에 해당되는 것으로서 비교적 낮은 상태다.[60] 이런 사실은 중국의 중남미자원외교가 실질적인 자원 및 에너지 수급의 목적도 있지만 중남미국가들과의 협력강화를 통한 미국에 대한 견제의 목적도 있다는 것을 보여주는 것이다.

중국의 중남미지역 국가들에 대한 해외원조 규모는 전체원조액의 10%에 해당되는 액수로 아시아 및 아프리카에 비해 작은 규모다.[61] 특히 대만을 소외시켜 대만과의 수교를 유지하는 12개 국가들과의 관계 개선을 이루고 기존의 수교 국가들을 유지하는 것이 중국의 중남미국가들에 대한 해외원조의 목적이기 때문에 아프리카 지역과는 달리 해외원조가 지역별 또는 다자기구를 통해 이루어지지 않고 중국과의 양자적 관계에서 이루어지고 있다. 이에 중국은 버뷰다(Barbuda), 그레나다(Grenada), 자마이카(Jamaica), 세인트 루시아(St. Lucis) 등의 국가들에 주택, 학교, 병원, 도로, 철도 등 사회기

---

asp?article_num=30060820133014&Section=05 (2010/10/5 검색).
59) Congressional Research Service, *op. cit*, p. 20.
60) Derek Mitchell and Chietigj Bajpaee, "China and Latin America," Background Paper, China Balance Sheet, Center for Strategic and International Studies, July, 2006.
61) *ibid.*, p. 117.

반시설 건설을 지원했고 자연재해를 겪은 그레나다, 페루 등에 재해 복구지원을 제공하기도 했다. 이외에도 중국은 자마이카, 구아나 (Guyana), 베네수엘라 등에 부채탕감 또는 정책금융 등의 지원도 제공함으로서 중남미지역에서의 중국의 역할을 확대했다.[62]

이러한 중국의 자원외교를 중심으로 하는 중남미외교는 중국의 자원 및 에너지 확보에 일정 부분 기여했으며 중남미지역에서의 중국의 영향력도 확대하였다. 특히 중남미지역에서 중국과의 관계를 남·남협력의 대안적 모델로 부각시켜 미국식 모델에 대한 견제적 의미를 가지게 되었으며 역내 국가들과의 경제 및 자원협력의 강화로 미국이 배타적 영향력을 행사하는 중남미지역에서도 미국을 견제할 수 있는 토대를 마련했다고 평가할 수 있다. 이는 미국이 아프가니스탄 침공을 위해 중앙아시아에 거점을 확보하면서 중국을 봉쇄하는 효과를 노렸듯이 중국의 중남미지역에 대한 자원외교도 중국의 영향력을 미국의 안마당인 중남미지역까지 확대하여 실질적인 다극화 실현의 일환으로 활용된 것을 보여주는 것이다.


## VI. 결론


앞서 살펴본 바와 같이 중국은 단순히 미국중심의 국제질서에 편승하지만 않았고 다양한 전략과 수단을 통해 미국에 대한 균형을 추구하고 있다. 다른 국가들과의 조화와 화합을 최우선시 하는 정책인 "화자위선(和字爲先)"의 기조를 채택했던 16차 당대회와는 달

---

62) "More Chinese Investment Coming," *BBC Caribbean*, September 11, 2007.

리 중국은 17차 당대회 보고서에서 단극적 패권주의 및 강권주의 반대와 미국과 동등한 입장에서의 공존을 추구하는 "평화발전(平和發展)" 및 "조화세계(和諧世界)" 등의 대외정책 기조를 채택함으로서 국제질서의 다극화를 추구하기 시작한 것이다. 즉 2007년 17차 당대회 이후의 중국 대외정책의 중심 기조는 미국중심의 단극적 질서 속에서의 "화합과 조화"에서 다극적 질서 속에서의 "대등한 공존"으로 전환된 것이다. 특히 2012년 18차 당대회보고서에서 제시된 "신형대국관계론"은 더 이상 미국중심의 단극적 질서를 인정하지 않고 미국과 중국이 대등한 입장에서 상호존중의 상생의 G-2 관계를 형성하자는 것을 공식화한 것이다.

이러한 다극화의 대외정책 목표를 달성하기 위해 중국은 지속적인 경제성장과 군사력 현대화를 통한 국력신장과 더불어 세계적 범위에서의 전방위 강대국외교를 전개하고 있다. 중국은 미국이 통제력을 갖는 중동지역으로부터의 자원과 에너지 의존의 취약성을 감소시키고 더 나아가 미국을 견제하기 위해 소프트파워를 중심으로 하는 아프리카외교를 전개했다. 소프트파워 중심의 아프리카외교는 중국에 대한 아프리카 국가들의 이해와 선호도를 높였음은 물론 아프리카지역의 자원 및 에너지 확보경쟁에서 우월한 성과를 거두는데 기여했다. 특히 인권과 민주주의와 같은 보편적 규범을 요구하는 미국과 달리 중국은 상대 국가들의 주권을 존중하고 상호이익과 윈-윈관계를 추구하는 '호리공영'의 기조를 강조함으로서 아프리카국가들의 지지를 확고히 함으로서 미국을 견제하고 있다.

중앙아시아는 중국의 사회통합에 있어서 가장 취약한 지역으로 지목되는 신장지역과 접하고 있기 때문에 "조화사회"와 "조화세계"의 기조가 연결되는 지역이다. 따라서 중앙아시아의 안정은 국내

정치 안정과 직결되는 것으로 중앙아시아지역의 정세안정과 미국의 역내 영향력 확보를 차단하는 것이 가장 중요한 과제인 것이다. 이에 중국은 다자주의 전략을 통해 미국에 대한 견제와 중앙아시아국가들과의 협력을 강화하고 있다. 중국은 러시아와 중앙아시아국가들을 포함한 다자간 협력체의 형성을 주도함으로서 러시아의 기득권을 일정부분 인정하면서도 일방적 독주를 방지했으며 동시에 SCO와 같은 다자간 협력체를 통해 미군기지의 철수를 이끌어내는 등 미국에 대한 다자적 견제를 확실히 했다. 특히 여러 중앙아시아국가들을 관통하는 송유관과 가스관을 통해 원유 및 가스를 안정적이고 지속적으로 공급받음으로 해서 중국은 미국이 지배권을 갖는 말라카해협을 통한 에너지 운송 의존도를 낮출 수 있었다. 즉 과거 구소련 국가로서 동질성과 결속력이 강한 중앙아시아국가들을 다자주의를 통해 접근함으로서 보다 효과적으로 중국서부 주변을 안정화시키고 미국을 견제할 수 있었던 것이다.

중남미는 미국이 배타적 영향력을 행사하는 중국으로서는 매우 접근이 어려웠던 지역이었다. 중국은 과거의 이념지향적 중남미외교의 실패를 인식하고 자원외교와 같은 실용주의외교를 통해 중남미국가들에 접근했다. 자원외교를 통해 멕시코, 브라질, 아르헨티나, 칠레 등과 같은 중남미국가들과의 자원 및 경제협력을 강화했으며 이런 협력을 성공적인 남-남협력의 모델로 부각시켜 미국식 모델에 대한 대안적 효과를 거두었다. 특히 중국은 자원외교와 해외원조의 수단을 활용하여 미국의 보호를 받으며 중국과의 체제경쟁을 하고 있는 대만을 고립시켰고 결국 미국의 안마당에서 미국을 견제할 수 있는 기반을 확보한 것이다.

이렇듯 중국은 아프리카, 중앙아시아 그리고 중남미지역에서 소프트파워, 다자주의 그리고 자원외교 등을 중심으로 하는 전략을 활용하여 자국의 경제적, 안보적 이익을 향상시켰음은 물론 미국을 견제하는 효과를 거두었다. 즉 중국은 자국의 군사적 역량을 급속히 강화하거나 다른 국가와의 직접적인 군사동맹을 통해 미국과의 균형을 추구하는 강성균형(hard balancing)이 아닌 소프트파워, 다자주의 그리고 자원외교 등을 중심으로 하는 연성균형(soft balancing)의 전략을 통해 다극화를 추구하고 있는 것이다. 즉 중국은 미국의 패권주의 반대와 중국의 강대국 위상 확보를 통한 다극화를 추구하지만 미국의 우월적 위상은 인정하는 것이다. 따라서 시진핑정부의 "신형대국관계론"에서도 나타나 있듯이 중국은 급부상한 국력을 바탕으로 미국에 직접 도전하기 보다는 미국과 중국이 상호존중하는 전략적 협력관계를 지향하면서 점진적으로 다극적 국제질서를 추진하는 것이다. 따라서 현 시점에서 중국은 강성균형보다는 연성균형의 방식을 통해 미국을 견제하고 궁극적으로 다극화를 실현하고자 하는 것이다.

# 제5장

# 중국의 대 주변국 외교:
# '강대국 외교' 기조와 영유권분쟁

# I. 서론

2012년 중국과 필리핀은 한 달이 넘는 기간 동안 남중국해에서 양국 해군간의 대치상태를 유지했다. 2012년 4월 11일 필리핀이 영유권을 주장하는 남중국해 황암도해역에서 중국어선이 조업을 했고 이를 영유권 침해로 규정한 필리핀해군이 조업하던 중국어선과 선원을 나포하는 과정에서 중국 초계정이 급파되어 대치하면서 양국 해군간의 대치상황이 시작되었다. 이런 과정에서 필리핀과 중국은 함정을 증파하면서 양국 간 대치상황은 본격화되었고 국제 영유권분쟁으로 비화되었다.[1] 특히 중국의 공격적 행태에 대응하여 미국과 필리핀은 4월 16일과 25일 부근 해역에서 상륙훈련 등의 합동군사훈련을 실시했으며 이에 대해 중국도 필리핀 루손섬 부근에서 해군훈련을 실시하면서 남중국해 영유권분쟁이 무력충돌로 이어질 수 있는 상황으로 급속히 악화된 바 있다.[2] 여기에 2012년 5월에 들어서는 인도까지 이 영유권분쟁에 가세하여 국제법과 외교적 방법에 의한 분쟁해결을 촉구했으며 호주도 중국의 필리핀 공격은 주변 국가들의 안보우려를 증폭시키는 결과를 가져올 것이라고 경고하며 필리핀이 주장하는 규범에 기반을 둔 협력적 접근법(rules-based, cooperative approaches)을 촉구함으로서 필리핀을 실질적으로 지원했다.[3]

---

1) 황암도는 중국보다는 필리핀과 지리적으로 가깝다. 황암도는 필리핀 루손섬에서 100마일 거리에 위치한 섬으로 500마일 거리인 중국 하이난섬과 비교가 안 될 정도로 근접해 있다. *BBC News*, May 11, 2012. http://www.bbc.co.uk/news/world-asia-pacific-13748349 (2012/5/13 검색); http://www.philippinenews.com/top-stories/2539-australia-expresses-support-for-phl-on-spratlys-dispute.html (2012/5/15 검색).
2) 연합뉴스, 2012년 4월 25일; 5월 14일.
3) *Business Insider*, May 12, 2012; *Philippines News*, May 11, 2012).

이러한 남중국해역에서의 영유권분쟁과 더불어 중국은 동중국해에서도 영유권분쟁의 상태에 있다. 2010년 9월 동중국해 댜오위다오/센카쿠 열도 부근에서 조업 중이던 중국 저인망어선을 일본 순시선 요나쿠니호가 영유권 침해를 이유로 나포하면서 양국간 갈등이 시작되었다. 특히 일본이 나포된 일본 선원들에 대해 국내법을 적용하여 선장 등을 구금하자 양국 간 갈등은 중일 간 영유권분쟁으로 비화되었다. 중국은 과거와는 달리 댜오위다오/센카쿠 열도의 영유권을 천명하며 외교적 수단과 더불어 희토류의 대일 수출 금지 조치, 일본산 수입품에 대한 통관절차 강화 그리고 일본인 체포 등 다양한 수단을 통해 일본을 강력히 압박했다.[4] 이러한 중국의 공격적 행태는 일본으로 하여금 상당한 위협으로 인식하게 했고 결국 일본은 구속한 선장을 석방하는 선에서 갈등을 봉합했다. 이러한 갈등과정에서 클린튼 미국무장관은 영토분쟁 불개입의 기존 전통에서 벗어나 댜오위다오/센카쿠 열도가 미일안보조약 제5조 (일본영토 방위의무)에 해당하는 것이라고 강조하며 일본영유권을 지지한다는 입장을 표명했다.[5] 즉 남중국해에서의 중-필리핀 영유권분쟁과 같이 동중국해의 댜오위다오/센카쿠 열도 영유권분쟁도 미국이 개입하면서 국제분쟁으로 비화된 것이다.

이렇듯 중국은 남중국해와 동중국해에서 동시에 영유권분쟁을 유지하고 있으며 분쟁 상대국에 대해서도 매우 공격적인 행태를 보이고 있다. 특히 이런 과정에서 후진타오 주석이 "중국해군은

---

http://articles.businessinsider.com/2012-05-09/news/31635139_1_scarborough-shoal-filipino-fishermen-philippines/2 (2012/5/13 검색).

4) 서울경제, 2010년 9월 26일.

5) 조양현, "일 · 중 센카쿠/댜오위다오열도 분쟁과 동아시아 지역질서," 〈주요국제문제분석〉, 2010. 12. 31, p. 11.

군사 분쟁을 준비하라"는 언급을 하면서 영유권분쟁에 대한 중국의 군사력에 기반을 둔 공격적 행태를 유지할 의지가 분명함으로 확인하고 있다.[6]

그러나 이러한 남중국해 및 동중국해에서의 중국과 관련된 영유권분쟁과 중국의 공격적 행태는 필리핀, 인도, 호주, 일본, 베트남 등 중국 주변국가들의 안보 우려를 증폭시키고 있으며 이 국가들이 안보와 경제적 이익을 위해 미국에 대한 편승[7]을 불러오는 효과를 보이고 있다. 예컨대 필리핀은 중국과 2004년 '방위협력 양해각서(MOU on Defense Cooperation)'를 체결했고 2005년에는 '필리핀-중국 방위 및 안보대화(the Philippines-China Defense and Security Dialogue)'를 개최한 바 있지만 중국과의 남중국해 영유권분쟁이 격화되기 시작하면서 필리핀 수빅(Subic)기지에서 20년 전에 철수한 미국과의 군사협력을 강화하고 있다.[8]

같은 맥락에서 2009년 '동아시아공동체' 구상을 주창하면 중국과의 관계 강화에 나섰던 일본민주당정권은 2010년 중국과의 댜오위다오/센카쿠 열도 영유권분쟁 이후 오키나와 후텐마기지와 관련된 미일간의 갈등은 최소화되었고 일본과 미국은 오키나와 및 괌 등의 공동기지 활용과 합동군사훈련 실시 등 군사협력을 강화하고 있다. 즉 남, 동중국해역 영유권분쟁에서의 중국의 공격적 행태는 주변국가들로 하여금 미국에 편승하게 하였으며 이러한 변화된 동아시

---

6) 동아일보, 2012년 3월 13일.

7) Randall, Schweller, "Bandwagoning for Profit: Bringing the Revisionist State Back in," *International Security*, Summer 1994.

8) Renato Cruz, De Castro, "China, the Philippines, and U.S. Influence in Asia," *American Enterprise Institute for Public Policy Research*, No. 2, July 2007.

아 역학구도는 중국 주변을 포위하여 팽창을 저지하려는 미국의 중국정책에 정확하게 부합되고 있어 결국 중국을 봉쇄하고 고립시키는 효과를 가져왔다.

왜 중국은 이러한 주변 국가들과의 부정적 관계가 형성되는 영유권분쟁을 확대하는데 주저하지 않고 또 매우 공격적인 행태를 보이는가? 이 문제는 중국의 영유권분쟁이 현재 지속되고 있고 분쟁이 국제화되면서 격화될 가능성이 크다는 점에서 그리고 영유권 분쟁을 계기로 미중간 패권경쟁이 가속화될 수 있다는 점에서 중국의 영유권분쟁에 있어서의 공격적 행태의 원인을 규명할 필요가 있는 것이다.

이러한 중국의 남중국해와 동중국해 등의 영유권분쟁과 관련한 기존 연구들은 중국의 공격적 행태에 대해 세 가지 주장을 제기하고 있다. 첫째, 일부는 중국의 해양지역에서의 영유권분쟁에 대한 적극적 개입의 원인을 중국의 '해양 민족주의(naval nationalism)'에서 찾는다.[9] 둘째, 일부는 중국의 해양군사력 강화와 남·동중국해역의 영유권분쟁에서의 호전적 행태의 원인을 중국의 강대국외교 기조에서 비롯된다고 주장하고 있다.[10] 셋째, 그러나 일부는 여전히 정치적 요인보다는 해양지역의 경제적 이익 요인이 중국으로 하여금 영유권분쟁에 보다 공격적으로 행동하게 하며 적극적으로 개입

---

9) Robert S., Ross, "China's Naval Nationalism: Sources, Prospects, and the U.S. Response," *International Security*, Vol. 34, No. 2, Fall 2009.

10) Elizabeth Economy, C. "The Game Changer: Coping With China's Foreign Policy Revolution," *Foreign Affairs*, Vol. 89, No. 6, November/December 2010; Robert, Kaplan, "The Geography of Chinese Power: How Far Can Beijing Reach on Land and at Sea," *Foreign Affairs*, Vol. 89, No. 3, May/June 2010.

하게 한다고 주장한다.[11]

  따라서 본 연구는 남중국해와 동중국해에서의 중국의 영유권분쟁에 있어서의 필리핀과 일본 등과의 상호작용을 연구함으로서 중국의 영유권분쟁에 대한 공격적 행태의 원인을 규명한다. 이를 위해 본 연구는 우선 중국의 영유권분쟁에 대한 정책과 행태와 관련된 이론적 주장을 소개한다. 둘째, 본 연구는 남중국해의 영유권분쟁에 대한 중국의 정책과 해군 군사력의 변화에 대해 파악하고 이를 배경으로 한 필리핀 등의 관련국가들과의 영유권분쟁 과정을 연구한다. 셋째, 동중국해역에서의 중국과 일본의 영유권분쟁의 전개과정을 살펴보고 중국의 행태의 변화의 요인 규명에 집중한다. 마지막으로 본 연구는 남중국해와 동중국해지역의 영유권분쟁의 연구결과를 배경으로 중국의 영유권분쟁에서의 공격적 행태의 원인을 파악하고 이를 바탕으로 분 연구가 제시한 이론적 주장들의 적실성을 검증한다.

## II. 중국 영유권분쟁 확대에 대한 이론적 주장

  중국의 남중국해 및 동중국해역에서의 영유권과 관련한 공격적인 행태와 분쟁 확대의 기조는 주변국들의 안보적 우려를 확대 재생산시키고 있다. 왜 중국은 화평굴기의 주장과는 달리 주변국과의 영유권 분쟁을 주저하지 않고 확대시키는가?

---

11) Michael A. Glosny and Phillip Saunders, "Correspondence: Debating China's Naval Nationalism," *International Security*, Vol. 35, No. 2, Fall 2010.

이러한 중국의 공격적인 영유권 분쟁 확대의 행태에 대해 세 가지 이론적 주장이 제기되고 있다. 첫째, 로버트 로스(Robert Ross)는 중국의 공격적인 해양정책과 영유권 주장은 중국의 '해양 민족주의'에서 비롯되고 있다고 주장한다. 막크 발렌시아(Mark Valencia) 역시 중국의 남중국해 영유권분쟁에서의 호전적 행태의 원인을 사회주의를 대체하는 민족주의 급상승의 결과에서 찾고 있다.[12] 중국은 역사적으로 대륙 강대국으로서 대륙의 위협을 감소하는데 주력한 반면 해양은 중요하지 않게 취급해왔지만 최근 대륙의 위협적 제약을 축소시킬 수 있는 능력을 확보한 현 중국은 자국의 위상을 강화하는 차원에서 해양의 중요성을 강조하고 역량을 강화하기 시작했다는 것이다.[13] 특히 소련의 붕괴로 대륙의 위협이 급격히 감소된 탈냉전 이후 중국은 대부분의 국경분쟁을 해결하고 다자간 지역기구 및 전략적 동반자관계 형성 등을 통해 대륙의 주변 국가들과의 관계를 안정화시켰다.[14]

이러한 대륙의 위협감소의 상황에서 두 가지 인과적 경로를 통해 중국이 민족주의적 해양정책을 채택하게 되었다는 것이다. 첫째, 중국지도부가 위신을 높이기 위해 대중의 관심을 전환하기 위한 전략으로 해양 민족주의를 활용한다는 것이다. 즉 '엘리트 위신전략 경로'는 외부에서의 강력함과 승리를 통해 내부에서의 위신을 확보하는 전략 차원에서 공격적인 해양정책과 영유권분쟁 개입을 전개

---

12) Mark J. Valencia, "China and the South China Sea Dispute: Conflicting Claims and Potential Solutions in the South China Sea," *Adelphi Paper*, no. 298. Oxford: Oxford University Press, 1995.

13) Robert S., Ross, *op. cit.*, p. 48.

14) Robert Sutter G., *China's Rise in Asia: Promises and Perils*, Lanham: Rowman and Lettlefield, 2005.

한다는 것이다.[15] 즉 중국이 국내적 문제에 직면했을 경우 지도부
는 정통성을 촉진하기 위해 민족주의에 의존하고 더욱 더 외부적으
로 호전적이 된다는 것이다.

둘째, '대중적 민족주의 경로'는 대중들의 압력이 중국정부로 하
여금 보다 호전적인 해양정책과 영유권분쟁 행태를 취하게 한다는
것이다. 남·동중국해의 영유권분쟁에 대한 국민적 압박과 요구가
중국정부로 하여금 야심찬 해양정책과 공격적 영유권분쟁 개입행
태를 추진하게 했다는 것이다. 이런 맥락에서 중국이 영유권분쟁에
적극적으로 개입하게 되었고 해군역량을 급격히 현대화하며 접근
불용(access denial)정책 등을 추진하게 되었다고 주장하는 것이다. 즉
중국해군의 해양에서의 군사력 투사 역량의 강화정책과 영유권분
쟁에 대한 공격적 행태는 중국의 해양주권을 강조하는 해양 민족주
의에 바탕을 두고 전개되고 있다고 강조한다.

둘째, 글로스니와 사운더스(Glosny and Saunders)는 중국의 해군력
강화와 남중국해와 동중국해지역에서의 영유권 주장 강화와 공격
적 행태는 중국의 급증하는 해외지역의 경제적 이익을 보호하는데
있다고 그 원인이 있다고 주장한다.[16] 유사한 맥락에서 이안 스토
레이와 클라이브 쵸필드(Ian Storey and Clive Schofield)는 중국의 에너지
의 필요성이 남중국해 영유권분쟁에서의 중국의 행태를 호전적으
로 변화시켰다고 주장한다.[17] 브루스 스톡(Bruce Stokes)도 중국은

---

15) Edward Mansfield, and Jack Snyder, "Democratization and the Danger
    of War," *International Security*, Vol. 20, No. 1, Summer 1995, p. 33.
16) Michael A. Glosny, and Phillip Saunders, "Correspondence: Debating
    China's Naval Nationalism," *International Security*, Vol. 35, No. 2, Fall
    2010, pp. 166-167.
17) Ian Storey, and Clive Schofield. "The South China Sea Dispute:

남중국해를 새로운 페르시아 만(Persian Gulf)으로 인식하며 이 지역의 매장된 석유와 가스의 배타적 지배를 원한다고 주장하고 있다.[18]

중국경제가 국제무역을 중심으로 세계경제와 통합되면서 해양이익이 중국경제에 미치는 영향이 심대해지고 결국 중국의 지속적 성장은 해양로 확보와 에너지 및 자원 수급에 달려있다는 것이다. 중국은 세계 최대 수출국이며 제3의 수입국으로서 국제무역이 중국경제에 차지하는 비중은 급속히 증가하고 있다. 중국은 에너지 및 자원의 수출입에 경제가 상당히 의존되어있으며 이런 높은 대외무역 의존도가 미국의 제해권에서 벗어나는 해양로 확보 등 해양이익을 보다 강조하는 정책을 추구하게 한다는 것이다. 세계인구의 20%를 차지하는 막대한 인구의 경제적 수준을 향상시켜야 하는 중국은 지속적인 경제성장이 필요하며 이는 현 중국공산당정권의 유지 및 생존에도 중요한 영향을 미친다. 즉 중국의 공격적 해양정책과 영유권분쟁에의 개입은 중국의 핵심적 국가이익인 경제적 생존을 위한 것이라는 주장이다.

특히 중국의 지속가능한 경제성장을 위해서는 에너지 및 자원의 수입이 꾸준히 요구되는 상황에서 중국은 남중국해와 동중국해에 매장이 추정되는 막대한 양의 석유 및 가스와 같은 자원에 대한 필요성이 커졌다는 것이다. 이런 에너지와 자원과 같은 경제적 이익에 대한 필요성에 근거해 중국이 영유권분쟁에 대해 보다 공격적

---

Increasing Stakes and Rising Tensions," *Jamestown Foundation, Occasional Paper*, November 2009.

18) Bruce Stokes, "China's New Red Line at Sea" *National Journal*, July 3, 2010, p. 4.

인 행태를 추구하게 된다는 것이다.

셋째, 로버트 캐플랜(Robert Kaplan), 엘리자베스 이코노미(Elizabeth Economy), 존 미어샤이머(John Mearsheimer) 등은 중국의 영유권분쟁에 대한 공격적 행태와 팽창적 해양정책은 중국의 '강대국외교' 기조에 근간을 두고 있다고 주장한다. 중국이 미국에 직접적인 도전을 추구하는 지구적 범위에서의 현상타파정책을 추구하지는 않지만 자국의 안보 확보와 중국에 유리한 주변지역 질서 형성 등 강대국으로서의 아시아지역에 대한 영향력 확대정책을 추진하는 일환으로 공격적인 해양정책과 영유권분쟁 개입정책을 추진한다는 것이다.[19] 미어샤이머는 부상하는 강대국은 강력해진 역량을 바탕으로 더욱 그들의 국가권력을 확대하는데 집중하게 되어 자연히 공격적이 될 수밖에 없다고 주장한다.[20] 특히 미어샤이머는 이러한 주장을 바탕으로 급속히 강력해지는 중국은 미국이 유럽에서 유럽강대국들에게 했듯이 미국을 아시아로부터 밀어내고 아시아의 지역패권이 되는 강대국 외교정책을 추진하게 된다고 강조한다.[21] 유사한 맥락에서 이코노미는 중국의 대외정책 기조가 등소평시대의 '도광양회'에서 강대국 외교로 전환하고 있고 중국의 공격적 행태는 이런 대외정책 기조의 변화에서 비롯되었다고 주장한다.[22]

중국은 탈냉전 이후 소련의 공백을 메워가며 대륙에서의 강대국의 입지를 확보하기 시작했다. 러시아와 중앙아시아 국가들과의

---

19) Robert Kaplan, *op. cit.*
20) John J. Mearsheimer, *The Tragedy of Great Power Politics*, New York: Norton, 2000, p. 5.
21) John J. Mearsheimer, "Clash of the Titans," *Foreign Policy*, January/February, 2005, p. 48.
22) Elizabeth, Economy, C. *op. cit.*

상하이협력기구 구성 및 북핵문제 해결을 위한 6자회담 등을 주도함으로서 대륙에서의 위협 요인을 감소시키는데 집중했으며 이런 과정에서 대부분의 국경분쟁을 해소하는데 성공했다. 특히 중국이 분리주의운동을 우려하는 신장지역과 티베트지역에 대한 장악력을 강화했고 그 주변 국가들과의 관계를 개선시키면서 대륙 서부지역에서의 위협요인을 감소시키는데 성공했다.

이런 대륙에서의 위협 요인 감소와 유리한 상황을 바탕으로 중국이 강대국으로서의 영향력을 발휘하는 공격적인 해양정책을 추진한다는 것이다.[23] 특히 중국이 첫 항공모함으로 도입한 '바라크호'를 청나라시절에 대만을 수복했던 장군이름을 따 '시랑호'로 부르는 것은 대만수복과 연안에 대한 통제권을 확보하고자 하는 의지를 분명히 한 것이다. 따라서 남중국해와 동중국해의 영유권분쟁에 대한 공격적 행태는 해양지역에서의 영향력 확대를 추진하는 중국의 '강대국외교' 기조의 일환으로 전개된다는 것이다.[24] 이러한 맥락에서 중국은 해군력의 현대화를 강화하고 있고 미국의 접근불용(access denial)정책을 추진한다는 것이다.

이렇듯 중국의 공격적 해양정책과 영유권분쟁에서의 호전적 행태를 규정하는 요인에 대해 '해양 민족주의', '경제적 이익' 그리고 '강대국 외교기조' 등 다른 주장들이 제기되고 있다. 따라서 본 연구는 중국의 해군 역량강화정책과 남중국해와 동중국해의 영유권분쟁에서의 중국의 정책 등을 조망함으로서 이러한 이론적 주장들의 적실성을 평가한다.

---

23) Robert Kaplan, *op. cit.*, p. 33.
24) "南海軍情特報(Special Military Intelligence Report on the South China Sea)," 〈軍事世界(Inside Defense)〉 May 2009, p. 21.

## Ⅲ. 중국의 해군력 증강

중국은 급속히 증가한 경제적 역량을 바탕으로 군사력현대화에 집중하고 있다. 우선 2011년 중국의 국방예산은 915억 달러로 전년 대비 12.7% 증가했으며 이런 국방비의 두 자리 수 증가추세는 1990년 초반부터 계속되고 있다.[25] 중국의 국방비 증액의 이유는 중국의 안보를 확보하고 대만독립을 저지하며 중국의 원활한 해외시장 진출과 자원수급을 위한 안전한 해양로를 확보하고 영유권분쟁에 적극적으로 대응하기 위한 목적으로 요약되고 있다.[26]

중국의 군사력 증강에서 가장 주목되는 것은 해군력의 현대화다. 중국은 2009년 건국 60주년을 맞아 대양해군(blue-water navy) 건설을 공식화함으로서 보다 공세적인 해양정책 추구를 전개하기 시작했다.[27] 중국 해군력 현대화는 '바랴크호'로 불리는 항공모함 도입에서 상징화되고 있다. 2004년 후진타오중국주석이 중국해군의 원해 작전을 강조하면서 시작된 항공모함 보유정책은 '바랴크호'의 실전 배치에 이어 현재 2개의 항모를 추가로 건조하고 있고 1척은 2015년에 실전 배치될 예정이며 다른 1척은 핵추진 항공모함으로서 2020년에 건조 완료될 것으로 알려지고 있다.[28]

---

25) 경향신문, 2012년 1월 6일; Cowan, Gerrard, "China's arms spend continues to soar," *Jane's Defense Weekly*, July 30, 2008. p. 19.

26) Tomonori Sasaki, "China Eyes the Japanese Military: China's Threat Perception of Japan since the 1980s" *The China Quarterly*, Vol. 203, 2010, p. 560; Sean Chen, and John Feffer "China's Military Spending: Soft Rise or Hard Rise?" *Asian Perspective*, Vol. 33, No. 4, 2009, p. 59.

27) 윤석준, "동아시아 해군력 현대화 추세와 전망," 〈국방연구〉, 제52권, 2호, 2009, p. 5.

28) 이대우, "인도양 해양질서 변화: 중국의 진출과 주변국 대응," 〈세종정

이러한 항공모함 보유와 더불어 중국은 잠수함 역량을 최대화하고 있다. 중국은 현재 총 71척의 잠수함을 보유하고 있으며 이 중 3척의 전략잠수함을 운영 중에 있다. 이 중 12척은 러시아로부터 2000년 이후 도입한 잠수함으로서 대함크루즈미사일을 장착하고 있으며[29] 3척의 전략잠수함은 활동범위가 7,200km에 달하고 잠수함발사탄도미사일을 장착함으로서 미국해군을 위협할 수 있는 것으로 평가되고 있다. 특히 중국은 현재 2척의 차기전략잠수함을 건조 중이며 2008년에 중국이 비밀리에 하이난섬 남부 야롱만에 20척의 핵잠수함과 디젤-전기잠수함을 운영할 수 있는 잠수함기지를 건설하는 위성사진이 발견되면서 중국의 해군력이 남중국해 전반을 지향하고 있음을 확인하였다.[30] 더욱이 중국은 최근 10척의 핵추진 잠수함을 가동함으로서 군사력 투사능력 향상을 적극 강화하고 있다.[31]

중국은 대 해양미사일전력 역시 향상되어 해안에서 2,000km 이상의 지역까지 작전범위를 확대했고 3,000km까지 사정권 안에 두는 미국의 항공모함을 겨냥한 순항미사일 '둥펑(東風)' 등을 개발 배치함으로서 타국의 접근불용 능력(anti access/area denial capacity)을 향상시켰다.[32] 이와 더불어 중국은 13척의 구축함을 보유하고 이에 항공모함을 격침시킬 수 있는 대함크루즈미사일을 8기씩 탑재하고

책연구〉, 세종연구소, 2012, p. 17.

29) 이서항, "동아시아 해군력 증강의 동향과 함의," 〈주요국제문제분석〉, 외교안보연구원, 2009, p. 183.

30) Jane's Intelligence Review, "Secret Sanya— China's new nuclear naval base revealed," *Jane's Intelligence Review*, 21 April 2008.

31) 아시아경제, 2012년 1월 23일. http://www.asiae.co.kr/news/view.htm?idxno=2012012215513200733 (2012/1/23 검색).

32) 이대우, 앞의 글, p. 19.

있고 150㎞ 장거리대공미사일을 탑재하는 구축함을 자체 건조하는
등 해군력 강화에 성과를 보이고 있다.

이렇듯 중국은 해군력의 현대화와 역량 강화에 집중하고 있으며
이는 자국의 안보 확보수준을 넘어 미국이 유지하고 있는 남중국해
와 동중국해 등 서태평양지역의 제해권을 위협하는 수준으로 확대
되고 있는 것이다. 특히 중국의 현재 해군력이 미국의 해군력을
압도할 수준에는 도달해 있지 않지만 중국의 장기간의 높은 경제성
장은 지속적으로 중국해군의 역량강화를 뒷받침하고 있어 주변 해
역에서의 중국의 타국의 접근불용능력은 더욱 향상될 것으로 평가
된다.


## Ⅳ. 남중국해 영유권분쟁과 중국의 개입전략

남중국해는 대만해협에서 말라카해협으로 이어진 거대한 해역
이다. 이 남중국해 영유권분쟁의 핵심지역은 남사군도(Spratly Islands)
와 서사군도(paracels islands) 지역이다. 남중국해의 영유권분쟁은 중
국과 필리핀, 베트남, 브루나이, 말레이시아 그리고 대만 등 6개국
사이에 벌어지고 있고 이렇듯 남중국해가 영유권 분쟁지역으로 부
상하게 된 것은 1968년 UN 아시아 극동경제위원회가 남사군도 및
서사군도 해저에 상당한 양의 석유와 천연가스가 매장되어 있다고
보고하면서 시작되었다.[33] 현재 알려진 바로는 77억 배럴의 석유매
장이 확인되었으며 예상매장량은 280억 배럴에 가깝다고 추정된다.

---

33) 이대우, 앞의 글, pp. 20-21.

천연가스 또한 풍부하여 7,500㎦로 예상된다.

그러나 남중국해역은 지하에 매장된 풍부한 천연자원과 더불어 전략적 측면에서도 그 중요성이 심대하다. 남중국해와 연결되는 말라카해협 등은 세계 물동량의 50% 이상이 이동하는 동아시아와 중동 그리고 유럽을 연결하는 전략적 요충지인 것이다.

이러한 남중국해에 대한 영유권은 중국을 포함해 6개국이 천명하고 있다. 베트남은 1951년 샌프란시스코평화협상 당시 남사군도와 서사군도에 대한 영유권을 천명한 바 있다. 특히 베트남은 1973년 남사군도에 군대를 주둔시켰었고 74년 중국이 대만이 장악하고 있던 서사군도 일부를 점령하는 과정에서 서사군도에 주둔하던 남베트남군과 충돌이 발생했다. 1975년 베트남이 통일된 이후에도 남사군도에 대한 영유권을 유지하며 병력을 배치해 오고 있다. 특히 1982년 통일 베트남은 서사군도와 남사군도를 베트남의 영토로 확정하고 그와 관련된 해역도 베트남의 해역임을 선언하는 성명서를 발표함으로서 영유권을 명확히 했다.[34] 그러나 1988년 중국은 베트남의 캄보디아 침공에 대해 "교훈을 주는 차원"에서 남사군도에 배치된 베트남해군과 교전을 벌이면서 남중국해 영유권분쟁이 두 번째 무력충돌로 이어졌다.[35]

베트남은 이러한 분쟁 상황에서 영유권 주장을 확고히 하기 위해 2004년 9월 '석유가스전 투자 입찰계획'을 발표했고 2007년에는 남사군도의 일부 석유가스전을 영국계 석유회사인 BP(British Petroleum)와

---

34) 이창휘, "중국의 도서와 해양경계 문제," 〈국제법학회논총〉, 제54권 1호, 2009.

35) Rodolfo Severino, C. "ASEAN and the South China Sea," *Security Challenges*, Vol. 6, No. 2, Winter 2010, p. 39.

2008년에는 미국 엑슨 모빌(Exxon Mobil)과 합작하여 공동개발하기로 합의했다.[36]

이러한 중국의 남중국해에 대한 영유권 주장은 필리핀과의 분쟁도 촉발시켰다. 1956년부터 필리핀의 탐험가들이 남사군도에서 활동했고 이 섬들을 '자유의 땅(Freedomland)'로 명명했고 이를 1978년 필리핀의 마르코스 당시 대통령이 '자유의 땅'의 영유권이 필리핀에 속한다고 선언함으로서 공식적으로 남중국해 영유권분쟁에 가세했다.[37]

중국은 남중국해에 대해 1949년 건국 직후부터 영유권을 주장하기 시작했고 1992년 2월에는 남사군도를 중국 영토와 영해에 포함시키는 영해법을 발표했고 같은 해 7월에는 남사군도 10개 섬에 병력을 파견해 시설물을 설치하는 등 자국의 영해권을 실제화하고 있다. 특히 중국이 남중국해에서 영유권을 주장하는 영역은 남중국해 전체면적인 350만㎢의 86%인 300만㎢에 해당한다.

중국은 동남아국가들과의 협력관계를 강조해 왔고 대외정책 기조로 '화평굴기'를 내세워 왔다.[38] 특히 중국은 ASEAN 국가들과의 경제적 협력을 강조하였고 이런 차원에서 중-ASEAN FTA도 체결되었다.

그러나 이러한 중국의 아세안국가들과의 협력추구 정책은 남중국해 영유권분쟁과 더불어 급속히 전환되기 시작했다. 중국은 남중국해 영유권을 강조하며 일방적인 조업금지를 선언하거나 외국선

---

36) 국민일보, 2011년 11월 1일. http://news.kukinews.com/ article/view.asp?
    page=1&gCode=kmi&arcid=0005513001&cp=du (2012/5/24 검색).
37) Rodolfo Severino, C. *op. cit.*, p. 40.
38) 김옥준 · 김관옥, "중국공산당 제17기 전국대표대회 보고서에 나타난
    대외정책적 함의," 〈평화학연구〉, 제9권, 1호, 2008, pp. 207-209.

원을 체포하고 해양경비를 강화하는 등 공격적인 행태를 보이면서 주변 아세안국가들과의 관계가 악화되고 있다. 중국은 지난 10여 년간 남중국해 영유권분쟁에 대해 '분쟁연기와 공동개발(shelving dispute and joint development)' 전략을 추구하면서 다른 영유권 주장국가들과의 관계를 비교적 원만하게 접근해 왔다.39) 이러한 공동개발 방식 접근법은 이미 1980년대 등소평이 '공동개발은 국제분쟁 해결에 가장 평화로운 방법'이라고 주장하면서 중국의 남중국해 영유권분쟁 해결방법으로 제시되어 왔다. 또 이 공동개발 방식은 1990년대 들어 이붕총리가 영유권분쟁에 대한 중국의 해법으로 주장하면 공식정책으로 수용되었다.40)

그러나 이러한 중국의 남중국해에 대한 입장은 중국이 최근 남중국해 및 동중국해의 영유권 문제를 양보할 수없는 중국의 주권과 관련된 '핵심이익(core interest)'으로 규정하면서 공격적 입장으로 전환되었다.41) 1994년 중국은 필리핀이 영유권을 주장하는 산호도(Mischief Reef)에 시설물을 건설하고 필리핀과의 영유권분쟁을 주도한 바가 있었지만 2002년 아세안정상회의에서 중국과 아세안국가 정상들이 남중국해 영유권 분쟁 해결을 위한 다자적 행동규범(Code of Conduct)에 합의함에 따라 하였고 중국의 분쟁해결 방식은 협력적 방식을 유지되어 왔다.

그러나 중국의 다자방식의 협력적 해결방식은 2008년 중국이 하

---

39) Derek Pham, "Gone Rogue? : China's Assertiveness in the South China Sea," *Journal of Politics and Society*, Vol. 22, No. 1, 2011, pp. 139-140.

40) Leszek Buszynski, "Rising Tensions in the South China Sea: Prospects for a Resolution of the Issue," *Security Challenges*, Vol. 6, No. 2, 2010, p. 96.

41) *New York Times*, April 23, 2010; New York Times, July 23, 2010.

이난섬 남부 야롱만에 잠수함기지를 건설한 위성사진이 보도되면
서 실질적으로 종식되었다고 평가된다.[42] 이러한 중국의 해양정책
의 실질적 변화는 2006년 고위 해군장교회의에서 후진타오 중국주
석이 중국을 해양강국으로 선언하며 중국해군은 새로운 시대의 역
사적 사명을 수행하는 강력한 해군으로 발전해야 한다고 강조하면
서 나타났다.[43] 이에 중국해방군은 공식신문인 지에팡전 바오
(Jiefangjun Bao)에서 중국을 해양대국으로 규정함으로서 후진타오주
석의 지시를 확인했다. 이런 정책적 변화는 중국해군의 주 임무를
'해안방위'에서 '적극적인 연안방위'의 임무로 전환시킨 것이며 심
해해양에서의 중국의 이익을 확보하는 것이 주요 과제로 부각되기
시작한 것이다.[44]

이러한 중국의 해양정책의 변화는 대만과의 잠재적 군사충돌의
상황에서 미국의 개입을 억지하는 중국의 접근불용 능력 확보 차원
에서 전개된다는 것이다.[45] 즉 중국해군의 현대화를 통해 미국해군
과의 힘의 균형을 추구함으로서 미국의 개입을 억지한다는 것이다.
이런 맥락에서 중국은 탈냉전 이후 중국해군, 특히 남방함대(South
Sea Fleet)의 현대화에 집중했고 결과적으로 동방함대 및 북방함대를

---

42) Derek Pham, *op. cit.*, p. 143.
43) Michael Chambers, "Framing the Problem: China's Threat Environment
   and International Obligations," in *Right Sizing the People's Liberation
   Army: Exploring the Contours of China's Military*, eds. Roy Kamphausen
   and Andrew Scobell, Carlisle: Strategic Studies Institute of the US Army
   War College, 2007, p. 25.
44) Michael Chambers, *ibid.*, p. 26.
45) Ronald, Rourke, "China's Naval Modernization: Implications for US
   Navy Capabilities—Background and Issues for Congress," *Congressional
   Research Service*, October 1, 2010, p. 3.

압도하는 역량을 보유하기 시작했다.[46]

　이렇듯 강대국외교 기조의 일환인 '해양대국'의 기치아래 급속히 증강한 중국해군의 역량은 남중국해역 영유권분쟁에서 중국의 입장을 보다 분명히 제시하게 했으며 동시에 분쟁해역에서 중국의 해양법을 위반하는 분쟁국가들에 대한 억지의 능력에 대한 확신을 갖게 했다.[47] 이런 맥락에서 중국해군과 해양경비대는 분쟁지역에서 강력해진 중국해군력을 바탕으로 분쟁국들의 선박에 대한 순시, 나포, 벌금부과 그리고 교전 등을 포함하는 도발적 행태를 취했던 것이다.[48]

　이런 환경에서 2007년 필리핀이 해양경계법(Maritime Boundary Act)을 개정하여 남사군도 일부와 황암도(Scaborough Shoal)를 자국령에 포함시키고 2008년에는 칼라얀섬(Kalayaan Island) 활주로를 확장했으며 2009년에는 영해기선법(Baseline Law)을 통과시켜 분쟁 중인 섬에 대한 주권을 천명하자 중국은 필리핀의 황암도 영유권 주장을 비난하며 군사적 행동도 가능함을 강조했고 주 필리핀대사관을 통해 영해기선법 제정에 항의했다.

　이후 중국은 분쟁해역에 대한 공격적 순시를 강화하여 중국해군력을 과시하고 있고 이에 대해 양제치(Yang JeiChi) 외교부장관은 "중국은 대국으로서 (해양순시는) 정당한 우려의 표현"이라고 언급함으로서 강대국의 위상을 확인하는 행태를 보였다.[49] 특히 2010년에

---

46) Ralf Emmers, "The Changing Power Distribution in the South China Sea: Implications for Conflict Management and Avoidance," *RSIS Working Paper Series*, 183, 2009, p. 4.

47) Derek Pham, *op. cit.*, pp. 152-153.

48) *Washington Post*, July 31, 2010, A7.

49) Jiechi Yang, "Foreign Minister Yang Jiechi Refutes Fallacies on the South

는 베트남 해양경비대가 분쟁해역에서 조업하던 중국선박에 대해 압박하자 중국함대를 파견하여 이들을 해산시킨 적이 있으며 2011년에는 중국 군함이 분쟁해역 부근을 항해하던 필리핀 선박에 접근하여 압박하는 등 과거에 비해 현저히 공격적인 행태들을 제기하기 시작했다. 특히 2011년 후진타오중국주석이 중국해군은 전쟁준비를 해야 한다"고 언급하면서 남중국해의 영유권분쟁과 관련한 군사적 긴장이 고조되고 있다.[50]

특히 2012년 4월 11일 필리핀함정이 영유권을 주장하는 황암도 부근에서 조업하던 중국어선 선원을 체포하는 과정에서 중국 초계정과 대치하기 시작했고 양국이 함정을 증파하면서 양국 간 대치상황이 계속되고 있다. 이러한 중국과 필리핀 간의 무력대치는 실질적으로는 황암도/스카보러섬의 영유권과 관련되어 촉발된 것이다. 중국은 필리핀의 스카보러섬에 대한 영유권을 주장하는 영해기선법을 인정하지 않으며 이런 차원에서 중국은 현 대치상황에 자국의 해군력을 보강하면서 분쟁을 확대하고 있다. 이러한 중국의 위협에 대응하여 미국은 5월 13일 '물자보급'을 이유로 핵잠수함을 수빅만에 재입항시켰으며 미국과 필리핀은 4월 16일부터 27일까지 합동군사훈련을 실시했다. 이에 대해 중국도 필리핀 루손섬 부근에서 해군훈련을 실시하면서 해역 내 긴장이 고조되고 있다.[51] 여기에 최근에는 인도까지 가세하여 국제법과 외교적 방법에 의한 해결을 촉구했으며 호주도 중국이 필리핀을 공격할 경우 주변 국가들의

---

China Sea Issue," Ministry of Foreign Affairs of the People's Republic of China, July 26, 2010.

50) 중앙일보, 2011년 12월 8일.

51) 연합뉴스, 2012년 4월 25일; 5월 14일.

우려를 증폭시키는 것이라고 경고했다.[52]

그러나 이러한 미국과 필리핀 등 주변 국가들의 우려에도 불구하고 중국은 황암도를 포함한 남중국해의 배타적 영유권을 강력히 천명하고 있다. 황셴춘(黃善春) 광둥성군구 정치위원은 5월 14일 "황옌다오는 유사 이래로 중국의 영토다. 필리핀이 무슨 짓을 벌이든지, 어떤 국가(미국)를 자기편에 끌어들여 참여시키든지와 상관없이 황옌다오가 중국의 영토라는 근본 사실은 변할 수 없다. 우리당 중앙과 우리 군은 완전한 능력과 황옌다오를 수호할 결심이 있다"고 강조함로서 중국의 공격적 행태를 다시 확인하였다.[53] 이에 한발 더 나아가 인민해방군일보는 "중국은 미국의 남중국해 영유권분쟁 개입이 상황을 더욱 악화시키고 있고 이에 대해 중국은 미국과의 무력충돌의 가능성을 열어 두고 있다고" 강조함로서 호전적 태도를 분명히 하고 있다.[54]

이렇듯 4월 11일부터 지속되고 있는 중국과 필리핀 사이의 영유권분쟁은 국제분쟁으로 비화되고 있지만 중국의 공격적 행태의 변화는 감지되지 않고 있다. 이는 2년 전 중국 고위관료가 했던 주장을 증빙하는 것이다. 2010년 3월 한 중국 고위관료는 제임스 스타인버그(James Steinberg)와 제프리 베더(Jeffrey Bader) 등 미국고위관료들

---

52) *Business Insider*, May 12, 2012; Philippines News, May 11, 2012. http://articles.businessinsider.com/2012−05−09/news/31635139_1_scarborough−shoal−filipino−fishermen−philippines/2 (2012/5/13 검색). http://www.philippinenews.com/top−stories/2539−australia−expresses−support−for−phl−on−spratlys−dispute.html (2012/5/15 검색).
53) 주간조선, 2012년 5월 28일. http://weekly.chosun.com/client/news/viw.asp?nNewsNumb=002207100002&ctcd=C01 (2012/5/27 검색).
54) http://blogcritics.org/politics/article/china−warns−armed−confrontation−with−the/ (2012/5/27 검색).

에게 남중국해 영유권은 중국의 핵심이익(core interest)이라고 천명하며 중국은 남중국해 영유권분쟁에 개입에 주저하지 않을 것이라고 공개적으로 경고한 바 있다.55) 즉 중국은 남중국해의 영유권은 대만, 티베트와 같은 중국의 핵심이익에 해당되며 중국은 남중국해 영유권분쟁 개입에 어떠한 인내도 하지 않을 것을 분명히 했다.56)

## V. 동중국해 영유권분쟁과 중국의 개입전략

댜오위다오/센카쿠 열도는 대만에서 200㎞ 떨어진 동중국해역의 5개의 작은 섬과 3개의 산호초로 구성되어있다. 이 해역에 대한 영유권분쟁도 남중국해와 마찬가지로 1968년 UN 아시아극동경제위원회(ECAFE)가 중심이 되어 일본, 한국, 대만 등이 실시한 공동조사결과 상당한 석유자원의 매장이 추정되면서 시작되었다. 일본이 실효지배 중이지만 중국이 영유권을 주장하면서 분쟁이 본격화되었다.

댜오위다오/센카쿠 열도는 일본의 패전 후 미국이 오키나와와 같이 잠정적으로 점령하다 1972년 5월 15일 중국과 대만의 반대에도 불구하고 오키나와를 일본에 반환했고 댜오위다오/센카쿠 열도의 행정관할권도 일본에 이양하였다. 이때 미국은 댜오위다오/센카쿠 열도의 최종적 주권 소재에 대해서는 중립적 입장을 천명했

---

55) *New York Times*, April 23, 2010.
56) Carlyle, Thayer, "Recent Developments in the South China Sea: Grounds for Cautious Optimism," *RSIS Working Paper*, No. 220, S. Rajaratnam School of International Studies, Singapore, December 14, 2010.

다.[57]

1972년 중국과 일본이 관계정상화를 이루었고 1979년에는 양국 간 우호조약을 체결하면서 댜오위댜오/센카쿠 열도의 분쟁지역화를 방지하기 위해 영유권문제가 존재하지 않는다는 것으로 양국이 합의하에 입장을 정리했다.[58] 따라서 이 시기까지는 중국이 댜오위댜오/센카쿠 열도 영유권문제에 대해 민감하게 대응하지 않은 것이다.

그러나 1979년 일본이 댜오위댜오/센카쿠 열도에 헬리콥터 이륙장 건설을 시도하자 중국선박들이 주변 해역에서 시위를 하면서 양국 간의 물리적 대치가 처음 발생했다. 이어 1990년에는 일본해상방위청이 댜오위댜오/센카쿠 열도 등대를 공식 항선 표지로 선포하자 중국민들 사이에 댜오위댜오/센카쿠 열도 이슈가 반일감정의 사안으로 등장하기 시작했다. 이어 1996년에도 일본민간인이 댜오위댜오/센카쿠 열도에 제2의 등대를 설치했으며 일본은 2003년 민간소유로 되어있던 댜오위댜오/센카쿠 열도를 정부가 임대하는 형식으로 실효지배를 강화했으며 댜오위댜오/센카쿠 열도를 일본의 방위구역으로 포함했다.[59]

이러한 일본의 댜오위댜오/센카쿠 열도에 대한 영유권 주장과 실효 지배 공고화 작업에 대해 중국은 1992년 2월 25일 전국인민대

---

57) James, Hsiung, C. "Sea Power, Law of the Sea, China-Japan East China Sea Resource War," Forum on China and the Sea Institute of Sustainable Development, Macao University of Science and Technology, October 9-11, 2005, pp. 10-11.

58) 시사저널, 2010년 11월 3일.

59) 최장근, "일본의 주변3국과의 영토분쟁의 특성: 조어제도, 독도, 쿠릴 열도 남방 4도를 중심으로," 〈일어일문학〉, 대한일어일문학회, 제35집 2007, p. 387.

표대회에서 자국의 영해에 대한 법을 통화시키고 댜오위다오/센카쿠 열도를 이에 포함시켰다.[60] 이 법을 통해 중국은 남중국해와 동중국해의 대부분을 중국의 영유권이 적용되는 해역으로 천명했다.[61] 특히 2003년 일본정부가 댜오위다오/센카쿠 열도를 임대하자 중국의 댜오위다오/센카쿠 열도 영유권 분쟁에 대한 이슈가 부각되기 시작하자 중국 '918 애국네트워크', 애국자동맹네트워크를 중심으로 중국민간댜오위다오/센카쿠 열도수호연합회가 창설되어 "댜오위다오/센카쿠 열도수호선언문"을 채택했다.[62] 이어 2004년에는 중국인 수명의 활동가들이 댜오위다오/센카쿠 열도에 상륙을 시도했다.

이렇듯 중국의 민간인 차원에서 전개되던 댜오위다오/센카쿠 열도 영유권분쟁은 2008년 12월 이후 중국정부가 직접 개입하는 형태로 전환되었다. 중국해양조사선 2척이 댜오위다오/센카쿠 열도 해역에 진입하여 9시간 동안 항행을 강행했다. 일본의 해상보안청 순시선의 경고에도 불구하고 중국조사선은 항행을 강행했고 이에 대해 슈시안(孫書賢) 국가해양국함대 부대장은 "영유권 분쟁이 있는 지역에서의 국제법상 '실효지배'의 실적을 위한 행위였다"고 주장했다.[63]

---

60) Sujit Dutta, "Securing the Sea Frontier: China's Pursuit of Sovereignty Claims in the South China Sea," *Strategic Analysis*, Vol. 29, No. 2, 2005, p. 275.

61) United States of America, Department of Defense, Office of Naval Intelligence, "The People's Liberation Army Navy: A Modern Navy with Chinese Characteristics," Washington D.C.: Office of Naval Intelligence, August 2009, p. 10.

62) 이정태, "중·일 동중국해 안보전략과 조어도 게임," 〈한국동북아논총〉, 제16집, 4호, 2011, p. 36.

이러한 중국의 공격적 행태는 2010년 9월 중국어선과 일본 해상
보안청 순시선의 물리적 충돌 사건이 터지면 본격화되었다. 댜오위
다오/센카쿠 열도 부근에서 중국 저인망어선과 일본순시선 요나쿠
니호가 충돌하면서 시작된 중일 영유권분쟁은 일본 순시선이 중국
어선이 불법으로 일본영해를 침범해 조업했다는 이유로 국내법을
적용하여 어선을 나포하고 선장 등을 구금하자 중국은 댜오위다오/
센카쿠 열도는 중국의 영토이기 때문에 일본의 중국어선 나포와
선원 구금은 불법이라고 주장하며 선원석방을 요구했다.[64] 이에
일본정부가 중국의 요구를 수용하지 않고 선장 억류를 결정하자
중국정부는 이 사건을 댜오위다오/센카쿠 열도 영유권분쟁의 부분
으로 확대하며 외교분쟁으로 비화시켰다. 즉 중국은 과거와는 달리
댜오위다오/센카쿠 열도의 영유권을 천명하며 주중 일본대사 소환
등의 외교적 수단과 더불어 희토류의 대일 수출금지 조치 단행,
일본산 수입품에 대한 통관절차 강화, 일본인 체포, 구금, 중국인
일본관광 억제, 일본제품 불매운동 등 다양한 수단을 통해 일본을
강력하게 압박했다.[65]

이러한 중국의 공격적 행태에 대해 일본은 결국 중국의 요구를
수용하여 선장을 석방해 귀국시켰다. 그러나 중국외교부는 선장의
석방에도 불구하고 "중국의 영토와 주권, 중국국민의 인권을 현저
하게 침해한 것에 대해 강렬한 항의를 표명한다."라고 성명을 발표

———————————

63) 이명찬, "일 · 중간 센카쿠제도 분쟁과 일본의 대응," '동아시아 지역
    영토분쟁의 과거 · 현재 · 미래' 국제심포지엄, 동북아역사재단, 2012년
    5월 10-11일.
64) 홍성후, "일본의 영토분쟁에 대한 비판적 고찰,"〈한국동북아논총〉,
    Vol. 58, 2011, p. 12.
65) 서울경제, 2010년 9월 26일.

했고, 나아가 일본에 사죄와 배상을 요구했다.[66] 결국 이러한 중국의 공격적 행태는 중국과 일본국민의 민족감정을 자극하면서 중국과 일본에서 양국에 대한 반일 및 반중시위가 발생하기 시작했다.[67]

이렇듯 급격히 악화된 중일간의 댜오위댜오/센카쿠 열도 영유권분쟁은 미국의 개입을 불러왔다. 오바마정부는 중일간 영토분쟁에 대해 기존의 영토분쟁 불개입의 전통을 벗어나 힐러리 클린튼장관이 댜오위댜오/센카쿠 열도가 미일안보조약 제5조(일본영토 방위의무)에 해당하는 것이라고 강조하며 일본영유권을 지지한다는 입장을 표명했다.[68] 특히 이를 계기로 일본은 2010년 12월 오키나와지역과 댜오위댜오/센카쿠 열도 해역 등에서 미국과의 합동군사훈련을 실시했다.

이러한 미국의 개입에 대해 중국은 남중국해 영유권분쟁 사례와 같이 공격적 행태를 강화하고 있다. 중국은 미국의 개입을 저지하기 위해 기존의 동방함대와 북방함대의 역량을 강화했으며 이와 더불어 '태평양함대' 창설을 강조하며 미국이 제1열도선 및 제2열도선 등으로 중국을 봉쇄하는 한 군사적 마찰이나 충돌을 피하기 어렵다고 강조했다.[69]

특히 중국은 최근 댜오위댜오/센카쿠 열도 영유권을 남중국해의 영유권과 같이 중국의 "핵심적 이익"으로 규정하기 시작했으며 이러한 중국의 댜오위댜오/센카쿠 열도에 대한 인식은 2012년 5월 13일

---

66) 이명찬, 위의 글.
67) 이정태, 위의 글, p. 41.
68) 조양현, 위의 글, p. 11.
69) 조선일보, 2011년 12월 6일.

한 · 중 · 일 정상들이 한중일 FTA 협상개시에 합의한 날에도 명백히 나타났다. 중일정상회담에서 원자바오 중국총리와 노다 일본총리는 댜오위다오/센카쿠 열도 영유권과 관련해 원자바오 중국총리는 "중국의 핵심적 이익과 중대한 관심을 존중하는 것이 중요하다"라고 언급하면서 댜오위다오/센카쿠 열도 영유권을 강조했으며 이에 대해 노다 일본총리도 "센카쿠는 일본의 고유영토"라면서 "센카쿠를 포함한 해양에서 중국의 활동이 늘어나 일본 국민의 감정을 자극하고 있다"고 주장함으로서 중일 양국 정상이 댜오위다오/센카쿠 열도 영유권을 두고 정면으로 대치되는 장면을 연출했다.[70] 이렇듯 중국이 댜오위다오/센카쿠 열도 영유권을 '핵심적 이익'으로 규정한 것은 이 사안을 양보할 수 없는 주권으로 인식하는 것으로서 중국이 영유권분쟁을 상대국과의 타협보다는 자국의 역량을 바탕으로 한 공격적인 행태를 통해 자국의 핵심이익을 관철시키는 방식으로 전개하는 것을 확인한 것이다.


## Ⅵ. 결론

본 연구는 중국이 최근 남중국해와 동중국해 영유권분쟁에 있어서 공격적 행태를 취하는 요인을 분석하는데 집중했다. 연구결과 중국은 과거에 비해 최근 남중국해와 동중국해 영유권분쟁에 있어서의 공격적 행태를 보여주고 있는 것을 확인하였다. 중국은 2002년 중국과 아세안국가들이 남중국해 영유권 분쟁 해결을 위해 합의한

---

70) 조선일보, 2012년 5월 15일.

다자적 행동규범(Code of Conduct)과는 배치되는 양자적 협상을 주장[71]하고 있으며 중국의 강력한 해군력을 바탕으로 필리핀 등 남중국해 분쟁국가들을 무력으로 압박하고 있다.

　중국은 동중국해에서도 유사한 공격적 행태를 보였다. 중국정부는 2008년 이후 민간이 주도해온 일본과의 댜오위다오/센카쿠 열도 영유권 분쟁에 적극 개입하기 시작해 2010년 어선충돌 사건 발생시 다양한 수단을 통한 공격적 행태로 압박함으로서 일본의 양보를 받아냈다. 이러한 중국의 공격적 행태는 중국이 오랜 기간 동안 주장해 왔던 '화평굴기'의 대외노선을 훼손하는 것이며 이런 중국의 행태는 "중국위협론"을 확산시켜 주변 국가들이 자국의 안보와 경제적 이익의 손실을 우려하여 결국 미국에 편승하는 정책을 추구하게 하는 결과를 보였다. 이러한 부정적 효과에도 불구하고 중국이 영유권분쟁에 있어 공격적 행태를 보이는 것에 대해 기존 연구들은 '해양 민족주의', '경제적 이익' 또는 '강대국 외교기조' 등 다른 요인들을 통해 각각의 설명을 제시하고 있다.

　남중국해 영유권분쟁과 동중국해 영유권 분쟁의 사례연구결과는 기존 연구들의 이분법적 주장과는 달리 정도의 차이는 있지만 세 가지 요인들이 모두 중국의 영유권 분쟁에서의 행태에 영향을 미치는 것이 확인되었다. 그러나 최근 3~4년간의 영유권분쟁에 대한 중국의 공격적 행태는 '해양 민족주의' 또는 '경제적 이익' 요인보다는 '강대국 외교기조'의 요인에 의해서 보다 효과적으로 설명되고 있다.

　첫째, '경제적 이익' 요인이 중국의 최근 공격적 행태를 설명하는

---

71) *Straits Times*, September 16, 2010.

데는 보다 뚜렷한 한계가 있다. 물론 중국의 지속적 경제성장에 막대한 에너지와 자원이 필요하고 해외시장과 필요한 자원 수급을 위해 안전한 항로의 확보가 필요하다. 즉 경제성장의 조건을 충족시킨다는 측면에서 중국이 지속적으로 남중국해와 동중국해역에서의 영유권을 주장하고 있다는 점에서 '경제적 이익' 요인이 중국의 영유권분쟁 행태에 영향을 미치는 것은 사실이다. 하지만 중국이 이러한 필요성이 최근 2~3년 사이에 특별히 발생한 것이 아니다. 일부는 최근의 급속한 중국의 경제성장으로 에너지 및 자원의 필요성이 증가한 탓이라고 주장하지만 경제성장이 한창이었던 1980년대부터 2000년대 초반까지 중국이 남중국해 영유권 분쟁국가들과 "공동개발 방식"을 주장하며 다자적, 협력적 해결방식을 추구한 것이나 댜오위다오/센카쿠 열도의 영유권 소재를 모호하게 처리했던 것들은 '경제적 이익' 요인의 접근법이 설명하기 어려운 부분인 것이다.

둘째, '해양 민족주의' 요인도 최근 중국의 공격적 행태를 충분히 설명하는 데는 한계가 있다. '해양 민족주의' 요인 접근법은 동중국해 댜오위다오/센카쿠 열도 영유권분쟁에서의 중국의 행태를 설명하는데 일정부분 설명력을 보여주고 있지만 남중국해 영유권분쟁에서는 중국의 행태를 설명하는 데는 한계를 보이고 있다. 일본과의 댜오위다오/센카쿠 열도 영유권분쟁에서는 초기부터 민간단체들이 중심이 되어 댜오위다오/센카쿠 열도 영유권을 주장했으며 이러한 민간의 영유권수호운동은 '해양 민족주의' 요인에 기반을 둔 것이다. 이런 차원에서 중국국민뿐만 아니라 홍콩, 대만 등의 국민들도 같은 민족으로서 일본에 대해 적대적 행태를 촉구한 바 있고 이는 '해양 민족주의' 요인이 작용한 것을 증명하는 것이다.

그러나 2008년 이후의 댜오위다오/센카쿠 열도 영유권분쟁의 주체는 중국정부였으며 2008년 중국해양조사선 항행으로 발생한 갈등이나 2010년 조업어선 충돌사건 이후의 행태는 정부주도하에 이루어진 것들이다. 특히 국민들의 '해양 민족주의'에 근거한 시위는 이러한 중국정부의 행태가 벌어지고 난 후의 효과적 측면이 크다. 즉 2008년 이후의 중국의 공격적 행태가 '해양 민족주의' 요인에 의해서 촉발 되었다기보다는 오히려 정부의 공격적 행태가 만들어낸 영유권분쟁의 결과로서 민족감정이 촉발된 성격이 크다는 것이다.

더욱이 중국의 남중국해 영유권분쟁에서는 이러한 '해양 민족주의' 요인이 중국의 공격적 행태를 결정한 근거가 뚜렷하지 않다. 오히려 2002년 중국이 다자적 행동규범에 합의했음에도 불구하고 2006년부터 후진타오가 강력한 해군건설을 강조하고 하이난섬에 비밀리에 잠수함기지를 건설하고 해군의 군사력을 급속히 현대화시키는 등 중국정부가 중심이 되어 공격적 행태를 취했다는 점에서 최근의 남중국해에서의 필리핀과의 장기간 대치와 미국과의 군사 갈등 가능성 언급 등의 행태는 '해양 민족주의' 요인으로 설명하기 어려운 것이다.

셋째, '강대국 외교기조' 요인 접근법이 남중국해 및 동중국해역의 영유권분쟁에서의 중국의 공격적 행태에 대해 보다 적절한 설명을 제공하고 있다. 남중국해 영유권분쟁 해결을 위해 2002년에 다자적 행동규범에 합의한 이후 중국은 규범지향적 행태를 유지했으나 2008년에 하이난섬에 비밀 잠수함기지 건설이 알려지면서 중국의 공격적 행태가 드러난 것이다. 이러한 변화는 2006년 후진타오 중국주석이 중국을 해양강국으로 선언하고 강력한 해군건설을 주장하면서 나타나기 시작했다. 특히 이런 후진타오의 중국의 강대국선언은 중국해군

역량의 급속한 강화로 이어졌고 이후 강대국의 역량을 과시하며 남중 국해 영유권을 '핵심 이익'으로 규정하고 필리핀을 포함한 주변 영유 권분쟁 국가들을 압박하고 있다.

이러한 중국의 공격적 행태는 비슷한 시기에 동중국해 영유권분 쟁에서도 나타난다. 2008년부터 중국정부가 댜오위댜오/센카쿠 열도 영유권 분쟁의 주체로 등장했으며 2010년 일본과의 갈등상황 에서도 과거와는 달리 정부가 직접 다양한 수단을 동원하여 일본을 압박했으며 궁극적으로 댜오위댜오/센카쿠 열도 영유권을 '핵심 이익'으로 규정함으로서 타협의 의사를 최소화하였다. 이러한 중국 의 공격적 행태에는 중국정부의 강대국론이 연결되어 있다. 2009 년에도 후진타오 중국주석은 "중국은 국제현안을 다루는 수준의 격상뿐만 아니라 국제정치에서도 더 많은 영향력을 확보해야 한 다"고 주문함으로서 국제사회에서의 중국의 강대국 역할을 강조했 다.72)

이러한 중국의 강대국론은 2006년 후진타오에 의해서 처음 제기 되었지만 2007년에 중국공산당 제17기 전국대표대회 보고서에 공 식적으로 제시되어있다. 17대 보고서에서 중국은 '평화발전'의 이념 을 제시하며 중국이 증대된 국력과 상승된 국제지위에 맞는 역할을 수행할 것을 강조하고 있다.73) 특히 시진핑체제의 등장을 공식화하

---

72) Wayne, Bert, "Assessing China: The Obama Administration Looks at a Rising Power," Paper presented at the annual meeting of the International Studies Association Annual Conference "Global Governance: Political Authority in Transition," Le Centre Sheraton Montreal Hotel, MONTREAL, QUEBEC, CANADA, Mar 16, 2011, p. 15.

73) 中國共産黨 第十七次 全國代表大會 報告. http://www.chinataiwan.org/ zt/szzt/zgsqd/yw/200710/t20071026_474249.htm (2012/05/30 검색).

는 2012년 중국공산당 전국대표대회에서 "해양"의 중요성을 강조한 것도 해양강대국의 기조를 천명한 것으로 해석되는 것이다.[74] 이런 중국의 '강대국외교'는 2008년 서브프라임 모기지 사건 발생으로 인한 미국의 경제적 쇠퇴와 더불어 더욱 강화된 측면이 있다. 2008년 이전의 영유권분쟁에서 중국은 미국과의 물리적 충돌을 언급한 바가 없었지만 2010년 댜오위댜오/센카쿠 열도 분쟁 과정과 2012년 남중국해에서 전개된 영유권분쟁에서는 미국과의 충돌 가능성도 높인 바 있었다.

이러한 변화는 '경제적 이익' 또는 '해양 민족주의' 요인으로 설명하기 어려운 것이며 중국의 '강대국외교 기조' 요인이 보다 적절하게 설명할 수 있는 것이다. 즉 미어샤이머의 "부상하는 강대국은 강력해진 역량을 바탕으로 권력을 확대하는데 집중하게 되어 자연히 공격적이 될 수밖에 없다"는 주장이 보다 효과적으로 중국의 영유권분쟁에서의 공격적 행태를 설명하고 있는 것이다.

---

74) 中國共産黨 第十八次 全國代表大會 報告. http://korean.people.com.cn/78529/15274462.html (2013/6/5 검색).

# 제6장

# 동아시아 국가들의 대중국 견제외교 : 일본, 인도, 호주 사례

# I. 서론

2009년 8월 총선에서 승리한 일본 민주당 하토야마정권은 집권 이후 아시아 중시외교를 강조하며 미국에 대해서는 맹목적 미일동맹을 경계하고 대등한 입장을 주장했다. 집권 한 달 만에 미국의 아프가니스탄전쟁 지원을 위해 일본이 인도양 미군함정에 대한 급유제공 중단을 발표했으며 아시아에서도 유럽연합과 같이 미국을 배제한 '동아시아공동체'를 건설하겠다는 구상을 제기했다.[1] 특히 하토야마정권은 오키나와 후텐마기지 이전과 관련한 미국과의 합의사항을 재검토하고 기지시설을 오키나와 외부 혹은 괌으로 이전시키는 방안을 고려함으로써 미국과의 동맹관계를 뒤흔들어 놓았다.[2]

이렇듯 미일 간 갈등관계를 촉발하던 하토야마정권은 2010년 5월 30일 자신의 기존 주장을 번복하여 후텐마 미군기지를 오키나와현 내에 있는 '헤노코'지역으로 이전한다는 내용의 미일공동성명을 체결했다.[3] 특히 하토야마정권의 뒤를 이어 출범한 간 나오토정권과 노다정권도 미국과의 협력을 강화하고 있으며 이런 맥락에서 후텐마 미군기지의 오키나와현 내에서의 이전이라는 미국과의 합의안을 다시 확인했다.

인도와 미국은 2005년 7월 양국 간의 군사협력 강화와 군수산업 협력을 촉진하는 신미-인도안보관계체제(the New Framework for the U.S.-India Defense Relationship)를 체결했다. 이 새로운 미-인도 안보

---

1) 진창수, "일본의 동아시아 공동체 구상," 〈세종정책연구〉, 2011년 1월 25일, pp. 5-7. http://www.sejong.org/Pub_st/PUB_ST_DATA/k13.pdf (2012/5/2 검색).
2) 경향신문, 2009년 12월 13일.
3) 연합뉴스, 2010년 5월 30일.

협력체제를 통해 인도는 미국이 추진하고 있는 미사일방어체제 (MD) 구축에 협력할 것을 약속했으며 양국은 합동군사훈련과 정보 및 전략공유를 확인했다. 이런 맥락에서 미국과 인도는 2005년 9월 과 10월 동안 2만 명의 영국해군이 참여하는 말라바(MALABAR) 합 동해군훈련을 실시했고 11월에는 양국 공군이 인도 서 벵갈(west Bengal)지역의 칼라이쿤다공군기지에서 합동공군훈련을 실시했 다.4) 특히 2009년에는 최대의 미육군 병력이 동원된 양국 간의 유드 압야스(YUDH ABHYAS) 합동군사훈련이 인도에서 실시되기도 했다.

인도의 미국과의 안보협력은 오래된 것이 아니다. 인도는 1962년 과 1965년에 각각 발생한 인도-중국 국경분쟁과 인도-파키스탄 국경분쟁에서 미국이 소극적 자세로 일관하며 개입을 주저함으로 써 상황을 악화시켰다고 비난했다.5) 따라서 냉전기간 동안 인도는 소련과 우호조약을 체결했으며 결국 미국과는 소원한 관계를 유지 했다. 특히 탈냉전 이후에도 1998년 인도가 핵실험을 단행하자 클린 튼행정부가 인도에 대한 제재를 주도하면서 미-인도관계는 다시 악화되었다. 즉 최근에 벌어지고 있는 미-인도군사협력은 사실상 인도 대외정책의 대전환인 것이다.

비슷한 시기에 호주는 미국에게 노던 준주(Nothern Territory)의 주 도 다윈 인근에 로버트슨미군기지 건설을 허용했다. 호주는 미군이 로버트슨기지에 2016년까지 미해병 2,500명을 순환근무 형식으로 주둔시키고 헬기 및 해리어 전투기 등의 배치도 가능하게 했다.6)

---

4) U.S. Department of Defense, "U.S.-India Defense Relationship," *Fact Sheet*, March, 2006. http://www.defense.gov/news/Mar2006/d20060302us-indiadefenserelationship.pdf (2012/5/6 검색).

5) Dheeraj Kumar "Indo-U.S. Relations: Historical Perspectives," *Strategic Insights*, Vol. VIII, Issue 3, August 2009, pp. 4-5.

더욱이 줄리아 길러드(Julia Gillard) 호주총리와 버락 오바마(Barack Obama) 미국대통령은 인도양에 위치한 호주의 코코스(Cocos)섬도 미군의 기지로 활용될 것이라고 선언했다. 이 코코스기지에서 남중국해(the South China Sea)를 정찰할 수 있는 미공군 정찰기 글로벌 혹스(Global Hawks)와 전함 및 잠수함을 등을 기항하게 한다는 것이다.[7]

호주는 1951년 뉴질랜드와 함께 미국과의 앤저스(ANZUS)동맹조약을 체결했고 이라크전쟁과 아프가니스탄 전쟁에 파병했으나 미국에 기지를 제공한 적은 없었다. 즉 호주의 미국에 대한 기지제공은 미국과의 군사동맹을 강화할 목적에서 추진하는 것이며 이에 대해 길러드총리는 "미군의 호주 주둔은 국제질서 변화에 대응하기 위한 결정이며 호주를 포함한 아-태국가들의 안보위협 우려를 완화할 수 있을 것"이라고 강조했다.[8] 이는 호주정부가 다른 어떤 시기보다 미-호주동맹 강화의 필요성을 강조하고 있다는 것이다.

위에서 본 바와 같이 일본과 인도 그리고 호주는 모두 공통적으로 미국과의 군사협력을 강화하고 있다. 현실주의이론은 미국과 같은 초강대국이 존재할 경우 스스로를 보호해야 하는 무정부상태에서 국가들은 자국의 안보와 생존을 지키기 위해 초강대국에 대해 힘의 균형을 맞추는 정책을 채택한다고 주장한다.[9] 특히 미국과 같이 힘의 균형을 이루기 어려운 초강대국이 존재할 경우 다른 국가들과의 동맹 또는 연합을 통해 세력균형을 이루려 한다고 주장한다.[10] 그러나 현실주의이론의 주장과는 달리 일본과 인도 그리고

---

6) 매일경제, 2011년 11월 21일.

7) *National Times*, March 28, 2012.

8) 주간동아, 2012년 4월 16일.

9) David Hume, "Of the Balance of Power," in Paul Saebury, ed., *Balance of Power*, San Francisco: Chandler, 1965, pp. 32-36.

호주 등은 미국에 대항하는 균형정책을 채택하는 것이 아니라 오히려 미국의 역량에 의존하는 편승정책을 추진하고 있는 것이다.

왜 일본과 인도 그리고 호주는 현실주의이론의 주장과는 달리 자국안보를 위협할 수 있는 초강대국 미국과 군사협력을 강화하는 편승정책을 추진하는 것인가?

본 연구는 일본과 인도 그리고 호주가 정책적 전환을 통해 미국과의 군사협력 강화정책을 추진하는 것은 패권국 미국보다 지리적으로 가까이 존재하며 지역 패권국으로 급부상하고 있는 중국이 자국의 안보를 더 위협한다고 인식하기 때문이라고 주장한다. 즉 지리적으로 근접한 중국의 공격적 행태가 이들 국가들로 하여금 원거리에 위치한 보다 강력한 패권국 미국에게 편승(bandwagoning)함으로써 자국 안보를 지키게 하고 있다는 것이다. 특히 본 연구는 위의 3국의 대미 편승정책은 중국을 공식적인 위협국으로 규정하며 상당한 자주권을 미국에 양도하는 전통적 개념의 편승이 아닌 자국의 안보를 미국의 안보이익에 결합시키는 상호지원적인 안보협력을 강화하는 연성편승(soft bandwagoning)정책을 추진한다고 강조한다. 2000년대 초기부터 시작된 미국의 대중국 봉쇄정책기조가 이 3개국의 안보이익에 부합되었고 이에 3개국은 자국의 안보정책을 미국의 안보정책과 결합시키는 연성편승정책을 채택하게 되었다는 것이다.

따라서 본 연구는 역량이 약한 국가들이 초강대국에 대해 어떤 상황에서 균형정책 대신 편승정책을 채택하는지를 규명하는데 집중한다. 즉 본 논문은 미국과의 관계사적 배경이 상이한 일본, 인도 그리고 호주가 공히 대미 연성편승정책을 추진하게 된 결정요인을

---

10) Kenneth. N. Waltz, *Theory of International Politics*, New York: Random House, 1979, p. 118.

파악하는데 연구 목적이 있다. 이 연구목적을 수행하기 위해 본
논문은 위의 3개국의 대미안보정책결정과 미국과의 상호작용을 과
정추적방법을 통해 비교적으로 분석한다.

이에 본 연구는 우선 연성편승에 대한 이론적 접근들을 소개함으
로써 균형전략과 헤징(hedging)전략 그리고 편승전략 개념의 차이를
파악하고 이를 바탕으로 연성편승정책 채택의 조건을 제시한다.
둘째, 이러한 이론적 접근에 대한 이해를 바탕으로 일본, 인도 그리
고 호주의 각각의 대미안보정책과 미국과의 상호작용에 대해 연구
함으로써 어떤 요인 또는 조건의 상황에서 연성편승정책을 채택하
는지를 규명한다. 마지막으로 3개국에 대한 연구결과를 바탕으로
본 논문이 제시한 연성편승정책 채택의 조건에 대한 주장의 적실성
을 평가한다.


## Ⅱ. 연성편승 정책의 이론적 접근

‘연성편승(Soft Bandwagoning)’이라는 개념은 ‘편승’, ‘균형’ 그리고
‘연성균형(soft balancing)’ 등과 같이 힘의 분배상태 요인을 강조하는
현실주의이론에 뿌리를 두고 있다. 현실주의이론은 세계정부가 존
재하지 않는 무정부상태에서 개별 국가들은 자국의 생존을 지켜야
만 하고 일부 강한 국가들은 더 강한 힘을 보유하며 궁극적으로
패권을 추구한다고 가정한다.[11] 이렇듯 특정 국가가 패권을 추구하
면 다른 국가들은 패권추구 국가의 위협으로부터 자국을 보호하기

---

11) John J. Mearsheimer, *The Tragedy of Great Power Politics*, New York:
Norton, 2000.

위해 세력의 균형을 조성하기 위한 균형정책을 채택하게 된다는 것이다. 즉 패권국의 등장은 다른 국가들로 하여금 안보를 지키기 위해 자국의 군사적 역량을 강화하거나 다른 국가들과의 동맹 또는 연합을 통해 패권국에 대해 균형을 이루려는 정책을 추진하게 한다는 것이다.12) 현실주의이론가들은 역사적으로도 국가들은 더 강한 국가로부터 자국의 주권과 안보를 지키기 위해 균형정책을 채택해 왔다고 강조한다.13)

그러나 일부 현실주의자들은 약한 국가들이 더 강한 국가들에 대항하기 위해 취하는 균형정책이 모두 동일하지 않다고 주장한다. 더 강력한 국가에 대항하기 위해 균형을 추구한다는 점은 동일하지만 이를 위해 채택하는 정책적 수단에 따라 균형정책이 구분된다는 것이다. 전통적 균형정책이 특정한 초강대국을 지향하여 내부적 군비증강 또는 군사동맹을 통해 균형을 추구하는 정책이라면 연성 균형정책은 국제제도, 국제협상, 또는 국가 간 연대 등을 통해서 전술적, 간접적 그리고 제한적 수단으로 초강대국의 공격적 행태를 좌절시키거나 방해하는 정책을 의미한다는 것이다.14) 즉 연성균형 정책은 특정 강대국을 공개적으로 지목하여 군사동맹을 형성하지 않으며 국제제도 또는 양자 및 다자간 협력체 등의 활용을 통하여 초강대국의 공격적 행태를 방해하거나 좌절시키려는 정책인 것이다. 2001년 9.11 테러 발생 이후 미국부시정부가 취했던 공격적 행

---

12) Kenneth. Waltz, *op. cit.*; Hans, Morgenthau, *Politics Among Nations: The Struggle for Power and Peace*, New York: Knopf, 1966.

13) Jack S. Levy and William R. Thompson, "Hegemonic Theories and Great Powers: Balancing in Europe, 1495–1999," *Security Studies*, 14, 1999.

14) T.V. Paul, "Soft Balancing in the Age of U.S. Primacy," *International Security*, Vol. 30, No. 1, Summer 2005, pp. 58–59.

태에 대해 프랑스, 독일, 러시아 그리고 중국 등이 취했던 정책들이 대표적인 연성균형정책으로 평가받고 있다.[15]

그러나 무정부상태에서 자국의 안보와 이익을 스스로 책임져야하는 국가들은 더 강한 국가에 대항하는 균형정책뿐만 아니라 더 강한 국가에 참여하는 편승정책을 채택하기도 한다.[16] 편승정책은 더 강한 국가 또는 더 강한 동맹에 참여하는 정책이라는 점에서 강대국에 대항하는 균형정책에 대해 반대되는 개념이지만 더 강한 국가들로부터 자국의 안보를 지켜야 하는 열세국들은 균형정책을 통한 안보 확보가 어려울 때 이런 상반된 정책을 채택하기도 한다는 것이다.[17] 즉 힘의 균형을 통한 안보 확보를 강조하는 세력균형이론과는 달리 편승이론은 보다 강력한 국가 또는 세력에의 합류를 통해 안보를 추구한다는 측면에서 힘의 불균형 상태를 통한 안보 추구를 강조하는 것이다. 특히 편승이론은 열세국이 더 강한 국가의 위협으로부터 안보를 지키기 위해 이 보다 더 강한 초강대국에 편승하는 정책을 의미하기도 하지만 자국에 위협을 주는 더 강한 적대국에 직접 편승함으로서 안보위협을 해소하고 협력관계를 강화함으로서 안보를 확보하는 정책도 포함한다.[18] 이러한 편승정책은 위협받는 열세국이 초강대국에 대해 상당한 정도의 주권의 양도를 전제로 안보를 확보

---

15) Robert, Pape, "Soft Balancing against the United States," *International Security*, Vol. 30, No. 1, Summer 2005.

16) Stephen Walt, M, "Alliance Formation and the Balance of World Power," *International Security*, Vol. 9, 1985, p. 8.

17) Kenneth. Waltz, *op. cit.*, p. 126.

18) 장노순, "약소국의 갈등적 편승외교정책: 북한의 통미봉남 정책," 국제정치논총, 제33집, 1호, 1999, pp. 382-384; 강봉구, "편승과 균형: 21세기 세계정치와 러-미관계," 〈국제정치논총〉, 제45집, 3호, 2005, pp. 266-267.

하는 것으로서 일종의 '불균등 교환'이며 초강대국과의 관계에서 종속적 지위를 수용하는 것을 의미하는 것이다.[19]

그러나 일부 현실주의자들은 약한 국가들이 자국의 안보를 지키기 위해 더 강한 국가에 참여하는 편승정책도 모두 동일하지 않다고 주장한다.[20] 편승의 전통적 의미를 역량이 약한 국가들이 자주권의 상당한 양보를 통해 압도적 국가와 동맹을 형성함으로서 자국의 안보 또는 물질적 이익을 추구하는 행태로 정의[21]한다면 연성편승은 약한 국가들이 그들의 안보를 패권국의 안보이익과 결부시킴으로서 증진시키는 행태를 의미하는 것이다.[22] 연성편승은 편승의 일부이지만 열세국과 패권국가와의 수직적 관계를 구성하는 전통적 편승과는 달리 열세국이 자율성을 확보하며 패권국과 상호지원적 관계를 강조한다. 전통적 편승이 패권국과의 공식적 군사동맹관계 틀 속에서 전개되는 반면 연성편승은 열세국의 안보 사안을 패권국의 안보정책과 결합시키는 다양한 형식의 행태를 포함한다. 즉 연성편승정책은 위협하는 강대국을 지목하여 군사동맹을 형성하기보다는 패권국 주도의 군사작전 참여, 군사협력프로그램 가동, 합동군사훈련 시행, 군사기지 제공 등과 같이 자국의 안보 이익을 패권국의

---

19) Stephen Walt, M. *The Origins of Alliances*, Ithaca, New York: Cornell University Press, 1987; 김예경, "중국의 부상과 북한의 대응전략: 편승전략과 동맹, 유화 그리고 현안별 지지정책," 〈국제정치논총〉, 제47집, 2호, 2007, p. 81.

20) Zachary Selden, "Soft Bandwagoning and the Endurance of American Hegemony," Paper for Presentation at the American Political Science Association Annual Meeting, Washington D.C., September 2-5, 2010, pp. 10-11.

21) Randall Schweller, "Bandwagoning for Profit: Bringing the Revisionist State Back in," *International Security*, Summer 1994.

22) Zachary Selden, *op. cit.*, p. 3.

안보정책에 부합시킴으로서 안보 증진을 추진하는 정책이다.[23]

그럼 이런 열세국의 패권국에 대한 연성편승정책은 어떤 조건에서 추진되는가? 일부 현실주의자의 주장과 달리 열세국들이 패권국에 대해서 균형정책 대신 연성편승정책을 추진하는 요인은 무엇인가? 이에 대해 본 연구는 열세국이 패권국에 대해 연성편승정책을 취하기 위해서는 세 가지 조건이 충족되어야 한다고 주장한다. 첫째, 패권국이 위협을 주지 않는 상대적으로 온건한 패권이어야 하며 둘째, 열세국의 안보를 위협하는 지역 내 부상하는 잠재적 패권국이 존재해야 하며[24] 셋째, 패권국과 열세국이 일정한 공통의 안보이해를 공유해야 한다. 즉 열세국은 지역 내에 부상하는 강대국으로부터 위협이 존재하는 상황에서 이 국가를 공개적으로 지목하여 동맹을 형성하기 보다는 더 강력하지만 자국의 안보를 위협하지 않는 온건한 패권국과의 안보적 이해관계를 결합시키는 연성편승정책을 통해 자국의 안보를 확보한다는 것이다.

열세국은 온건한 패권국에 대해 연성편승정책을 채택함으로써 급속히 부상하는 역내 강대국의 안보위협을 감소시킬 수 있으며 동시에 패권국에 대한 전술적, 제한적인 편승정책을 추진함으로써 자율성을 유지할 수 있는 것이다. 특히 부상하는 지역 강대국을 공개적으로 적대시하지 않으면서도 패권국에 제한적으로 편승하여 안보위협을 감소시키려한다는 점에서 불확실성이 높은 상태에서 추진하는 헤징(hedging strategy)전략[25]의 의미가 있다. 그러나 헤징전

---

23) Zachary Selden, *ibid.*, p. 10.

24) Zachary Selden, *ibid.*, p. 11.

25) 헤징전략은 부상하는 강대국의 현재와 미래의 불확실한 의도에 대비하는 보험과 같은 전략이다. Brock Tessman and Wojtek Wolfe, "Great Powers and Strategic Hedging: The case of Chinese Energy Security

략이 높은 불확실성의 상태에서 발생하는 위협을 감소시킬 수 있는 모든 전략을 포함하는 기회주의적 또는 실용주의적 성격이 크다고 한다면 연성편승전략은 열세국이 패권국에 대한 안보정책적 결합성을 통해 안보를 확보하려 한다는 점에서 자율성 확보를 우선시하는 헤징전략보다는 패권국에 대한 의존성이 큰 것이다.

본 연구는 최근 일본과 인도 그리고 호주가 채택한 대미군사협력 강화정책은 이러한 연성편승정책의 성격이 크다고 주장한다. 위의 3개국이 패권국인 미국과 상당한 주권의 양도를 통한 공식적 동맹 형성을 추구하기보다는 부상하는 중국을 견제함으로서 패권을 유지하려는 미국의 안보이익과 지리적으로 인접한 중국의 위협으로부터 자국의 안보를 확보하려는 이 국가들의 이익을 결합시키는데 집중한다는 점에서 연성편승의 특징이 보다 뚜렷하다는 것이다. 즉 일본, 인도 그리고 호주는 역내에 인접한 지역 강대국 중국의 공격적 행태와 위협으로부터 안보를 확보하기 위해 지구적 패권국인 미국과의 군사협력을 강화하는 것이다. 이 국가들의 미국에 대한 연성편승정책 채택은 인접한 초강대국 중국의 위협이 결정적으로 작용한 것으로 역내에 위치하지 않은 프랑스 및 브라질 등은 중국의 부상과 공격적 행태에 대해 크게 우려하지 않으며 따라서 미국에 대해서도 편승정책을 채택하지 않는 것이다. 스테판 왈트 (Sephen Walt)의 주장과 같이 지리적으로 인접한 공간에 위치한 국가가 공격적 행태를 보일 때 대상국가는 보다 직접적인 위협으로 인식하고 이에 대처하기 위한 정책을 채택한다고[26] 주장한 바와 같이 일본, 인도 그리고 호주는 인접한 중국의 위협에 근거하여 미국에

---

Strategy," *International Studies Review*, Vol. 13, 2011, p. 216.
26) Walt, M. Stephen, *op. cit.*, 1987, p. 5.

대해 연성편승정책을 채택하는 것이다. 특히 이들 국가들이 미국과의 관계에서 '불평등'한 종속적 지위를 수용한 것으로 보기 어려우며 완전한 양보를 전제한 것이 아니기 때문에 전통적 의미의 편승정책으로 규정하기 어려운 것이다. 즉 중국과의 경제협력 등의 필요성이 상존하고 쇠퇴하는 패권국 미국의 미래가 불투명한 상태에서 위의 3개국은 군사동맹 형성과 같은 전형적인 편승정책 대신 패권국 미국과의 군사협력 관계 강화 등을 통해 미국의 아시아 지역 내 역할을 확대시킴으로서 자국의 안보를 확보하는 제한적이며 전술적인 형태의 연성편승정책을 채택하는 것이다.

따라서 본 연구는 일본, 인도, 호주의 대미안보협력 강화정책은 균형정책도 아니며 전통적인 편승정책도 아닌 연성편승정책으로 규정한다. 전형적인 편승정책과 같이 미국에게 상당한 주권을 양도하고 '종속적'인 불평등 관계를 수용한 것이 아니며 균형정책과 같이 중국을 공개적이고 직접적으로 겨냥하여 군사동맹을 형성하지 않는다는 점에서 전형적인 균형정책 또는 편승정책으로 규정하지 않는 것이다.


## Ⅲ. 일본의 연성편승정책과 오키나와 미군기지정책의 변화


일본은 미국의 오랜 동맹국이다. 냉전기인 한국전쟁과정에서 동맹의 필요성이 제기되면서 일본과 미국은 1951년 미일안전보장조약을 체결했고 이를 1960년 1월에 체결한 미일협력안보조약(Treaty of Mutual Cooperation and Security between the United States and Japan)으로 대체하면서 현재까지 유지되고 있다. 일본은 냉전기간 동안 지리적으로 인접해 있으며 적대적 관계를 유지했던 소련의 위협에 대처하고자 미국과의 수직적 군사동맹관계를 형성하는 전통적 편승정책을 채택했다.[27]

그러나 1990년 초 냉전체제가 붕괴되자 미일동맹체제 유지 및 방향성에 대한 논란이 제기되었다. 1990년대 초 냉전체제 해체와 미일경제마찰이 증가하는 상황에서 호소카와 모리히로를 중심으로 한 7당 1연합의 연립정권이 정권교체에 성공하면서 일본은 미국에 대한 맹목적 동맹관계에 의문을 제기하기 시작했으며 반대로 중국 등 아시아 국가들과 관계는 강화해 나갔다. 이런 환경에서 92년 일본 왕의 중국방문은 일본외교 방향의 변화를 보여주는 상징적인 조치였다.

그러나 일본은 96년 미-일신안보선언 및 97년 미일방위협력지 침 등을 통해 미국과의 동맹을 재확인했으며 미일동맹의 활동범위를 확대했고 2001년 고이즈미내각의 등장과 함께 '동질국가협력론'[28]을 바탕으로 미일동맹을 더욱 강화해 나갔다.[29] 하지만 이러한 일본정부의 미일동맹 재강화정책은 단순히 동질적 국가들 간의 협력을 강화하는 데에만 목적이 있는 것은 아니다. 90년대 말부터 급속하게 부상하는 중국에 대한 '중국위협론'[30]이 확산되었으며 98

---

27) 정성윤, "미일동맹과 한국의 안보," 〈전략연구〉, 제17권, 2010, p. 51.
28) 동질국가협력론은 민주주의, 시장경제, 인권 등 정치, 경제적 가치를 공유하는 국가들과의 협력을 강조하는 주장으로서 부시정부에 의해 제기되었고 일본은 이 논리를 수용한 것이다.
29) 최희식, "현대 일본의 아시아 외교전략: 내재적 접근에서 외재적 접근으로," 〈국제정치논총〉, 제49집 2호, 2009, p. 34.
30) Paul Wolfowitz, "Bridging Centuries: Fin de Siecle All Over Again," National Interest, 1997, Vol. 47; Kagan, Robert "The Illusion of Managing China," The Washington Post, May 15, 2005. 급부상하는 중국은 필연적으로 패권을 추구하게 되고 결국 현상타파적 정책을 채택하여 주변국은 물론 미국과 충돌하게 된다는 주장이다.

년 3월 31일 북한이 예고도 없이 대포동 1호를 발사하자 일본의 안보에 대한 우려가 급속도로 증대된 것이다. 일본은 대포동 1호 발사 직후 미국과 공동으로 전역미사일방위시스템(TMD) 연구개발에 합의하는 등 미국과의 안보협력을 강화하기 시작했다.[31] 특히 중국의 급속한 성장이 군사대국화로 이어지고 결국 일본의 안보를 위협할 것이라는 우려가 증대되면서 1998년, 2000년 그리고 2001년에 발간한 '일본 방위백서' 등에는 중국의 탄도미사일 위협과 군사 대국화에 대한 우려가 직접적으로 명기되었다. 이러한 중국의 위협에 대한 인식은 일본이 미국과 합의한 '신안보선언'에서 오키나와 등 남방해역에서의 미국과의 군사협력 강화로 이어졌다.[32] 이는 일본정부가 구 소련을 주적개념으로 한 '북방방위'에서 중국을 겨냥한 '남방방위'로 전환하여 일본자위대의 주력군을 규슈, 오키나와 등 남방지역으로의 재배치하는 계획을 뒷받침했던 것이다.[33]

이러한 미일동맹은 2001년 9.11 테러가 발생하면서 본격적으로 강화되어 일본은 2001년 미국의 테러와의 전쟁을 지원하는 '테러대책특별조치법'을 제정해 자위대를 인도양으로 파견을 했으며 2003년에는 '이라크부흥지원특별조치법'을 통과시켜 이라크와 아프가니스탄에서 미국을 지원하여 미국주도의 다국적군에 일본자위대를 파병했다.[34] 이는 9.11테러 이후 미일동맹이 지역적은 물론 세계적

---

31) 朝日新聞, 1999년 8월 25일.

32) "Japan-U.S. Joint Declaration on Security Alliance For the 21th Century," 17 April, 1996. http://www.mofa.go.jp/region/n-america/us/security/security. html (2012/5/7 검색).

33) 김영춘, "일본의 북한위협 인식과 군사력 강화," 〈연구총서〉, 통일연구원, 2001년 5월, p. 35.

34) 일본은 미국의 아프가니스탄 작전 수행을 지원하는 차원에서 인도양에서의 급유를 제공하였으며 이라크전쟁에서도 항공자위대와 500명

범위 역할을 수행하는 것으로 전환된 것을 보여주는 것이며 이런
점에서 일본은 아시아의 '영국'과 같이 미국과의 특별한 성격의 동
맹으로 인식되었다.[35]

2005년 2월 19일 미일안보자문위원회(U.S.-Japan Security Consultative
Committee)가 발표한 공동성명은 미일동맹의 전 세계적 범위와 다양
한 사안에서의 역할을 강조했으며 특히 미일동맹에서의 일본의 역
할확대를 제시했다.[36] 일본과 미국은 중국의 군비증강에 대한 우려
를 강조했으며 양안관계의 평화적 해결도 촉구함으로서 중국의 공
격적 행태에 대해 견제를 명확히 했고 이런 차원에서 양국은 미사일
방어체제(MD) 구축에도 합의했다. 같은 맥락에서 2005년 10월 양국
은 2+2회담을 개최하여 새로운 방위협력지침을 제시했다. 새로운
합의안은 일본공군사령부가 도쿄 부근의 요쿠다 미공군기지를 공
동으로 사용하게 함으로서 일미합동 공군 및 미사일방어체계를 구
축하게 했으며 미일동맹의 역할확대와 전환에 있어 일본의 부담을
확대하고 미 1군단을 도쿄근처의 자마 미군기지로 이전하는 내용도
포함함으로써 미일동맹의 일체화를 강화하였다. 특히 양국은 오키
나와에 주둔하고 있는 8,000명의 미해병 병력을 괌으로 이전하기로
했으며 일본의 요구대로 오키나와의 후텐마 공군기지를 캠프 슈와
브(Schwab) 지역으로 이전하기로 합의했다.[37] 이렇듯 일본은 1990

---

의 병력을 이라크 남부에 파병하였다.

35) *Asia Times*, February 25, 2005.
36) "Joint Statement of U.S.-Japan Security Consultative Committee,"
February 19, 2005. http://www.mofa.go.jp/region/n-america/us/security/
scc/joint0502. html (2012/5/8 검색).
37) "Security Consultative Committee Document U.S.-Japan Alliance
Transformation and Realignment for the Future," October 29, 2005.
http://www.mofa.go.jp/region/n-america/us/security/scc/doc0510.html

년 중반 이후 미국과의 동맹관계를 강화하며 미국과의 지역내는 물론 세계적 범위에서의 군사협력을 강화했다.

그러나 하토야마정권 출범과 더불어 일본은 미일합의의 핵심 사안인 오키나와 후텐마기지 이전합의안을 재검토한다고 주장했고 더욱이 오키나와현 외부로의 이전을 강조함으로서 미일관계는 심각한 상황에 직면했다. 하토야마는 '동아시아 공동체' 구상을 제시하며 미국에 대해 대등한 관계를 지향했으며 아시아 국가들에 대해서는 협력관계를 강조하는 '아시아 중시외교'를 전개했다. 이런 상황에서 하토야마가 후텐마기지 이전 합의안 재검토를 주장하자 미일관계는 급격히 악화된 것이다.[38] 특히 2009년 오자와 이치로 민주당대표가 힐러리 클린튼장관과의 회담에서 다시 "대등한 동맹"을 강조했고 9월에는 민주, 사민, 국민신당의 집권연정 정당들이 미일지위협정 개정을 주장하며 주일 미군재편과 기지문제 개선 등을 정책합의문에 포함시키자 미일동맹관계는 전후 가장 심각한 시기에 직면했다.[39] 반면 하토야마총리는 후진타오 중국국가주석과의 만남에서 침략지배 사과를 재확인했고 '우애'를 토대로 한 '동아시아 공동체' 구상을 강조했고 중국은 이에 화답하여 중국의 국방부장관이 일본을 방문하고 중-일합동군사훈련 실시에 합의했다.[40]

---

(2012/5/8 검색).

38) 신동아, 2012년 2월 1일. 미국은 미일동맹강화 방안을 논의하기 위한 '동맹심화회의'를 거부했으며 로버트 게이츠 미국방장관은 "지금 미국의 가장 어려운 상대는 중국이 아니라 일본이다"라고 언급하는가 하면 "일본이 미군철수를 원하면 철수한다"고 말함으로서 불편한 감정을 숨기지 않았다. http://news.naver.com/main/read.nhn?mode=LSD&mid=sec&sid1=104&oid=262&aid=0000003417 (2012/5/8 검색).

39) 朝日新聞, 2009년 2월 18일; 2009년 9월 10일.

40) 朝日新聞, 2009년 12월 13일.

특히 오자와 민주당간사장은 2009년 12월 10일에 143명의 일본국회 의원을 포함한 600명의 대규모 방문단을 이끌고 중국을 방문하여 후진타오주석을 면담했다.[41]

이렇듯 미일동맹을 급격히 악화시킨 일본 민주당정권의 대미 대등정책 기조는 2010년 3월에 발생한 '천안함사건'을 계기로 미일동맹 강화로 전환되기 시작하였으며 같은 해 9월에 발생한 중국과 일본의 선박충돌사건이 영유권분쟁으로 비화되면서 미국과의 동맹 강화정책은 더욱 가속화되기 시작했다. 일본은 천안함사건으로 북한으로부터의 위협을 인식하는 동시에 이를 일방적으로 감싸는 중국의 강력한 '북한 편들기'를 통해 동북아 전략환경을 재인식하게 되면서 미일동맹 강화정책으로 선회한 것이다.[42] 특히 동중국해 댜오위다오/센카쿠 열도 부근에서 중국 저인망어선과 일본순시선 요나쿠니호가 충돌하면서 시작된 중일갈등은 일본이 국내법을 적용하여 어선을 나포하고 선장 등을 구금하자 중일 간 영유권분쟁으로 확대되었다. 중국은 과거와는 달리 댜오위다오/센카쿠 열도의 영유권을 천명하며 외교적 수단과 더불어 희토류의 대일 수출금지 조치, 일본산 수입품에 대한 통관절차 강화 그리고 일본인 체포 등 다양한 수단을 통해 일본을 강력히 압박했다.[43] 이러한 중국의 공격적 행태는 일본으로 하여금 안보에 대한 위기의식을 갖게 했고 결국 일본 내부에서 중국위협론은 급격히 확산되었다.

일본은 중국의 공격적 행태와 위협에 대처하기 위해 미국과의

---

41) 월간중앙, 2009년 12월 22일.
42) 배정호 외, "오바마행정부 출범이후 동북아전략 환경의 변화와 한국의 동북아 4국 통일외교전략," 〈KINU 연구총서〉, 통일연구원, 2010년 12월, pp. 112-113.
43) 서울경제, 2010년 9월 26일.

안보협력을 재강화하기 시작했으며 이에 미국으로부터 댜오위댜오/센카쿠 열도가 미일안보조약의 적용 대상임을 확인받을 수 있었다. 오바마정부는 중일간 영유권분쟁에 대해 기존의 영유권분쟁 불개입의 전통을 벗어나 힐러리 클린튼장관이 댜오위댜오/센카쿠 열도가 미일안보조약 제5조(일본영토 방위의무)에 해당하는 것이라고 강조하여 일본영유권을 지지하는 입장을 표명했다.[44] 특히 이를 계기로 일본은 2010년 12월 오키나와지역과 댜오위댜오/센카쿠 열도 지역 등에서 미국과의 합동군사훈련을 실시했다.

오키나와의 후텐마 미군기지 철수 문제로 비화된 미국과 일본 사이의 갈등은 천안함사건과 중일간의 댜오위댜오/센카쿠 열도 부근에서의 선박충동사건 등이 발생하면서 급격히 개선되었고 하토야마는 그의 후텐마기지의 오키나와 외부지역으로의 이전 공약을 백지화했으며 결국 9월에 사임하였다.[45] 중국의 공격적 행태에 직면한 일본은 결국 미일동맹 강화정책을 통해 안보위협 완화를 도모한 것이다. 이에 일본은 2010년 12월에 제시한 신방위대강에서 중국을 지역 및 국제사회의 우려사항으로 규정하고 2004년 신방위대강에서 제시한 미국과의 '통합안전보장전략'을 바탕으로 일본군의 '동적방위력(動的防衛力)'과 오키나와를 중심으로 하는 남서군도 방위력 강화를 천명했다.[46] 이런 환경에서 2011년 미일 외무-국방장관회담(2+2회담)에서 양국은 중국을 지역안보환경을 불안하게 하는 요인으로 규정하고 중국은 국제적 행동규범을 준수해야 한다는 합의문을 발

---

44) 조양현, "일·중 센카쿠/댜오위댜오열도 분쟁과 동아시아 지역질서," 〈주요국제문제분석〉, 2010년 12월 31일, p. 11.
45) 이정태, "중·일 동중국해 안보전략과 조어도 게임," 〈한국동북아논총〉, 제61호, 2011, p. 47.
46) 경향신문, 2010년 12월 14일.

표했다.[47] 특히 이 회담에서 미일은 그 동안 논란의 핵심 사안이었던 오키나와 후텐마기지 이전 문제를 2006년 합의안을 바탕으로 전향적으로 합의했고 오히려 미국에 보다 많은 시간적 여유를 제공했다.[48] 이러한 일본의 미일동맹강화정책은 최근 더욱 가속화되어 2012년 4월 30일 노다총리는 오바마대통령과의 회담에서 일본과 미국이 미국령 내에서 군사시설을 공동으로 사용하고 공동으로 훈련한다는 내용에 합의했고 특히 양국은 군사목적으로 활용할 수 있는 위성위치확인시스템(GPS)을 공동으로 개발하기로 했다.[49]

즉 인접지역에서 급속히 부상하는 중국이 영유권분쟁과 관련해 일본에 대해 제기하는 위협에 대해 일본은 지구적 패권국인 미국에 대해 연성편승정책을 채택함으로서 안보증진을 추진하고 있는 것이다. 특히 일본이 과거 냉전시기와는 달리 미국에 안보를 전면적으로 의존하는 관계에서 탈피하여 자국의 군사적 역할을 활동 범위 및 내용적으로 확대하는 등 미국과 상호지원적 관계로 전환시키고 있다는 점에서 일본의 대미안보협력 강화정책을 연성편승정책으로 규정할 수 있는 것이다.


## IV. 인도의 연성편승정책과 미-인도군사협력

인도는 냉전기간 동안 수차례에 걸쳐 중국 및 파키스탄 등과 국

---

47) 아시아투데이, 2011년 6월 22일.
48) 양기웅, "미일동맹과 동아시아의 세 가지 딜레마," 〈코리아연구원 현안진단〉, 제194호, 2011.
49) 동아일보, 2012년 5월 2일.

경분쟁을 경험했으며 이런 위협에 대처하기 위해 소련과 안보협력 관계를 유지했다. 즉 냉전기간 동안 인도는 소련으로부터 무기를 포함한 군사원조를 지원받았으며 우호조약체결로 안보를 확보했다. 미소 양극적 냉전체제에서 인도는 소련과의 관계를 강화함으로서 중국의 위협에 대처했으며, 중국과 관계를 개선하고 인-파키스탄분쟁에서 중립적 입장을 취했던 미국과는 상대적으로 소원한 관계를 벗어나지 못했다.[50] 특히 인도가 1998년 라자스탄(Rajasthan)사막에서 핵실험을 단행하자 당시 클린튼대통령은 인도가 국제사회와 대치되는 잘못된 결정을 했다고 비난하며 인도에 대한 제재차원에서 경제봉쇄를 단행하면서 미-인도관계는 더욱 악화되었다.[51]

소련이 붕괴되고 중국이 급부상하면서 인도의 안보에 대한 우려는 커졌고 이런 맥락에서 1998년 조지 페르난드(George Fernandes) 인도국방장관은 중국이 파키스탄에 핵기술을 이전하고 있으며 인도북부 국경지역에 핵무기를 비축하는 등 중국은 파키스탄보다 인도에 대해 더 강력한 위협을 제기하고 있다고 우려했다.[52] 이러한 중국의 위협에 대해 소련이라는 '안보 보호자'가 사라진 상황에서

---

50) Dheeraj Kumar, "Indo-U.S. Relations: Historical Perspectives," *Strategic Insights*, Vol. VIII, Issue 3, August 2009.
51) 당시 미국의 인도에 대한 경제제재는 다음의 내용을 포함한다: 국제 금융기구의 융자 금지; 식량 분야를 제외한 경제원조 중단; 컴퓨터 등 군사 전용 우려가 있는 첨단 제품의 수출 금지. Strobe Talbott, *Engaging India Diplomacy, Democracy, and the Bomb*, Washington D.C.: Brookings Institution Press, 2004; Paul Kapur, S. and Sumit Ganguly, "The Transformation of U.S.-India Relations," *Asian Survey*, Vol. XLVII, No. 4, July/August 2007, p. 650.
52) John, F. Burns, "India's New Defense Chief See Chinese Military Threat," *The New York Times*, May 05, 1998. http://www.nytimes.com/1998/05/05/world/india-s-new-defense-chief-sees-chinese-military-threat.html (2012/5/10 검색)..

인도는 결국 인도의 안보를 확보하는 차원에서 핵개발과 핵실험을 단행했던 것이다.[53] 즉 탈냉전과 더불어 소련의 안보 보장은 사라지고 중국의 위협은 커지면서 인도는 스스로 생존을 지켜야 하는 안보적 고립상태에서 핵실험을 단행하게 되었다는 것이다.

특히 2000년대 들어서 중국이 인도를 포위하는 '진주 목걸이 전략 (strings of pearls strategy)'을 추진하며 인도 주변 국가들과의 관계를 강화하자 인도는 중국의 인도양지역으로의 팽창과 영향력 확대를 본격적으로 우려하기 시작했다. 중국이 파키스탄과 파키스탄의 과다르(Gwadar)항에 중국해군 기지 건설에 합의하고 스리랑카의 함반토다항구를 건설하며 미얀마의 시트웨(Sittwe)항 사용에도 합의하는 등 인도를 전면적으로 포위하는 전략을 추진하자 인도는 중국과 파키스탄이라는 2개의 핵무기 보유국에 의해 포위된 것으로 표현하며 억지력 향상의 필요성을 강조했다.[54]

이렇듯 역내에서 급속히 부상하는 초강대국 중국으로부터의 직접적 위협에 직면한 인도는 안보 확보를 위해 지구적 패권국인 미국에 편승할 필요가 있었던 것이다. 그러나 미−인도안보협력은 인도의 필요성에만 기인하지 않았다. 부시정부의 콘도리자 라이스 (Condoleezza Rice) 외교안보보좌관은 집권이전부터 미국은 유리한 국제질서 형성을 위해 중국에 대해 선택적 봉쇄정책을 채택해야 한다고 주장했으며 이를 위해 인도와의 협력을 강조했다.[55] 이런 맥락에서 부시정부는 2002년 국가안보전략보고서에서 인도와의 안보협

---

53) *Washington Post*, June 1, 1998.
54) 조선일보, 2011년 5월 24일.
55) Condoleezza, Rice, "Campaign 2000: Promoting National Interest," *Foreign Affairs*, January/February 2000.

력 강화를 강조했다.[56]

즉 미-인도관계는 부시정부 이후 새로운 전기를 맞기 시작했으며 특히 9.11 테러 발생 이후 관계는 급격히 개선되기 시작했다. 9.11 테러 직후인 2001년 11월 부시미대통령과 아탈 베하리 바파이 (Atal Behari Vajpayee) 인도총리는 테러와의 전쟁에 대한 협력 및 미사일방어체제(MD)에 대한 논의 등에 합의하며 양국간의 관계를 아시아를 넘어 공통의 목표를 추구하는 관계로 전환시키는데 합의했다.[57] 이러한 양국 간 전략대화 직후 인도는 미국의 아프가니스탄전쟁 지원을 위해 미국에 대해 인도영공 통과, 미공군의 인도공군기지 활용 허용 그리고 미해군함정에 대한 급유 등의 제공을 결정했고 2001년 12월에는 합동군사훈련을 실시했다.[58] 이러한 협력을 바탕으로 인도와 미국은 2005년 10년을 기간으로 하는 양국간 안보협력을 촉진하기 위한 방위체제합의안(Defense Framework Agreement)을 체결했다. 이에 인도는 더 많은 무기를 미국으로부터 수입하게 되는 등 군사협력 강화와 군수산업협력을 촉진하게 되었다. 특히 2005년 부시 미대통령과 만모한 싱(Manmohan Singh) 인도수상은 정상회담에서 인도의 핵보유를 인정하고 미-인도와의 안보협력 강화하는 미-인도 핵협력합의안(U.S.-India Nuclear Cooperation Agreement)을 체결했다.[59] 이런 양국 간의 핵협력은 2년여 협상 끝에 미국의 인도에 대한 민수용 핵에너지 기술 및 재료공급 지원을 내용으로 하는 미-

56) The White House, The National Security Strategy of the United States, September 2002.

57) The Hindu, November, 11, 2001.

58) Scott Cuomo, "U.S. and Indian Navies Close Again," U.S. Naval Institute Proceedings, Vol. 128, Issue 2, February 2002, p. 41.

59) Paul Kapur, S. and Sumit Ganguly, op. cit., pp. 642-656.

인도 123합의(123 Agreement)를 도출하게 했다.[60]

2002년부터 매년 인도와 미국해군은 합동군사훈련을 시행하고 있다. 말라바(MALABAR) 합동해군훈련은 그 중 대표적인 합동군사 훈련이며 그 규모도 양국의 항공모함이 참여할 정도이며 이를 통해 양국 해군의 전술, 미사일방어체제 통합 그리고 다양한 해군전투능력 향상을 촉진하고 있다. 이와 더불어 상당한 규모의 미육군 병력이 동원된 양국 육군 간의 유드 압야스(YUDH ABHYAS) 합동군사훈련도 2004년부터 매년 인도에서 시행되고 있다.[61] 2005년 11월에는 양국 공군이 인도 서벵갈(west Bengal)지역의 칼라이쿤다공군기지에서 합동공군훈련을 실시했다.[62] 특히 향후 미-인도 안보협력 강화를 위해 양국은 2011년 6월 하와이에서 안보협력 강화를 위한 워크숍을 열었고 군사기술 공유, 인도양에서의 위협대처방안 그리고 양국관계에 미치는 지리 · 정치적 요인들을 분석함으로서 인-미안보협력 방안을 강구했다.[63]

이렇듯 인도는 미국과의 안보협력 강화를 추진함으로서 미국의 아시아 개입을 확대시키고 중국으로부터의 위협을 감소시키고 있

---

60) 2007년 8월 타결된 미-인도 핵협력 합의문인 '123 합의문'에 대해서는 다음을 참조. http://www.state.gov/r/pa/prs/ps/2007/aug/90050.htm.

61) U.S. Department of Defense, "Report to Congress on U.S.-India Security Cooperation," November 2011, pp. 3-4. http://www.defense.gov/ pubs/pdfs/20111101_NDAA_Report_on_US_India_Security_ Cooperation. pdf (2012/5/11 검색).

62) U.S. Department of Defense, "U.S.-India Defense Relationship," Fact Sheet, March, 2006. http://www.defense.gov/news/Mar2006/ d20060302us-indiadefenserelationship.pdf (2012/5/6 검색).

63) "Security Cooperation enhanced at India-U.S. workshop," June 29, 2011. http://www.apcss.org/security-cooperation-enhanced-at-india-u-s-workshop/ (2012/5/9 검색).

는 것이다. 이러한 인도의 연성편승정책에 대해 미국도 2009년 3월
에는 인도에 대한 2조 1천억 달러 규모의 무기판매를 최종 허용했
다.[64] 특히 오바마대통령은 2010년 인도와 6개 합의사항에 대한
공동성명을 발표했으며 인도의 UN 안전보장이사회 영구적 상임이
사국 진출을 지원할 것으로 공식적으로 선언했다.[65] 즉 인도는 근
접한 중국의 위협으로부터 안보를 확보하기 위해 냉전기간 동안
불편한 관계에 있던 패권국 미국에 대해 균형정책 대신 연성편승정
책을 채택하는 것이다. 이러한 인도의 대미안보협력 강화정책은
중국으로부터의 안보위협에 대응하는 차원에서 전개되었다는 점에
서 헤징전략의 성격이 존재한다. 그러나 최근 중국이 남중국해 영
유권분쟁에서 도발적 행태를 이어가며 팽창적인 행태를 유지하는
상황에서 인도의 선택은 단기적 위협을 회피하는 헤징전략에 머물
기 어렵다. 특히 미국이 자국의 세계안보관리규범인 핵비확산규범
을 훼손하면서까지 인도와의 협력 강화를 통해 중국을 견제해야
하는 상황과 인도가 부상하는 중국을 견제해야 하는 필요성이 결합
되는 상황에서 인도는 미국과의 안보협력을 중장기적으로 제도화
하는 연성편승정책을 추진하는 것이다.

64) *Reuters*, March 16, 2009.
65) *New York Times*, November 8, 2010.

## V. 호주의 연성편승정책과 다원미군기지 건설

호주는 전통적으로 미국의 협력국으로서 1951년 뉴질랜드와 함께 미국과의 앤저스(ANZUS)동맹조약을 체결했다. 특히 냉전시대에는 아시아 일부지역의 공산화를 우려하여 미국과의 안보협력을 유지했다. 이런 기조아래 호주는 한국전쟁에 17,000명을 파병했고 베트남전쟁에도 파병 및 군사적 지원을 했다. 그러나 호주의 대외정책은 '백호주의'에 기반 한 고립주의적 속성이 크기 때문에 미국과의 안보협력을 유지하는 수준에서 자국의 안보를 도모해 왔다.[66]

그러나 앞서 인도정책 부분에서 언급한 대로 중국이 인도양, 특히 호주의 이해관계가 밀집된 동인도양지역에 대해서도 영향력을 확대해 나가자 중국의 위협에 대한 호주의 우려는 증폭되기 시작했다. 호주무역의 2/3가 인도양을 통해 이루어지고 있고 호주의 서북지역 개발이 진행 중인 상황에서 중국의 인도양지역에 대한 영향력 확대는 위협으로 작용하는 것이다. 더욱이 중국과 필리핀, 베트남, 브루나이, 말레이시아 그리고 대만 등 6개국 사이에 벌어진 남중국해 영유권 분쟁[67]에서의 중국의 공격적 행태는 중국의 위협에 대한 호주의 우려를 증폭시켰다. 특히 중국이 2002년 아세안정상회의에서 남중국해 영유권 분쟁해결을 위한 다자적 행동규범(Code of

---

66) 문경희, "호주의 아시아 관여정치: 국제정치경제의 변동과 호주 정당 간의 경쟁적 대 아시아 관점." 〈세계지역연구논총〉, 28집, 3호, 2010.
67) 남중국해가 영유권 분쟁지역으로 부상하게 된 것은 1968년 UN 아시아 극동경제위원회가 남사군도 해저에 상당한 양의 석유와 천연가스가 매장되어 있다고 보고하면서 시작되었다. 이대우, "인도양 해양질서 변화: 중국의 진출과 주변국 대응," 〈세종정책연구〉, 세종연구소, 2012, pp. 20-21.

Conduct) 채택에 동의했음에도 불구하고 이를 번복하며 양자간 협상을 강조하며 도발적 행태를 이어가자 호주의 중국의 위협에 대한 우려는 더욱 확대되었다.

이 과정에서 중국이 해군력을 강화시키고 인도양은 물론 남중국해 지역에 대한 군사력 투사능력을 향상시키면서 호주 등 주변국들은 중국의 위협에 대해 우려하기 시작한 것이다. 특히 2008년에 중국이 비밀리에 하이난섬에 건설한 잠수함기지의 위성사진이 발견되면서 호주의 중국 위협에 대한 우려는 더욱 본격화되었다.[68] 중국은 이미 2000년 이후 대함크루즈미사일을 장착한 잠수함 12척을 러시아로부터 도입했으며 16척의 잠수함을 자체 건조함으로서 남중국해 전역을 영향권 안에 넣었다.[69] 이와 더불어 중국은 미사일전력도 강화하여 해안에서 2,000㎞ 이상의 지역까지 작전범위를 확대했고 3,000㎞까지 사정권안에 두는 대함탄도미사일을 개발, 배치함으로서 타국의 접근불용 능력(Anti Access/Area Denial)을 향상시켰다.[70] 즉 중국의 해군력의 현대화와 역량 강화는 기존의 남중국해 해양질서를 위협하는 것이며 이러한 상황에서 호주를 포함한 주변국들은 안보와 이익손실에 대한 우려를 갖게 된 것이다.

이런 상황에서 필리핀이 영해기선법을 개정하여 남사군도 일부와 황암도(Scaborough Shoal)를 자국령에 포함시키자 2011년 중국군함이 이 해역 부근을 항해하던 필리핀 선박에 접근하는 등 압박을

---

68) Jane's Intelligence Review, "Secret Sanya: China's new nuclear naval base revealed," *Jane's Intelligence Review*, 21 April 2008.
69) 이서항, "동아시아 해군력 증강의 동향과 함의," 〈주요국제문제분석〉, 외교안보연구원, 2009, p. 183.
70) 이대우, "인도양 해양질서 변화: 중국의 진출과 주변국 대응," 〈세종정책연구〉, 세종연구소, 2012, p. 19.

제기하기 시작했다. 중국은 필리핀의 황암도 영유권 주장을 비난하며 군사적 행동도 가능함을 강조했고 이런 맥락에서 후진타오 주석은 "중국해군은 군사분쟁을 준비하라"는 언급을 하면서 갈등은 한층 증폭되고 있고 호주를 포함한 주변국의 우려는 커지고 있다.[71] 특히 2012년 4월 11일 필리핀함정이 영유권을 주장하는 황암도 부근에서 조업하던 중국어선 선원을 체포하는 과정에서 중국 초계정과 대치하기 시작했고 양국이 함정을 증파하며 양국 간 대치상황이 계속되고 있다. 이에 중국의 위협에 대응하여 필리핀은 미국과 4월 16일부터 25일까지 합동군사훈련을 실시했으며 이에 대해 중국도 필리핀 루손섬 부근에서 해군훈련을 실시하면서 긴장이 고조되었다.[72] 여기에 최근에는 인도까지 가세하여 국제법과 외교적 방법에 의한 해결을 촉구했으며 호주도 중국이 필리핀을 공격할 경우 주변국가들의 우려를 증폭시키는 것이라고 경고하며 필리핀이 주장하는 규범에 기반한 협력적 접근법(rules-based, cooperative approaches)을 강조함으로서 필리핀을 지원했다.[73]

이러한 중국의 공격적 행태와 비대칭적 군사역량을 위협으로 인식하는 호주는 미국과의 안보협력 강화정책을 통해 안보를 확보하고 있다. 즉 호주는 미국과의 군사협력강화를 통해 미국의 아시아 지역의 개입을 확대시킴으로서 중국을 견제하고 안보를 증진하려는 것이다. 호주의 2009년 국방백서는 미국이 쇠퇴하고 있고 중국이 부상하고 있지만 2030년까지 미국의 위상은 유지될 것으로 평가하면서 중국의 위협에 대처하기 위해 미국과의 안보협력의 필요성을

71) 동아일보, 2012년 3월 13일.
72) 연합뉴스, 2012년 4월 25일; 5월 14일.
73) *Business Insider*, May 12, 2012; *Philippines News*, May 11, 2012.

강조했다.[74]

이런 맥락에서 호주는 우선 미국의 테러와의 전쟁과 이라크전쟁에 참여하여 파병함으로서 미국과의 안보협력을 강화하기 시작했다. 아프가니스탄에 600명과 이라크에 1,400명을 파병하여 미국의 테러와의 전쟁에 적극 협력했다. 2006년부터 호주는 미국 및 일본과의 다자적 안보협력체제를 구축하기 시작하여 중국의 남중국해 지역으로의 영향력 확대 저지를 꾀하고 있다.[75] 이어 호주는 미국과 2007년 국방무역조약(U.S.-Australia Treaty on Defense Trade Cooperation)을 체결하여 호주의 미국무기 수입을 촉진시켰으며 2010년 11월에는 양국이 군사협력 강화에 합의해 호주는 인도양지역에서 활동하는 미군에 대한 지원을 약속했고 격년마다 양국이 탈리스맨 세이버(Talisman Saber)라는 대규모 합동군사훈련을 실시하고 있다.[76] 특히 중국의 향상된 미사일전력을 감안하여 호주와 미국은 탄도미사일 방어(Ballistic Missile Defense: BMD)체제 구축에 대해 협력을 지속하는 데도 합의했으며 호주는 또 중부 앨리스 스프링스(Alice Springs) 부근에 미국의 전파감시기지를 제공하여 탄도미사일을 조기에 탐지하는 체제를 구축하고 있다.[77]

2011년 9월 호주와 미국은 공동코뮤니케를 발표하고 중국에 대해 군사역량과 의도에 대한 보다 공개적이고 투명한 정책제시를

74) Australian Department of Defense, Defending Australia in the Asia Pacific: Force 2030, Defense White Paper 2009, May 2, 2009, p. 30 & p. 33.
75) Geoff Elliott, "Hawkish US warns of negative China," The Australian, March 11, 2006. http://chinhdangvu.blogspot.com/2006/03/hawkish-us-warns-of-negative-china.html (2012/5/11 검색).
76) AUSMIN 2011 Joint Communique, September 15, 2011.
77) 주간동아, 2012년 4월 16일.

촉구했으며 남중국해 영유권 분쟁에 대해서도 호주와 미국은 국제 사회와 더불어 이 해역에서의 자유항행과 국제법에 근거한 분쟁해 결 등을 강조했다.[78] 즉 양국이 중국의 특별한 권리를 부정하고 자유로운 항해를 강조하며 어떠한 무력사용도 반대한다고 강조함 으로써 중국에 대한 견제를 분명히 한 것이다.[79] 즉 호주는 중국의 남사군도에 대한 배타적 영유권 주장을 역내 강대국의 안보위협으 로 인식하며 이를 저지하기 위해 미국과의 관계를 강화한 것이다.

호주는 미국의 보다 적극적인 아시아 지역 개입을 유도하기 위해 호주 북부 다윈지역에 로버트슨 미해군기지 건설을 허용하고 2012 년부터 미해병을 상시 주둔시켜 2016년까지 2,500명을 주둔시키는 데 합의했다.[80] 특히 미-호주군사협력은 로버트슨 미해군기지 부 근에서 미군 단독 또는 호주군과의 합동훈련 실시와 미군전투기 및 핵탑재함정 정박의 내용을 포함하고 있다.[81] 즉 호주의 미국에 대한 다윈기지 사용 허용은 지리적으로 남중국해 남단에 위치하면 서 남중국해에서 벌어지고 있는 중국과 동남아시아 국가들 사이의 영유권분쟁에 미국이 보다 용이하게 개입할 수 있는 전초기지를 제공하는 의미가 있는 것이다. 최근에는 줄리아 길러드(Julia Gillard) 호주총리와 버락 오바마(Barack Obama)미대통령이 인도양에 위치한 호주의 코코스(Cocos)섬에 또 다른 미군기지 건설을 선언한 바 있다.

---

78) 호주와 인도는 매년 장관급 대화를 통해 공동코뮤니케를 발표함으로 서 미-호주 군사협력을 강화하고 역할을 규정하고 있다. "Australia-United States Ministerial Consultations(AUSMIN) 2011 Joint Communique," September 15, 2011.
79) 경향신문, 2012년 1월 9일.
80) 매일경제, 2011년 11월 21일.
81) 조선일보, 2011년 11월 17일.

이 코코스기지에서 남지나해(the South China Sea)를 정찰할 수 있는 미공군 무인정찰기 글로벌 혹스(Global Hawks)와 전함 및 잠수함을 등을 기항하게 하여 중국의 팽창을 견제하게 한다는 것이다.[82]

그러나 이렇듯 호주가 중국의 안보위협에 대한 우려를 갖지만 중국에 대해 공개적인 봉쇄정책을 추구하는 '민주주의 클럽'에 속하는 것은 원치 않는다. 호주는 중국과의 경제적 관계를 유지하길 원하며 이에 뉴질랜드 및 미국과 함께 형성하고 있는 앤저스(ANZUS)동맹이 중국과 대만사이의 양안분쟁에 자동적으로 개입하는 것이 아님을 분명히 하고 있다.[83] 이는 호주의 대미안보협력 강화정책이 중국을 공개적으로 봉쇄하는 전통적 균형정책이 아니며 모든 결정권을 미국에게 양도하는 전형적 편승정책도 아님을 보여주는 것이다. 즉 호주는 미국과의 안보협력으로 중국위협의 억제를 의도하지만 상당한 주권을 양도하는 맹목적 편승이나 중국을 적대시하는 균형정책은 기피한다는 것이다. 최근 길러드 총리가 후진타오주석을 만나 중국군함의 호주항만 기항 허용과 군사협력을 논의한 것은 이러한 호주의 연성편승적 대미안보협력의 성격을 확인시켜주는 것이다.[84]

---

82) National Times, March 28, 2012.
83) Emma Chanlett-Avery and Bruce Vaughn, "Emerging Trends in the Security Architecture in Asia: Bilateral and Multilateral Ties Among the United States, Japan, Australia, and India," *CRS Report for Congress*, January 7, 2008, pp. 5-6.
84) 연합뉴스, 2011년 4월 28일.

# Ⅵ. 결론

본 연구는 일본과 인도 그리고 호주의 대외안보정책에 대해 연구했다. 위에서 본 바와 같이 일본, 인도 그리고 호주 3개국 모두 미국과의 안보협력을 강화하는 정책을 채택했다. 일본과 호주는 냉전기부터 미국의 오랜 동맹국이었으나 인도는 미국과 소원한 관계를 유지하던 국가였다. 그러나 이 국가들이 공히 미국과의 안보협력강화정책을 채택한 것이다.

탈냉전 이후 일본과 호주는 주적인 소련의 붕괴로 미국과의 수직적 기존 동맹관계를 유지할 필요성이 감소되었고 결국 일본은 보다 대등한 동맹관계를 요구했으며 호주는 기존 관계를 유지하는 정책을 선택했다. 즉 미국의 단극적 국제체제가 형성되었지만 현실주의 이론의 주장과는 달리 일본과 호주는 미국에 대한 균형정책을 채택하지 않았던 것이다. 이는 비대칭적 힘의 분배상태 자체가 열세국들로 하여금 패권국에게 자동적으로 균형정책을 취하게 하지는 않는다는 것을 보여주는 것이다. 이는 미국이 일본과 호주의 안보를 위협하지 않는 상황에서 이들 국가들이 균형정책을 채택하지 않는다는 것이다.

반면 인도는 냉전체제의 해체와 더불어 소련이 붕괴하면서 '안보보호자'가 상실된 상태에서 자력구제의 더 강력한 무정부 상태 효과를 인식하면서 핵실험을 단행하여 자국의 안보를 확보하고자 한 것이다. 즉 인도는 일본 및 호주와는 달리 오랜 기간 동안 적대적 관계를 유지하던 중국이 지역 패권국으로 급부상하고 '안보보호자' 소련이 붕괴되는 탈냉전의 상황에서 자국안보에 대한 우려가 더욱 컸던 것이다.

이런 일본 및 호주와 인도와의 차이는 곧 중국이라는 동일한 구조적 제약으로 인해 소멸되고 3국이 유사한 정책을 채택하게 된 것이다. 탈냉전 이후 중국은 급속한 경제성장을 성취하며 군사력에서도 급격한 현대화를 추진하면서 지역내의 힘의 분배상태의 변화가 발생한 것이다. 이런 구조적 변화의 구체적 내용은 3개국이 각각 상이하고 중국이 제기한 위협의 내용도 상이하지만 일본, 인도 그리고 호주 3개국은 모두 중국의 급부상과 공격적 행태를 안보의 위협으로 인식한다는 점에서는 동일한 것이다. 즉 위의 3개국의 대미안보협력 강화 정책은 지리적으로 인접한 중국이 제기하는 위협을 방지하기 위한 차원에서 촉발된 것이다. 일본은 중국의 급속한 부상과 천안함사건과 댜오위다오/센카쿠 열도 영유권분쟁과 관련된 중국의 공격적 행태 이후 중국의 위협에 대한 우려가 확대되면서 미국과의 협력관계를 강화하는 정책을 채택한 것이며 호주는 중국의 인도양과 남중국해 영유권 분쟁에서의 공격적 행태를 경험한 이후 안보에 대한 우려로 대미안보협력을 강화하는 정책을 추진한 것이다.

인도의 경우는 냉전의 붕괴 자체가 인도로 하여금 구조적 차원에서 안보를 우려하게 하였으며 이런 상황에서의 중국의 급부상과 중국의 인도에 대한 '진주목걸이' 포위전략은 보다 직접적인 위협으로 작용한 것이다. 이런 인접한 중국의 위협은 인도로 하여금 미국에 대한 장기간의 중립적 입장을 철회하고 안보협력을 강화하는 정책을 추진하게 한 것이다. 즉 본 연구가 주장하는 바와 같이 지리적으로 인접한 부상하는 지역 패권국인 중국이 제기하는 위협이 보다 직접적으로 일본, 인도 그리고 호주 등의 안보에 대한 우려를 증대시켜 이런 위협을 감소시키는 차원에서 이들 국가들이 보다 강력한 지구적 패권국인 미국과의 안보협력을 강화하는 정책을 채택하게 된 것이다.

그러나 이러한 일본, 인도, 호주의 대미안보협력 강화정책은 미국이 중국에 대한 봉쇄를 강화하는 정책을 추진했기 때문에 가능했던 것이다. 중국의 장기간에 걸친 초강대국으로의 부상은 국가간 힘의 분배 상태를 변화시켰고 패권을 유지해야 하는 미국으로서는 중국의 부상을 견제하고 도전을 방지하기 위해 2000년대 초부터 본격적으로 대중국 봉쇄정책을 추진하고 있다. 따라서 이런 미국의 중국봉쇄정책이 중국의 안보위협을 감소시킬 필요성이 있는 일본, 인도 그리고 호주로 하여금 미국과 안보이해관계를 결합시키는 연성편승정책을 추진하게 한 것이다.

이는 지구적 패권국이라 하더라고 자국의 안보에 위협을 주지 않을 경우 열세국들은 자동적으로 균형정책을 취하지 않으며 지리적으로 인접한 지역패권국이 위협을 가할 경우 더 강력한 지구적 패권국에 편승하는 정책을 채택함으로서 안보를 확보하는 것을 보여주는 것이다.

이렇듯 일본, 인도 그리고 호주는 인접한 지역패권국 중국이 위협을 제기하는 상황에서 대미안보협력을 강화하여 자국의 안보를 확보하는 편승적 정책을 채택한 것이다. 특히 3개국이 중국의 위협을 방지하는데 집중하지만 중국을 직접적이고 공개적으로 위협의 원천으로 규정하거나 이에 대항하기 위해 공식적인 군사동맹을 형성하지 않는다는 점에서 균형정책으로 볼 수 없는 것이다. 예컨대 최근 호주가 중국과의 군사협력을 추진하는 것과, 인도가 중국과 러시아와 합동군사훈련을 실시한 것 그리고 일본이 한국과 더불어 중국과의 '한중일 FTA' 협상 개시에 합의한 것 등은 위의 3개국의 중국에 대한 정책을 전형적인 균형정책으로 규정하기 어렵게 하는 것이다.

그럼 일본, 인도 그리고 호주가 채택한 대미안보협력 강화정책은 자국의 주권의 상당한 부분을 양도하며 수직적 관계를 수용하는 전통적 의미의 편승정책인가? 일본과 호주는 미국에 기지를 제공하고 있지만 냉전시기와는 달리 미국에 안보를 전적으로 의존하는 관계가 아닌 미국의 테러와의 전쟁, 아프가니스탄전쟁, 이라크전쟁 등을 지원하고 파병하는 협력적, 상호지원적 성격의 동맹관계를 추진하고 있다. 특히 냉전시기와 같이 안보를 미국에 전면적으로 의존하는 정책을 배제하고 미국과의 동맹관계에서 일본과 호주는 각각의 역할을 확대하고 있다. 이는 일본과 호주가 자국의 안보이익을 중국의 부상을 방지해야하는 미국의 안보 이해관계에 부합시킴으로서 달성하고자 하는 것이다. 인도는 미국과 동맹관계를 형성하고 있지는 않지만 다양한 형태의 안보협력과 합동군사훈련 실시 등을 통해 미국과의 안보협력을 확대하고 있다.

따라서 일본, 인도, 호주 등 3국은 본 연구가 주장한 바와 같이 자국의 자주권을 양도하기 보다는 군사협력, 합동군사훈련, 기지제공 그리고 미국중심의 양자 또는 다자간 안보협력체에 참여 등의 연성편승정책을 통해 자국의 안보를 확보하고 있는 것을 확인하고 있다. 즉 일본, 인도 그리고 호주 등은 부상하는 지역 패권국 중국의 위협으로부터 자국의 안보를 지키기 위해 중국을 공식적인 위협국으로 규정하고 이에 대항하기 위해 수직적 관계를 수용하는 전통적인 편승정책 대신 패권국인 미국과의 상호지원적인 안보협력을 강화하는 연성편승정책을 추진하고 있다는 것이다.

제7장

# 동아시아 국가들의 견제를 위한 협력외교: 한미FTA와 미-인도핵협력 사례

# I. 서론

최근 한국은 미국 및 EU 등과 자유무역협정(Free Trade Agreement: FTA)을 체결함으로서 국제무역협력을 확대하고 있다. 한국은 물론 다수의 국가들이 이런 FTA정책을 다양한 국가들과 동시다발적으로 추진하고 있으며 이는 국제무역협력이 매우 상시적으로 발생하고 있는 현상을 잘 보여주는 것이다. FTA와 같은 무역분야에서만 국제협력이 발생하는 것은 아니다. 서브프라임 모기지 사건이후 G-20체제를 통한 국제재정 및 금융협력, 핵안보정상회의를 통한 54개국의 핵안보협력, 상하이협력기구(SCO)를 통한 중국과 러시아 등의 안보 및 자원협력, 특히 핵실험으로 핵비확산레짐의 규범을 위반한 인도와 미국과의 핵기술협력 등 다양한 분야에서 다양한 국가들 사이에 국제협력이 발생하고 있다.

국제협력1)은 주요 국제정치이론들간의 논쟁의 핵심 대상이다. 국제협력의 가능성에 대한 논란은 국제정치이론이 전개된 역사와 동일할 만큼 오랜 기간 동안 계속되어 왔다. 지난 30년간의 국제정치이론을 주도했던 신현실주의와 신자유주의 이론들도 국제협력을 주제로 치열한 논쟁을 전개해 왔다. 그러나 이론 논쟁의 뿌리는

---

1) 국제협력이란 자동적으로 성취되는 것이 아니라 현존하는 갈등이나 예측되는 갈등을 해소하기 위해 관련 국가들이 기존의 정책의 변화를 통해서 공동이익을 추구하는 행위이다. 특히 국제협력을 위해서는 각국이 정책조정을 해야 한다는 점에서 어떻게, 누가, 얼마나 기존의 정책을 조정해야하는지 등의 관련국가사이의 협력의 최종안을 합의하기 위한 국제협상이 필요하다. 즉 협력이 성취되어 참여국가들 모두 궁극적으로는 긍정적인 이익이나 보상을 받는다고 해도 협상결과의 내용은 관련 국가들의 정책조정의 정도(degree)와 방향성을 결정하여 결국 국제협력에서도 참여국가들 사이에 이익이 균등하게 배분되기는 어렵다. Robert Keohane, 1984. *After Hegemony*, Princeton: Princeton University Press, pp. 51-54.

이상주의이론과 현실주의이론이 정립되기 시작한 20세기 초부터 자라기 시작했다. 우드로 윌슨(Woodrow Wilson)이 국제연맹을 통한 국제협력의 가능성을 강조하면서 시작된 이상주의 국제협력이론(Kawamura, 2000)은 에드워드 카(E.H. Carr)가 그의 저서 〈The Twenty Years' Crisis: 1919-1939〉에서 국제관계의 불안정성과 혼돈의 현실에서 힘의 중요성을 강조하며 이상주의이론의 국제협력 주장을 비판하자[2] 국제협력 이슈는 자유주의이론과 현실주의이론을 가르는 가장 핵심적 사안으로 등장했다.

이러한 국제협력의 가능성에 대한 논쟁은 2차세계대전 발발과 더불어 무정부상태에서의 힘의 중요성을 강조하는 전통적 현실주의이론[3]이 득세하면서 잦아졌고 특히 세계대전 이후 형성된 미국과 소련 중심의 양극적 대결체제에서 국제협력의 가능성을 주장하는 이론들은 더욱 부각되지 못했다. 하지만 전후 유럽국가들 사이에 일부 경제분야에서 협력이 발생하면서 국제협력의 가능성을 주장하는 기능주의이론들이[4] 주목받기 시작했으며, 1973년 산유국들의 국제협력을 통해 제1차 오일위기가 발생하자 국제협력의 가능성을 주장하는 상호의존이론[5]과 현실주의이론들의 국제협력에 대한 논쟁은 재연되기 시작했다.

---

2) Edward H. Carr, 2001. *The Twenty Years' Crisis, 1919-1939*. New York: Perennial.

3) Hans, Morgenthau, *Politics Among Nations*, New York: Knopf, 1966.

4) David Mitrany, A Working Peace System, Chicago: Quadrangle Press, 1966; Ernst B. Haas, *Beyond the Nation State: Functionalism and International Organization*, Stanford, Cal.: Stanford University Press, 1964.

5) Robert Keohane and Joseph Nye, *Power and Interdependence*, New York: Longman, 2001.

그러나 국제협력에 대한 논쟁은 신자유주의 국제제도이론이 국제제도(international institution)를 통해 국제협력이 가능하다고 주장하면서 본격화 되었다. 즉 로버트 코헨(Robert Keohane) 등 신자유주의 국제제도 이론가들은 국제제도가 국가들로 하여금 상호간에 협력을 기피하게 하는 무정부상태 효과를 감소시키는 기능을 제공하여 국제협력을 가능하게 한다고 주장했다. 신자유주의 국제제도이론의 주장에서 비롯된 국제협력의 성취조건에 대한 활발한 연구는 신현실주의 이론가들을 자극했고 결국 조셉 그리에코(Joseph Grieco)는 국가들은 국제협력에서 발생하는 이익배분의 문제에 기인해서 협력을 기피하게 된다고 주장함으로서 국제협력의 가능성을 주장하는 신자유주의 국제제도이론의 주장을 비판했다.6) 그리에코는 신자유주의이론이 무정부상태의 효과를 잘못 이해해서 국제협력의 가능성을 주장하고 있다고 비판했다. 그리에코는 무정부상태는 국가들로 하여금 생존에 집중하게 하는 효과를 내기 때문에 국가들은 자국의 생존에 위협을 줄 수 있는 '상대적 이익(relative gain)'에 대한 우려로 인해 협력을 기피하게 된다고 주장했다.7) 신현실주의이론에 따르면 국가들은 무정부상태의 자력구제 상태에서 안보에 집중하게 되고 따라서 국제협력으로 발생할 상대의 이익에 대한 우려는 결국 국가들로 하여금 국제협력을 기피하게 한다는 것이다. 이러한 신현실주의이론의 신자유주의이론에 대한 비판은 곧 국제정치학계 전반의 논쟁으로 확대되었고 그 논쟁의 핵심은 국제협력에 대한 국가의 선호에 미치는 상대적 이익과 절대적 이익의 영향으로 모아

---

6) Joseph Grieco, 1988. "Anarchy and the Limits of Cooperation," *International Organization*, 42.

7) Joseph Grieco, *ibid.*, pp. 497-499.

졌다.[8] 즉 국제협력으로 발생하는 상대적 이익 및 절대적 이익에 근거해서 신현실주의이론과 신자유주의이론은 각각 국제협력의 어려움과 가능함을 설명하는 이론적 논쟁을 전개한 것이다.

그러나 국제정치학에서 가장 주도적인 두 이론들의 논쟁에도 불구하고 국제협력은 성취되는 경우도 있었고 성취되지 못하는 경우도 발생했다. 즉 신현실주의이론의 주장과는 달리 국제협력이 발생하는 경우도 있고 반대로 상대적 이익 요인에 의해 협력이 실패하는 경우도 발생하는 것이다. 이는 상대적 이익 요인이 항상 국제협력을 저해하는 효과를 발휘하지 않는다는 것을 의미한다. 이런 국제협력의 변이성은 논쟁의 초점을 국제협력의 성취 조건 규명에서 어떤 상황에서 상대적 이익 요인이 국제협력의 가능성을 압도함으로서 협력을 어렵게 하는가로 이동하였다(Matthews, 1996; Grundig, 2006; Lipson, 1984).[9] 어떤 환경적 조건에서 상대적 이익 요인이 국가들로 하여금 국제협력을 기피하게 하는 지를 규명하는 것으로 연구의 초점이 이동한 것이다. 찰스 립슨(Charles Lipson)은 경제이슈보다 안보이슈에서 상대적 이익 요인이 더 크게 작용하여 국제협력을 어렵게 한다고 주장하고 있고, 존 메튜스(John Matthews)는 이익의 축적 여부를 상대적 이익 요인의 영향력을 좌우하는 요인으로 주장하고

---

8) Joseph S. Nye, "Neorealism and Neoliberalism," *World Politics*, Vol. 40, No. 2, 1988.; David Baldwin, *Neorealism and Neoliberalism*, Princeton, N.J.: Princeton University Press, 1988.

9) John Matthews, "Current Gains and Future Outcomes," International Security, Vol. 21, No. 1, 1996; Sumit Ganguly, Brian Shoup, and Andrew Scobell eds. *Indo-U.S. Strategic Cooperation in the Twenty-First Century: More Than Words*, London: Routledge, 2006; Charles Lipson, "International Cooperation in Economic and Security Affairs," *World Politics*, 37, 1984.

있다. 또 프랭크 그룬딕(Frank Grundig)은 이익의 배타성과 공공성 요인이 상대적 이익 요인의 역할정도를 결정한다고 주장했고, 제임스 모로(James Morrow)와 로버트 포웰(Robert Powell)은 국제무역협력을 통한 이익이 적의 직접적 위협에 활용되지 않는 한 상대적 이익 요인이 무역협력을 저해하지 못한다고 주장했다.[10]

그러나 이들의 주장과는 달리 안보이슈에 있어서도 상당한 수의 국제협력이 성취되었으며[11] 남북한 경제협력과 미-인도핵협력과 같이 이익의 축적효과가 발생되는데도 불구하고 국제협력이 발생한 경우도 있다.[12] 상대적 이익 요인이 존재함에도 불구하고 국제협력이 성취되고 있는 것이다. 즉 기존 연구들은 이런 국제협력의 변이성에 대해 제한적 설명력을 가지는 것이다. 특히 대부분의 연구들은 상대적 이익 요인이 국제협력 성취를 저해하는 부정적 역할에만 집중하고 있다. 상대적 이익 요인이 어떤 조건에서 국가들로 하여금 협력을 기피하게 하는 지를 규명하는데 집중하고 있는 반면 상대적 이익 요인이 국제협력 성취에 대한 긍정적 역할에 대해서는 주목하지 않는 것이다.

---

10) James Morrow, "When Do 'Relative Gains' Impede Trade?," *Journal of Conflict Resolution*, Vol. 41, 1997; Robert Powell, *In the Shadow of Power: States and Strategies in International Politics*, Princeton: Princeton University Press, 1999.
11) 국제안보협력은 냉전기부터 최근까지 지속적으로 발생하고 있다. 최근에는 미국과 러시아는 전략무기감축협정(START)의 안보협력을 성취했으며 테러와의 전쟁에서도 미국은 중국과 러시아 등과의 협력을 이끌어 냈다. 즉 안보이슈에서의 국제협력이 어렵다는 주장에는 예외적 사례들이 다양하게 나타나고 있다.
12) 미-인도핵협력은 인도의 핵무기보유를 인정했다는 점에서 인도의 이익의 축적을 수용한 경우이며, 남북한 경제협력도 경제적 이익이 안보역량을 전환될 수 있다는 점에서 이익의 축적되는 경향이 있었지만 성취되었다.

본 연구는 국제협력의 변이성에 대한 기존 연구들의 설명력의 한계는 국제협력을 바라보는 시각에서 비롯된다고 주장한다. 기존 연구들은 국제협력의 가능성을 협력에 참여하는 국가들 간의 관계에서만 조망하고 있기 때문에 자국의 이익(절대적 이익) 또는 상대국의 이익(상대적 이익)의 요인만을 통해 국제협력을 분석하는 것이다. 즉 이익의 관점이 협력의 상대국과의 관계에서만 규정되기 때문에 특정한 제3국[13]과의 관계 속에서 형성되는 이익의 관점은 반영되지 않는 것이다. 제3국과의 관계가 국제협력에 미치는 영향에 대해서는 충분한 연구가 이루어지지 않은 것이다.

따라서 본 연구는 제3국과의 관계 속에서 발생하는 상대적 이익 요인이 국제협력에 미치는 영향에 집중한다. 특히 제3국의 상대적 이익 요인이 국제협력 성취에 미치는 긍정적 영향에 주목한다. 신현실주의이론이 국제협력을 저해하는 가장 결정적 요인으로 지목하고 있는 상대적 이익 요인이 오히려 국제협력을 추동하는 요인으로 작용할 수 있다는 것이다. 따라서 본 연구는 제3국과의 경쟁관계가 치열해지거나 제3국으로부터의 위협이 증대될수록 제3국과의 관계에서의 상대적 이익 요인이 협력 상대국의 상대적 이익에 대한 우려를 약화시켜 국제협력을 촉진시키는 역할을 할 수 있다고 주장한다. 이는 신현실주의이론이 국가들이 협력을 기피하는 요인으로 지적하고 있는 무정부상태 효과(effects of anarchy)가 오히려 국가들도 하여금 협력을 하게 할 수 있다는 것이다. 국제협력이 제공하는 배타적 이익을 통해 제3국의 상대적 이익을 상쇄하는 차원에서 국제협력이 촉진된다는 것이다.

---

13) 본 연구는 제3국을 협력 당사국의 주요 경쟁관계 또는 적대관계의 특정국가로 규정한다.

따라서 본 연구의 목적은 제3국과의 관계 속에서의 상대적 이익이 국제협력을 촉진하는 요인으로 작용한다는 본 연구의 주장을 사례연구를 통해 검증하는데 있다. 이를 위해 본 연구는 한미FTA와 미-인도핵협력을 연구사례로 선정한다. 본 연구는 핵협력이라는 안보분야와 FTA라는 무역 분야에서의 협력사례를 함께 다뤄 상반되는 이슈의 사례연구에서 본 연구의 주장의 적실성을 평가하려는 것이다. 이에 본 연구는 국제협력에 따른 참여국 간의 손익분석과 더불어 어떤 조건에서 상대적 요인이 오히려 국제협력을 촉진시키는지를 규명하는데 집중한다. 즉 국제협력에 따른 이익배분의 결과 및 국제협력 성취를 위한 협상과정 분석과 더불어 어떤 조건에서 상대적 이익 요인이 국가들의 국제협력 추진에 영향을 미치는 지를 규명하는데 노력한다.

　이를 위해 우선 상대적 이익과 관련된 기존 이론들의 국제협력에 대한 주장들을 살펴보고 아울러 상대적 이익 요인이 국제협력을 촉진한다는 본 연구의 주장도 제기한다. III장에서는 한국은 물론 미국내부에서 예상되는 협상결과에 대해 매우 치열한 논쟁의 과정을 거쳐 체결된 한미FTA사례를 연구한다. IV장은 미국과 인도핵협력사례를 연구한다. 비핵국이었던 인도의 핵보유는 미국이 주도하는 핵비확산레짐에 위반하는 것임에도 불구하고 미-인도핵협력이 체결된 요인 규명에 집중한다. 특히 사례연구들에서는 상대적 이익 요인이 한미FTA와 미-인도핵협력과 같은 국제협력 촉진에 어떠한 영향을 미쳤는지를 규명하는데 집중한다. 마지막으로 이러한 사례연구를 바탕으로 기존이론들의 주장과 본 연구의 주장의 적실성을 평가한다.

## II. 기존 국제협력 이론과 상대적 이익

신자유주의 국제제도이론은 기존의 자유주의이론들과는 달리 국제관계가 무정부상태라는 이론적 가정을 수용했지만 신현실주의 이론과는 달리 무정부상태에서도 국제협력이 가능하다고 주장한 다.[14] 신자유주의이론의 국제협력에 대한 주장은 패권국에 의한 국제협력이론에 대한 대안으로 등장했다. 즉 패권국이 쇠퇴한 이후 에도 국제제도를 통해서 국제협력이 달성될 수 있다는 것이다.[15]

국제제도주의자들에게 있어서 협력을 어렵게 하는 문제는 배신 (cheating)문제, 무임승차(free-riding)문제, 높은 거래비용(transaction costs) 그리고 상대국에 대한 불확실성 등인데 이런 문제들이 국제제 도에 의해서 극복될 수 있다는 것이다. 즉 국제레짐 또는 국제기구 등이 상대국가들에 대한 정보를 제공하고, 거래비용을 절감하며, 배신자에 대한 보복을 가시화 시키는 기능 등을 제공함으로서 국제 협력을 방해하는 요인들을 제거하여 협력을 촉진한다는 것이다. 따라서 이 이론에서는 국제제도의 역할로 인해 협력의 저해 요인들 이 최소화되고 궁극적으로는 패권국의 존재[16] 없이도 이 국제제도

---

14) Robert Keohane, *op. cit.*, pp. 25-26.

15) Robert Keohane, *ibid.*; Robert Axelrod and Robert Keohane, "Achieving Cooperation Under Anarchy: Strategies and Institutions," *World Politics*, Vol. 38, 1985; Stephen Haggard and Beth A. Simmons. "Theories of International Regimes," *International Organization*, 41, 1987; Robert Keohane and Lisa L. Martin."The Promise of Institutional Theory," *International Security*, 20, 1995.

16) 패권국의 존재를 통해 국제협력을 설명하는 이론은 다음 연구를 참조. Charles P. Kindleberger, *The World in Depression, 1929-39*, Berkeley: University of California Press, 1973; Robert Gilpin, *War and Change in World Politics*, New York: Cambridge University Press, 1981.

가 국가들로 하여금 협력적 행태를 하게 한다는 것이다.[17]

이러한 신자유주의 국제제도이론의 국제협력 가능성에 대한 주장에 대해 그리에코 등 신현실주의자들은 무정부상태의 국제관계에서는 협력에서의 발생하는 상대적 이익이 자국의 안보를 위협할 수 있다는 우려(relative gains concerns)로 인해 이기적이며 합리적인 국가들은 서로 협력하지 않게 된다고 주장한다.[18] 즉 신현실주의이론은 신자유주의 국제제도 이론이 국제관계를 무정부상태로 인정했지만 그 본질을 오해하고 있어 결국 국제협력이 발생될 수 있다는 잘못된 주장을 하고 있다는 것이다. 그리에코에 따르면 신자유주의 이론은 무정부상태인 국제관계에서 협력을 저해하는 가장 결정적 요소를 배신의 문제라고 판단하고 배신문제를 국제제도의 기능을 통해 해결함으로서 협력을 성취할 수 있다고 주장한다는 것이다.[19] 이는 신자유주의 이론이 무정부상태를 통치를 강제할 기구의 부재로 인식하여 국제협력의 최대 장애 요인을 배신자를 규제할 권위체의 부재로 본다는 것이다.[20] 따라서 국제제도가 규칙을 강제하는 중앙기구의 역할을 수행하여 국제협력을 성취할 수 있다는 것이다.

그러나 그리에코는 신자유주의 이론이 무정부상태 효과를 잘못 이해한 것이며 무정부상태는 배신자에게 규칙을 강제하는 중앙기구의 부재만을 의미하는 것이 아니라 다른 국가의 폭력 또는 위협으로부터 자국을 보호할 수 있는 권위체의 부재를 의미하는 것이라고

---

17) Robert Keohane, *op. cit.*, p. 246.
18) Kenneth Waltz, N., *Theory of International Politics*, New York: Random House, 1979; Joseph Grieco, *op. cit.*; John J. Mearsheimer, "The False Promise of International Institutions," *International Security*, 19, 1994/5.
19) Joseph Grieco, *ibid.*, pp. 496−497.
20) Robert Axelrod and Keohane, *op. cit.*, p. 226.

주장한다. 즉 신자유주의의 오해는 자국의 이익이 타국의 이익과 연결되어 있는 무정부상태 효과를 이해하지 못함이고 따라서 국제협력을 개인적 이익의 극대화 차원에서 바라보게 되어 이론적 오류가 발생한다는 것이다.[21]

신현실주의는 무정부상태에서는 전쟁을 방지할 권위체가 없기 때문에 국가들은 두려움과 불신(distrust)에 의해 작동되고 결국 생존이 최고의 국가이익이 된다는 것이다.[22] 이러한 자력구제(self-help)의 상황에서는 국가의 근본적인 목표는 다른 국가가 상대적 역량을 강화하는 것을 방지하는 것이다. 따라서 신현실주의 이론은 무정부상태에서 국가들은 자국만의 이익에 집중하기 보다는 상대 국가의 상대적 이익과 역량의 증가를 방지하는 것에 집중한다는 것이다. 즉 자국의 이익은 상대국가와의 관계 속에서 규명된다는 것이다. 이에 신현실주의 이론은 국가들은 다른 국가가 상대적으로 더 많은 이익을 얻거나 얻을 수 있다고 판단되는 국제협력에 참여하기를 거부하게 된다는 것이다.[23]

본 연구는 이렇듯 신현실주의 이론이 국제협력을 저해하는 결정적 요인으로 지목하고 있는 상대적 이익 요인이 오히려 국제협력을 촉진할 수 있다고 주장한다. 즉 상대적 이익 요인이 국제협력에 미치는 영향분석과 관련한 기존 연구들이 어떤 조건에서 상대적 이익이 국제협력을 저해하는 가를 파악하는데 노력했다면 본 연구는 반대로 상대적 요인이 어떤 조건에서 국제협력을 촉진하는 지를 규명하는데 집중한다는 것이다. 이는 신자유주의 이론이 국제협력

---

21) Joseph Grieco, *op. cit.*, pp. 497-498.
22) Kenneth Waltz, N., *op. cit.*, p. 113.
23) Joseph, Grieco, *op. cit.*, p. 499.

을 자국 이익의 극대화 차원에서만 분석함으로서 오류가 발생하는 것처럼 신현실주의 이론도 국제협력을 협력 당사국들 간의 관계에서만 바라보기 때문에 상대적 이익 요인이 작동하지 않는 사례들을 설명하기 어렵다는 것이다. 국제협력은 자국의 이익 또는 상대국의 이익관계뿐만 아니라 제3국과의 이익관계에서도 영향을 받는다는 것이다.

이 주장은 던컨 스나이덜(Duncan Snidal)의 연구에 기반을 두고 있다. 스나이덜에 따르면 참여하는 국가의 수가 다수일 경우 상대적 이익 요인이 존재한다고 해도 국제협력이 성취될 수 있다는 것이다.[24] 예컨대 국가 A가 국가 B와의 양자관계에서 상대적 손실을 보아도 그 국제협력을 통해 다른 국가들과의 관계에서 손실을 보전할 정도의 이득을 얻는 경우 협력이 발생할 수 있다는 것이다.[25] 그러나 스나이덜의 주장은 협력으로 인한 이득이 측정되기 어려운 경우나 제3국과의 특수한 관계에서 전개되는 국제협력을 설명하는 데는 제한적이다. 즉 협력으로 인해 발생한 이득은 국가마다 이득의 내용과 이해관계가 다르기 때문에 다른 국가들에게 일률적으로 적용하기 어렵고 동일하게 측정하기도 쉽지 않다.

따라서 본 연구는 국제협력은 특정한 제3국과의 관계에 영향을 받는다고 주장하며 특히 자국과 경쟁 또는 갈등관계에 있는 제3국의 상대적 이익 요인은 다른 국가와의 협력을 촉진할 수 있다는 것이다. 특히 본 연구는 제3국과의 경쟁관계가 치열해지거나 제3국으로부터의 위협이 증대될수록 상대적 이익 요인이 국제협력을 촉

24) Duncan Snidal, "International Cooperation Among Relative Gains Maximizers," *International Studies Quarterly*, 35, 1991. p. 4.
25) 김태현, "상호주의와 국제협력," 〈국가전략〉, 제8권, 3호, p. 14, 2002.

진시키는 역할을 한다고 주장한다. 이는 무정부상태 효과가 국가들도 하여금 협력을 추구하게 할 수 있다는 것으로 자력구제의 환경에서 국가들은 자국에 위협을 주거나 자국과 경쟁관계에 있는 특정국가에 대해 상대적 손실을 기피하거나 또는 상대적 이익을 추구하는 차원에서 국제협력을 추진할 수 있다는 것이다. 즉 국제협력이 제공하는 배타적 이익을 통해 제3국의 상대적 이익을 상쇄하는 차원에서 협력이 성취될 수 있다는 것이다.

## Ⅲ. 한미FTA

2006년 노무현대통령은 신년연설에서 한국경제의 미래를 위해 한국과 미국 간 자유무역협정(FTA)을 맺어야 한다고 언급하면서 한미자유무역협정 체결을 위한 공식협상을 시작한다고 선언했다. 노무현대통령이 협상개시를 주도적으로 발표했듯이 한미FTA는 한국정부에 의해 주도되었다. 이렇게 시작된 한미FTA 협상은 미국 대통령이 의회로부터 위임받은 무역협상에 대한 무역촉진권한(Trade Promotion Authority)이 종료되는 시점인 2007년 4월 2일에 최종 타결되었다. 이렇게 1차 체결된 한미FTA는 양국의 국내정치 경제적 요인들에 의해 의회의 비준을 받지 못한 상황에서 미국의 요청에 의해 2010년 재협상이 이루어졌고 2010년 11월 30일부터 12월 3일까지 양국의 통상장관회의를 거쳐 새로운 합의요지(Agreed Elements)를 도출했다.

한미FTA 체결안의 내용에 대한 평가는 매우 논쟁적이다. 한국 국내는 물론 미국 국내에서도 결과에 대해 일치된 의견이 존재하지 않는다. 2007년에 양국이 체결한 1차 한미FTA 결과에 대해서 일부는 어느 정도 '이익균형'이 이루어진 합의라는 주장을 제기하고 있으며 같은 협정문임도 불구하고 일부는 국가정책주권을 심각하게 훼손하는 독소조항이 존재하는 실패한 협상이라고 주장했다.26) 즉 한미FTA 합의안에 대해 한국 내부에서 득실에 대한 평가가 매우 극명하게 갈리고 있는 것이다.

그러나 2007년의 1차 한미FTA 최종안에 대한 득실을 따지기 전에 한국은 미국이 요구하는 4대 선결조건을 수용하면서 한미FTA 협상을 시작했다. 즉 한국정부는 한미FTA 추진을 위해 4가지 분야에서의 미국의 요구에 대한 양보를 시작으로 협상을 개시한 것이다. 한미 양국은 한미FTA 협상이 공식적으로 개시되기 이전인 2005년 4회에 걸쳐 한미FTA 검토회의를 가졌으며 여기서 미국은 한국에 한미FTA를 추진하기 위해서는 쇠고기 금수조치해제, 스크린 쿼터(한국영화 의무 상영일수) 146일에서 73일로 축소, 건강보험 약가 유지 그리고 자동차배기가스 기준 적용유예 등 4가지 분야에서의 미국의 요구를 우선적으로 받아들여야 협상이 시작될 수 있다고 했다.27) 한국은 한미FTA 협상 개시전인 2006년 1월 13일 이미 2003년 광우병에 감염된 소 발견으로 수입이 금지되었던 미국산 쇠고기 수입재개에 합의했으며 1월 26일에는 한덕수 당시 국무총리가 영화 스크린쿼터를 73일로 절반 축소하는 결정을 발표했다.28) 이는 결국 한

---

26) 이해영·정인교, 〈한미FTA 하나의 협정 엇갈린 '진실'〉, 서울: 시대의 창, 2008.
27) 김현종, 〈김현종, 한미FTA를 말하다〉, 서울: 홍성사, 2010. pp. 90-91.
28) 매일경제, 2006년 1월 19일; 중앙일보, 2007년 6월 30일; Johanns, Mike. 2006. "Transcript of Remarks by Agriculture Secretary Mike Johanns concerning U.S. Beef Exports," January 24. (2010/5/12 검색).

국정부의 미국산 쇠고기수입 재개와 스크린쿼터 축소 결정 등이 한미FTA 협상 개시에 전제 조건이었음을 보여주는 것이다.[29] 이에 대해 노무현대통령도 한미FTA 협상 개시를 위한 4대 선결조건의 존재와 양보를 인정했다.[30]

이렇듯 미국에 대한 양보로 시작된 한미FTA 협상은 매우 치열하게 전개되었지만 1년여 간의 협상 끝에 2007년 4월에 타결된 협력내용에 대한 평가는 여전히 논쟁적이다. 한미FTA 협상결과에 대해 한국정부 및 여당은 이익 균형적 결과라고 주장한 반면 일부 시민단체들은 불평등 독소조항이 존재하는 한국이 손해 본 협상결과라고 주장하고 있다. 따라서 한미FTA의 결과에 대한 평가는 합의내용이 아직 실제로 적용되지 않아 실질적 이익으로 계산되지 못하기 때문에 양국 간의 한미FTA에 대한 손익계산은 주요 사안에 대한 양국의 협상 초기 주장들이 합의안에 얼마나 반영되었는가를 중심으로 평가할 수 있다.

1년여에 걸친 한미FTA 협상은 결국 주고받기식 결과로 마무리되었다.[31] 한국은 자동차와 섬유분야에서 선호하는 바를 합의안에

http://www.usda.gov/wps/portal/usdahome?contentidonly=true&contentid=2006/01/0022.xml

29) 색스비 챔블러 공화당의원(상원 농업위원회 위원장)과 톰 하키 민주당의원(민주당 농업위원회위원장) 등을 대표로 하는 미국연방상원의원 31명은 노무현대통령에게 한국이 미국산쇠고기 수입을 재개하지 않을 경우 한미FTA가 무산될 수 있다는 공개서한을 보냄으로서 미국이 한국의 미국산쇠고기 수입재개를 한미FTA에 전제조건으로 하고 있음을 분명히 했다. 조선일보, 2006년 8월 9일. http://www.chosun.com/politics/news/200608/200608090012.html (2011/5/12 검색).

30) 뷰스앤뉴스, 2007년 7월 24일, http://www.viewsnnews.com/article/view.jsp?seq=4647 (2011/5/12 검색).

31) 2007년 한미FTA 합의안에 대한 한국과 미국 간 손익평가는 다음을 참조. 서프라이즈, 2007년 4월 2일. http://www.seoprise.com/board/

반영시켰으며 농산물, 투자, 지적재산권, 의약품 그리고 절차적 측면 등에서는 미국의 주장이 대부분 포함되었다.[32] 한국은 한국자동차 수출의 80%를 차지하는 3,000cc 이하 승용차 등의 관세 즉시 철폐 등의 주장을 관철했고 섬유에 있어서도 61% 즉시 관세철폐 요구를 채택하게 했다.[33] 반면 미국은 농산물 분야에서 쌀 등 일부를 제외한 대부분 품목에서 관세 철폐를 관철했다. 특히 미국은 투자 분야에서의 투자자—국가소송제를 도입하는데 성공했고 반대로 한국이 요구한 반덤핑완화 조치는 받아들이지 않았다. 이와 더불어 미국은 한미FTA 시장개방방식에 있어서도 '역진방지조항' 등을 포함시켜 한국정부의 정책결정의 제약요소로 작용할 수 있게 되었다.[34]

이러한 2007년 한미FTA 합의안은 한국 국내에서 상이한 평가를 받았다. 정부와 여당은 이익 균형을 이룬 합리적 협상결과로 주장한 반면 일부 시민단체들은 실질적 이익 확보에 실패한 거대 경제권과의 무리한 협상이라고 주장했다. 미국 내부도 한미FTA의 결과에 대해 일치된 평가를 보이지 않는 것은 한국과 동일하지만 그 정도는

---

view.php?uid=85012&table=hws1&devel_gubun=all&mode=search&field=nic&s_que=%B3%BB%B0%F8%BB%F3%BD%C2&start=660 (2011/5/13 검색).

32) 박창건, "한국의 FTA 추진전략에 있어서 동아시아 지역주의 발전에 대한 고려: 한-일 FTA와 한-미 FTA를 중심으로" 〈대한정치학회보〉, 15집, 2호, 2007. p. 265; 김현종, 위의 글, pp. 160-224.

33) 외교통상부, "한·미FTA 상세설명자료," 2010, http://www.fta.go.kr/pds/ fta_korea/usa/kor/2K_books.pdf (2011/5/12 검색).

34) 투자자—국가소송제는 투자자가 상대국 정부정책이 문제라고 판단할 경우 자국법원에 상대국 정부를 제소할 수 있도록 한 조항이며, 역진 방지조항은 자국 경제 상황에 따라 개방수준을 후퇴시키는 규제를 어렵게 하는 조항이다. 경향신문, 2010년 10월 27일.

상당한 차이를 보인다. 예컨대 미국무역대표부(USTR) 조사에 따르면 미국업계의 한미FTA 결과에 대한 선호도는 87%에 이르고 있으며 미국 물류산업, IT산업, 약품산업, 영화, 금융산업 등 대부분의 산업들이 찬성하고 있으며 전미자동차노조(United Auto Workers)와 Ford사 등 자동차산업, 섬유, 철강산업과 관련노조들이 중심이 되어 반대했다.[35] 이는 미국의 일부 취약한 제조업이 2007년 한미FTA 결과에 대해 반발하고 있는 것을 보여주는 것이지만 이런 수세적인 제조업 분야뿐만 아니라 축산업계도 연령과 부위에 제한이 없는 쇠고기 수출을 위해 한미FTA 비준을 매개로 한국과의 추가협상을 요구했다.[36]

이러한 한미FTA 결과에 대한 한미 양국 내부의 복합적 평가는 미국이 2008년 서브프라임 모기지 사건을 통해 경제적 타격을 받으면서 부정적 평가로 전환되기 시작했다. 한국내부에서도 미국경제 시스템 자체에 대한 우려가 확산되면서 한미FTA 제고에 대한 목소리가 커졌고 노무현 전대통령도 재점검을 주장했다.[37] 이러한 재협상에 대한 요구는 미국에서 더 크게 나타났다. 특히 미국 대통령 선거 캠페인 과정에서 한미FTA에 반대한다고 언급했던 버락 오바마가 미국대통령에 당선되면서 한미FTA의 비준은 연기되었다. 이런 환경에서 론 커크 미국 무역대표부(USTR) 대표 내정자가 "현재

---

35) http://jexport.net/board/gongji_pds/content.asp?code=news_pds&num=771&ref=689&tb=news_pds (2011/5/10 검색).

36) 수전 슈워브(Susan Schwab) 미무역대표부(USTR) 대표는 한미FTA 비준은 한국의 미국산쇠고기 수입개방 여부에 달려 있다고 언급함으로서 쇠고기시장 전면개방이 한미FTA 비준을 위한 선결조건임을 확인했다. 세계일보, 2008년 2월 28일.

37) 오연호·노무현, 〈마지막 인터뷰〉, 서울: 오마이뉴스, 2009, p. 200.

상태로는 한미FTA를 수용할 수 없다"고 주장하며 한미FTA 합의안이 수정되지 않는 한 비준이 어려울 것을 강조했다.[38] 이렇듯 미국 금융위기 환경에서 한미FTA로 인해 발생할 손실을 우려하던 오바마정부는 비준 연기를 거듭했으며 재협상을 촉구하기 시작했다.

장기간의 공백기를 거쳐 한국과 미국은 결국 재협상에 동의했다. 한미FTA 재협상은 양국 통상장관 사이에 2010년 11월말에 4일이란 짧은 기간 동안 전개되었고 비교적 수월하게 합의를 도출해 냈다. 한국정부는 한미FTA 재협상과 관련해 2007년 합의안이 수정되는 일은 결코 없을 것이라고 공언했지만 재협상은 이루어졌고 특히 협상이 한국에서 G-20 정상회의가 개최되는 시기에 전개되어 협상시기의 적절성도 논란의 대상이 되었다. 재협상은 미국의 요청에 의한 것이었으며 미국이 2007년 합의안을 수정하기 원하는 분야에 집중되어 협상이 전개되었다. 2010년의 한미FTA 재협상의 주요 쟁점사항은 미국이 수정을 요구하는 자동차 부분이었으며 반면 한국정부는 뚜렷한 수정요구 사항들을 제시하지 않았다. 다만 한국의 야당과 일부 시민단체는 2007년의 합의안의 투자자-국가소송제와 역진방지조항이 한국에 불리한 독소조항이라고 주장하며 재협상을 요구했었다.[39]

2010년 한미FTA 협상결과는 2007년 협상결과 보다 명확했다.

---

38) 프레시안, 2009년 3월 11일. http://www.pressian.com/article/article. asp?article_num=20090311180512&section=01 (2011/5/13 검색).

39) 한미FTA 재협상이 개시되자 한국국회의원 32명과 미국의회의원 20명이 「한미FTA전면재협상을 촉구하는 한미의원공동성명」을 발표하고 재협상을 요구하는 공동서한을 이명박대통령과 버락 오바마 미국 대통령에게 보내면서 기존 2007년의 합의안에 대한 재협상을 요구했다. 경향신문, 2010년 10월 8일. http://cdy21.tistory.com/637 (2011/5/11 검색).

즉 미국이 선호했던 자동차관련 수정 요구사안들은 합의안에 대부분 반영되었고 한국정부는 돼지고기 관세철폐 기간연장 등에서 선호하는 바를 반영시키는데 그쳤다. 반면 한국의 야당과 시민단체들이 제기했던 사안들은 논의되지 못했다. 정부와 여당은 불리한 협상결과에 대해 불가피성을 강조했다. 김종훈 통상교섭본부 본부장은 일방적으로 양보했다는 주장에는 동의할 수 없다고 하면서도 "재협상 결과에 대해 죄송하게 생각하며 상황 전개가 불가피한 측면이 있었다"고 언급했고[40] 이명박대통령도 "한미FTA를 전체적으로 평가해야지, 이번만으로 (평가)하면 안 된다"고 언급하는 등 한국정부도 재협상 결과가 한국에게 이득이 되지 못한 것을 인정하는 경향이다.[41]

2010년 재협상 결과에 대해 야당과 일부 시민단체들은 2007년 협력안에서 더 후퇴한 실패한 합의라고 규정했다. 재협상에서 미국은 2007년 협력안에서 상대적으로 보호하지 못했던 자국의 자동차시장 보호를 관철시켰다. 한미FTA 재협상에서 미국은 2007년의 스냅 백(snap back)조항에 더불어 긴급수입제한조치(safeguards)를 신설시켰고 한국의 수입자동차에 대한 안전ㆍ환경기준 완화도 이끌어 냈다.[42] 더욱이 미국은 2007년 미국의 자동차 관세 2.5% 즉시 철폐조항을 4년간 유지 후 철폐로 수정했으며 화물자동차는 발효 7년간 관세 25%를 그대로 유지하는 것으로 수정함으로서 미국의 자동차시장을 잠정적으로 보호하는 미국의 주장이 대부분 반영되

---

40) 조선일보, 2010년 12월 22일.
41) 연합뉴스, 2010년 12월 7일.
42) 외교통상부, "한ㆍ미FTA 추가협상결과 합의문서 상세설명자료," 2011, pp. 15-19 & pp. 27-30. http://www.fta.go.kr/pds/fta_korea/usa/kor/2K_ books_1.pdf (2011/5/12 검색).

었다.[43] 반면 한국은 이에 대한 대가로 냉동 돼지고기(목살, 갈비살 등)에 대한 관세철폐 시기를 2년 연장했으며 복제의약품의 특허 연계 의무이행 기간을 3년 유예 그리고 파견근로 비자(L-1) 유효기 간을 5년으로 연장시키는 요구를 반영시키는데 그쳤다.[44]

이렇듯 한미FTA 재협상에서 한국은 자동차분야에서 상당한 손 실을 입었던 것으로 평가되고 있다.[45] 즉 한미FTA 재협상은 한국 의 미국 요구에 대한 양보를 통해 이루어졌으며 미국이 상대적 이익 을 확보한 결과인 것이다. 이에 오바마 미대통령은 한미FTA 타결과 관련해 "이번 합의는 미국근로자, 농민, 낙농업자들을 위한 승리이 며 한국과 미국 간 강력한 동맹의 승리"라고 언급함으로서 협상 결과에 대해 긍정적으로 평가했다.[46]

재협상까지 전개한 한미FTA는 마침내 최종 타결되었다. 협상개 시 전부터 미국은 4대 선결조건을 제시해 한국으로부터 양보 받았 으며 2007년 합의안에서 자동차분야에서만 실질적인 이득을 챙겼 던 한국이 2010년 재협상을 통해 그 이득의 상당부분을 다시 양보했 다는 점에서 미국이 보다 유리한 결과를 얻은 협력이었다.

그럼 왜 한국은 미국과의 상대적 관계에서 더 많은 이익이 보장 되지 않은 결과를 보인 한미FTA를 체결했는가? 어떤 요인이 한국 정부로 하여금 내부적 반대가 극심하고 미국의 상대적 이익이 예상 되는 한미FTA를 추진하게 했는가?

---

43) 외교통상부, 앞의 글, pp. 11-12.
44) 조선일보, 2010년 12월 22일.
45) 정상화, "한미FTA 추가협상의 이해와 평가", 〈세종논평〉, No. 205, 2010년 12월 7일. http://www.sejong.org/pub_cm/PUB_CM_DATA/ k-cm205.pdf (2011/5/12 검색).
46) 경향신문, 2010년 12월 6일.

한국의 FTA 추진은 1998년 김대중정부에 의해 외환위기 극복을 위한 해외투자 유치에 가장 큰 주안점을 두고 전개되었다.[47] 이렇듯 외환위기를 극복하는 차원에서 시작된 한국의 FTA 추진전략은 노무현정부 들어서 보다 공격적이고 선제적으로 전환되었다. 노무현정부는 FTA추진을 한국경제의 생존과 맞물려 판단했다.[48] 경쟁지향의 신자유주의 국제경제질서에서 배타적 지역경제공통체가 확산되고 다수의 국가들이 FTA를 추진하기 시작했고 특히 경쟁국인 중국과 일본이 FTA를 확대하기 시작하자 노무현정부는 동시다발적인 FTA 추진전략인 'FTA 로드맵'을 수립했다.[49] 즉 한국의 FTA정책은 다른 경쟁국가들의 FTA 확대에 자극을 받은 것으로서 경쟁국가들이 FTA를 통해서 얻을 상대적 이익에 대한 우려가 한국정부로 하여금 FTA 정책을 추진하는 동기로 작용한 것이다. 이는 한국의 FTA정책 추진이 FTA의 세계적 확산의 국제통상 환경에서 경쟁에 뒤처지지 않으려는 방어적 측면이 있는 것이다.[50]

그러나 한미FTA의 추진은 이러한 경쟁국가들의 FTA 확대로 인한 상대적 손실이라는 추상적 개념보다 구체적인 이유에 근거하고 있다. 중국의 급속한 제조업분야에서의 경쟁력 강화는 한국경제의 미래를 위협하는 요인으로 작용했고 결국 이러한 상황에서 노무현정부는 한미FTA 추진이 서비스산업 육성 등의 산업구조의 고도화

---

47) 정인교, 〈자유무역협정(FTA) 이해하기〉, 대외경제정책연구원, 2001, p. 47.
48) 국민일보, 2006년 5월 19일.
49) 유태환 외, 〈양극화 시대의 한국경제〉, 서울: 후마니타스, 2008. pp. 25- 27.
50) 이승주, "FTA 정책 형성의 국내정치적 기원: 한국, 일본, 싱가포르의 사례를 중심으로", 〈21세기정치학회보〉, 제20집 2호, 2010. p. 102.

를 유도해 한국경제의 경쟁력을 확보하는 길이라고 인식한 것이다. 즉 중국의 급속한 부상에 따라 대외의존도가 높은 국내 제조업산업의 경쟁력이 위협받게 되자 서비스산업 등으로 산업구조를 재편함으로서 경쟁력을 강화하려는 목적이 있었던 것이다. 이에 노무현 대통령은 2006년 1월 한미FTA 협상개시에 맞춰 "중국이 제조업에서 우리를 곧 따라 잡는다. 그러므로 한미FTA를 통해 우리의 서비스산업을 획기적으로 발전시켜야 한다"라고 언급함으로서 국내경제구조의 경쟁력 확보에 목적이 있었음을 확인했다.[51]

이런 맥락은 한미FTA 추진과정에서 보다 명확하게 드러난다. 'FTA 로드맵'에서는 한미FTA가 일본, 중국 다음의 중장기 추진대상국으로 규정되었었다. 그러나 김현종 전통상교섭본부장은 중국과 일본과의 경쟁관계에 있는 한국이 이 국가들과 효과적으로 상대하기 위해서는 경쟁국인 일본 또는 중국과의 FTA 체결이 아니라 미국과의 FTA를 통해서 미국중심의 글로벌 스탠다드를 도입해 선진통상국가가 되어야 한다고 판단해서 한미FTA를 추진했다고 밝히고 있다.[52] 이는 한국정부가 한미FTA에서 얻을 한미 간의 손익계산보다는 제3국인 중국 또는 일본과의 관계에서의 상대적 이익에 더 많은 관심을 보인 것을 증명하는 것이다. 한미FTA 추진은 미국과의 양자간의 상대적 이익을 계산하는 데 초점이 맞춰진 것이 아니라 동아시아 경쟁국가들에 대한 우위확보 차원에서 추진된 것이다.[53] 즉 한미FTA로 미국과의 무역관계에서 손해를 본다고 해도

---

51) http://onecorea615.cafe24.com/xe/tongilnews/18659/page/9 (2011/4/27 검색).

52) 김현종, 위의 글, pp. 29-31.

53) 홍기빈. "개방과 통합을 어떻게 볼 것인가?" 이정우 외, 〈노무현이 꿈꾼 나라〉, 파주: 동녘, 2010. p. 683.

이를 통해 금융산업과 같은 서비스산업의 고도화를 통해 한국경제의 선진화를 성취하여 중국의 추격을 벗어나려는 의도에서 비롯되었다고 볼 수 있다. 이는 중국의 급성장을 경제적 위협으로 인식한 한국정부가 중국경제권에의 흡수를 방지하고 중국과의 관계에서 경쟁력을 확보하는 차원에서 한미FTA를 추진했다는 것이다. 이는 미국과의 상대적 이익 요인보다 제3국인 중국과의 상대적 이익 요인이 더 강력하게 한국정부의 협력 선호를 규정하여 미국이 보다 유리한 결과를 보인 한미FTA 협력을 추진했다는 것이다.


## Ⅳ. 미—인도핵협력

2005년 7월 부시 미대통령과 만모한 싱(Manmohan Singh) 인도수상은 미국과 인도가 인도의 민수용핵발전을 위한 기술, 원료, 장비 이전과 관련된 협력에 합의 했다고 선언했다. 미—인도핵협력은 2006년 3월 두 정상이 인도 뉴델리에서 "미—인도핵협력 협정"에 서명함으로서 공식화되었고 2008년 8월 "123 협정문"으로 구체화되었다. 협정문의 내용은 다음과 같다. 첫째, 인도는 22개 핵시설 가운데 14곳의 민수용시설에 대해 IAEA의 사찰을 받게 되지만 군사용으로 무기급 플루토늄을 생산할 수 있는 8개 시설은 사찰에서 제외된다. 둘째, 인도는 핵실험을 무기한 유예하고 핵무기의 보안과 비확산에 동의한다. 셋째, 인도는 미국으로부터 민수용 핵에너지발전을 위한 기술, 원료, 장비 등을 지원받는다.[54] 즉 인도는 핵비확산금

---

54) Jayshree. Bajoria, "The U.S.—India Nuclear Deal," 2008.
    http://www.cfr.org/ publication/9663 (2011/4/30 검색).

지조약(NPT)에 가입하지 않은 여섯 번째 공식적인 핵보유국이 되었으며 미국은 NPT 비가입국인 인도에 대해 민수용 핵기술과 핵물질을 제공하게 되는 것이다.

이런 미-인도핵협력은 1974년 인도가 '부처의 미소'라는 암호명으로 단행한 지하핵실험 이후 30여 년간 지속되어온 인도에 대한 핵봉쇄가 풀리는 것을 의미한다. 미국정부는 인도의 핵실험 이후 핵물질과 기술의 이전을 금지해 왔고 특히 1998년 인도가 라자스단(Rajasthan)사막에서 핵실험을 강행하자 당시 클린튼대통령은 인도에 대해 경제봉쇄를 단행했었다.55)

그러나 이러한 미-인도핵협력은 인도의 핵무기 보유를 인정함은 물론 미국이 지속적으로 강조해온 핵비확산핵규범을 훼손하는 것이다. 즉 인도가 NPT 가입국이 아니며 NPT 체제를 무력화하는 핵실험을 통해서 핵무기를 보유한 국가라는 점에서 미-인도핵협력은 미국이 추진하는 핵비확산정책의 후퇴이며 국가이익의 손실인 것이다.56) 즉 NPT체제는 NPT가 핵보유를 허용하는 5개 국가들이 핵무기개발과 관련하여 비핵국에 대한 어떠한 지원도 허용하지 않는다는 점에서57) NPT 가입핵보유국인 미국이 비가입핵보유국인

55) Paul Kapur, S. and Sumit Ganguly. "The Transformation of U.S.-India Relations," *Asian Survey*, Vol. XLVII, No. 4, 2007; Strobe Talbott, *Engaging India Diplomacy, Democracy, and the Bomb*. Wahsington D.C.: Brookings Institution Press, 2004.

56) A. Mohammed, "Critics try to sway debate on U.S.-India nuclear deal," 2008. (Electronic Versiion), Reuters.com, 2008/1/9 http://uk.reuters.com/article/oilRpt/idUKN0954728720080109 (2011/5/6 검색).

57) NPT조약 1장에 따르면 NPT가입 핵보유국은 핵무기개발과 관련 비핵보유국에 대한 어떠한 지원도 허용되지 않는다는 것이다. United Nations, *Treaty on the Non-Proliferation of Nuclear Weapons*, 1968. http://www.un.org/ events/npt2005/npttreaty.html (2011/5/6 검색).

인도에 대한 핵에너지발전 기술제공은 37년간 유지되어 왔던 NPT 체제를 훼손시키는 것이며 기존의 국가간 힘의 분배상태를 변화시킬 수 있어 현상유지를 추구하는 미국의 국익에도 역행하는 협상이었다고 비판받는 것이다.58) 특히 법적인 측면에서 이란, 인도, 북한 등 핵개발을 추진하는 모든 국가들에 대해 반대의 입장을 취해야 하는 미국이 인도와 다른 핵개발 국가들에 대해 이중적 입장을 취하고 있는 것은 향후 미국의 핵비확산정책 방향과 신뢰성에 심각한 의문을 제기하게 하는 것이다.59)

반면 미-인도핵협력에서 인도는 급속한 경제성장에 최대 장애요인으로 작용하고 있는 전력부족의 문제를 해결함은 물론 핵무기를 합법적으로 보유하게 됨으로서 최대의 성과를 거둔 협력으로 평가되고 있다. 미전략국제연구센타(CSIS)의 로버트 아인혼(Robert Einhorn)은 "인도는 우라늄도 수입하고 플루토늄도 생산할 수 있는 권리와 함께 핵 보유국의 지위를 얻는 등 모든 목표를 달성했다"고 언급함으로서 인도는 미국과는 달리 선호하는 바를 대부분 달성한 것으로 평가했다.60) 특히 협정문은 인도의 핵분열성 물질의 생산량

---

58) 미국의 인도에 대한 핵기술 및 원료 지원은 NPT체제에 가입하지 않은 국가들에게 혜택을 제공한 것이며 가입 국가들에게는 오히려 상대적 위협을 갖게 하는 결정이라는 것이다. 또 이런 결정은 미국을 자국의 이익을 위해 국제적 규범을 위반하는 국가로 인식하게 하는 결과를 가져왔다. Jarrod Hayes, "Identity and Images in the Democratic Peace: The US approach towards Iran and India on the Nuclear question", Prepared for presentation at the 49th International Studies Association annual convention, San Francisco, March 26-29, 2008, p. 2

59) 김관옥, "부시정부의 선택적 핵비확산정책 연구: 미국의 인도핵정책 분석을 중심으로," 〈국제정치연구〉, 제11집 1호, 2008.

60) 이장훈. "미국-인도 핵협력을 고리로 정략결혼" 업코리아, 2006. 2006.3.3. http://www.upkorea.net/news/articleView.html?idxno=10611 (2011/5/7 검색).

에 대한 최대치 규정 또는 추후 생산할 핵무기 수에 대한 제한도 포함하지 않고 있다.[61] 이는 인도가 미국의 지원을 확보하면서도 핵무기 생산에 대한 자율권을 보장받은 것을 의미하는 것이다.

그럼 어떤 요인이 비균등적 이득분배의 협력결과를 보인 미-인도핵협력을 타결되게 했는가? 어떤 요인이 미국으로 하여금 인도가 상대적으로 더 많은 이익을 얻는 미-인도핵협력을 체결하게 했는가?

미-인도핵협력은 미국정부에 의해서 주도되었다. 미국정부에서도 소수의 주요 인물들에 의해서 배타적 과정 속에서 추진되었다. 콘돌리자 라이스(Condoleezza Rice)국무장관, 니콜라스 번스(Nicholas Burns)국무부장관, 필립 질코우(Philip Zelikow)자문관 그리고 부시대통령 등 소수의 당시 주요 인물중심으로 인도와의 핵협력이 추진된 것이다.[62] 부시정부 주요 인사들의 인도와의 전략적 동반자관계 구축에 대한 강력한 의사에 기반을 두고 협력이 추진되었다는 것이다. 특히 인도와의 새로운 관계 규정은 라이스 전국무장관의 인도에 대한 전략적 판단에서부터 시작되었다. 라이스 전장관은 부시정부 집권전인 2000년 작성한 논문에서 중국의 급부상으로 인한 아시아지역의 국가간 힘의 분배상태의 변화의 상황에서 인도의 세력 균형적 역할이 미국 국가이익에 긴요함을 지적하며 인도의 전략적 가치를 강조했다.[63] 이는 전통적 현실주의자인 라이스 전장관의 세력균형중심의 대외정책에 기반을 둔 부시정부가 집권초기부터

---

61) Jayshree Bajoria, *op. cit.*, pp. 4-5.
62) Paul Kapur S. and Sumit Ganguly. "The Transformation of U.S.-India Relations," *Asian Survey*, Vol. XLVII, No. 4, 2007, p. 654.
63) Condoleezza. Rice,"Campaign 2000: Promoting National Interest" *Foreign Affairs*, Vol. 79, 2000. p. 56.

인도를 핵비확산의 대상이 아닌 아시아에서 중국을 견제하기 위한 전략적 동맹국으로 인식했다는 것이다.

이런 맥락에서 부시정부는 집권 하자마자 1998년 핵실험 이후 클린튼정부에 의해 인도에 부과되었던 경제봉쇄 해제를 시도하기 시작했고 결국 2001년 9.11테러 이후 인도에 대한 경제봉쇄를 철회했다.[64] 이렇듯 인도와의 핵협력을 위한 협상이 시작되기 이전에 이미 미국은 NPT체제 밖에서 핵실험을 단행하고 핵무기를 보유한 인도와의 관계를 개선시키려는 의지를 분명히 한 것이다. 예컨대 미국은 2001년 인도와의 양자간 방위정책그룹회의를 재개와 연쇄적 합동군사훈련 그리고 더 나아가 양국간 정보 공유까지 주도했다.[65] 이렇듯 미국은 인도와의 전략적 동반자 관계를 강화하는 차원에서 인도의 에너지 필요를 충족시켜주는 대담한 접근을 추진한 것이다. 결국 미-인도핵협력은 부시정부가 인도와의 동맹관계를 강화함으로서 잠재적 패권국으로 부상하고 있는 중국을 견제하려는 전략적 목적에서 추진된 경향이 강한 것이다.

이러한 부시정부의 인도에 대한 새로운 인식은 미-인도관계의 역사와 1998년 인도의 핵실험에 대한 클린튼정부의 경제제재를 고려할 때 매우 급진적인 변화인 것이다. 냉전기간 동안 인도는 비동맹세력의 중심이었으며 소련과 우호적 관계를 유지해왔다.[66] 특히 인도와 파키스탄이 1998년에 핵실험을 연이어 단행하자 클린튼 핵

---

64) Dinshaw Mistry, "Diplomacy, Domestic Politics, and The U.S.-Indian Nuclear Agreement" *Asian Survey*, Vol. XLVI, No. 5, 2006, p. 681.

65) Sumit, Ganguly, Brian Shoup, and Andrew Scobell eds., *Indo-U.S. Strategic Cooperation in the Twenty-First Century: More Than Words*, London: Routledge, 2006.

66) Paul Kapur, S. and Sumit Ganguly. *op. cit.*, pp. 643-645.

무기실험에 대한 보복조치로 경제봉쇄와 핵물질 및 핵기술 이전에 대한 봉쇄조치를 단행했다.[67] 이는 클린튼정부까지는 인도의 전략적 가치보다 핵비확산체제 유지를 더 중요시한 것이다. 즉 중국의 위협에 대한 부시정부의 인식의 변화가 인도의 전략적 가치를 증대시켜 인도가 상대적 이득을 더 확보하는 핵협력을 체결하게 된 것이다.

이런 맥락에서 미국은 인도와 공식적인 핵협력에 대한 협상을 시작했으며 2005년 아시아를 방문한 라이스 전국무장관은 인도와 관계개선을 위해 최대 장애인 핵문제 해결을 언급했다. 특히 라이스 장관은 싱 인도수상에게 인도가 핵기술수출에 대한 확고한 통제력을 보장할 경우 미국과 인도는 민수용핵에너지협력에 합의할 수 있다고 제안함으로서 미국이 더 많은 양보를 할 것임을 분명히 했다(Mistry, 2006, 682). 이에 핵주권 유지와 지속적 경제성장을 위해 미국과의 핵에너지협력이 필요했던 인도정부와 의회는 대량살상무기와 이의 이전체제에 관한 통제를 강화하는 법안을 통과시킴으로서 미국의 요구에 부응했다. 그러나 인도는 미국의 인도 핵시설에 대한 안전조치(safeguards)와 사찰(inspections)의 요구를 야당과 내부의 반대로 수용하지 않았으나 결국 민수용과 군사용을 분리하고 민수용만 안전조치와 사찰을 받는 것으로 합의함으로서 미-인도핵협력을 타결 지었다.[68]

---

67) 당시 인도와 파키스탄은 NPT 가입국이 아니기 때문에 이들의 핵실험에 대한 보복조치로 클린튼 국내법인 무기수출통제법과 수출입은행법을 적용하여 국제금융기구의 융자 금지, 식량 분야를 제외한 경제원조 중단, 컴퓨터 등 군사 전용 우려가 있는 첨단 제품의 수출 금지 등을 포함하는 경제제재를 양국에 적용했다. Dianne Rennack, E. "India and Pakistan: U.S. Economic Sanctions, *CRS Report for Congress*, February 3, 2003.

앞서 언급한대로 미-인도핵협력으로 미국은 30여 년간 지켜왔던 핵비확산규범에 대한 예외적 사례를 인정했다는 점에서 특히 다른 핵무기 개발국가들과는 다른 이중적 기준을 적용했다는 점에서 미국의 일관된 정책적용에 상당한 훼손을 감수한 것으로 평가되는 것이다. 이에 콜린 파월(Colin Powell) 전국무장관과 국무부 비확산 및 군비통제국 등은 인도와의 협력안에 대해 반대의사를 분명히 했다.

그러나 미국의 미-인도핵협력의 손익계산은 인도와의 관계속에서 분석되기 보다는 제3국, 즉 중국과의 관계에서 계산된 측면이 강하다. 중국위협론에 근거해 중국을 잠재적 패권도전국으로 인식한 부시정부는 중국을 미국의 패권유지에 최대의 위협 요인으로 규정하고 이에 대한 견제정책의 일환으로 미-인도핵협력을 추진한 것이다.[69] 즉 부시정부는 중국과의 힘의 비대칭성이 감소할수록 중국을 위협으로 인식하여 전통적으로 중국과 갈등관계에 있는 인도를 통해 중국을 견제하거나 최소한 인도가 중국과 협력하는 관계로 이전되는 것을 방지하는 차원에서 미-인도핵협력을 추진한 것이다.[70] 인도가 미국과의 관계에서 상대적 이익을 얻는 미-인도핵협력을 미국이 적극적으로 추진하고 그 결과를 수용하는 것은 민주주의 국가인 상대국 인도의 상대적 이익을 위협으로 인식하지 않

---

68) 양국은 미국의 핵기술 이전 조건으로 2014년까지 인도의 14개 민수용 원자력 발전소를 사찰할 수 있지만 8개의 군용 핵발전소는 사찰하지 않기로 했다.

69) 미국방부는 중국국방예산의 증가, 핵탄두 현대화와 증강 등의 군사적 팽창을 위협요인으로 간주하고 있다. 이상현, "미·인도 핵협력의 전략적 의미"〈정세와 정책〉, 세종연구소, 2005년 8, pp. 9-12.

70) Jayshree Bajoria, op. cit., p. 8; Paul Kapur, S. and Sumit Ganguly. op. cit., p. 654.

고[71] 오히려 제3국인 중국으로부터의 위협을 인도와의 협력을 통해서 감소시키려는 차원인 것이다.

이러한 미국의 미-인도핵협력 추진 요인은 미국과 인도의 핵에너지 사안 이외의 협력분야의 확대에서 보다 명확해진다. 인도는 미국이 주도하는 MD체제에 참여 의사를 분명히 했다. MD체제 구축은 동맹국의 적극적인 협력이 필요한 사안이기 때문에 MD체제 참여 여부가 미국과의 동맹관계 수준을 규정할 수 있는 것이다. 특히 아시아에서의 MD체제는 암묵적으로 중국을 대상으로 한다는 점에서 인도의 참여 결정은 부시정부의 인도핵정책 결정에 긍정적 요인으로 작용했다는 것이다.[72] 이러한 MD체제 구축 협력 외에도 미국과 인도는 이란의 핵문제에 대해서 협력을 같이하고 있으며 아프가니스탄에서의 양국간 공동 군사활동 그리고 양국 해군의 협력 등 다양한 안보영역에서 협력을 강화하고 있다. 또 미국은 최선의 조건으로 인도에 고성능 무기를 판매하기 시작했으며 더 나아가 인도의 핵역량 강화도 용인하고 있다. 예컨대 인도가 2008년 2월 26일 핵탄두 탑재가 가능한 탄도미사일을 해저기지에서 발사하는데 성공함으로써 적국에 보복공격 능력을 강화할 때도 게이츠 미국 방장관은 인도와 미국의 군사교류확대를 위해 더욱 노력할 것이며 해저미사일 발사도 문제 삼을 일이 아니라고 주장했다.[73] 이는 부시

---

71) Jarrod, Hayes, *op. cit.*

72) Ashley J. Tellis, "The Evolution of U.S.-Indian Ties: Missile Defense in an Emerging Strategic Relationship," *International Security*, Vol. 30, No. 4, 2006. 로버트 게이츠 미국방장관도 2008년 2월 미국과 인도가 미사일 방어시스템(MD) 공동추진방안을 연구하고 있다고 주장했다. 문화일보, 2008년 2월 28일.

73) 중앙일보, 2008년 2월 28일.

정부의 인도핵협력정책이 인도와의 상대적 이익 계산의 차원에서 추진된 것이 아니라 잠재적 도전국 중국과의 관계에서 추진된 것을 확인하는 것이다. 이러한 맥락에서 2006년 4개년국방전략검토 보고서(the Quadrennial Defense Review Report)에서 부시정부는 중국을 처음으로 미국과 군사적으로 경쟁할 수 있는 강대국으로 지목했으며 이런 차원에서 미-인도 양국 협력의 중요성을 강조했다.[74]

## V. 결론

본 연구는 신현실주의 이론과 신자유주의 이론의 국제협력과 관련된 논쟁의 핵심인 상대적 이익 요인에 집중해 국제협력을 설명했다. 즉 상대적 이익 요인에 근거해서 국제협력이 성취되기 어렵다는 신현실주의 이론의 주장과는 달리 본 연구는 제3국과의 관계에서의 상대적 이익 요인이 오히려 국제협력을 촉진하는 역할을 할 수 있다고 주장했다. 이에 본 연구는 상대적 이익 요인이 국제협력을 촉진할 수 있다는 본 연구의 주장을 평가하기 위해 한미FTA 사례와 미-인도핵협력 사례 연구를 수행했다.

연구결과 한미FTA 협력은 4대 선결조건과 재협상 등에서 한국의 양보에 의해 타결되었음이 확인되었다. 이는 한국이 미국의 상대적 이익 요인의 존재에도 불구하고 미국과의 자유무역협력을 추진한 것을 보여주는 것이며 신현실주의 이론에 근거한다면 협력은 좌초되거나 정체되어야 했으나 결국 한국의 양보로 타결되었다.

---

74) U.S. Department of Defense, *Quadrennial Defense Review Report*, 6 February, 2006.

즉 신현실주의 이론의 주장과는 달리 한국은 상대적 손실에도 불구하고 한미FTA를 체결한 것이다. 이런 결과는 한미FTA에 대한 한국의 이익이 협력대상국인 미국과의 손익계산에서만 파악되는 것이 아니라 또 다른 이익 개념이 존재한다는 것을 의미한다. 한국정부는 한미FTA가 한국이 글로벌 스탠다드를 도입하는 계기가 되어 동아시아의 통상허브국가로 성장하는데 더 주안점을 두었다. 특히 제조업분야에서 추격하는 중국을 경제적 위협으로 인식하여 서비스산업 강화 등 산업구조의 고도화를 통해 중국과의 관계에서 경쟁력을 갖추려는데 집중했다. 한국은 한미FTA를 경쟁국 중국에 대해 상대적 이익을 확보하는 차원에서 접근함으로서 미국에 대한 상대적 손실을 감수하면서도 한미FTA를 추진하게 됐다는 것이다. 본 연구가 주장한대로 한국의 제3국인 중국과의 관계에서의 상대적 이익이 오히려 한미FTA를 촉진하는 요인으로 작용했음을 보여주는 것이다.

미-인도핵협력사례 연구결과도 미국의 일방적 양보로 협력이 타결되었음을 보여주었다. 미국은 NPT체제 밖에서 핵실험을 단행하고 핵보유에 성공한 인도에 대해 핵에너지기술을 이전하는 내용에 합의함으로서 자국이 30여년간 강력하게 유지해왔던 핵비확산규범을 훼손하는 손실을 감수하면서 인도와의 협력을 체결했다. 특히 인도의 핵보유를 인정함으로서 양국간의 상대적 이익은 현저하게 인도에게 유리한 결과를 보였음에도 미국은 미-인도핵협력을 추진한 것이다. 이러한 국제협력의 변이성은 한미FTA의 경우와 같이 미-인도핵협력에 있어 미국의 이익이 인도와의 관계에서만 형성되는 것이 아니고 또 다른 변수에 영향을 받는데서 비롯된 것이다. 미국은 제3국인 중국의 급속한 성장을 미국안보와 미국의 패권적 위상 유지를 위협하는 요인으로 인식하고 부상하는 중국을 견제하기 위한 수단으로서 인도와의 협력이 필요했던 것이다. 즉 중국과의 상대적 이익 요인이 미국으로 하여금 협력 상대국인 인도에 대한 손실을 감수하면서도 협력을 추진하게 한 것이다. 이는 인도에 상대적 이익을 제공해서라도 미-인도 관계를 동맹관계 수준으로 강화시키는 것이 중국과의 관계에서 더 큰 이득을 가져온다는 전략적 판단에서 비롯된 것이다. 따라서 미-인도핵협력은 국제협력이 당사국간의 양자적 손익계산을 넘어 제3국과의 이해득실 요인에 상당한 영향을 받는 다는 것을 분명히 확인한 사례인 것이다. 특히 이 사례는 제3국으로 부터의 위협의 강도가 커진다고 인식할수록 제3국과의 상대적 이익 요인이 국제협력 촉진에 더 결정적인 영향을 미친다는 것을 보여주었다.

이와 같은 사례연구 결과는 본 연구가 주장한대로 기존 국제협력 이론들의 국제협력의 변이성에 대한 제한적 설명력이 국제협력을 자국의 이익 또는 상대국의 이익이라는 절대적 또는 상대적 시각으로만 바라보는 시각의 제한성에서 비롯되었다는 것을 확인시켜 주었다. 즉 국제협력은 다른 제3국과의 관계로부터 상당한 영향을 받을 수 있으며 이에 따라 이런 제3국과의 관계를 변수로 인식하지 않는 기존 이론들이 설명력의 한계를 갖는다는 것이다.

반면 제3국과의 관계에서의 상대적 이익 요인이 국제협력를 촉진한다는 본 연구의 주장은 한미FTA 및 미-인도핵협력 사례에서 평가되었다. 물론 제3국과의 상대적 이익 요인이 한미FTA와 미-인도핵협력 성취를 결정짓는 유일한 요인은 아니었지만 협력 추진에 상당한 동기로 작용했던 것으로 확인되었다. 특히 무정부상태에서 제3국과의 경쟁 또는 갈등관계가 치열해질수록 국제협력이 제공하는 특정 제3국 배제적 이익이 국제협력을 촉진할 수 있다는 본 연구의 주장은 한미FTA와 미-인도핵협력에서 모두 확인되었다. 즉 부시정부가 부상하는 중국을 위협으로 인식하면서 인도와의 협력을 의도적으로 추진했고 노무현정부가 중국의 제조업이 한국경제에 위협이 된다고 판단하면서 한미FTA를 대안으로 추진했던 것 등은 제3국과의 관계가 국제협력에 미치는 영향을 잘 보여주는 것이다.

그러나 본 연구의 한계도 분명하다. 본 연구는 국제협력의 변이성을 설명하려는 취지에서 전개되었지만 이런 변이성을 일반적이고 체계적으로 설명하는 데는 뚜렷한 한계를 보였다. 다만 본 연구는 신현실주의이론이 국제협력을 저해하는 가장 결정적 요인으로 주장하고 있는 상대적 이익 요인이 오히려 국제협력을 촉진시킬 수도 있음을 보여줌으로서 신현실주의 이론의 주장을 비판적으로 검증한데 기여했다고 볼 수 있다. 특히 국제협력의 가능성을 분석하는 기존 이론들이 자국의 이익 또는 상대의 이익을 중심으로 국제협력을 설명하는데 반해 본 연구는 제3국과의 상대적 이익 요인을 국제협력에 영향을 미치는 요인으로 추가함으로 국제협력을 이해하는 새로운 면을 제시했다.

제8장

김정은시대 북한 대외정책

## I. 서론

알렉산더 웬트(Alexander Wendt)는 무정부상태 구조에서는 모든 국가들은 자신들의 선호와 관계없이 세력균형을 이루게 되어 그 가운데 비합리적으로 행동하는 국가들은 도태된다고 주장한 바 있다.[1] 그러나 북한은 자국에게 불리한 비대칭적 세력구조임에도 불구하고 비합리적 행동을 지속적으로 이어가고 있다. 북한은 2012년 12월 12일 중국을 포함한 주변 국가들의 반대에도 불구하고 장거리 로켓 발사를 단행했으며 이어 2013년 2월 12일에는 제3차 핵실험을 강행함으로서 국제사회에 대한 핵위협을 가중시키는 행태를 이어갔다. 특히 이러한 북한의 도발에 대해 유엔 안전보장이사회(이하 안보리)를 중심으로 국제사회가 제재를 강화하는데 대해서도 북한은 매우 이례적으로 강력한 반발을 가속화하고 있다. 유엔안보리가 장거리 로켓 발사에 대해 제재 결의안 2087호를 채택했고 이어 핵실험에 대해서도 제재 결의안 2094호를 통과시키면서 제재의 강도를 높여가자 북한은 핵보유국 위상을 천명하며 정전협정 파기, 남북불가침합의 폐기, 판문점직통전화 단절 등 가용한 모든 반발 수단을 적극 활용하고 있다. 북한은 또 3월 30일에는 정부, 정당, 단체 명의의 특별성명을 발표하여 남북관계가 전시상황(state of war)에 진입했다고 선언함으로서 한국전쟁을 끝내고 정전협정을 체결한지 60년 만에 북한은 다시 한반도에서의 전쟁의 위기감을 최고 수준으로 고조시켰다.[2] 더욱이 4월 15일을 앞두고 김정은정권은 한국, 미국, 일본

---

1) Alexander Wendt, *Social Theory of International Politics*, Cambridge: Cambridge University Press, 1999 pp. 150-156.
2) 연합뉴스, 2013년 3월 30일. http://www.yonhapnews.co.kr/politics/

에의 미사일발사를 공언하며 전면 전쟁 직전까지 상황을 몰아갔다.

유엔 제재결의안 2094호는 북한의 오랜 동맹국인 중국을 포함해 유엔안보리 15개 회원국 전체가 만장일치로 채택 했고 그 내용도 기존 결의안들보다 제재 강도가 높은 것은 사실이지만 북한은 과거에 비해 예외적으로 강도 높은 반발을 이어갔다.[3] 북한은 3월 6일에는 핵 선제공격권 행사와 제2의 조선전쟁을 공언했으며 11일에는 정전협정 백지화 조치를 실행에 옮기기 시작해 판문점 남북 연락사무소 간 직통전화를 단절했다. 더욱이 북한은 3월 26일에는 한반도에 핵전쟁 상황이 조성되었다고 주장하며 한국과 미국에 대한 핵타격 가능성을 언급하기도 했으며 27일에는 마지막 남은 남북한 소통 통로인 남북 군사당국간 통신선까지 단절했다.[4] 특히 북한은 4월 10일에는 개성공단까지 폐쇄시킴으로서 남북간의 모든 접촉 창구를 폐쇄했다. 이는 김정은 북한정권이 한반도 안보상황을 위협의 수준에서 물리적 충돌의 상황으로 확대시킬 수 있음을 보여주는 것이다.

---

2013/03/30/0511000000AKR 20130330013852014.HTML?template= 2085 (2013/ 3/30 검색).

3) 유엔헌장 7장(평화에 대한 위협, 평화의 파괴 및 침략행위에 관한 행동) 41조(비군사적 조처)에 근거한 제재안으로서 군사적 강제조처에 해당하는 42조는 채택되지 않았다. 그러나 기존의 제재안보다 강화된 내용으로 구성되어 북한과 관련되어 금지물자 적재가 의심되는 선박 검색과 항공기 영공통과 및 이착륙 금지 등이 포함되었다. 특히 해당 선박이 검색을 거부할 경우 유엔회원국들이 자국에 북한선박의 기항을 불허한다는 조처가 포함되었다. 금융거래 부분에서도 북한의 제재 대상 관련 단체 또는 개인의 자산동결뿐만 아니라 금융거래 서비스 제공 금지와 대리인의 자산 동결도 추가되었다. 한겨레신문, 2013년 3월 8일.

4) 연합뉴스, 2013년 3월 27일. http://www.yonhapnews.co.kr/politics/ 2013/03/26/0511000000AKR20130326226951014.HTML?template= 2085 (2013/3/27 검색).

내부적으로도 북한은 연일 대규모 군민대회를 열고 모의 사격훈련 등 전쟁분위기를 조성했으며 이런 환경에서 김정은 제1비서는 3월 7일 "북한군은 전면전을 개시할 준비가 되어 있다" 주장한 바 있다.5) 또 3월 12일에는 김정은 스스로 백령도 인근 월내도방어대를 시찰하면서 "명령만하면 적들을 모조리 불도가니에 쓸어 넣어라"고 지시하는 등 한반도 안보 긴장을 최고조로 키우고 있다.6) 이와 더불어 3월 26일에는 인민군 최고사령부 명의 성명을 통해 미사일 군부대와 장거리포병부대를 포함한 모든 야전포병군을 "1호 전투태세"에 진입시킨다고 선언하며 군사적 위협의 강도를 최고조로 높였다. 특히 북한의 도발적 행태에 대한 대응 차원에서 미국이 B-52폭격기와 B-2 스텔스폭격기 그리고 핵잠수함을 한반도에 보내자 북한군은 국가급 군사훈련을 실시했으며 김정은은 28일 전략미사일부대에 사격대기를 명령함으로서 한국과 미국 본토타격계획을 숨기지 않았다.7)

이러한 김정은 북한정권의 도발적 행태는 2006년과 2009년 제1차, 2차 핵실험 강행 이후 안보리가 재제결의안 1718호와 1874호를 각각 채택했던 상황에서 김정일정권이 취했던 행태보다 반발의 강도가 매우 크며 더 극단적이라는 평가다.8) 스콧 스나이더 미국외교협회(CFR) 선임연구원도 "벼랑끝 전술이 북한의 전술로 활용되어

---

5) 노컷뉴스, 2013년 3월 8일. http://www.nocutnews.co.kr/show.asp?
   idx=2426286 (2013/3/10 검색).
6) 경향신문, 2013년 3월 13일.
7) 한국일보, 2013년 3월 29일. http://news.hankooki.com/ArticleView/
   ArticleView.php?url=politics/201303/h2013032911240174760.htm&ver=
   v002 (2013/3/29 검색).
8) 데일리 NK, 2013년 3월 29일. http://www.dailynk.com/korean/read.
   php? cataId= nk06100&num= 99324 (2013/3/29 검색).

왔지만 지금은 한도를 넘어섰다"고 주장함으로서 과거보다 북한의 도발적 행태가 극단화되었음을 지적했다.[9] 예컨대 2006년 유엔 안보리가 1차 핵실험에 대해 1718호 재제 결의안을 채택했을 당시 김정일정권은 결의안 채택 3일후 외무성 성명을 통해 제재안은 미국의 각본에 따른 선전포고라고 비난했지만 북한은 비핵화를 위한 자기 책임을 다할 것이며 미국의 동향을 주시하며 해당 조치를 취해나가겠다고 주장했다.[10] 특히 NPT 탈퇴 후에는 사전 통보한 핵실험은 정당하다고 주장함으로서 핵실험의 당위성을 주장하고 재제 결의안의 불공정성을 부각시키는 데에 주력했다. 2차 핵실험을 강행한 이후 안보리가 재제 결의안 1874호를 채택했을 당시에도 북한 외무성은 성명을 통해 6자회담 복귀 거부를 천명하면서 우라늄 농축작업 개시와 새로 추출한 플루토늄의 전량 무기화를 주장하는 정도 수준의 반발을 하는 데 그쳤다.

이렇듯 김정일체제 시기의 대응보다 극단화된 김정은체제의 도발적 행태는 중국과의 관계 설정에서 보다 명확해진다. 김정은정권은 동맹국인 중국이 적극적으로 반대하던 핵실험을 강행함으로서 중국 지도자들과 고위관료들로부터 상당한 비판에 직면했으며 중국은 안보리 제재결의안의 충실한 이행을 통해 북한을 압박하고 있다.[11] 북한은 동맹국도 동의하지 않는 도발적 행태를 이어가면서

---

9) 연합뉴스, 2013년 3월 30일. http://www.yonhapnews.co.kr/international/ 2013/03/30/0601080100AKR20130330003500071.HTML?template= 5566 (2013/3/30 검색).

10) 한겨레, 2006년 10월 17일. http://book.hani.co.kr/arti/ISSUE/29/ 165075.html (2013/3/11 검색).

11) 38 North March, 30th 2013. http://38north.org/2013/03/jjun032913/ ?utm_source=38+North+Bulletin%2C+032913&utm_campaign=38+ North&utm_medium=email (2013/3/30 검색).

국제적 고립상태를 스스로 심화시키고 있는 것이다.

왜 김정은 북한정권은 장거리 로켓 발사와 제3차 핵실험 강행했으며 여기에 정전협정을 파기하고 한국, 일본, 미국에 미사일 발사를 준비하는 등 한반도 전쟁 가능성을 높이는 도발적 행태를 이어가고 있는 것인가? 왜 김정은체제는 과거 김정일체제 시기보다 유엔 안보리 제재결의안에 대해 더욱 도발적인 대응을 이어가고 있는가? 김정은 북한정권은 최근 주장하는 대로 핵보유를 영구화 하고 대륙간 탄도미사일을 바탕으로 한국은 물론 미국 안보를 위협하고 제2의 한국전쟁을 일으켜 동아시아 국제질서를 근본적으로 변화시킬 것인가?

위의 질문들이 보여주듯이 본 연구는 김정은 북한정권의 극단적 도발행태의 원인을 분석하고 김정일체제와의 차이점 규명과 북한의 향후 행태를 전망하는데 그 목적이 있다. 특히 비대칭적 힘의 관계에서 현실주의이론이 주장하는 것과는 달리 김정은정권이 왜 중국과의 관계를 악화시켜 결과적으로 북한에게 불리한 힘의 분배상태가 형성되게 할 수 있는 도발적 행태를 취하는지를 규명하는데 집중한다.

이에 본 연구는 우선 북한정권의 '벼랑끝 전략'과 같은 도발적 행위에 대한 이론적 접근법으로서 전망이론(prospect theory)을 제시한다. 둘째로 북한의 도발적 행위의 원인을 파악하고 안보리 제재결의안에 대한 김정일체제의 대응방법과 김정은체제의 대응을 비교하기 위해 우선 2006년과 2009년의 1, 2차 북핵실험 배경과 안보리 제재결의안에 대해 북한이 취했던 행태를 규명한다. 셋째, 2013년 2월 3차 북핵실험 강행과 3월 유엔의 제재 결의안 채택이후 김정은정권이 취했던 극단적 도발행태의 원인을 파악하기 위해 2011년 12월 김정일 사후 북한의 대내외적 요인들의 변화가 어떻게 대외정책 결정에 영향을 주었는지에 대해 집중 분석한다. 마지막으로 연구결과를 바탕으로

본 연구가 이론적 접근법으로 제시한 전망이론의 적실성을 평가하고
아울러 이를 배경으로 향후 김정은정권이 추구할 대외정책이 한반도
안보에 미치는 함의를 파악한다.


## Ⅱ. 이론적 검토


　본 연구는 왜 김정은정권이 유엔 안보리 제재에 대해 더 극단적
이고 공격적인 행태를 취하는지를 설명하는데 집중한다. 앞서 언급
한대로 북한이 공격적 행태를 지향하는 미국, 일본 그리고 한국과는
비대칭적 힘의 배분상태를 보이고 있다는 점에서 북한의 행태는
비합리적인 것이다.[12] 왜 김정은정권은 이런 비합리적인 행태를
이어가는가? 특히 왜, 어떤 조건에서 김정은정권은 김정일정권 시
기보다 더 공격적인 행태를 전개하는가? 어떤 접근법이 이런 비합
리적이며 공격적인 행태를 보다 효과적으로 설명할 수 있는가?
　본 연구는 북한의 비합리적이며 공격적 행태를 설명하기 위해
전망이론[13]을 이론적 접근법으로 채택한다. 전망이론은 카네만
(Daniel Kahneman)과 트베르스키(Amos Tversky)에 의해서 제시된 이론
으로서 기존의 합리적 선택이론(rational choice theory)이 주장하는 것
과는 달리 정책결정자들이 항상 절대적 가치에 근거해 결정하기
보다는 준거점(reference point)을 기준으로 이익과 손실의 관계 속에

---

12) Victor Cha and David Kang, *Nuclear North Korea: A Debate on Engagement
Strategies*, New York: Columbia University Press, 2003, pp. 1-11.
13) 전망이론은 위험상황에서의 의사결정이론으로서 정책결정자의 대내
외적 상황에 대한 인식이 정책결정에 결정적 변수로서 작용한다고
간주한다.

서 선택을 한다는 것이다.[14] 즉 전망이론은 국가들 간의 관계의 주관성과 상대성에 초점을 두는 접근법으로서 정책결정자들은 이 익보다도 상대적 손실에 더 민감하게 반응하고 따라서 손실의 상황에서 손실회복을 위해 위험부담이 높은 비합리적인 정책을 채택한다는 것이다.

전망이론은 이러한 손실에 대한 민감성은 두 가지 효과에 의해서 강화된다고 주장한다. 우선 손실에 대한 민감성은 전망이론이 주장하는 영역효과(frame effects)와 연결되어 있는데 선택의 영역이 손실 영역인지 또는 이익영역인지에 따라 채택하는 정책의 선호도가 달라진다는 것이다. 즉 인간은 이익의 영역에서 선택할 경우 안전한, 위험을 회피(risk- averse)하는 선택을 선호하고 반대로 손실의 영역에서 선택할 경우 손실 복원에 집착하게 되어 위험부담(risk-taking)을 감수하는 선택을 한다는 것이다.[15]

둘째, 이러한 손실에 대해 보다 민감성을 보이는 영역효과는 소유효과(endowment effect)에 그 근원이 내재되어 있다. 소유효과는 인간이 새로운 것을 얻을 때 가지는 기쁨은 유사한 기존의 것을 잃을 때 느끼는 고통보다 작다는 것이다.[16] 즉 소유효과는 인간이 이미 자신이 가진 것에 대한 과대평가의 경향에서 비롯된 것으로서 따라서 자신의 기존 자산에 대한 손실을 매우 꺼려하는 손실회피 경향이

---

14) Daniel Kahneman and Amos Tversky, "Prospect Theory, an Analysis of Decision Making under Risk," *Econometrica*, Vol. 47, No. 2, 1979, pp. 263-291.

15) Rose McDermott, James Fowler, and Oleg Smirnov, "On the Evolutionary Origin of Prospect Theory Preferences," *Journal of Politics*, Vol. 70, No. 2, April 2008, pp. 336-337.

16) Jack Levy, "Loss Aversion, Framing Effects, and International Conflicts," *International Political Science Review*, Vol. 17, No. 2, 1996, p. 182.

더 강화된다는 것이다.

그럼 무엇이 손실과 이익의 경계선인가? 결국 정책결정자가 어떤 기준을 통해 손실과 이익을 규정하는가에 따라 대외정책의 내용도 달라지는 것이다. 정책결정자에게 있어서 손실영역과 이익영역의 구분 기준인 중립적인 준거점(reference point)이 중요한데 카네만과 트베르스키는 인간이 현재 상태를 준거기준으로 변화에 대응하고 판단한다는 점에서 현재상태(status quo, 이후 현상)가 준거점 역할을 한다고 주장한다.[17] 특히 정책결정자들은 현상유지에 정당성을 부과하는 인식체계를 구성함으로서 현재 상태에서 이익을 추가하는 것은 받아들이면서도 현상을 위협하는 손실은 수용하기 어려운 조건으로 인식하는 것이다.[18] 이런 맥락에서 전망이론은 손실에 민감한 정책결정자들은 준거점 역할을 하는 현상유지에 더 집착하게 된다고 주장하는 것이다. 따라서 현상으로부터의 손실은 더 큰 불안을 조성하게 돼서 정책결정자들은 손실을 복원하기 위해 비합리적이며 위험부담이 높은 선택을 하게 된다는 것이다.[19]

이렇듯 전망이론이 대외정책이론에 가지는 함의는 국가들의 손실에 대한 높은 민감성과 중요성에 대한 인식이 현상유지 경향으로 이어져 결국 현상유지를 위협하는 손실을 복원하기 위해서는 위험부담

---

17) Daniel Kahneman and Amos Tversky, "Prospect Theory, an Analysis of Decision Making under Risk," Econometica, Vol. 41, No. 2, 1979, pp. 274-278. 전망이론에서 현상은 개인이 생각하는 현재 소유 자산의 상태이다. 따라서 정책결정에 적용할 경우 현상은 정책결정자가 인식하는 현재 소유하고 있는 국내외적 위상과 자산으로 정의할 수 있다.
18) William Samuelson and Richard Zeckhauser, "Status Quo Bias in Decision Making," *Journal of Risk and Uncertainty*, Vol. 1, 1988, pp. 33-39.
19) Robert Jervis, "The Implications of Prospect Theory for Human Nature and Values," *Political Psychology*, Vol. 25, No. 2, 2004, pp. 163-176.

(risk-taking)을 감수하는 비합리적 정책을 채택할 수 있다는 것이다.[20]

이러한 전망이론의 주장은 무정부상태의 국제사회에서 자국의 안보를 확보해야 하는 정책결정자들의 손실회피 경향을 설명하는 것이다. 그러나 무정부상태의 효과에 따른 국가들의 행태는 이미 신현실주의 이론에서 충분히 설명이 되었고 특히 상대적 이익개념을 통해 다른 국가와의 관계 속에서 이익을 파악하고 그 결과로서 국가간 협력이 어렵다는 주장을 제기했다.[21] 하지만 전망이론은 상대적 손실부분에 집중하여 국가들의 협력 실패와 같은 방어적 행태보다는 위험을 감수하고라도 손실을 복원하여 현상을 유지하려는 목적으로 비합리적이며 공격적 행태의 발생에 대한 주장을 제시한 것이다.

이러한 전망이론의 주장은 정책결정자들이 항상 이익의 극대화를 추구하는 합리적 정책만을 채택하지 않는다는 것을 보여준 것이며 이는 북한의 비합리적이며 도발적인 정책을 이해하는데 의미를 가진다. 따라서 전망이론에 따르면 만약 북한의 정책결정자가 현상유지를 이익의 영역으로 파악할 경우 합리적 선택이론이 주장한대로 합리성을 기반으로 한 선택이 이루어져 위험회피적 대외정책을 채택할 가능성이 높은 것이다. 그러나 반대로 정책결정자가 '현상'을 손실의 영역으로 인식할 경우 손실보전을 위해 높은 위험부담의 도박성격이 큰 정책이 채택될 가능성이 크다는 것이다.[22]

---

20) 황지환, "전망이론의 현실주의적 이해: 현상유지경향과 상대적 손실의 국제정치이론," 〈국제정치논총〉, 제47집 3호, 2007, pp. 11-12.

21) Joseph Grieco, "Anarchy and the limits of cooperation: a realist critique of the newest liberal institutionalism," *International Organization*, Vol. 42, No. 3, Summer 1988.

22) Rose McDermott, "Prospect Theory in Political Science: Gains and Losses from the first decade," *Political Psychology*, Vol. 25, No. 2, 2004, p. 294.

그러나 이런 장점에도 불구하고 전망이론은 정책결정자가 손실과 이익을 전망할 수 있는 준거점(reference point)에 대한 이론을 제시하지 못하고 있다.[23] 즉 전망이론은 어떤 요인이 변화할 때 '현상'을 변화하는 것으로 인식하고, 특히 이익영역으로 변화하는지 손실영역으로 변화하는 지에 대한 판단 근거를 제시하지 않고 있는 것이다. 단지 전망이론은 정책결정자에 영향을 미칠 수 있는 환경의 중요성만을 강조한다. 전망이론은 정책결정자의 정책 선택에 영향을 미칠 수 있는 국제정치적 상황과 환경 등을 추상적으로 판단할 뿐이다.[24] 둘째, 전망이론은 특정 정책결정자를 행위 주체로 간주함으로서 다른 국내 주요 행위체들의 손실과 이익에 대한 판단이 정책결정자의 준거점 규정에 미치는 영향을 고려하지 않고 있다. 즉 정책결정자의 준거점 규정에 있어서의 국내 정치세력들이 국내외 정치환경에 대한 해석 또는 힘의 역학관계를 통해 결정에 미치는 영향을 간과한다는 것이다.[25]

이런 맥락에서 본 연구는 현재 소유하고 있는 국가적으로 매우 중요한 다음과 같은 가치들('생존 및 영토', '경제적 성과', '국제적 반응과 위상', '명성 및 정체성' 그리고 '국내적 안정 또는 지지')의 긍정적 또는 부정적 변화가 정책결정자가 '현상'을 이익 또는 손실 영역으로 판단하는 기준으로 작용한다고 가정한다.[26] 둘째, 전망이

---

23) Jeffrey Berejikian, "The Gains Debate: Framing State Choice," *American Political Science Review*, Vol. 91, No. 4, December 1997, p.791.

24) Timothy Mckeown, "Decision Processes and the Co-operation in Foreign Policy," *International Journal*, Vol. 47, No. 2, 1992, p.412.

25) Paul Hart, Eric Stein, and Bengt Sundelius, *Beyond groupthink: political groups dynamics and foreign policy-making*, Ann Harber: University of Michigan Press, 1997, pp.132-133.

26) Anat Niv-Solomon, "When Risky Decisions are Not Surprising: An

론이 정책결정에 있어 정책결정자 개인의 판단에 집중한다면 본 연구는 정책결정자의 정책결정에 영향을 미치는 정치집단 또는 세력의 역할 및 상호작용을 함께 고려한다. 즉 정책결정자와 유사한 수준의 기득권 집단은 손실에 대한 민감도도 높아 정책결정에 중요한 영향을 미칠 수 있다. 이런 측면에서 본 연구는 대외정책 결정에 영향을 미치는 주요 집단의 판단과 역할을 함께 고려한다. 이러한 전망이론에 대한 이론적 검토를 바탕으로 본 연구는 세 차례에 걸친 핵실험과 그 이후 유엔안보리 제재 과정에서 김정일정권과 김정은 정권이 가진 '현상'에 대한 인식이 어떻게 대외정책 결정에 영향을 미쳤는지를 파악함으로서 북한의 도발적 행태의 원인을 규명한다.

## Ⅲ. 1차 북핵실험과 제재안 1718호에 대한 김정일정권의 대응

북한은 2006년 10월 3일 외무성 성명을 통해 핵실험계획을 선언한 이후 10월 9일 핵실험을 전격적으로 단행했다. 북한의 핵실험은 주변 국가들의 강력한 경고와 설득에도 불구하고 강행된 것으로서 북한의 가장 강력한 현상타파적인 행태였다. 북한은 '현상'을 손실의 영역으로 인식하고 예상될 수 있는 제재를 감안하고서도 핵실험이라는 도발적 행태를 전개한 것이다.

2005년 6자회담을 통한 9.19공동성명이 발표되면서 북핵문제 해결의 청신호가 켜진 상황에서 미국이 북한의 위폐 제작 혐의를 문제

---

Application of Prospect Theory to the Israeli War Decision in 2006," Prepared for the International Studies Association Annual Conference, Montreal, Canada, March 16-19, 2011, pp. 8-9.

삼아 북한 해외자금을 동결하자 북미관계는 다시 악화되기 시작했다. 미국은 북한이 100달러 위조지폐를 제작했다고 주장하며 마카오에 위치한 방코델타아시아은행(BDA)에 있는 북한자금을 동결하자 북한은 강력히 반발하며 BDA문제 해결없이 6자회담 복귀는 없다고 주장했다. 즉 북한은 미국의 제재가 경제적 손실은 물론 자국의 명성과 주권국가의 정체성을 훼손했다고 판단함으로서 '현상'을 손실의 영역으로 인식한 것이다. 9.19공동성명에 합의를 했다고는 하지만 경제적 역량은 물론 군사적 역량에서도 열세를 면치 못했던 북한은 BDA사건으로 손실의 인식이 강화되었던 것이다. 특히 북한의 입장에서는 1990년대 초부터 시작된 경제위기의 상황이 개선되지 않았고 이에 따른 사회불안정성이 고조되는 환경이었기 때문에 미국의 제재는 북한으로 하여금 '현상'을 손실로 인식하게 한 것이다. 이렇듯 손실의 인식을 바탕으로 북한은 소유영역에 존재하던 'BDA문제'가 해결될 가능성이 보이지 않자 2006년 7월 5일 '대포동 2호' 미사일을 발사했고 10월 9일에는 핵실험을 단행한 것이다. 물론 북한의 핵실험이 다양한 전략적 계산속에서 이루어진 것이지만 북한의 10월 3일 외무성과 9일 조선중앙통신의 핵실험을 "자위적 전쟁억제력을 강화하는 조치"라는 성명과 보도는 핵실험에 내재되어 있는 북한의 손실 복원의 의미가 드러나고 있다.[27]

북한의 핵실험이 한반도 안보는 물론 국제안보 질서를 위협하는 요인으로 작용하면서 국제사회의 최대 현안으로 등장했다. 한반도 차원에서는 한국전쟁 이후 최대 군사도발로서 남북대화국면을 대결국면으로 급전환시킨 효과를 보였으며 동시에 동북아지역 전체

---

27) 노동신문, 2006년 10월 11일.

에 위기감을 조성함으로서 핵확산의 동기를 고조시킨 효과를 보였다.[28] 북한의 위협에 안보가 노출되어 있는 일본과 한국 등에서의 핵보유의 동기가 커지는 효과가 나타남으로서 핵도미노 현상을 우려하게 된 것이다. 특히 이런 수평적 핵확산 우려는 미국이 강력하게 유지하고자하는 핵비확산레짐과 규범을 약화시키는 것으로서 국제안보질서를 위협하는 것이다.

이러한 북핵 1차실험의 효과는 결국 미국중심의 안보질서를 위협하는 요인으로 작용했고 미국은 이에 대해 유엔안보리를 통해 제재결의안을 채택했다. 10월 14일 중국과 러시아를 포함한 국제사회는 북핵실험을 비난하며 재래식무기 금수 등이 포함된 유엔안보리 제재결의안 1718호를 채택했다. 제재결의 1718호의 주요 내용은 〈표 1〉이 보여주듯이 초보적 단계의 제재안이며 그 내용도 구체성이 약하다는 평가다. 특히 화물검색 조항도 '금지물품을 적재한 북한행 또는 북한발 화물선박에 대해 검색에 협조를 요청'한다고 되어 있고 사치품이 수출통제 품목에 포함되긴 했지만 구체적으로 명기가 되지 않아 제재를 강제하기 위한 구체성이 떨어졌다.

이러한 미국을 중심으로 한 국제사회의 제재에 대해 김정일정권은 "미국이 압박을 가중시킬 경우 이를 선전포고로 간주한다" 라고 대응했다.[29] 특히 유엔안보리가 만장일치로 대북 제재결의안 1718호를 통과시키자 "미국의 각본에 따른 것으로 안보리 결의를 전면 배격한다"는 외무성 성명을 발표했다.[30]

---

28) 윤황, "북한의 핵실험이 한반도 통일환경에 미치는 영향," 〈국제정치연구〉, 제10집 1호, 2007, pp. 142-143.

29) 조선중앙통신, 2006년 10월 11일.

30) 한겨레신문, 2006년 10월 17일. http://www.hani.co.kr/arti/politics/defense/165116.html (2013/4/22검색).

<표 1> 북핵실험과 유엔안보리 제재 내용

| 제재<br>내용 | 결의 1718호<br>(2006년) | 결의 1874호<br>(2009년) | 결의 2094호<br>(2013년) |
|---|---|---|---|
| 무기<br>금수,<br>수출<br>통제 | • 유엔 재래식무기 등록제 도상 7대 무기류 및 관련물자, 부품(탱크, 장갑차, 대포, 전투기, 공격용헬기, 전함, 미사일)<br>• 핵공급그룹(NSG), 미사일통제체제(MTCR), 화학무기(AG) 통제품목<br>• 사치품 | • 북한의 모든 무기관련 물자 대외수출금지<br>• 회원국들의 북한에 대한 모든 종류의 무기 및 관련물자 이전, 수출 금지 | • 금수대상 사치품 종류를 요트와 경주용 자동차, 고가보석 등으로 예시 |
| 화물 검색 | • 금지물품(대부분 상기 금수무기, 특히 WMD 관련 물자)을 적재한 북한행 또는 북한발 화물 검색에 협조요청 | • 국제법에 따라 자국 영토 내 북한행 화물검색 촉구<br>• 기국 동의하에 공해상에서 의심선박 검색촉구<br>• 금지품목 발견시 국제법에 따른 압류<br>• 검색, 화물압류, 처분, 검색 부동의 등 관련사항을 제재위원회에 보고<br>• 의심 선박에 대한 지원 서비스 금지 | • 북한과 관련된 화물에 판매, 이전, 공급, 수출이 금지된 물품이 포함됐을 것이라는 믿을 만한 정보가 있을 경우 화물에 대한 검색 의무화<br>• 금지물자 적재가 의심되는 항공기에 대한 영공통과나 이착륙 금지 촉구<br>• 검색 거부 선박에 대해 정박 불허 |
| 금융,<br>경제 제재 | • 대량살상무기(WMD), 미사일 프로그램 관련 안보리 또는 제재위가 지정한 개인, 단체 등에 대한 자금, 여타 금융자산 및 경제재원 동결 및 이전 금지 | • 대량살상무기, 미사일프로그램 활동에 기여할 수 있는 금융, 자산, 재원 동결 등 금융거래 금지<br>• 무상원조, 금융지원, 양허성차관의 신규계약 금지 및 기존 감축노력<br>• WMD, 미사일프로그램 활동에 기여할 수 있는 대북무역에 대한 공적 금융지원 금지 | • 대량살상무기 등과 관련된 금융거래금지 강제화 (북한의 대규모 현금다발 이용 우려 표명)<br>• 회원국에 국제자금세탁방지기구(FATF)의 관련 규정준수촉구 |
| 기타 조처 | | • 대북제재위에 추가 제재 대상 품목, 개인, 단체 지정 지시<br>• 북한인 대상 확산 민감 핵활동 등에 관한 특수 교육, 훈련제공 금지 | • 북한외교관 불법행위 감시<br>• 우라늄농축 프로그램을 명시하고 관련물품 금수 대상 추가<br>• 부속서 형식으로 추가 제재대상이 되는 개인 3명, 단체 2곳 특정 |

출처: 한겨레신문, 2013년 3월 8일; 연합뉴스, 2009년 6월 13일.

하지만 전체적으로 북한은 1718호 제재에 대해 도발적이며 대결적 행태를 보이기보다는 "미국의 동향을 주시할 것이며 그에 따라 해당 조치를 취해나갈 것"이라고 주장하는 등 비교적 온건한 행태를 보였다.[31] 김정일 국방위원장은 핵실험 직후 방북한 탕자쉬안 중국국무위원에게 "추가 핵실험 계획이 없다"고 밝히는 등 제재에 대한 반발보다는 수습의 행태를 보였다.[32] 특히 북한은 10월 31일에는 6자회담에 복귀하는 등 제재에 대한 반발과 도발보다는 조건부 대화 수용의 행태를 보였다.

이러한 북한의 비교적 온건한 행태는 유엔안보리 제재결의 1718호가 실질적으로 북한에 직접적 타격을 주지 못했던 점도 작용했지만 미국의 대북정책 변화와 중국의 경제협력이 북한으로 하여금 '현상'을 손실의 영역보다는 이익의 영역으로 인식하게 한 결과인 것이다.[33] 북한의 핵실험 이후 미국은 거부해 오던 북미간 양자접촉과 대화를 시작했으며 북한과 '2.13 합의'도 도출하면서 북한을 테러지원국 명단에서 제외하고 중유 5만 톤 지원 등 경제, 인도, 에너지 지원을 약속했다. 부시 미국대통령도 북한의 핵실험을 비난하면서도 북핵문제가 외교적 수단에 의해 해결되어야 함을 강조하는 등 변화된 입장을 보였다.[34] 이런 맥락에서 미국은 북한과 베를린 양자회담을 가졌고 북한이 문제해결의 단초라고 주장했던 BDA

---

31) 서울신문, 2012년 3월 9일. http://www.seoul.co.kr/news/newsView.php?id=20130309004002 (2013/4/22 검색).

32) 연합뉴스, 2006년 10월 20일.

33) 박홍석, "북한 핵실험 이후의 미국의 대응전략," 〈국제정치연구〉, 제11집, 2호, (2008), pp. 68-73.

34) White House, "President Bush's Statement on North Korea Nuclear Test," October 9, 2006. http://georgewbush-whitehouse.archives.gov/news/releases/2006/10/20061009.html (2013/4/22 검색).

문제 해결과 6자회담 재개에 합의했다.[35] 따라서 이러한 미국의 대북정책 변화는 김정일정권이 '현상'을 이익의 영역으로 인식하고 위험감수의 행태보다는 위험회피의 온건한 행태를 취하는데 직접적인 영향을 미친 것으로 평가된다.

이와 더불어 제재에 동참했던 중국이 적극적으로 제재안을 실행하지 않았고 오히려 경제적 지원을 제공한 것도 안보리 제재결의가 북한을 압박하는 효과를 보이지 못하면서 김정일정권이 '현상'을 손실영역으로 보지 않게 하는 요인으로 작용한 것이다.[36] 특히 "제멋대로 핵실험을 했다"고 북한의 핵실험을 비난했던 중국은 2006년 10월 곧바로 탕자쉬안 국무위원을 평양에 보내 후진타오주석의 친서를 전달해 북한과의 관계 악화를 막았으며 2007년에는 양제츠 외교부장을 보내 영변핵시설 폐쇄를 요구하며 이에 대한 대가로 경제협력을 제시했다.[37] 이는 미국뿐만 아니라 중국도 제재결의의 실행 의지보다는 협상에 무게중심을 두는 것으로서 북한이 이익영역으로 인식하게 하는데 기여한 요인이다.

그러나 김정일정권이 '현상'을 이익영역으로 인식하게 된 가장 중요한 요인은 핵실험을 성공적으로 단행함으로서 핵무기를 확보했다는 것이다. 경제적 위기 상황에서도 상당한 국가의 인적, 물적 자원을 비생산적인 군비에 투자해야 하는 '선군정치'를 내세웠던

---

35) *New York Times*, "North Korea and U.S. Envoys Meet in Berlin," January 18, 2007.

36) Marcus Noland and Stephan Haggard, "Limited Effect Likely from New Sanctions on North Korea," Peterson Institute for International Economics, March 7th, 2013, http://www.piie.com/ blogs/nk/?p=9618 (2013/4/22 검색).

37) 최춘흠, 〈중국의 대북정책과 2.13 합의에 대한 입장〉, 서울: 통일연구원, 2007, pp. 55-63.

김정일정권으로서는 핵실험 성공이 체제안보, 정권생존 그리고 사회결속 차원 등에서 긍정적 효과를 낸 것이다.

이렇듯 핵실험 이후 미국의 대북정책 변화와 중국의 지속적 지원 그리고 핵무기 확보 등의 이익이 김정일정권이 '현상'을 이익영역으로 인식하면서 비교적 온건한 행태를 이어간 요인이 된 것이다.

## Ⅳ. 2차 북핵실험과 제재안 1874호에 대한 김정일정권의 대응

1차 북핵실험으로 인한 미국의 대북정책의 변화가 북한으로 하여금 '현상'을 이익의 영역으로 인식하게 하면서 북한의 행태는 온건한 성격을 보였다. 북한은 '2.13 합의'에 이어 2단계 북핵 불능화 시행을 위해 '10.3 합의'도 동의했으며 이를 근거로 핵신고서를 중국에 제출했고 영변냉각탑도 폭파했다. 특히 미국도 이에 대해 북한을 테러지원국 명단에서 제외하는 등 화답함으로서 북핵문제의 해결 전망이 어둡지 않았다.

그러나 검증문제가 대두되면서 협상이 난관에 봉착하자, 새로운 돌파구가 필요했던 북한은 2009년 오바마대통령 집권에 높은 기대감을 높였다. 하지만 기대했던 미국과의 협상이 이루어지지 않으면서 김정일정권은 '현상'에 대한 부정적 인식을 하기 시작했고 이익의 영역에서 손실의 영역으로 준거점을 전환하기 시작했다. 조선중앙통신은 "오바마행정부가 출현한 후 100일간 정책동향을 지켜본 데 의하면 대조선 적대시정책에는 변화가 없다는 것이 명백해졌다"고 비판함으로서 오바마정부와 '현상'에 대한 부정적 시각을 드러냈다.[38]

이렇듯 오바마행정부의 '전략적 인내' 정책에 의해 협상의 돌파구를 찾지 못하고 있던 김정일정권은 오바마 미국대통령이 '핵없는 세상' 기조를 밝히는 프라하방문 시기에 맞춰 2009년 4월 5일 인공위성이라 부르는 장거리 미사일 '광명성 2호'를 발사하는 도발적 행태를 전개했다. 이에 대해 미국이 유엔안보리 제재결의안을 추진하자 김정일정권은 강력히 반발했고 중국과 러시아의 반대로 결국 결의안 채택은 무산되었다. 그러나 미국은 '광명성 2호' 발사를 안보리 제재 결의 1718호 위반으로 규정하는 의장성명을 채택함으로서 북한에 대한 제재 의지를 분명히 했다.

이렇듯 오바마정부가 압박정책의 기조를 명확히 하자 북한은 미국의 대북정책에 변화가 없다고 인식하고 미국과의 대화 가능성을 부인하며 대결적 행태를 이어갔다.

이에 4월 29일 북한은 외무성 대변인 성명을 통해 "유엔안보리가 북한의 장거리 로켓발사에 대한 의장성명 등의 조치를 즉시 사죄하지 않으면 핵실험과 대륙간 탄도미사일 발사시험을 할 것"이라고 경고했다.[39] 이는 북한이 오바마정부 집권 이후 현재상태를 손실의 영역으로 파악하며 도발적 행태를 전개하겠다는 의지를 보인 것이다. 결국 북한은 5월 25일 2차 핵실험을 단행했고 조선중앙통신을 통해 자위적 핵억제력을 위한 지하핵실험이 성공적으로 수행되었음을 밝히면서 핵실험 성공으로 나라와 민족의 자주권과 사회주의 수호에 이바지하게 되었다고 주장했다.[40]

---

38) 조선중앙통신, 2009년 5월 8일.
39) 조선일보, 2009년 4월 29일. http://www.chosun.com/site/data/html_dir/2009/04/29/200904290 1435.html (2013/4/22 검색).
40) 서울경제신문, 2009년 5월 25일. http://economy.hankooki.com/lpage/politics/200905/e20090 52514282693140.htm (2013/4/23 검색).

북한의 2차 핵실험은 북한의 핵역량을 확인시키는 효과를 발휘하면서 북한의 핵보유국 논란을 일으키며 국제안보질서에 위협요인으로 등장했다. 이에 미국을 중심으로 한 유엔안보리는 6월 12일 안보리 제재결의안 1874호를 채택했다. 결의안 1874호의 내용은 〈표 1〉이 보여주듯이 1718호에 몇 가지 조항이 추가된 내용이다. 우선 1874호는 7대무기와 WMD 그리고 미사일관련 품목의 금수 및 수출통제로 국한되어 있던 제재를 북한의 모든 무기관련 물자를 수출금지하고 북한에 대한 모든 무기수출도 금지하는 것으로 되어 있다. 특히 북한 화물과 관련된 검색과 압류의 근거가 확대됨에 따라 실질적인 화물검색이 가능하게 되었고 그 결과로서 태국에서 북한산 무기가 압류되기도 했다.[41] 금융제재도 강화되어 대량살상무기 및 미사일 프로그램에 기여하는 금융, 자산, 재원을 동결 또는 거래중지하는 광범위한 제재가 가능하게 되었다. 즉 제재결의 1874호는 1718호보다 강화된 재제의 내용을 담고 있어 북한은 강력한 자국 압박수단으로 인식했던 것이다. 또 1874호 제재결의 채택은 곧바로 북한에 대한 실질적 제재국면으로 전환되어 미국은 대량살상무기와 관련된 품목이 적재되어 있다고 의심되는 북한선박 '강남 1호'를 추적하여 결국 북한으로 회항시켰고 중국은 2009년 7월 북한이 밀반입하려던 전략 금속 바나듐을 압수했고 북한과 공동개발하기로 한 동(銅) 광산 사업도 중단했다.[42]

이러한 유엔안보리 1874호 제재에 대해 북한 외무성은 "더 이상

---

41) 한국일보, 2009년 12월 21일. http://news.hankooki.com/lpage/politics/200912/h200912211032 3874760.htm (2013/4/23 검색).

42) 홍성후, "북한의 2차 핵실험과 핵개발 의도," 〈한국동북아논총〉, 제15집 2호, 2010, p. 151.

도발을 해오는 경우 자위적 조치가 불가피해 질것"이라고 위협했다.[43] 특히 1718호 제재결의 때와는 달리 결의안에 찬성했던 중국과 러시아에 대해서도 비판했으며 판문점대표부 성명을 통해서는 정전협정 무효화를 선언하기도 했다.

그러나 이 이상의 도발적 행태는 이어지지 않았다. 이는 1차 북핵실험으로 인한 제재결의 1718호가 채택된 이후의 환경과 같이 북한은 2차 북핵실험의 도발적 행태에도 불구하고 강력한 제재의 상황에 직면하지 않았기 때문이다. 즉 1874호 제재결의가 발효되긴 했지만 미국은 북한과 양자접촉을 이어갔으며 중국도 북한과의 유대관계를 계속 유지함으로서 2차 핵실험 이후의 '현상'을 손실의 영역보다는 이익의 영역으로 인식할 수 있었기 때문이다. 2009년 8월 클린턴 전대통령이 북한을 방문하여 김정일위원장과 만났으며 12월에는 미국의 대북정책 특별대표인 보스워즈가 평양을 방문해 강석주 북한외무성 제1부장과 만나 미국은 북한과 "6자회담의 필요성과 9.19공동성명 이행의 중요성에 대해 공통의 이해에 도달했다"라고 언급했다.[44] 이는 미국이 1874호를 통해 제재를 하지만 동시에 대화를 통해 북핵문제를 해결하겠다는 방향으로 선회한 것을 의미한다.[45] 이는 북한의 2차핵실험을 통한 도발이 다시 상황을 반전시켜 미국의 '전략적 인내' 정책을 협상국면으로 전환시킨 것이다. 북한은 이러한 미국의 대북정책 전환을 바탕으로 '현상'을 이익의 영역으로 인식하면서 1874호 제재결의에 대해 비교적 온건한 행태를

---

43) 서울신문, 2013년 3월 9일. http://www.seoul.co.kr/news/newsView.php?id=20130309004002 (2013/4/23 검색).
44) 경향신문, 2009년 12월 11일.
45) 백학순, "북핵문제 해결은 불가능한가?," 〈정세와 정책〉, 세종연구소, 2010년, pp. 1-2.

이어 간 것이다.

　이러한 북한의 온건한 행태는 중국의 유화정책에서 의해서도 비롯되었다. 즉 중국이 1874호 제재결의에 찬성했지만 곧 바로 북한에 대한 유화적 행태를 보이면서 북한이 도발적 행태를 취할 동기를 약화시킨 것이다. 북한의 2차 핵실험 직후인 2009년 6월부터 북한과 중국은 고위급 상호방문을 시행했으며 중국은 북중 국경지역인 랴오닝성과 지린성 개발계획을 승인함으로서 북한과의 경제협력을 확대해나갔고 그 일환으로 단동과 신의주 사이의 북한 영토인 황금평 및 위화도 개발까지 합의했다.46) 또 2009년 10월 중국의 원자바오총리는 방북하여 김정일위원장을 만나 수천만 달러의 대북원조 제공과 경제교류 활성화, 관광교류활성화 등의 협정을 체결함으로서 북한에 대한 제재와 압박보다는 협력에 무게를 두었다.47) 제재 결의안에 동참했던 중국이 북한과 광범위한 경제협력에 합의함으로서 실질적인 제재가 이루어지지 않았던 것이다. 따라서 이 회담에서 김정일위원장은 "북한은 한반도 비핵화를 실현한다는 목표를 위해 노력한다는 것에는 변화가 없음"을 강조하며 "북미 양자회담을 통해 북미간 적대관계가 평화관계로 바뀌어야 한다"고 언급함으로서 중국의 대규모 경제협력에 화답했다.48) 특히 후진타오주석은 천안함사건 발생 이후인 2010년 8월 방중한 김정일위원장에게 상호이익을 확대하는 경제협력을 추진하자는 제안을 함으로서 북한에 대한 유화적 태도를 이어갔다. 결국 이러한 중국의 경제적 지원은

---

46) 박종철, "중국의 대북 경제정책과 경제협력에 관한 연구," 〈한국동북아논총〉, 제17집 1호, 2012, pp. 86-87.
47) 이종석, "2차 핵실험 이후 북한의 대외전략의 변화와 그 배경," 〈정세와 정책〉, 세종연구소, 2009, p. 5
48) 연합뉴스, 2009년 10월 6일.

1874호 재제를 무력화시키는 효과를 발휘하며 북한이 '현상'을 이익의 영역으로 인식하게 하는데 기여한 것이다.

1874호 제재결의에도 불구하고 미국과 중국의 대북한 유화정책이 북한으로 하여금 '현상'을 이익의 영역으로 인식하게 함으로서 제재에도 불구하고 북한은 도발적인 행태를 이어가지 않은 것이다.

## V. 3차 북핵실험과 제재안 2094호에 대한 김정은정권의 대응

천안함사건과 백령도사건이 발생했음에도 불구하고 2011년 1월 미국과 중국이 미중정상회담에서 한반도의 악화된 정세를 완화시키기로 합의하면서 한반도 정세는 안정화의 길로 들어섰다.[49] 이런 변화의 기조 속에서 미국은 2011년 7월부터 북한과의 협상을 재개하여 2012년 2월 29일 양국은 핵실험과 장거리미사일 발사 잠정중단과 식량지원 카드를 주고받는 '2.29 합의'를 도출했다. 미국은 2012년 대선을 앞두고 북한의 도발을 관리할 '통제장치'가 필요했던 것이고 북한은 김정일위원장의 사망 전에 이미 미국과 합의했던 사안이고 내부적으로 힘의 공백이 발생하면서 외부적 압박을 완화시켜야할 필요성이 있었던 데서 '2.29 합의'의 배경이 해석되고 있다.[50] 즉 김정일위원장이 2011년 12월 17일에 사망했음에도 불구하고 양국간 필요성에 의해 대화는 계속되었고 결국 공식적인 합의를

---

49) U.S.-China Joint Statement, January 19, 2011.
50) 백학순, "북한 인공위성 로켓발사와 북미관계," 〈창비주간논평〉, 2012. http://weekly.changbi.com/tag/2.29%ED%95%A9%EC%9D%98 (2013/4/24 검색).

이끌어 냈던 것이다.

이와 같이 김정일위원장의 사망은 북한 국내변수로서 김정일 사후 집권한 김정은정권의 '현상' 인식에 영향을 미치기 시작했다. 권력의 공고화 과정을 거쳐야 하는 김정은정권은 '현상' 인식에 국내 정치적 변수를 고려해야 될 필요성이 커진 것이다. 김정일 사망 이후 북한은 소위 '10.8 유훈'에 따라 2012년 4월 11일 제4차 당대표자대회와 제12기 제5차 최고인민회의를 통해 김정은을 조선노동당 제1비서와 국방위원회 제1위원장에 추대함으로서 김정은정권을 공식적으로 출범시켰다.

김정은정권이 '현상'을 인식하는데 있어 영향을 미치는 변수는 두 가지로 요약할 수 있다. 첫째, 김정일의 유훈이 김정은정권의 행태와 국정목표 설정에 영향을 미침으로서 김정은정권이 '현상'을 인식하는 기준으로 작용한다는 것이다. 북한의 효(孝)를 강조하는 유교문화는 김일성 사후 김정일의 권력 승계과정에서도 정통성 부여에 중요한 역할을 한 것과 같이 김정은정권도 김정일 유훈의 수행여부가 권력기반 공고화에 중요한 영향을 미친다는 것이다.[51] 즉 김정일 유훈의 성취여부가 손실영역과 이익영역을 구분하는 기준이 되어 '현상'을 인식하게 한다는 것이다.[52] 둘째, 정치경험이 일천한 김정은위원장 집권 이후 정권 내부권력의 향배가 또 다른 변수로서 김정은정권의 '현상' 인식에 영향을 미친다는 것이다. 즉 김정은의 권력 장악정도와 군부 또는 당, '선군파(先軍派)' 또는 '선경파(先經

---

51) 이계만 · 김일기, "김정은체제의 권력구조와 대내정책에 관한 연구," 〈평화학연구〉, 제13권 4호, 2012, p. 81-82.

52) 안성호 · 안치섭, "북한 김정은체제와 민주화 전망," 〈한국동북아논총〉, 제17집 4호, 2012, p. 153.

派’ 등의 사이의 권력 향배가 정권의 인식체계를 다르게 구성할 수 있다는 것이다.[53] 이런 맥락에서 마커스 놀랜드(Marcus Noland) 미국 피터슨 경제연구소 수석연구위원은 북한의 제3차 핵실험 1년 전인 2012년 2월 인터뷰에서 "김정은이 자신의 군사력 장악을 과시하기 위해 핵실험을 하거나 장거리 미사일을 발사할 가능성이 있다"고 언급한 것은 이러한 국내 정치적 요인이 현상 인식에 대한 요인으로 작용할 수 있음을 주장한 것이다.[54]

이러한 북한 내부권력의 변화 속에서도 미국과의 '2.29 합의'로 대외적 행보를 안정적으로 시작한 김정은정권은 중국과도 원만한 관계가 이어지면서 '현상'을 손실의 영역으로 인식하지는 않았다. 북한은 2012년 1월 신년사에서 "함남의 불길"을 강조하며 경제재건을 시도하려는 의지를 보임으로서 대결적 정책을 추구하기 보다는 경제적 조건을 개선하는데 집중함으로서 유연한 대외관계를 예고했다.[55] 특히 중국의 김정은체제에 대한 정치적 지지와 경제적 지원은 긍정적 인식을 갖게 하는 요인으로 작용했다. 중국은 북한의 안정과 김정은체제를 지지하는 성명을 발표했으며 쌀 100만 톤, 원유 50만 톤, 비료 50만 톤 등을 무상제공 함으로서 새로운 북한권력체제의 공고화를 지원한 것이다.[56]

이런 상황에서 북한은 '2.29 합의'를 바탕으로 미국과의 제3차 베이징회담을 열었지만 양측의 입장차이만 확인하고 마무리 되었다. 즉 대선을 앞둔 오바마정부의 외교성과의 필요성과 당면과제인

---

53) 정성장, "북한 김정은의 실제 영향력, 지도체제의 성격과 핵심 파워엘리트," 〈JPI 정책포럼〉, 제주평화연구원, 2012.
54) 중앙일보, 2012년 2월 13일.
55) 노동신문, "신년공동사설," 2012년 1월 1일.
56) 박종철, "중국의 대북 경제정책과 경제협력에 관한 연구," pp. 95-96.

식량난 해결이라는 양국의 전략적 목적이 '2.29 합의'를 도출시킨
의미가 컸기 때문에 구체적인 실행계획 도출에는 어려움이 발생한
것이다.57) 이러한 상황 변화 속에서 북한은 3월부터 수차례에 걸쳐
인공위성을 발사한다는 주장을 되풀이했고58) 결국 4월 13일 '광명
성 3호'라는 대륙간탄도미사일을 발사함으로서 '2.29 합의'는 위기
상황에 빠지며 북한 미사일에 대한 국제사회의 우려가 다시 확산되
는 계기가 되었다. 이에 4월 16일 유엔안보리가 북한의 장거리미사
일 발사에 대해 이미 채택한 제재결의 1874호를 강화하는 의장성명
을 채택하자 김정은정권은 의장성명을 배격한다는 성명을 발표했
으며 "2.29 합의"도 파기할 것을 선언함으로서 향후 핵실험에 대한
가능성을 높였다.59) 즉 '광명성 3호' 발사 이후 미국이 대북 식량지
원을 중단하자 북한은 '2.29 합의' 위반이라고 비판하며, 합의가 깨
지면 북한도 핵실험, 장거리미사일 발사, 우라늄 농축활동 중지 등
을 취소할 것이라고 주장했다.60) 그러나 오바마 미국대통령은 노다
일본총리와의 회담에서 "도발과 보상이 반복되는 대북정책은 더
이상 유효하지 않다"고 강조하며 '전략적 인내 정책'을 계속 유지할
것을 천명했다.

이렇듯 '광명성 3호' 발사로 북미간 관계는 악화되었지만 중국은
미사일 발사 직후인 4월 22일 북중전략회의를 개최했으며 후진타오
중국주석과 김정은위원장이 친서를 교환하며 협력관계를 확인했
다. 중단되었던 중국인 북한 관광이 재개되었고 북중교역이 사상

---

57) 한승호, "광명성3호 발사 이후 북한의 전략," 〈평화학연구〉, 제13권
    4호, 2012, p. 115.
58) 조선중앙통신, 2012년 3월 16일.
59) 매일경제신문, 2012년 4월 18일.
60) 조선신보, 2012년 4월 16일.

최대치를 경신하는 등 경제협력관계도 유지되었다.[61] 그러나 이러한 북한의 중국과의 경제협력관계 강화는 중국에 대한 의존도를 증대시키는 결과를 가져왔다. 즉 김정은정권은 내부적 정통성 확보를 위해 지속적인 식량난과 에너지난을 해소하기 위해 중국과의 경제협력을 강화시켰지만 그 결과 중국에 대한 경제 의존도가 대폭 확대된 것이다. 이러한 중국의 영향력 증가는 불가피한 선택이었지만 결과적으로 북한이 강조하는 '자주적' 행태를 제약하는 요인으로 작용한다는 점에서 북한에게는 부정적으로 인식되는 것이다. 특히 중국에 대해서는 김정일이 이미 '유훈'으로 경계를 강조했기 때문에 중국에 대한 정치, 경제적 의존성 증가는 김정은정권에게는 '현상'을 손실의 영역으로 인식하게 하는데 충분했던 것이다.[62]

이렇듯 미국과의 협상단절과 중국에의 의존도 심화는 내부적으로 정권 공고화가 완성되지 않은 김정은정권에게는 극복해야 할 난관으로 인식되었으며 따라서 '현상'을 손실의 영역으로 판단하는 근거가 된 것이다. 특히 4월 13일에 개정된 헌법에 '핵보유국'임을 명기할 정도로 스스로의 정체성을 두 차례의 핵실험에 성공한 핵보유국으로 규정하고 있음에도 불구하고 미국과 중국 등 국제사회가 인정하지 않는 것에 대해 불만을 갖는 것도 '현상'을 손실 영역으로 인식하는 근거인 것이다.[63] 따라서 북한은 "소유 영역"에 해당되는 핵보유를 기정사실로 인정받고 미국과의 협상을 재개하여 안보리 제재를 제거하고 체제보장을 확약 받는 것만이 손실을 보전하는

61) 주간통일정세, 2012-19, 2012년 5월 6일.
62) 김진하, "김정은 등장이후 대외전략과 동북아 정세변화." 〈김정은체제의 변화 가능성과 동북아 안보〉, 통일연구원, 2012, pp.53-55.
63) 연합뉴스, 2012년 5월 30일.

것으로 인식하는 것으로 분석할 수 있다. 이와 같이 '현상'을 손실영역으로 인식 한 김정은정권은 손실보전을 위해 다시 위험을 감수하는 도발적 '벼랑 끝 전술'을 채택하게 된 것이다.

이런 맥락에서 김정은정권은 손실영역에 있는 현상을 타파하기 위해 2012년 12월 12일 장거리 미사일 '은하 3호'를 발사했다. '은하 3호'는 '광명성 3호' 때와는 달리 성공적으로 발사되었다고 평가받았다. 특히 '은하 3호'의 최대 사거리가 1만㎞ 이상으로 평가받으면서 미국본토까지 사정권안에 들게 되면서 국제안보질서에 위협 요인으로 등장한 것이다.[64]

미국은 북한의 '은하 3호' 발사에 대해 미의회에서 먼저 북한미사일 발사 규탄결의안을 통과했으며 유엔안보리 차원에서도 제재결의안을 추진했다. 더욱이 중국은 미사일 발사 전부터 북한에게 발사 계획 철회를 설득하기도 했지만 북한이 강행하자 중국신화사통신은 "누가 뭐래도 자기방식만 고집하는 나라"라고 북한을 비난했다.[65] 같은 맥락에서 중국 외교부 장즈쥔부부장(차관)도 북한은 한반도 안정을 위해 정확한 판단을 해야 한다는 지적을 함으로서 북한의 추가 도발을 견제했다.[66]

북한 장거리미사일 발사에 대한 미국과 중국의 공식적 대응은 1월 22일 유엔안보리 제재결의안 2087호의 통과로 나타났다. 중국이 장거리미사일 발사에 대해 안보리 제재결의안에 찬성한 것은 처음으로 시진핑체제의 변화를 엿볼 수 있는 부분이다. 이 결의안

64) 경향신문, 2012년 12월 12일. http://news.khan.co.kr/kh_news/khan_art_view.html? artid=201212122225515&code=910303 (2013/4/25 검색).
65) 연합뉴스, 2012년 12월 11일; 2012년 12월 12일.
66) 연합뉴스, 2012년 12월 28일.

은 북한의 '은하 3호' 발사에 대한 강력한 대응 조치로서 북한의
현금거래와 금융회사 감시를 통해 자금줄을 봉쇄하고 군사적으로
전용될 수 있는 모든 품목의 거래를 차단하는 제재 방안을 포함하고
있다.[67] 이에 대해 김정은위원장은 직접 "실제적이며 강도 높은
국가적 중대조치를 취할 단호한 결심을 표명한다"라고 반응함으로
서 3차 핵실험을 강하게 예고했다.[68]

이러한 북한의 제3차 핵실험 예고에 대해 에드 로이스 미국하원
외교위원장은 "만약 북한이 3차 핵실험을 감행한다면 우리가 쓸
수 있는 가장 강한 제재를 사용해야 한다"고 경고 했으며 중국도
외교부 홍레이 대변인을 통해 "중국은 비핵화에 불리하게 작용하는
어떠한 조차에도 반대한다"라고 언급함으로서 핵실험 반대 의사를
분명히 했다.[69] 특히 북한의 제3차 핵실험이 분명해 지자 미국은
2월 1일 핵잠수함과 이지스함을 한국에 보내 무력시위를 하며 북한
을 압박했다. 이런 환경에서 북한은 미국과 중국의 직접적 압박이
조성되고 있는 '현상'을 '생존'과 '주권'이 위협받는 손실의 영역으로
인식하고 위험을 감수하는 도발적 행태를 취하게 된 것이다.

결국 북한은 미국의 경고와 중국의 만류에도 불구하고 2013년
2월 12일 제3차 핵실험을 강행했다. 북한은 즉시 핵실험이 성공적으
로 이루어졌으며 경량화와 소형화에 집중했다고 주장함으로서 장
거리 미사일에 장착할 수 있는 조건이 갖추어졌음을 강조했다.[70]
이는 북한이 미국까지 핵미사일 공격이 가능함으로 보여주려는 의

---

67) 동아일보, 2013년 1월 24일. http://news.donga.com/3/all/20130124/
    52542066/1 (2013/4/25 검색).
68) 주간통일정세 2013-04, 2013년 1월 27일, p.3.
69) 주간통일정세 2013-05, 2013년 2월 3일, pp. 16-17.
70) 조선중앙통신, 2013년 2월 12일.

도인 것이며 도발 효과를 극대화하려는 행태인 것이다.

이에 대해 미국과 중국 등 국제사회는 2013년 3월 7일 유엔안보리 제재결의안 2094호 채택하여 북한에 대해 강도 높은 압박의 강도를 높이고 있다. 제재결의 2094호는 〈표 1〉이 보여주듯이 기존의 1874호의 내용에 추가하여 의심화물 해상검색 의무화, 북한에 대한 항공제재, 북한외교관 불법행위 감시 그리고 금수 대상 사치품 목록 예시 등 보다 구체적이고 강도 높은 내용을 포함하고 있다.

그러나 더욱 중요한 것은 과거 1, 2차 핵실험의 경우와는 달리 미국과 중국이 3차 핵실험 이후 2094호 제재결의를 도출하는데서 머무르지 않고 북한에 대한 제재와 압박정책을 유지, 강화하고 있다는 것이다. 미국의 압박의 강도는 오히려 더 커졌으며 중국은 유엔 안보리 제재결의 1718호 및 1874호 채택 이후 보여주었던 북한에 대한 유화적 입장과는 달리 제재 실행의 의지를 보이고 있다. 중국은 실질적 제재에 들어가 안보리 제재결의가 발표된 직후 북한행 선박의 검색과 제한은 물론 나진, 선봉특구와 황금평 특구와 같은 북한관련 인프라 공사도 전면 중단했다.[71] 특히 중국외교부는 4월 상무부, 국방부, 공안부, 해관총서, 교통운수부 등에 공문을 보내 제재결의 2094호의 철저한 이행을 통보함으로서 제재의 압박 수준을 강화하고 있다.[72] 이와 더불어 미국과 중국을 포함한 50개 국가와 EU 및 NATO 등 5개 국제기구가 북한의 제3차 핵실험에 대해 규탄성명을 발표하는 등 북한은 핵실험으로 국제사회로부터 더 고립되는 효과를 경험했다.[73]

---

71) 중앙일보, 2013년 3월 13일.
72) 중앙일보, 2013년 4월 29일. http://article.joinsmsn.com/news/article/article.asp?total_id=11366931&ctg=1305 (2013/4/29 검색).

북한은 이러한 국제사회의 규탄에 대해 반발하며 내부적으로는 대규모 '군민연환대회'를 열어 핵보유국의 위상을 자축했으며 핵실험 성공과 핵보유국이라는 김정은정권의 성과를 지방으로 확산시키며 체제 정당성과 결속력을 강화하고 있다.74) 즉 북한은 핵실험 공로자들을 영웅으로 치켜세우는 등 핵보유국 지위를 통해 김정은정권의 정통성을 제고하여 내부 권력을 공고히 하려는 것이다.75) 따라서 북한의 3차 핵실험 강행은 타 국가와의 관계에서의 손실 인식뿐만 아니라 김정은정권 공고화의 필요성과 같은 내부적 측면에서의 손실 인식도 함께 작용한 것이다. 이는 미국과 중국의 압박을 제거하려는 취지도 있었지만 김정일정권과는 달리 내부적으로 권력을 공고히 해야 하는 김정은정권의 고민이 함께 고려된 것이다.

이런 맥락에서 마이크 로저스 미국 하원정보위원장은 북한이 미국에 대한 핵 선제공격위협은 김정은 정권의 불안정에서 비롯되었다고 주장했다. 김정은체제의 도발적 행태는 김정은의 권력 공고화를 위해 군부에게 자신의 능력을 보여주려 했고 군부는 기득권 유지를 위해 무력과시에 집중한 결과라는 것이다.76) 선경(先經)정책을 통해서 기득권을 잃을 우려가 있던 군부가 '김정일 유훈'을 빌미로 강경책을 주장했고 군과 정치경력이 일천한 김정은은 짧은 기간 동안에 군부를 장악하고 권력을 공고화하기 위해 더 극단적인 도발 행태를 이어가고 있다는 것이다.77) 이는 김정은정권의 '현상'에 대

---

73) 연합뉴스, 2013년 2월 14일.
74) 연합뉴스, 2013년 2월 19일.
75) 주간통일정세 2013-08, 2013년 2월 24일, pp.2-3.
76) 연합뉴스, 2013년 3월 18일. http://www.yonhapnews.co.kr/politics/2013/03/18/0511000000AKR 20130318001400009.HTML (2013/3/27 검색).

한 인식이 김정은 개인에 의해서만 이루어지는 것이 아니라 주요 정치세력간의 힘의 역학관계 등에 영향을 받는 것을 보여주는 것이다.

국제사회의 압박과 국내 정치세력의 역학관계 등과 같은 국내외적 요인에 영향을 받은 김정은정권은 제재결의 2094호 발표 이후에도 미국과 중국의 대북정책이 변화하지 않고 압박의 강도를 높이자 손실의 영역이 확대된 것으로 인식하고 더 큰 위기상황을 감수하는 도발적인 행태를 이어갔다. 특히 유엔안보리 2094호 제재결의가 구체화되자 3월 5일 정전협정 폐기를 선언했으며 3월 7일에는 10만 명 군민대회를 열었고 동해에서 국가급 규모의 군사훈련을 실시했다. 이에 한국과 미국은 한미합동 키 리졸브훈련을 실시하고 미국이 B-2 폭격기와 F-22 전투기 등을 한국에 보내자 김정은정권은 키 리졸브훈련을 정치군사적 도발행위로 규정하며 '1호 전투태세' 명령과 미사일부대에 발사준비 명령을 하달하고 '현상'을 제2의 한국전시상황으로 규정했다.[78] 또 북한은 4월초 무수단 중거리 미사일을 이동식 발사대에 탑재하고 중단거리 미사일들을 동해로 이동시키면서 서울과 평양의 외국인들의 출국을 권유했다. 이렇듯 김정은정권은 전쟁의 심리적 위기감을 최고조로 끌어올렸고 결국 존 케리 미국국무장관이 방한하고 한미 양국이 대화를 촉구하면서 긴장감은 완화되고 있으나 개성공단문제 악화 등 여전히 대치의 국면은 유지되고 있다.

이렇듯 김정은정권은 과거 1, 2차 핵실험 시기의 김정일정권과는

---

77) 중앙일보, 2013년 3월 14일. http://article.joinsmsn.com/news/article/article. asp?total_id=10931842& cloc=olink · article · default (2013/4/25 검색).
78) 연합뉴스, 2013년 3월 10일.

달리 매우 도발적인 행태를 이어가고 있는 것이다. 1, 2차 핵실험 시기와 3차 핵실험 시기가 가장 큰 차이를 보이는 것은 첫째, 3차 핵실험 이후에는 미국과 중국의 대북정책이 변화하지 않았다는 것이다. 안보리 결의제재 2094호를 충실히 이행하며 제재국면을 전환하지 않았다는 것이다. 1, 2차의 경우 미국과 중국 모두 제재 이후 북한에 대해 유화적인 입장으로 선회하면서 북한이 현재상태를 손실영역이 아닌 이익영역으로 인식하게 한데 반해 3차 핵실험 시기는 양국 모두 압박의 강도를 유지 및 강화함으로서 북한이 손실의 영역으로 인식하게 하여 위험감수의 도발행태를 취하게 했다는 것이다. 둘째, 일체적 권력 속성을 보인 김정일정권과는 달리 김정은 정권은 권력 공고화를 위해 기존 정치세력의 역학관계에 부응하거나 압도해야 할 필요성이 발생하면서 더 도발적인 행태를 이어갔다는 것이다. 특히 비대칭적 힘의 분배구조에서 김정은정권이 오랜 동맹국인 중국과의 관계도 악화시키는 위험을 감수하면서 도발적 행태를 이어가고 있는 것은 강경책을 채택해야만 기득권을 유지할 수 있는 북한군부의 손실회피 인식이 작동한 측면이 있다는 것이다. 즉 미국과 중국의 대북제재 공조와 국내 정치세력간의 역학관계가 김정은정권으로 하여금 '현상'을 손실영역으로 인식하게 하여 제3차 핵실험과 제재결의 2094호 이후의 도발적 행태를 감행하게 했다는 것이다.

# Ⅵ. 결 론

본 연구는 북한의 대외정책의 변이성을 설명하는데 목적이 있다. 즉 왜 북한이 종종 대외적으로 위험을 감수하는 도발적 행태를 취하며 왜 다른 경우에는 비교적 온건한 행태를 보이는가를 규명하는데 연구목적이 있는 것이다. 이를 위해 본 연구는 북한의 장거리미사일 발사와 3차에 걸친 핵실험 그리고 유엔안보리 제재 이후의 대응에 대해 연구함으로서 그 원인을 조사했다.

우선 2006년 북한의 1차 핵실험은 2005년 '9.19 합의' 노력에도 불구하고 미국이 BDA사건을 통해 자국의 자금을 동결하고 압박을 가하는 것에 대한 북한의 손실 영역 인식에서 비롯된 측면이 크다. 즉 북한은 미국이 BDA사건의 장기화를 통해 북한의 주권국가로서의 위상을 훼손하고 위폐조작 국가라는 정체성을 심어주는 손실을 주었다고 인식한 것이다. 이런 '현상'에 대한 손실 영역의 인식이 결국 이를 복원하기 위해 위험을 감수하는 제1차 북핵실험이라는 도발적 행태로 나타난 것이다. 하지만 1차 핵실험 이후 유엔안보리 제재에도 불구하고 북한은 비교적 온건한 행태를 보였다. 이는 부시정부의 대북정책이 압박기조에서 대화로 전환되었고 중국이 실질적인 제재를 실행에 옮기지 않았기 때문에 북한이 '현상'을 손실의 영역으로 인식할 이유가 없었기 때문이다.

이러한 1차 핵실험 시기의 북한의 행태는 2차 핵실험 시기에도 유사하게 반복되었다. 부시정부와 '2.13 합의' '10.3 합의'를 두출하며 협상을 순조롭게 전개했던 북한은 기대했던 오바마정부가 '전략적 무시' 정책으로 대화가 단절되면서 '현상'을 손실영역으로 인식하기 시작한 것이다. 이런 손실을 복원하고자 김정일정권은 2009년

제2차핵실험을 감행하는 도발적 행태를 벌인 것이다. 이에 미국과 중국은 유엔 안보리 1874호를 통해 제재를 시도했지만 미국은 압박의 강도를 높이지 않았으며 중국은 오히려 북한과 대규모 경제협력을 시행하면서 1874호 제재 효과를 무력화시킴으로서 북한이 '현상'을 손실의 영역으로 인식하지 않게 한 것이다. 따라서 1874호 제재에도 불구하고 북한의 행태는 온건한 모습을 유지했던 것이다.

반면 3차 핵실험의 시기는 지금까지 지속가능한 상황으로 가정했던 북한의 국내정치가 김정일 사망으로 변수로서 등장했다. 정치경험이 부족한 김정은정권은 내부적 지지와 정통성 확보가 필요했고 특히 군부와 같은 주요 정체세력 사이의 역학관계에 영향을 받을 수밖에 없었다. 이는 대내적 측면에서의 손실로 작용한 것이고 이를 만회해야 하는 과제가 발생했던 것이다. 여기에 오바마정부의 '전략적 인내' 정책으로 인한 협상단절과 중국에 대한 정치, 경제적 의존도 심화는 김정은정권으로서는 '현상'을 손실영역으로 인식하게 한 것이다. 결국 이런 김정은정권의 대내외적 상황에 대한 손실의 인식은 3차 핵실험이라는 도발로 이어진 것이다. 특히 1, 2차 핵실험 이후의 미국과 중국이 북한에 대해 유화적 입장으로 선회한 것과는 달리 미중 양국은 강도 높은 2094호 제재결의를 채택했고 미국은 물론 중국도 제재안을 실질적으로 실천하기 시작하면서 김정은정권으로서는 손실영역에서 벗어나지 못한 것이다. 이렇듯 대내외적으로 더 심화된 손실 영역으로 상황을 인식한 김정은정권은 정전협정파기, '1호 전투태세 명령', 한·미·일 3국에 대한 미사일 발사 주장 등의 위험감수의 극단적인 도발행위를 전개한 것이다.

이런 연구 결과는 김정일정권은 국내정치가 변수로서 작용하지 않았기 때문에 대외적 상황이 손실의 영역으로 인식할 때만 도발적인 핵실험의 위험을 감수하는 행태를 벌였으며 북미대화 유지 및 북중경제협력 등 대외적 상황이 호전되었을 경우에는 유엔 안보리 제재를 받는 환경에서도 상황을 이익의 영역으로 인식하면서 온건한 행태를 이어간 것이다. 그러나 김정일 사망으로 국내 정치적 변수가 발생해 내부적으로 정권의 강력함을 인정받아야 하는 김정은정권은 미국과의 협상중단과 중국에 대한 의존도 심화 등의 상황을 더 심각하게 손실영역으로 인식하면서 고도의 위험을 감수하는 극단적 도발행태를 이어간 것이다.

이러한 북한 대외정책의 변이성에 대한 연구 결과는 '현상'을 손실의 영역으로 인식할 때 손실보전을 위해 위험을 감수하고 모험적 행태를 전개한다는 전망이론 주장의 적실성을 확인하고 있는 것이다.

이런 맥락에서 본 연구 결과는 향후 김정은정권이 대외적 상황을 극단적 손실의 영역으로 인식할 때 손실 보전을 위해 다시금 위험을 감수하고 모험주의적 도발행태를 전개할 가능성이 높아 질수 있다는 것을 보여준 것이다. 특히 과거 내부가 강력하게 통제된 김정일체제와는 달리 김정은체제에서 새로운 국내 정치, 경제적 변수가 발생할 경우 내부적 손실을 보전하기 위해 더 도발적 행태를 전개할 가능성이 높아진 것이다. 즉 김정일정권에 비해 국내외 정치, 경제적 조건의 불확실성이 높아진 상황에서 김정은정권의 대외정책적 안정성은 떨어지고 기복이 심한 양상으로 전개될 가능성이 높다고 평가된다.

제9장
# 동아시아질서 변화와 한국외교정책의 변화

# I. 서론

노무현대통령의 '반미 좀 하면 어떠냐'는 말로 시작된 노무현정부의 자주적 대외정책 기조는 여러 사안에 걸쳐 한미 간 이견과 갈등을 야기 시키는 결과를 보였다. 자주성을 강조하던 노무현정부는 미국과 '전시작전권 이전 문제' 및 '대북 문제' 등에서 상당한 이견과 진통을 경험한 바 있다. 이러한 노무현정부의 외교정책은 성장한 한국의 국력을 바탕으로 한국이 동북아지역의 평화와 번영을 주도해 나간다는 '동북아 균형자론'에 근거했다.[1] 그러나 자주적 외교정책을 강조하던 노무현정부는 결국 이라크파병과 한미FTA 체결 등 다시 한미동맹을 강화하는 외교정책으로 전환했다.

이명박정부는 노무현정부가 한미동맹을 훼손했다고 비난하며 성숙한 세계적 국가를 추구하는 '창조적 실용외교'[2]를 주창하며 집권했지만 인권, 민주주의 그리고 시장경제 등 서구적 가치를 중심으로 미국과의 가치동맹을 강조하는 외교기조에 집중했다.[3] 즉 이명박정부는 중국과의 관계를 전면적 협력동반자관계에서 전략적 협력동반자관계로 격상시켰지만 한미가치동맹 강화정책으로 인해 중국의 공식적 비판에 직면한 바 있는 등 실질적인 실용외교를 전개하지 못한

---

1) 국가안전보장회의 상임위원회, "평화번영과 국가안보," (서울: 국가안전보장회의 사무처), 2004; 김기정, "21세기 한국외교의 좌표와 과제: 동북아균형자론의 국제정치학적 의미를 중심으로," 〈국가전략〉, 11권, 4호, 2005; 배종윤, "동북아시아 지역질서 변화와 한국의 전략적 선택: '동북아균형자론을 둘러싼 논쟁의 한계와 세력균형론의 이론적 대안," 〈국제정치논총〉, 제48집 3호, 2008.
2) 청와대, 〈성숙한 세계국가: 이명박정부의 외교안보의 비전과 전략〉, 2009.
3) 조선일보, 2008년 5월 26일. http://www.chosun.com/site/data/html_dir/2008/05/26/2008052601470.html (2013/4/1 검색).

것이다.[4] 더욱이 2010년 천안함사건과 연평도포격사건이 발생하자 한국은 다시 급격히 한미동맹과 한일안보협력 기조로 전환했으며 중국과의 관계는 악화되었다.

반면 최근 집권한 박근혜정부는 한미동맹중심의 외교기조를 채택하면서도 중국과의 협력관계를 추진하는 외교행태를 보이고 있다. 작은 사안들부터 협력적 관계를 추진해 상대국과의 신뢰를 구축해 동북아 평화협력을 달성한다는 박근혜정부의 신뢰외교는 한미동맹은 물론 중국과의 신뢰강화정책을 채택하고 있는 것이다.[5]

즉 노무현정부는 자주성을 강조하며 한국의 동북아에서의 독자적 역할을 강조하는 외교기조를 채택함으로서 미국과의 불편한 관계가 형성된 경험이 있으며 이명박정부는 민주주의와 자유시장경제 등 서구중심의 보편적 가치들을 강조하는 가치동맹을 지나치게 강조하면서 중국과의 관계가 소원해지는 상황에 직면한 바 있다.[6] 반면 박근혜정부는 주변 국가들과의 협력적 상호작용을 통해 신뢰를 형성하는데 외교의 주안점을 두고 있는 것이다.

이는 중국의 부상으로 인한 동아시아 권력구조의 변화와 북한핵문제의 확대 재생산 등 구조적 변화의 환경에서 한국정부는 안보 및 번영 그리고 국력에 맞는 국제적 위상 확보라는 한국외교의 목표

---

4) 조선일보, 2008년 5월 30일. 이명박대통령은 방중기간 동안 중국으로부터 '한미동맹은 냉전의 산물'이라는 공식적 비판받았으며 같은 날 미국으로 부터는 중국이 대중국 견제용이라고 주장하는 대량살상무기 확산방지구상(PSI)에 참여할 것을 요청받는 등 외교적 딜레마의 상황을 경험했다.

5) 아시아경제, 2012년 11월 5일. http://www.asiae.co.kr/news/view.htm?idxno=2012110511163939411 (2013/4/1/ 검색).

6) 정재호, 〈중국의 부상과 한반도의 미래〉, 서울: 서울대학교 출판문화원, 2011, pp. 441-444.

달성을 위해 정권마다 각기 다른 외교정책을 채택했던 것을 보여주는 것이다. 다시 말해 한국외교는 정권마다 다른 기조 속에서 전개되면서 비일관성과 변이성을 보여주고 있다.

왜 한국정부는 각 정권마다 상이한 외교정책을 제시하는가? 특히 왜 같은 정권 기간 동안에도 다른 기조의 외교정책이 채택되는가? 이런 각 정권의 외교정책의 변이성은 어떻게 설명될 수 있는가?

이에 본 연구는 위에 적시한 질문들이 보여주듯이 한국정부들이 상이한 외교정책을 채택하게 된 원인을 규명하는데 목적이 있다. 특히 위에서 서술했듯이 같은 정권 기간 동안에도 다른 외교정책을 채택하게 된 요인을 규명하는데 집중한다.

본 연구는 한국외교의 비일관성과 변이성은 각 정권이 갖는 한국과 상대국들에 대한 정체성과 믿음체계가 상이하기 때문에 나타난다고 주장한다. 그러나 이런 인식론적 접근만으로는 자주외교를 강조하던 노무현정부가 결국 이라크파병을 결정하고 한미FTA를 체결한 외교정책을 설명하기 어려운 것이다. 같은 맥락에서 실용주의외교를 강조하던 이명박정부가 미국과의 동맹에 일방적으로 편승하는 외교정책을 이어갔던 것도 설명하기 어려운 부분인 것이다. 이에 본 연구는 한국정부의 외교기조와 정책은 각 정권의 가치, 관념, 믿음체계와 같은 인식적 요인뿐만 아니라 동아시아 힘의 분배상태라는 구조적 요인에도 제약을 받는다고 간주한다. 이런 측면에서 본 연구는 한국외교의 변이성을 설명하기 위해 정체성과 같은 인식적 요인과 힘의 분배상태와 같은 구조적 요소를 함께 고려하는 현실주의적 구성주의 이론을 이론적 접근법으로 채택한다.

이에 본 연구는 우선 현실주의적 구성주의를 중심으로 이론적 논의를 전개한다. 둘째 이론적 논의를 바탕으로 한국외교의 정권별 변이성을 규명하기 위해 노무현정부의 외교정책기조를 파악하고 이의 부합된 적용을 평가하기 위해 노무현정부의 주요 외교정책에 대해 분석한다. 셋째, 같은 맥락에서 이명박정부의 외교정책 기조를 규명하고 이의 부합된 외교정책 실행을 파악하기 위해 이명박정부의 주요 외교정책들을 평가한다. 마지막으로 이런 두 행정부의 외교에 대한 연구결과를 바탕으로 본 연구가 대안적 접근법으로 제시한 현실주의적 구성주의 활용 가능성을 평가한다.

## Ⅱ. 이론적 논의

본 연구는 왜 각각의 한국정부가 유사한 외교목표 달성을 위해 다른 외교정책을 채택하는지를 규명하는데 목적이 있다. 이를 위해 어떤 요인이 각 정권의 대외정책 결정을 규정하는지를 파악하려는 것이다.

신현실주의 이론은 무정부상태에서 안보를 지켜야 하는 국가들의 대외적 행태는 국가 간 힘의 분배상태(distribution of capabilities)에 의해 결정된다고 주장한다.[7] 즉 국가 간 힘의 분배상태가 국가의 대외정책을 결정한다는 것이고 이런 맥락에서 미국과 중국 사이의 힘의 분배 상태의 변화는 한국대외정책 결정에 중요한 변수로 작용한다는 것이다. 그러나 최근 중국의 급부상에도 불구하고 군사력과 경제력 측면에서 여전히 미국 우위의 힘의 구조는 유지되고 있는

---

7) Kenneth Waltz, *Theory of International Politics*, New York: Random House, 1979, pp. 102-128.

것으로 나타나고 있다. 미국은 2011년 기준 전 세계의 45.7%에 해당하는 군비를 지출하고 있는데 반해 중국은 5.5.% 수준에 머물렀고.8) 경제력 부분에서도 중국의 GDP는 2009년과 2010년 미국 대비 36.18%와 39.46%로 나타났다.9) 즉 신현실주의 이론이 주장하듯 국가 간 역량의 분배상태 요인만을 고려한다면 한국대외정책의 변화 요인은 크지 않은 것이다.

그러나 이렇듯 동아시아지역의 힘의 분배상태가 심각한 수준의 변화를 보이지 않고 있는 상황에서 한국정부의 대외정책은 일정한 변화의 모습을 보여주었던 것이다. 이는 신현실주의 이론이 한국대외정책의 변이성에 대해 충분한 설명을 제공하는데 한계를 보이는 것이고 결국 한국외교정책 결정은 힘 이외의 다른 요인에 영향을 받았다는 것을 의미하는 것이다.10)

이런 측면에서 구성주의 이론은 한국정부의 대외정책 변화의 설명에 보다 유용한 접근법이다. 기존 이론들과 구성주의 이론의 가장 큰 차이점은 주권 또는 무정부상태와 같은 국제정치적 현실이 힘의 분배상태와 같은 구조적 요인의 결과물이 아니라 행위자들끼리의 상호작용 그리고 행위자와 구조간의 상호작용 속에서 형성된 사회적 구성물이라는 것이다. 이러한 구성주의의 주장은 국가라는 행위체들이 구조를 구성하고 다시 재구성할 수 있다고 보는 견해에

---

8) International Institute for Strategic Studies, "Comparative Defence Statistics," http://www.iiss.org/publications/military-balance/the- military-balance-2012/press-statement/figure-comparative-defence-statistics/?locale=en (2013/4/3 검색).

9) UNCTAD, http://unctadstat.unctad.org/TableViewer/tableView.aspx (2013/4/8 검색).

10) Dale C. Copeland, "The Constructivist Challenge to Structural Realism," *International Security*, Vol. 25 No. 2, Fall 2000, pp. 193-194.

바탕을 두는 것인데, 이는 실질적으로 행위자들의 관념적 변수와 국제정치에서의 주체성을 강조하는 경향을 갖는 것이다.[11] 이렇듯 행위자의 주체성을 강조한다는 점에서 구성주의 이론이 대외정책 이론은 아니지만 대외정책의 형성과정과 변화의 설명에 유용한 분석틀을 제공할 수 있는 것이다.

특히 행위체들 사이의 상호작용이 행위체의 정체성을 재구성하고 이런 정체성에 근거해서 이해관계가 새롭게 규정됨에 따라 행태도 변화하게 된다는 구성주의의 주장은 신현실주의가 주장하는 힘 이외의 요인에 의해 국가의 대외적 행태가 결정될 수 있다는 것을 보여주는 것이다.[12] 이런 측면에서 구성주의 이론은 소수 강대국 중심의 구조적 제약이 극심했던 냉전시대보다는 탈냉전의 환경에서 보편적 국가들의 대외정책적 변화를 설명하는데 유리하다고 평가할 수 있다.[13]

알렉산더 웬트(Alexander Wendt) 등 구성주의자들은 정치적 현실의 사회적 구성과 행위체와 구조의 상호구성적인 속성의 전제하에 행위체들의 상호작용을 통한 정체성의 변화가 이익개념을 재규정하여 대외정책의 변화로 이어진다고 가정한다.[14] 웬트는 행위체의

---

11) Alexander Wendt, *Social Theory of International Politics*, (Cambridge: Cambridge University Press, 1999) 이하 박건영 외 역, 〈국제정치의 사회적 이론〉, 서울: 사회평론, 2009. pp. 9-11.
12) 박건영 외 역, 앞의 책. pp. 43-62; 317-343.
13) 박건영 외 역, 앞의 책. pp. 17-18.
14) Alexander Wendt, "Anarchy is What States Make of It," *International Organization*, Vol. 46, No. 2, pp. 403-407; Ted Hopf, "The Promise of Constructivism in International Relations Theory," *International Security*, Vol. 23, No. 1, 1998, pp. 186-187; 전재성, "구성주의 국제정치 이론에 대한 탈근대론과 현실주의 비판 고찰," 〈국제정치논총〉, 제50집 2호, 2010, p. 50.

관념과 행위체와 구조의 상호작용이 역할정체성 또는 집단정체성을 구성 또는 재구성하여 국익을 재조정하고 이에 따라 대외정책이 변화한다는 것이다.15) 역할정체성은 다른 국가와의 관계 속에서 구성되는 정체성으로서 외생적으로 형성되는 것이 아니라 타 국가와의 관계에서만 구성되고 재구성되는 것이다. 반면 집단정체성은 역할정체성을 근간으로 '타국'과 '자국'을 일체화시켜 '같은 국가'와 같은 사회적으로 구성되는 단일한 정체성을 의미한다. 따라서 웬트에게 있어서 정체성은 자국에 의해 형성된 관념과 타인과 공유하는 관념을 포함하는 내적 및 외적 구조로 구성되어 있는 것이다.16)

하지만 웬트는 상호의존성, 공동운명, 동질성이 집단정체성을 구성하는 주된 독립변수로 간주했다.17) 이는 의도적으로 유럽과 같은 지역의 높은 상호의존성과 동질성 그리고 공동운명 등이 집단정체성을 구성하는데 효과적이었다는 경험을 수용한 것이다. 이런 집단정체성이 문화로 구조화되어 행위체들을 다시 제약한다는 것이다. 이렇듯 웬트가 행위체의 정체성과 이익이 문화와 같은 사회적 구조에 의해서 제약되는 측면을 강조한다는 점에서 구조주의적 접근법인 것이다.18) 이런 맥락에서 웬트는 사회적 구조 또는 문화는 상대방과의 관계를 단순히 적대적 관계로 규정하는 홉스적(Hobbsian) 상태와 경쟁자의 관계로 인식하는 로크적(Lockean) 상태 그리고 친선

---

15) 박건영 외 역, 위의 책, pp 318- 339; 신욱희, "구성주의 국제정치이론의 의미와 한계," 〈한국정치학회보〉, 제32집 2호, 1998, pp. 154-155.
16) 박건영 외 역, 앞의 책, p. 318.
17) 전재성, 앞의 논문, p. 39.
18) 김학노, "합리주의적 기능주의 비판과 구성주의적 대안 모색," 〈국가전략〉, 제6권 2호, 2000, pp. 69-71; 양준희, "월츠의 신현실주의에 대한 웬트의 구성주의의 도전," 〈국제정치논총〉, 제41호, 3호, 2001, pp. 35-38.

적 관계로 간주하는 칸트적(Kantian) 상태 등으로 다르게 구성될 수 있다는 것이다.[19] 집단정체성은 칸트적 사회적 구조에서 발생하는 것으로 상대의 안전과 이득이 자신의 이득 및 안전과 일체화된다는 것이다.[20]

구성주의의 문제는 우선 사회적 구조가 변화하지 않는 상황에서 행위체의 정체성이 변화하는 경우를 설명하는데 한계가 있다는 것이다. 특히 구성주의는 행위체의 정체성 구성에 있어 국가 내부 행위체들의 상호작용에 대해서는 상대적으로 간과하고 있다는 것이다.[21] 즉 국내정치적 다원성과 분절성 그리고 이에 따른 국내 행위체들의 상호작용이 국가 정체성 구성에 영향을 미쳐 궁극적으로 대외정책을 결정하는 부분에 대해서는 제한된 설명력을 보여준다는 것이다.

둘째, 이와 더불어 구성주의는 물리적 힘의 요소를 함께 고려한다고 하지만 실제적으로 관념과 공유된 지식 등 인식적 요소를 중심으로 국제정치를 설명하고 있다. 그러나 여전히 힘의 분배적 개념의 약소국은 힘 중심의 구조적 제약은 물론이고 담론 및 문화 형성과 같은 사회적 구조의 구성에도 강대국에 비해 취약성을 보일 수밖에 없다는 것이다.[22] 이런 측면에서 약소국 또는 중진국 수준의 국가들은 물질적 힘의 분배구조와 관념적 사회구조로부터 동시에 영향을 받을 가능성이 높은 것이고 결국 보편적 국가들의 대외정책

---

19) 박건영 외 역, 위의 책, pp. 368-438.
20) 양준희, 앞의 논문, pp. 44-45.
21) 김학노, 앞의 논문, pp. 69-70; 신욱희, 앞의 논문, p. 159; Jeffrey T. Checkel, "The Constructivist Turn in International Relations Theory," *World Politics*, Vol. 50, No 2, January 1998, pp. 340-344.
22) 신욱희, 앞의 논문, p. 160.

을 분석하기 위해서는 권력요소와 관념요소를 함께 고려하는 접근법이 필요한 것이다.

따라서 본 연구는 한국정부들의 대외정책의 변이성을 설명하기 위해 구성주의와 현실주의를 결합하는 현실주의적 구성주의를 이론적 접근법으로 채택한다. 샤무엘 바킨(Samuel Barkin)은 대외정책 결정에 있어 힘의 요소를 배제하기 어려움을 인정하며 인식적 요인과 더불어 힘의 요소와 국내적 요인의 역할을 강조하는 전통적 현실주의를 추가해야 한다고 주장하고 있다.23) 이는 현실주의적 구성주의가 두 가지 측면에서 구성주의의 이론적 가정을 수정함을 의미한다. 첫째, 행위체와 구조의 상호규정성에서 구조의 영향을 상대적으로 강조하는 웬트의 구성주의와는 달리 구조적 영향과 더불어 행위체들 간의 상호작용과 특히 정치집단들과 같은 국내 행위체들 간의 상호작용이 국가의 정체성과 궁극적으로 대외정책 형성에 영향을 미친다고 가정한다. 즉 전통적 현실주의와 같이 국내적 요인들의 역할을 강조하는 것이다. 둘째, 물질적 힘의 배분 구조를 벗어나 관념적 요소만으로 대외정책을 결정하기 어렵다고 가정한다. 힘의 요소는 대외정책 결정에 영향을 미치는 사회적 구조 형성 그리고 어떤 사회적 구조가 더 영향력이 강한지를 결정하는데 중요한 영향을 미치기 때문에 인식적 요인과 분리되기 어렵다는 것이다.24) 이런 맥락에서 본 연구는 권력요소와 관념적 요소들이 함께 작용한다고 주장하고 국가 이외의 행위체들도 행위주체로 인정하는 현실주의적 구성주의를 한국정부의 대외정책적 변이성을 설명하는 대안

---

23) Samuel Barkin, "Realist Constructivism and Realist—Constructivism," *International Studies Review*, Vol. 6 No. 2, June 2004, pp. 349–351.
24) Samuel Barkin, *Ibid.*, p. 351.

적 접근법으로 고려한다.[25]


## Ⅲ. 노무현정부의 대외정책

### 1. 대외정책기조와 내용

노무현정부의 대외정책 기조는 평화번영과 국가안보로 요약할 수 있다. 이런 대외정책 기조 아래 노무현정부는 다음의 5가지 국가이익을 규정했다: '국가안전보장', '자유민주주의와 인권신장', '경제발전과 복리증진', '한반도의 평화적 통일' 그리고 '세계평화와 인류공영에 기여'[26] 노무현정부는 이러한 국가이익들이 '한반도의 평화와 안정', '남북한과 동북아의 공동번영' 그리고 '국민생활의 안전 확보'를 달성할 때 성취되는 것으로 규정하고 이를 달성하기 위한 외교안보정책 기조로서 '동북아 평화번영정책', '균형적 실용외교', '협력적 자주국방정책' 등을 제시했다.[27] 또 대외정책 기조를 실행하기 위해 노무현정부는 다시 다음 네 가지 대외정책 실행전략을 아울러 제시했다: '북한 핵문제의 평화적 해결과 한반도 평화체제 구축', '한미동맹과 자주국방의 병행발전', '남북한 공동번영과 동북아 협력 주도' 그리고 '전방위 국제협력 추구'.[28]

---

25) Samuel Barkin, "Realist Constructivism," *International Studies Review*, Vol. 5, No 3, 2003, pp. 325–342; 전재성, 위의 논문, pp. 54–57; Richard Ned Lebow, "Constructivist Realism," *International Studies Review*, Vol. 6, 2004, pp. 346–348.
26) 국가안전보장회의 상임위원회, "평화번영과 국가안보," p. 20.
27) 앞의 논문, pp. 21–29.

이렇듯 노무현정부는 전술한 대로 다섯 가지 국가이익을 배경으로 네 가지 구체적 대외정책을 제시하고 있다. 하지만 이런 대외정책에서도 노무현정부는 '평화와 번영의 동북아시대 주도'를 국정목표로 규정하며 강력한 실천의지를 표명했다.[29] 이와 더불어 노무현정부는 '북핵문제 평화적 해결과 한반도 평화체제 구축' 그리고 '협력적 자주국방정책' 등을 강조했다.

이런 노무현정부의 대외정책은 두 가지 점에서 기존 한국정부의 정책과 차별적이었다. 첫째, 노무현정부의 대외정책은 자주성 또는 자율성을 강조했다는 것이다. 즉 대외정책에 있어 주권국가의 정체성을 강조함으로서 웬트가 국가이익으로 열거한 자율성(autonomy)을 추구하는 대외정책을 채택했다.[30] 주권은 근대국가의 등장과 함께 국제관계의 운영원리로 자리 잡으며 현재까지 사회적 구조로서 모든 국가의 행태에 중대한 영향을 미치는 요인이다. 즉 주권국가는 대내적 최고성과 대외적 평등성의 권위체로서 합법적인 불간섭의 원칙이 내재되어 있는 개념이다.[31] 이런 맥락에서 주권국가는 외부의 간섭 없이 독립적으로 자국의 안보를 지키는 군사적 자주성을 전제한 것이다.

그러나 한국전쟁 직후 한국은 안보를 확보하기 위해 압도적 군사역량을 보유한 미국과의 비대칭적인 한미동맹을 구성하고 한미방위조약을 통해 작전통제권을 미국에 위임했다. 이러한 한미 간의

---

28) 앞의 논문, "평화번영과 국가안보," pp. 32-73
29) 대통령비서실, "제1차 중앙부처 실국장과의 대화 말씀," 〈노무현대통령 연설문집〉, 2004, p. 259.
30) Alexander Wendt, op. cit, pp. 235-236.
31) Stephen D. Krasner, Problematic Sovereignty, New York: Columbia University Press, 2001, pp. 2-12.

안보를 매개로한 상호작용은 한국에게 미국은 안보보호자의 역할 정체성을 구성하게 하였으며 미국에게 한국은 사회주의권과의 대결 상황에서 한반도에서의 미국을 지원하는 하위적 협력자의 역할 정체성을 구성한 것이다. 즉 한미관계는 일종의 후견-피후견국가 관계의 역할정체성이 구성된 것이다.[32] 하지만 한미 간의 상호작용은 이러한 위계적 역할정체성과 더불어 상호간에 지원하는 안보협력자 및 사회주의권과 맞서 싸우는 자유세계 일원이라는 집단정체성을 동시에 구성한 것이다.

## 2. 대외정책 결정요인

노무현정부의 대외정책은 구조의 변화와 한미 간 상호작용의 결과에 정체성의 변화 속에서 구성되었다. 즉 한국 군사주권의 정체성이 다양한 국내외적 요인들에 의해 변화의 압력에 직면하면서 노무현정부 대외정책 결정에 영향을 미쳤다는 것이다. 첫째, 소련의 붕괴로 냉전체제가 해체되면서 국제적으로 고립된 북한의 안보 위협에 대한 인식이 완화되었다는 것이다.[33] 특히 2000년 6월 남북정상회담은 북한을 적대국에서 대화의 상대로 인식하게 하는 계기가 되면서 정체성의 변화를 촉진한 계기가 되었다. 이에 대해 노무현대통령이 "6.15정상회담은 남북 간의 끊어진 신뢰의 다리를 다시 만든 것이며 남북문제의 핵심은 상대를 진심으로 신뢰하는 가의 신뢰성"이라고

---

32) 신욱희, "동아시아에서의 후견-피후견 국가관계의 동학: 국가변화의 외부적/지정학적 근원," 〈국제정치논총〉, 제32집, 2호, 1992.
33) 이상현, "한미동맹 50년의 성찰과 한미관계의 미래," 〈국가전략〉, 제9권, 1호, 2003, p. 42.

주장한 것은 북한에 대한 인식 또는 정체성 변화가 필요하다는 자신의 관념을 보여준 것이다.[34]

둘째, 한국의 지속적인 국력의 신장은 그에 부합하는 독립적 위상을 확보하려는 인식을 확대시키는 결과를 보였다. 더욱이 이런 국력의 신장에도 불구하고 한미관계는 불평등성이 남아있는 SOFA 조약이 유지되었고 '미선, 효선사건'과 같은 주한미군 관련 사건들이 증가했던 사실도 양국관계 개선의 필요성에 대한 인식이 한국사회 전반에 확대되는 계기가 되었다. 셋째, 보다 직접적인 요인으로서 새로운 한미관계를 구성하려는 국내정치세력과 새로운 세대의 등장이다. 이는 한국 민주화와 직결된 것으로서 1987년 6월 민주항쟁 이후 민주세력이 제도권으로 진입하여 정치세력화 하면서 비대칭적 한미관계의 변화를 추구했다. 여기에 민주주의를 본격적으로 경험하기 시작한 세대가 정치적 주체로 등장하면서 평등성과 주권의식을 강조하는 한미동맹관계로의 전환을 요구했던 것도 변화의 압력으로 작용했다.[35]

이러한 국내외적 요인들에 영향을 받은 노무현정부는 자주적 주권국가 회복을 시대적 과제로 인식하고 외교 안보적 측면에서 자율성을 강화하는 정책을 추진하기 시작했던 것이다. 이런 맥락에서 노무현정부는 자주국방정책을 추진하며 미국에 대해 전시작전권 전환을 요구했던 것이다. 노무현대통령이 2003년 광복절 경축사에서 "우리의 안보를 언제까지나 주한미군에 의존하려는 생각도 옳지 않습니다. 자주독립 국가는 스스로의 국방력으로 나라를 지킬 수

---

34) 노무현, 〈성공과 좌절〉, 서울: 학고재, 2009, p. 199.
35) 김기정, 김순태, "군사주권의 정체성과 한미동맹의 변화," 〈국방정책연구〉, 제24권, 제1호, 2008년, pp. 18-19.

있어야 합니다"라고 발언함으로서 자주국방에 대한 자신의 신념을 뚜렷이 했다.36) 군사주권 회복에 대한 노무현전대통령의 강력한 가치부여는 "막상 전쟁이 나면 국군에 대한 지휘권도 한국 대통령 이 갖고 있지 않다"라는 언급을 공개적으로 제기하면서 더욱 명확 해졌다.37) 이러한 노무현전대통령의 군사주권에 대한 관념은 한미 간 수평적 관계를 지향하던 민주세력의 일원으로서 90년대 초부터 신념화되기 시작했으며 자주성을 강조하던 민주세력이 집권하면서 주권국가의 정체성을 회복하는 대외정책들을 추진한 것이다.38) 이 는 본 연구가 주장하는 대로 행위체의 정체성 구성에 있어서 행위체 와 구조의 상호작용 이외에 국내 행위체들의 상호작용이 미치는 영향을 보여주는 것이다.

결국 이런 노무현정부의 군사주권에 대한 관념은 자주국방과 전 시작전권 전환정책으로 구체화되었고 결국 2003년 노무현전대통령 이 전시작전권 문제를 언급한 이후 다양한 국내 집단들 사이에서 논란을 거듭해오다 2005년 한국정부가 한미정책구상회의에서 전시 작전권 전환을 제의하면서 공식적으로 한미 간 협상이 시작되었다. 결국 2007년 2월 한미국방장관은 2012년을 기점으로 군사적전통제 권을 한국군으로 전환하는 것에 합의했다.

이러한 자주성을 강조하는 노무현정부의 대외정책은 북한정책

---

36) 대통령비서실, "제58주년 광복절 경축사," 〈노무현대통령 연설문집〉, 2004, pp. 349-350.
37) 홍현익, "부시행정부의 한반도 전략과 한미동맹의 장래," 홍현익·송 대성·이상현 공저, 〈남북화해시대의 주한미군〉, 성남: 세종연구소, 2003, p. 77.
38) 박창식, "노무현에게 미국은 무엇인가," 한겨레 21, 2003년 5월 14일. http://legacy.www.hani.co.kr/section-021003000/2003/05/02100300 0200305140459010.html (2013/4/12 검색).

에서도 나타나고 있다. 노무현정부는 '북한문제'에 대해 미국과 상당한 이견을 노출했으며 이는 한미동맹의 균열로 묘사되기도 했다. 이러한 '북한문제'에 대한 한미 간 갈등은 노무현정부만의 책임은 아니다. 부시미국정부는 북한을 '악의 축(axis of evils)'으로 인식하는 관념을 가지면서 클린튼정부와는 다른 적대적 입장을 취했고 반면 노무현정부는 김대중정부 시기부터 전개된 남북화해협력정책의 환경 속에서 북한을 협력의 대상으로 인식했다. 즉 한미 양국의 북한의 정체성에 대한 인식의 격차가 한미 간 이견을 표출시켰으며 노무현정부의 대북정책 결정에도 많은 논란을 불러왔던 것이다. 이런 노무현정부의 북한에 대한 인식은 2007년 8.15 경축사에서도 잘 드러나 있다. 노무현대통령은 "국민의 정부 시기와 비교해 남북교역량은 두 배, 협력 사업은 네 배 그리고 인적왕래는 일곱 배가 증가했습니다. 적대적 행위를 절제하고 대화와 설득으로 신뢰를 쌓아온 결과... 북한도 실용적이고 유연하게 변화하고 있습니다"라고 언급함으로서 북한이 대화의 상대이고 협력의 대상임을 분명히 하고 있는 것이다.[39]

하지만 노무현정부가 미국과 상이한 대북관을 가지는 이유는 북한에 대한 인식적 요인 외에도 부시정부의 대북강경정책이 군사적 충돌로 이어질 것을 우려하는 노무현정부의 인식요인도 작용했다. 즉 미국의 대북정책과 성격을 달리하는 노무현정부의 독자적 대북정책 추진은 미국의 강경압박정책이 촉발시킬 수 있는 군사적 충돌

---

39) 노무현, "8.15 경축사," 2007년 8월 15일. http://www.newjerseykorean. org/zboard/zboard.php?id=knowhow&page=64&sn1=&divpage=1&sn= off&ss=on&sc=on&select_arrange=name&desc=asc&no=750 (2013/4/ 8 검색).

가능성을 감소시키기 위한 측면도 있는 것이다.[40] 이런 맥락에서 노무현전대통령은 당선자 시절 "언론이 미국과 다르다고 하는데 안 다르면 결과적으로 전쟁을 감수하자는 것이냐? 다른 것은 달라야 하고, 다른 것은 조율해 전쟁위기를 막아야 한다"라고 자신의 신념을 언급함으로서 노무현정부의 독자적 대북정책의 이유를 분명히 했다.[41]

둘째, 노무현정부의 대외정책이 기존 정책과 또 다른 측면은 동북아지역에서의 한국의 주도적 또는 적극적 역할을 강조하면서 새로운 역할정체성의 확보를 통해 웬트가 명명한 집단적 자긍심(collective self-esteem)의 국가이익을 추구했다는 것이다.[42] 노무현정부는 한국은 동북아국가들과의 깊은 상호의존성에 영향을 받기 때문에 남북 간 화해협력과 동북아국가들 사이의 협력 증진을 주도하여 공동번영을 추진하는 것만이 국가안보를 확보하고 외교 목표를 달성하는 길이라고 강조했다.[43] 이는 노무현정부가 남북한을 포함한 동북아의 높은 상호의존성과 공동운명성을 인식한 것으로서 웬트의 표현을 빌리자면 이 지역의 지배문화가 로크적 상태 또는 칸트적 상태가 되어야만 국가안보를 달성할 수 있다는 인식의 결과인 것이다. 이런 맥락에서 노무현대통령은 광복절 경축사에서 "동북아시아도 협력과 통합의 새로운 질서를 만들어 가야 합니다. 그래서 다시는 강대국의 틈바구니에서 어디에 기댈 것인가를 놓고 편을 갈라 싸우

---

40) 김관옥, "한미동맹의 변화와 미국세계전략의 영향," 〈사회과학논총〉, 제27집 1호, 2008, pp. 332-333.
41) 허재영 · 엄기홍, "노무현대통령의 자주국방인식: 노무현대통령 연설문집 분석을 중심으로," 〈東西研究〉, 제24권, 4호, 2012, p. 39.
42) Alexander Wendt, op. cit., pp. 236-238.
43) 국가안전보장회의 상임위원회, "평화번영과 국가안보," pp. 20-21.

다 치욕을 당하는 역사를 반복하지 말아야 합니다. 이것이 저의 동북아 시대 구상의 핵심입니다"라고 언급하며 한국이 '평화와 번영의 동북아시대'의 주도적 역할을 수행해야 함을 강조했다.[44]

이런 노무현전대통령의 동아시아에서의 한국의 새로운 역할에 대한 인식은 유럽의 경험에서 기인된 측면이 크다. 즉 유럽국가들 사이의 화해와 협력의 관계 구성이 평화와 번영의 통합체를 구성했다고 인식하고 이런 질서를 만들어 가는데 한국이 주도적 역할을 해야 한다는 것이다. 이렇듯 평화와 번영의 질서를 구성하는 데에 있어서 한국의 주도적 역할을 강조한 것은 새로운 역할을 통해 한국의 역할 정체성을 재구성하여 국가의 위상을 강화함으로서 집단적 자긍심 고양이라는 국가이익을 추구한 것이다. 이는 서론에 이미 언급한 '동북아균형자론'에 논리적 기반을 둔 것이다. 이런 맥락에서 노무현 대통령은 2005년 3월 22일 "앞으로 우리가 어떤 선택을 하느냐에 따라 동북아의 세력판도는 달라질 것입니다" 라고 발언함으로서 한국의 균형자로서의 역할을 강조했다.[45]

하지만 노무현정부의 '동북아균형자론'은 내부적으로 심각한 논쟁에 휩싸이며 국내 행위체들 사이의 상호작용을 촉진했다. 일부는 노무현정부의 '동북아균형자론'이 동아시아지역에서 갈등과 충돌을 방지하는 역할을 강조하면서도 세력균형이라는 힘의 분배 요소에서 벗어나지 못했다고 비판했고 또 다른 일부는 동북아국가들과의 역량을 비교한다면 '균형자론'은 과대망상적인 시도 또는 '외교

44) 대통령비서실, "제58주년 광복절 경축사," 〈노무현대통령 연설문집〉, 2004, pp. 351-352; "칭화대학 초청연설," 〈노무현대통령 연설문집〉, 2004, pp. 293-299.
45) 허재영 · 엄기홍, 위의 논문, p. 40.

적 독백'이라고 평가절하 했다.46) 특히 일부는 '균형자론'은 한미동
맹과 양립하기 어려운 개념으로 이는 한미동맹을 파기하려는 의도
의 결과라고 비판하기도 했다.47) 반면 정동영전통일부장관과 이종
석 NSC사무차장 등 노무현정부 인사들은 각각 '동북아균형자론'을
'21세기 전략적 비전이며 군사적 성격이 아닌 평화의 균형자' 또는
'평화, 번영을 촉진하는 주체로서의 역할' 등의 의미를 부여했다.48)
이렇듯 새로운 역할정체성을 확보하려는 국내 정치세력과 기존의
한미동맹이라는 사회적 구조를 유지하려는 국내세력들 사이의 치
열한 상호작용은 노무현정부로 하여금 정체성 변화를 이끌어내는
데 상당한 제약요인으로 작용했다.

특히 이런 한국 내부 행위체들 사이의 상호작용과 더불어 한국정
부와 미국정부 사이의 상호작용도 정책적 변화의 걸림돌로 작용했
다. 미국정부의 일부 인사들은 노무현정부의 '균형자' 역할을 '반미'
또는 '친 중국'으로 인식하며 이를 한미동맹의 균열로 규정함으로서
한국정부를 압박했다.49) 특히 당시 미국 외교안보보좌관이었던 콘
돌리자 라이스는 노무현대통령이 미국과 중국 사이에서 한국이 균
형자 역할을 할 필요가 있다고 주장한데 대해 이를 반미로 인식했다
고 밝히며 노무현정부의 '동북아균형자론'에 대한 한미 간의 부정적

---

46) 정욱식, "미일동맹의 재편과 동북아의 미래," 〈역사비평〉, 2005년 가
    을호, P. 194; 김우상, "동북아균형자가 되려면 '소프트파워' 키워라,"
    시사저널, 2005년 5월 5일, P. 44.
47) 이철승, "'균형자론'의 동북아의 '소외자론'," 〈한국논단〉, 2005년 5월호,
    p. 21.
48) 배종윤, 위의 논문, p. 97.
49) D. Okimoto and Michael, Amacost, *The Future of America's Alliances
    in Northeast Asia*, Washington D.C.: The Asia Pacific Research Center.
    2004.

상호작용이 한국대외정책 결정에 영향을 미쳤음을 확인했다.[50)]

이는 본 연구가 주장한 바와 같이 국내 행위체들 사이의 상호작용과 사회적 구조와의 상호작용이 정체성 재구성에 영향을 미친 것을 보여준 것이다. 특히 '동북아균형자론'이 노무현정부의 대외정책을 주도하지 못했다는 것은 미국의 압도적 군사적 역량에 기반한 한미동맹이 여전히 강력한 요인으로 작용하고 있음을 보여주는 것이다. 즉 군사적 힘의 분배요소가 '한미동맹'이라는 사회적 구조로 구성되며 노무현정부의 대외정책 결정에 영향을 미친 것이다. 이런 점에서 구성주의의 주장과는 달리 힘의 분배요소와 인식적 요소가 함께 대외정책 결정에 영향을 미치는 것이 확인된 것이다.

자주성과 동북아지역에서의 역할 및 위상강화로 요약되는 노무현정부의 대외정책 기조는 이렇듯 내부 행위자들의 상호작용과 한미 간 상호작용 등을 통해 전시작전통제권 전환정책과 '평화와 번영의 동북아시대정책'과 정책의 좌절로 구성 또는 재구성되었다.

그러나 이와는 달리 자주적 외교기조를 강조하던 노무현정부는 이라크파병과 한미FTA 체결 등과 같이 한미동맹을 재강화하는 대외정책을 채택하기도 했다. 이라크파병정책은 노무현정부가 추구한 대외정책 기조와 상반되는 성격의 대외정책이다. 노무현대통령은 퇴임 후 인터뷰에서 이라크파병정책에 대해 "그 당시도 그렇고 지금 생각해 보아도 우리 역사의 기록에는 잘못된 선택으로 남을 것이라고는 생각합니다. 그러나 그 시기의 대통령을 맡은 사람으로서는 회피할 수 없는 불가피한 선택이었다"라고 언급함으로서 외부적 요인에 의한

---

50) 머니투데이, 2011년 11월 4일. http://news.naver.com/main/read.nhn?
   mode=LSD&mid=sec&sid1=102&oid=008&aid=0002653564
   (2013/4/15 검색).

결정이었음을 분명히 했다.[51]

이라크파병문제는 국내 행위체들 사이에서 격렬한 논쟁과 갈등의 상호작용을 불러왔고 특히 노무현정부와 부시정부 사이에도 상당한 이견이 발생하면서 갈등적 상호작용이 전개되었다. 노무현정부를 지지했던 진보세력은 미국의 이라크전쟁을 '부도덕한 침략'으로 규정하고 한국의 파병정책에 대해 적극적으로 반대했고 이러한 관점을 수용한 민주노동당, 민주당 그리고 열린우리당 일부의원들도 파병에 반대하는 입장을 개진하며 정부를 압박했다.[52] 하지만 한국안보에 있어 한미동맹의 중요성을 강조했던 보수세력과 한나라당 그리고 여당인 열린우리당은 파병을 주장하면서 국내 행위체들 사이에 극심한 논쟁이 연출되었다. 결국 이런 치열한 내부 집단들 사이의 상호작용은 미국과의 갈등으로도 이어졌고 도널드 럼스펠드 전국방장관은 최근 회고록에서 2003년 11월 한미연례안보협의회 참석차 방한하였을 때 "50년 전 미군의 참전으로 자유와 경제적 성공으로 일군 한국의 '역사적 기억상실증(historical amnesia)'을 느꼈다"라며 한국이 과거를 잊고 파병을 주저한 것을 비판했다.

이런 미국의 한국에 대한 압박은 추가파병 요구 시에도 전개되었다.[53] 노무현정부가 내부 집단간의 치열한 논쟁으로 빠른 결정을 내리지 못했고 국회가 비준처리를 신속하게 하지 않자 미국은 주한

---

51) 오연호·노무현, 〈마지막 인터뷰〉, 서울: 오마이뉴스, 2009, p. 183.
52) 중앙일보, 2003년 9월 17일. http://article.joinsmsn.com/news/article/article.asp?Total_ID=228819 (2013/4/15 검색); 박순성, "각계 전문가와 세계지성이 말하는 이라크 파병반대의 논리," 참여연대 평화군축센터, http://www. peoplepower21.org/Peace/565090 (2013/4/15 검색).
53) 조선일보, 2011년 2월 9일. http://news.chosun.com/site/data/html_dir/2011/02/09/2011020901225.html (2013/4/15 검색).

미군 1만 2천명을 철수해서 이라크로 이동할 것을 결정 통보했다.[54] 이런 미국의 힘을 통한 압박은 노무현정부로 하여금 미국 파병 안을 대폭 수용하는 결정을 내리게 했고 결국 3,000명의 전투 병력을 비전투임무를 부여하는 명목으로 파병 결정했다.

노무현정부의 이라크파병정책의 결정과정에서도 본 연구가 주장한 바와 같이 여당, 야당, 보수세력, 진보세력 등 국내 행위체들의 상호작용이 한국의 정체성 구성에 영향을 미치는 것이 확인되었다. 그러나 구성주의의 주장과는 달리 힘을 바탕으로 한 미국의 압박이 이라크파병정책 결정에 크게 주효했음이 확인되었다. 특히 주한미군철수와 미국의 강경대북정책 등이 노무현정부가 자주외교의 기조와는 달리 위계적 한미관계를 강화하는 정책을 채택하게 한 측면이 크다. 이는 힘의 분배요소가 노무현정부의 대외정책 결정에 상당한 영향을 주었음을 보여주는 것이다. 실제로 노무현대통령은 "미국이 빠지면 동북아질서라는 것은 논의할 수 없어요. 한반도의 질서 재편 과정에 미국이 결정적인 힘이기 때문에 그런 거죠"라고 언급함으로서 미국의 압도적 힘의 분배요소가 노무현대통령의 관념 구성에 상당한 영향을 미쳤음을 시인한 것이다.[55] 이는 가치와 믿음체계를 강조하는 구성주의 주장이 적용되기 어려운 사례이며 관념의 요소뿐만 아니라 힘의 요소도 대외정책 결정에 중요한 영향을 주고 있음을 확인한 것이다.

---

54) 동아일보, 2004년 6월 8일. http://news.donga.com/List/Series_ 70000000000173/ 3/70000000000173/20040608/8069936/1 (2013/4/15 검색).

55) 오연호 · 노무현, 〈마지막 인터뷰〉, 서울: 오마이뉴스, 2009, p. 187-188.

## Ⅳ. 이명박정부의 대외정책

### 1. 대외정책기조와 내용

이명박정부의 대외정책의 목표는 '정의와 평화', '공동번영', '세계주의'라는 핵심가치를 추구하는 성숙한 세계국가 실현으로 규정되어 있다.56) 이를 실현하기 위한 전략으로 창조적 실용주의외교를 제시하고 있다. 이 실용주의 외교정책은 네 가지 실천전략을 포함한다: 상생, 공영의 남북관계, 협력네트워크 외교, 포괄적 실리외교 그리고 미래지향적 선진안보체계.57)

우선 이명박정부는 한국이 선진 국가 반열에 진입하고 있다고 평가하고 선진 국가, 즉 성숙한 세계국가가 되기 위해서는 강하면서도 부드러운 연성강국의 모습을 갖추어야 한다고 주장했다. 이를 위해 이명박정부는 주변 환경을 냉정하게 평가하고 이를 바탕으로 실현 가능한 목표와 행동계획을 세워 최대의 성과를 거두는 창조적 실용주의외교를 채택해야 한다고 주장한 것이다.58) 즉 이명박정부의 대외정책은 합리적 결정모델의 주장과 같이 비용 대비 효용의 계산방식을 통해 국가이익을 극대화하는 안을 추구하는 성격을 보여준다. 인식적 요소보다는 물질적 국가이익에 근거해 대외정책이 고려된다는 것이다. 특히 실용외교의 천명 직후인 2008년 3월 이명박대통령은 외교통상부 업무보고 시 "국익 앞에서는 친미도 친중도

---

56) 청와대, 〈성숙한 세계국가: 이명박정부의 외교안보의 비전과 전략〉, 2009, pp. 12-15.
57) 앞의 논문, pp. 16-39.
58) 앞의 논문, pp. 14-15.

없다"는 발언을 했고 4월에는 서울과 평양에 연락사무소 설치를 제안했고 한미정상회담장에서는 남북 간 대화의 중요성을 강조하는 등 실질적인 실용외교를 선보이는 듯했다.[59]

그러나 이명박정부의 실용주의 외교기조는 사실상 노무현정부가 '이념정부'였고 결과적으로 자주적 이념을 강조하여 한미동맹을 약화시켰다는 인식에서 출발한 측면이 크다.[60] 이와 더불어 이명박정부는 노무현정부가 경제정책은 물론 대북정책에서도 실패했기 때문에 새로운 대외정책이 필요하다고 판단했다. 그러나 실용외교 구성의 보다 본질적인 이유는 이명박대통령이 대기업 CEO로서의 경험을 통해 형성된 이익추구적 가치관에 기반을 두고 있다고 평가된다. 따라서 국가의 대외정책도 투입요소 이상의 성과를 추구하는 물질적 능률주의 경향이 컸던 것이다.[61] 이명박대통령의 물질적 국가이익을 강조하는 인식은 자연스럽게 경제성장에 집중하는 정책을 추진하게 했으며 이에 대한 안정적 환경을 보장하기 위해 한미동맹 강화를 통한 안보확립에 집중하는 대외정책을 채택했던 것이다. 이에 이명박정부는 기존의 정체성을 유지, 강화함으로서 웬트가 열거한 '경제성장' 또는 '물리적 생존' 등의 국가이익을 추구하는 대외정책을 추진했던 것이다.

이런 맥락에서 이명박정부의 대외정책은 노무현정부 정책과 두 가지 측면에서 큰 차이점을 보이고 있다. 우선 이명박정부는 노무현정부가 한미동맹관계를 심각하게 훼손함으로서 안보와 국가이익

59) 배성인, "이명박정부의 한미관계와 남북관계: 선순환 구조를 위한 제언," 〈북한연구학회보〉, 제12권 1호, 2008, p. 97.
60) 최영종, 〈글로벌 한국의 신외교전략〉, 서울: 오름, 2008, pp. 21-23.
61) 박흥순, "이명박정부의 대외정책(외교, 안보): 특징과 과제," 〈평화학연구〉, 제9권 1호, 2008, pp. 28-29.

을 침해했다고 인식했기 때문에 한미동맹 강화를 대외정책의 최대 화두로 제시했다.[62] 이는 자주성을 강조했던 노무현정부와는 대비되는 정책으로서 오히려 미국의 비대칭적 역량에 편승(bandwagoning)하는 전략을 추구했던 것이다. 이명박정부는 한미동맹을 강화해야 안보불안이 감소되어 남북관계가 오히려 발전될 수 있다고 주장했다.[63] 이런 맥락에서 한미동맹 강화와 관련해 이명박정부 집권 직후부터 전시작전권 전환 연기에 대한 논의가 재개되기도 했다.[64] 즉 이명박정부는 미국을 큰형(big brother)과 같은 보호자의 역할정체성으로 인식했고 한미동맹의 구조적 요소에 안보적으로 의존하는 것이 경제적 역량을 절약하는 실용외교라고 간주한 것이다.

그러나 이명박정부의 한미동맹 강화정책은 실용외교의 수준에서 멈추지 않았다. 이명박대통령은 2008년 4월 방미 시 부시미전대통령에게 '21세기 한미전략동맹'을 제안하고 동맹의 3대 원칙인 '가치동맹' 신뢰동맹' '평화구축동맹' 등을 제시했다.[65] 이는 이명박정부가 한미동맹을 '군사동맹'에서 '전략동맹'을 격상시키려 했던 것이며 특히 자유민주주의, 인권, 시장경제의 가치에 기반을 둔 가치동맹으로 전환하려는 시도였던 것이다.[66] 즉 이명박대통령의 제안은 한미 간의 위계적 역할정체성을 구성하고 특히 한국과 미국이 공유할 수 있는 관념적 요소를 통해 한미 간의 정체성의 일체화를

---

62) 서울신문, 2008년 4월 21일.
63) 외교통상부, 〈이명박정부 주변 4국 외교성과〉, 2009. p. 15.
64) 한국일보, 2010년 6월 25일. http://news.hankooki.com/lpage/opinion/201006/h2010062521223576070.htm (2013/4/16 검색).
65) 전북도민일보, 2008년 4월 16일. http://www.domin.co.kr/news/articleView.html?idxno=671558 (2013/4/17 검색).
66) 부시대통령, 이명박대통령 공동기자회견, 2008년 4월 19일. http://korean.seoul.usembassy.gov/p_pv041908.html (2013/4/17 검색).

추구하는 집단정체성을 구성함은 물론 한미동맹의 물질적 역량 구조를 사회적 구조로 재구성하려는 시도였던 것이다.

결국 이명박정부가 노무현정부의 정책과 상이한 대외정책을 채택하게 된 것은 노무현정부 기간 동안의 한미관계에 대한 부정적 인식이 정체성 변화의 동기를 구성하여 한미동맹 강화정책으로 구체화된 것이다. 즉 노무현정부의 외교적 실패가 한미동맹의 훼손에서 비롯되었다고 인식했던 국내 보수세력과 이를 지지기반으로 하는 이명박대통령이 한미동맹 강화에 집중하게 된 것이다. 이와 더불어 대기업 CEO출신의 이명박대통령의 물질적 이익중심의 인식구조도 자주성을 추구하여 위험부담(risk-taking)을 갖기보다는 압도적인 미국 역량에 편승하여 안정적 상황에서 이익을 추구하는 한미동맹 강화와 같은 위험회피(risk-averse)의 정책을 채택한 것이다. 이는 구성주의가 주장하듯이 행위자의 정체성이 이익규정에 선행하는 것이 아니라 물질적 이익과 힘의 분배요소가 주관적 인식에 영향을 줘 결국 정체성 변화도 이끌어 낼 수 있다는 것을 보여주는 것이다.[67]

## 2. 대외정책 결정요인

이명박정부의 대외정책 결정은 이렇듯 노무현정부 기간 동안의 한미 간 상호작용의 결과에서 상당한 영향을 받은 것이다. 이런 맥락에서 이명박정부는 한미동맹 복원과 강화를 위해 양국 간의 긍정적 상호작용을 확대하고 이를 통해 공유된 지식과 원칙을 확대

---

67) 김학노, 위의 논문, p. 69.

함으로서 위계적 역할정체성은 물론 집단정체성을 구성하려는 대외정책들을 추진했던 것이다. 첫째, 이명박정부는 2008년 4월 한미정상회담 직전에 한미쇠고기무역협상을 전개하여 미국이 요구하는 대로 연령과 부위에 제한 없이 미국산쇠고기를 수입하는 새로운 미국산쇠고기 수입안을 수용했다.[68] 이러한 이명박정부의 일방적인 쇠고기수입안 양보는 결국 국민적 저항에 의해 6월 재협상을 통해 수정되었지만 4월 쇠고기무역협상 당시의 한국정부의 수동적 태도는 이명박정부의 전형적인 대미 협상자세로 자리 잡으면서 한미FTA 협상 상황에서도 반복되었다.

한미FTA 협상도 2010년 11월 G-20 정상회의가 개최되는 시기에 그리고 미국 중간선거가 얼마 남지 않는 환경적 제약 요인이 한국에게 불리한 시점에서 4일이라는 짧은 기간 동안 전개되었다. 이명박정부는 2007년 한미FTA 합의안이 수정되는 일은 결코 없을 것이라는 주장을 반복해왔지만 결국 미국의 재협상 요청을 수용했다. 특히 미국이 수정을 요구했던 자동차부분 등이 협상 쟁점사항이 되었고 결국 미국이 선호했던 자동차관련 수정 요구사안들은 대부분 합의안에 반영되었다. 이에 대해 김종훈 당시 통상교섭본부 본부장은 "재협상 결과에 대해 죄송하게 생각하며 상황 전개가 불가피한 측면이 있었다"고 언급했고 이명박대통령도 "한미FTA를 전체적으로 평가해야지, 이번만으로 (평가)하면 안 된다"고 주장했다.[69]

이런 통상외교분야에서의 미국과의 협상에서 실리를 추구하기보다는 소극적이며 수동적 행태를 보였던 이명박정부는 안보외교

---

68) 한국일보, 2008년 4월 19일.
69) 조선일보, 2010년 12월 22일; 연합뉴스, 2010년 12월 7일.

분야에서도 미국이 요청한 사안들을 대폭 채택하는 행태를 보였다. 이명박정부는 노무현정부 시기 미국의 요청에도 불구하고 유보해 왔던 사안들을 채택함으로서 미국과 공유된 특성을 확대하여 집단 정체성을 구성하는 대외정책들을 추진했던 것이다. 우선 2009년 4월 북한이 장거리 미사일을 발사하자 이명박정부는 노무현정부시 기부터 미국으로부터 참여 요청을 받았지만 결정을 유보해왔던 대 량살상무기 확산방지구상(PSI)에 전면 참여할 것을 결정했다. 노무 현정부는 당시 PSI에 대해 현재 남북해운합의서에 따라 한국영해를 운항하는 북한 선박을 검색할 수 있고 북한을 자극할 수 있다는 이유로 결정을 유보해온 사안이었다.[70] 하지만 이명박정부는 PSI 에 참여함으로서 대량살상무기 방지라는 국제규범을 전면적으로 수용함으로서 미국과의 정체성 일치를 강화시켜 한미동맹의 사회 적 구조를 공고히 하고 보다 적극적으로 편승하려 했던 것으로 해석 할 수 있다.

그러나 이명박정부의 한미동맹 강화에 집중하는 정책은 본래 추 진하고자 했던 실용외교의 취지를 무색하게 했고 결과적으로 중국 과의 갈등도 촉발되었다. 2008년 5월 이명박대통령이 중국을 방문 해 중국과의 관계를 '전면적 협력동반자관계'에서 '전략적 협력동반 자관계'로 격상시켰지만 방중 기간인 5월 27일 친강 중국외교부 대변인은 "한미동맹은 지나간 역사의 유물이며... 낡은 사고로 세계 또는 각 지역이 당면한 문제를 다루고 처리하려 해서는 안 된다"라 고 주장했다.[71] 특히 이명박정부의 중국과의 불편한 관계는 천안함

---

70) 한국일보, 2009년 4월 15일.
71) 정기열, "한미동맹 고집하다 고립만 자초, '환난지교'의 마음으로 소통해 야 한다." 〈월간민족 21〉, 2008년 7월 1일. http://www.minjog21.com/

사건 이후 더욱 악화되어 북한문제 해결에 상당한 어려움을 겪은 바 있다. 이러한 결과는 내용과 형식을 막론하고 국가이익을 극대화하는 정책을 추진한다는 실용주의 외교에 부합하지 않는 것으로서 이명박정부의 실용주의 외교정책이 일방적 한미동맹 강화에 집중함으로서 국가이익 극대화에 실제적 효과를 발휘하지 못했음을 보여주는 것이다.

이렇듯 한미 간의 위계적 관계 속에서 구성된 정체성과 한미동맹의 사회 구조적 제약은 이명박정부가 미국과의 관계에서 수동적 또는 의존적 대외정책을 채택하게 하는 요인으로 작용한 것이다. 특히 이명박정부의 비대칭적 한미동맹중심의 편승외교는 2010년 3월 천안함사건과 연평도포격 사건 발생 이후 더 강화되는 경향을 보였다. 즉 북한의 안보위협이 가중되면서 이명박정부의 미국에 대한 정체성은 큰형(big brother)에서 보호자(guardian)의 정체성으로 역할정체성이 강화되는 경향을 보였고 이런 과정에서 공유된 원칙과 지식을 확대하면서 배타적 집단정체성도 강화되었다.

천안함사건 발생 이후 한국과 미국은 다양한 국내 행위체들의 적극적인 상호작용 속에서 5월 20일 "북한의 어뢰공격에 의해 천안함이 침몰했다"고 결론지었다. 이에 중국과 러시아가 강한 의구심을 표시하자 한국과 미국은 중국이 "책임 있는 강대국으로서 역할을 회피하고 있다"고 비난했다.[72] 이러한 중국과 한미 간의 상호작용은 상호간 정체성을 악화시키는 결과를 가져왔고 이런 적대적 정체성은 한국과 미국으로 하여금 동해에서 북한과 중국(잠재적)

---

news/articleView.html?idxno=3281 (2013/4/16 검색).
72) 레디앙, 2011년 2월 22일. http://www.redian.org/archive/35508 (2013/4/18 검색).

을 겨냥한 대규모 한미군사훈련을 실시하게 했다. 한미연합훈련 '불굴의 의지'에는 미국 조지 워싱턴호, F-22, 한국 독도함 등이 참여했고 일본 자위대 일부까지 참여해 한미일 3국 합동군사훈련 형태로 전개되었다.[73] 이는 동북아에서 중국과 북한을 배제하는 모습으로 나타나면서 한·미·일 합동군사훈련이 오히려 북한과 중국관계를 강화시키는 효과를 보였고 결국 웬트가 주장하는 홉스적 문화가 동북아지역을 주도하는 결과를 보이게 되는 것이다.

특히 북한과 중국을 한편으로 한·미·일을 다른 편으로 하는 냉전적 대결구도는 힘의 분배요소가 다시금 이명박정부의 대외정책을 결정짓는 요인으로 작용했다. 즉 독도문제, 신사참배, 교과서 왜곡 그리고 위안부문제 등으로 인해 일본에 대한 부정적 인식과 정체성을 가진 한국이 천안함사건 발생 이후 일본과의 군사안보협력을 강화한 것은 구성주의로서는 설명하기 어려운 부분인 것이다. 북한의 도발은 이명박정부로 하여금 유리한 힘의 분배상태를 추구하는 대외정책을 채택하게 했다. 천안함사건과 연평도사건 발생 이후 이명박정부는 한층 미국과의 동맹을 강화했고 그 연정선상에서 한미FTA 재협상을 타결했다. 즉 한미동맹이 한국의 안보를 확보하는 최선의 수단임이 확인된 상태에서 일부 경제적 손실을 감수하고 한미FTA재협상을 수용했던 것이다.[74]

같은 맥락에서 2011년 1월 김관진 국방장관과 일본의 기타자와 도시미 일본방위상은 회담을 갖고 한일 상호군수지원협정(ACSA)을

73) 정욱식, "국제정세의 변화와 이명박정부 대외·대북정책 문제점," 〈내일을 여는 역사〉, 제24호 봄호, 2011, pp. 90-91.
74) 손열, "미중관계와 동아시아: 경제아키텍처를 둘러싼 전략적 경쟁," 김병국 외 공편, 〈미중관계 2025〉, 서울: EAI, 2012, pp. 195-196.

우선적으로 체결하기로 했었다.[75] 특히 북한의 도발로 한국의 미국에 대한 안보의존도가 급증한 상태에서 한·미·일 군사협력을 통해 중국의 급성장을 견제해야 하는 미국은 한국에 압력을 가해 일본과의 군사협력을 추진하게 한 것이다.[76] 이런 맥락에서 이명박정부는 한일 간 정보보호협정체결을 추진했던 것이다. 하지만 일본에 대한 한국국민들의 정체성 인식의 변화가 없는 상태에서 한일군사협력은 압도적인 국내 행위체들의 저항에 부딪쳐 결국 협정체결에 실패했다. 특히 협정체결 실패 이후 이명박대통령이 독도를 방문하고 일왕에 대해 "한국을 방문하려면 사과부터 하라"는 발언을 하면서 한일관계와 상호 정체성은 다시 악화되었고 양국 국내 행위체들의 격한 상호작용은 상당기간 지속되었다.[77] 이런 천안함사건 발생이후 한·미·일 군사협력의 시도와 실패는 힘의 분배요소와 정체성의 인식적 요소가 대외정책 결정에 함께 작용하고 있음을 보여준 것이며 정체성 구성에 있어서 국내 행위체들의 역할이 다시 한 번 확인된 것이다.

둘째, 이명박정부는 노무현정부와는 달리 북한에 대해 '선핵폐기 후대화'의 조건부 대화원칙과 철저한 봉쇄정책을 채택했다. 이명박정부의 대북정책은 노무현정부의 대북정책에 대한 불만과 비판적 인식에서 출발했다. 즉 상당한 자금이 북한에게 투입되었지만 2006년 북한이 핵무기 1차 실험을 했다는 것은 성과가 없는 정책이며

75) 동아일보, 2011년 2월 7일. http://news.donga.com/3/all/20110207/ 34636991/1 (2013/4/18 검색).

76) 이광길, "이명박정권 한·일 군사정보보호협정 추진한 절실한 이유 있었다." 〈민족 21〉, 2012년 8월호, pp. 56–58.

77) 뷰스앤뉴스, 2012년 8월 14일. http://www.viewsnnews.com/article/ view.jsp?seq= 89876 (2013/4/19 검색).

실패라는 것이다. 즉 비용대비 효과 계산법(costs & benefits analysis) 중심으로 북한정책을 구성하는 이명박정부에게 북한의 도발은 처벌과 응징의 대상이었던 것이다.

이명박정부의 대북정책 명칭은 '비핵·개방·3000'으로 상징된다.[78] 이는 북한이 핵무기를 폐기하고 개방정책을 추진할 경우 국민소득 3,000불이 될 수 있도록 지원하겠다는 정책인 것이다. 이는 일종의 계몽주의적 정책으로서 북한이 변화할 경우에만 조건부로 개입하겠다는 정책이다. 즉 이명박정부는 북한을 '말썽쟁이(troublemaker)'로서 한국의 안보를 위협하는 행위체로 인식했고 따라서 가르치고 응징해야 하는 대상으로서의 정체성을 부여한 것이다.[79] 이는 북한이 장거리미사일 발사와 핵실험을 반복적으로 시도하며 한반도 안보를 위협한데서 비롯되었다. 즉 한나라당과 보수세력은 김대중 및 노무현정부가 북한에 대해 막대한 재원을 '퍼주기' 해왔지만 북한은 장거리미사일 발사와 핵실험 강행 등을 이어왔기 때문에 노무현정부의 대북정책을 실패로 규정하는 것이다.[80] 따라서 보수세력의 대변자 성격이 강했던 이명박정부는 북한이 핵무기를 통해 한국을 이용한다고 간주하고 보다 엄격한 상호주의원칙을 적용하기 시작했다.[81] 이렇듯 국내 행위체들의 상호작용은 정권마다 북한에 대한 정체성을 변화시키는 요인으로 작용했다.

---

78) 박영호 외, 〈이명박정부 외교안보통일정책의 추진환경 및 전략과 실천방안〉, 서울: 통일연구원, 2010, pp. 110-111.

79) 박흥순, 앞의 논문, p. 34.

80) 세계일보, 2013년 2월 19일. http://www.segye.com/Articles/News/Politics/Article.asp?aid=20130219024541&subctg1=&subctg2=&OutUrl=naver (2013/4/19 검색).

81) 매일경제, 2012년 12월 30일. http://news.mk.co.kr/newsRead.php?year=2012&no=864509 (2013/4/20 검색).

이명박대통령은 제54회 현충일추념사에서 "북한은 핵실험을 하고 미사일을 발사하면서 우리 국민은 물론 세계의 평화와 안전을 위협하고 있습니다. 이는 우리국민 전체에 대한 도전입니다. 핵을 포기하고 화해와 협력의 마당으로 나온다면 도울 것입니다"라고 언급했다.[82] 이러한 이명박대통령의 북한에 대한 적대적 인식은 지속적으로 표현되고 있다. 이명박대통령은 민주평화통일자문회의 축사에서 "북한은 핵무기 개발로 한반도 위기를 조성하고 한국의 분열과 갈등을 선동하고 있다"고 주장하고 북한의 변화를 이끌어 내고 잘못된 것을 고치기 위해서는 재제가 불가피함으로 강조했다.[83]

이렇듯 이명박정부는 북한을 한국의 안보를 위협하고 내부 분열을 조장하는 적대적 또는 부정적 정체성으로 인식하는 것이다. 특히 북한과의 대화는 북한이 핵을 포기할 경우에만 가능한 조건부적인 성격으로서 기존의 북한은 실질적인 대화의 대상으로 보지 않았던 것이다. 특히 이명박정부는 한미동맹을 통해 북한을 대응한다는 점에서 비대칭적 힘의 분배요소를 통해 북한문제를 접근하는 것이다. 즉 힘의 분배상태를 통해 북한의 정체성을 구성하고 이에 따라 이명박정부가 제시한 조건에 부응할 경우 대화의 대상으로 인식하지만 그렇지 않을 경우 한미동맹의 비대칭적 힘을 바탕으로 제재와 봉쇄의 대상이 된다고 가정하는 것이다.

이런 이명박정부는 북한을 한국안보의 위협요인으로 인식하는

---

82) 이명박, "제54회 현충일 추념사," 〈이명박대통령 연설문집〉, 서울: 대통령실, 2010, pp. 259-260.
83) 이명박, "민주평화통일자문회의 제14기 출범식 축사," 〈이명박대통령 연설문집〉, pp. 315-318.

적대적 정체성을 구성했으며 이런 정체성을 바탕으로 북한의 핵포기 선언이 없는 상황에서 대화 또는 협력의 대북정책보다는 제재와 검증 그리고 압박의 수준을 높이는 대북정책을 추진했다. 첫째, 이명박정부는 북한에 대한 부정적 또는 불신의 정체성을 바탕으로 검증의 강도를 높이는 대북정책을 이어갔다. 2008년 4월 6자회담이 불능화 완료와 핵프로그램 신고문제로 교착국면에 있던 상황에서 미국과 북한은 절차와 용어상의 문제점들에 '잠정합의' 함으로서 협상이 재개되었다. 이런 과정에서 6월 북한이 중국에 핵프로그램 신고서를 제출했고 영변핵시설의 상징인 원자로 냉각탑을 폭파했다. 그러나 문제는 핵신고서의 검증과정을 어떻게 하는가에 모아졌고 이런 과정에서 이명박정부는 기존합의에 없던 북한의 핵신고서에 대한 검증의정서 채택을 대북에너지지원과 연계하자고 주장함으로서 회담결렬에 중요한 원인을 제공했다.[84]

둘째, 이명박정부는 북한의 미사일발사와 핵실험 등에 대해 강도 높은 제재를 주도함으로서 북한의 도발에 대한 엄격한 제재정책을 유지했다. 우선 앞서 언급한 대로 2009년 4월 북한이 장거리미사일을 발사하자 이에 대해 제재의 일환으로서 이명박정부는 미국이 주도하는 핵확산방지구상(PSI)에 전면적으로 참여할 것을 결정함으로서 북한의 선박에 대한 검색 강화라는 제재강화정책을 채택했다. 또 2009년 2차 핵실험 이후에도 미국과 더불어 유엔안보리 결의안 1874호를 채택했고 천안함사건의 경우에는 그 책임을 물어 '5.24 대북제재조치'를 발표하면서 북한과의 교역을 전면 중단했다.[85] 특

---

84) 조선일보, 2008년 12월 8일. http://www.chosun.com/site/data/ html_dir/2008/12/08/ 2008120801999.html (2013/4/20 검색).

85) 박영호 외, 위의 책, pp. 86-88.

히 2013년 2월 북한이 제3차 핵실험을 단행하자 유엔안보리의장국인 한국은 북한에 대해 안보리 제재결의안 2094호의 채택을 주도하여 강도 높은 제재를 부과했다.

셋째, 이명박정부는 노무현정부 시기 미국에 의해 제기되었지만 결정이 유보되었던 북한의 급변사태에 대비한 '작전계획 5029'의 채택을 통해 북한을 압박했다. 2005년 미국의 제안에도 불구하고 노무현정부는 '작계 5029'는 북한 비상시에 발동하는 것인데 이 경우 작전지휘권이 한미연합사령관에게 넘어가게 되어 한국의 주권을 제약한다는 측면에서 결정을 유보한 바 있다.[86] 그러나 한미동맹 강화를 강조하던 이명박정부는 2008년 한미연례안보협의회와 군사위원회에서 북한 급변사태 발생 시 한미연합군을 투입하는 '개념계획 5029'를 작전 계획화하고 미국과 합의를 도출했다.[87] 즉 이명박정부는 '작계 5029'를 통해 미국과의 정체성 일체화를 강화함으로서 북한을 압박하고 북한위기 상황을 대응하려는 비대칭적 편승정책을 추진한 것이다.

이렇듯 이명박정부는 '비핵 · 개방 · 3000'정책을 통해 '상생과 공영의 남북관계'를 지향하는 대북정책을 제시했지만 비핵과 개방 그리고 3,000달러 등의 목표를 모두 달성하지 못하는 결과를 보였다. 즉 이명박정부가 제시한 대북정책의 목표와 실천정책은 이명박정부가 북한에 갖는 적대적 정체성과 유리되어 있을 뿐만 아니라 이런 정책의 적용 대상인 북한도 이명박정부에 대해 이런 역할정체

---

86) 한겨레신문, 2005년 4월 21일. http://legacy.www.hani.co.kr/section-005000000/2005/04/005000000200504211116001.html (2013/4/20 검색).

87) 조선일보, 2008년 9월 11일. http://www.chosun.com/site/data/html_dir/ 2008/09/11/2008091100244.html (2013/4/20 검색).

성을 인정하지 않았기 때문에 상호협력적인 정책 채택이 어려웠다는 것이다. 결국 정체성은 자신에 의해 형성된 관념과 상대에 의해 공유되는 관념을 함께 포함하는 대내외적 구조로 구성되어 있는데 반해 이명박정부의 대북정책은 자신들의 일방적 관념에 의해서 구성됨에 따라 정책 내용적 오류와 그에 따른 결과적 정책실패로 규결된 것이다.

이명박정부의 대외정책이 노무현정부의 정책과 가장 큰 차이점은 자주성과 편승성의 정도라고 볼 수 있다. 이명박정부는 노무현정부의 자주성을 강조하는 이념외교가 비현실적이며 결과적으로 국가이익을 훼손했다고 인식하고 미국의 압도적 역량을 바탕으로 구성된 한미동맹을 근간으로 하는 대외정책을 추진했던 것이다. 즉 이명박정부는 힘의 분배상태를 근간으로 한국의 정체성을 파악했고 이에 따라 미국과의 집단정체성을 강화하는 대외정책을 채택함으로서 국가이익을 추구해나간 것이다. 특히 북한의 미사일발사와 핵실험 그리고 천안함사건 등이 발생한 이후에는 이런 힘의 분배요소가 더 직접적으로 이명박정부의 대외정책을 규정함으로서 관념과 정체성이 힘의 분배요소에 의해서 구성되는 측면을 확인했다.


## V. 결론

본 연구는 한국정부들의 대외정책의 변이성을 설명하기 위해 노무현정부와 이명박정부의 대외정책 내용과 결정요인에 대해 분석했다. 노무현정부의 대외정책은 자주성을 강조했다는 점에서 기존 정책과 차이를 보였다. 한국 국력의 지속적 신장과 민주주의 성취

등으로 미국과 보다 대등한 또는 독립적 위상을 추구하는 경향이 나타났지만 한국의 안보는 여전히 한미동맹에 의존하는 상황이었다. 특히 한미동맹과 같이 비대칭적 관계에서 주권의 일부를 양도함으로서 안보를 보장받는 약소국인 한국이 자주성을 강조하는 대외정책을 추구한다는 것은 기존 동맹을 손상시키는 것으로서 힘의 분배요소를 강조하는 현실주의이론으로서는 설명하기 어려운 것이다. 그럼에도 불구하고 노무현정부가 자주외교와 자주국방을 대외정책 기조로 규정하고 '전시작전통제권 전환'과 같은 정책을 추진한 것은 노무현정부의 주권정체성의 관념적 요소가 작용한 결과이며 이는 구성주의 시각의 유용성을 보여주는 것이다. 즉 자주성을 강조하는 민주세력이 집권하면서 국내 집단들과의 상호작용을 통해서 정체성의 변화를 추진했고 같은 맥락에서 자주성을 강조하는 대외정책을 추진했던 것이다.

그러나 노무현정부가 주권정체성을 기반으로 동북아지역에서의 역할정체성을 변화 또는 확대시키려는 차원에서 추진된 '평화와 번영의 동북아시대정책'은 그 논리적 기반이었던 '동북아균형자론'에 대한 국내 행위체들은 물론 한국과 미국 사이의 치열한 논란 속에서 좌절되는 결과를 보였다. 특히 한국의 '균형자'로서의 역할정체성에 대한 국내 행위체들 간의 논란과 미국의 부정적 인식과의 상호작용 그리고 한미동맹의 사회 구조적 제약은 정체성 변화를 어렵게 했고 결과적으로 정책의 좌절로 이어졌다는 점에서 정체성의 사회적 구성을 주장하는 구성주의의 적절성이 확인되는 것이다.

같은 맥락에서 노무현정부의 이념중심의 자주외교가 한미동맹을 훼손시켰다고 간주하는 이명박정부의 인식도 한미동맹을 강화하는 대외정책 결정에 영향을 미쳤다. 이명박정부는 미국의 압도적 군사역량에 기반을 두는 한미동맹의 사회적 구조를 복원하고 미국과의 공유된 지식과 원칙을 확대하여 집단정체성을 구성하는 것만이 국가이익을 극대화하는 길이라고 인식하는 것이다. 즉 한미동맹 중심의 편승적 대외정책이 자주적 대외정책보다 효율적이며 안정적이라는 이명박정부의 관념이 한미FTA 재협상, 한미쇠고기무역협상, PSI 전면참여정책 그리고 '작계 5029' 등의 한미동맹 강화정책과 같은 대외정책의 변화를 이끌었다는 점에서 인식적 요소를 강조하는 구성주의 주장의 적절성이 발견되는 것이다.

그러나 이렇듯 한국 대외정책의 변이성에 대해 일단의 설명력을 보여주는 구성주의도 몇 가지 사안에 대한 설명에 문제점을 보여주고 있다. 첫째, 노무현정부의 자주성을 강조하는 대외정책들은 정체성의 변화와 연계되어 다수의 국내 행위체들의 격렬한 상호작용 속에서 구성된 측면이 크다. 전시작전권 전환정책과 동북아시대정책 등 정체성 변화와 관련된 대외정책 결정은 한미 간의 상호작용과 한미동맹의 사회적 구조와의 상호작용 이외에도 여당, 야당 그리고 보수 및 진보 집단 등 국내 행위체들 사이의 치열한 상호작용 속에서 이루어졌다고 볼 때 국내 행위자들의 역동적 관계를 상대적으로 간과하는 구성주의는 제한된 설명력을 갖는 것이다. 이런 측면에서 국가 이외의 국내 행위체들의 주체적 역할도 인정하는 현실주의적 구성주의가 대안적 접근법으로 고려될 수 있는 것이다.

둘째, 노무현정부의 이라크파병정책은 노무현정부의 자주외교와는 대치되는 정책이며 노무현대통령도 불가피한 결정이었다고 시인함으로서 외부적 요인에 의한 결정의 성격이 크다는 것을 보여줬다. 북핵 2차 위기가 발생하면서 한반도 안보가 압도적 군사역량을 보유한 미국의 결정에 좌우되는 상황이 발생하고 특히 미국이 주한미군 1만 2,500 명의 철군을 결정한 이후에 추가파병정책이 이루어졌다는 점에서 노무현정부의 이라크파병정책은 관념적 요소보다는 한반도 냉전적 대결구조에 기인한 힘의 분배요소에 더 큰 영향을 받은 결정이라고 평가할 수 있는 것이다. 이런 측면에서 현실주의가 강조하는 힘의 분배요소는 여전히 한국대외정책 결정에 영향을 미치는 것이 확인된 것이다.

이와 더불어 이명박정부의 비대칭적 한미동맹 중심의 대외정책도 미국의 압도적 군사역량이 작용한 결과인 것이다. 즉 힘의 분배상태가 관념과 정체성을 변화시켜 대외정책 변화도 이끌어 낼 수 있다는 것으로서 미국의 군사역량이 뒷받침되는 한미동맹이 국가발전의 기반이라는 이명박정부의 주관적 인식이 대외정책의 변화를 가져왔다는 것이다. 이런 점에서 한국대외정책의 변화는 힘의 요소와 관념의 요소가 함께 작용하는 측면이 있는 것이 확인된 것이고 따라서 권력요인과 관념요인을 함께 고려하는 현실주의적 구성주의의 적실성이 예상되는 것이다. 특히 한국대외정책에 힘의 요소가 미치는 영향력은 천안함사건과 연평도포격사건 등이 발생한 안보위기 상황에서 더 크게 확인되었다. 2007년 한미FTA 합의안의 수정을 부인하던 이명박정부는 2010년 미국 중간선거를 10여일 앞두고 미국의 요구대로 한미FTA 재협상을 전격적으로 수용했고 미국이 선호하는 바가 대부분 반영되는 결과도 나타났다. 이와 더불어 한국정부는 독도, 위안부문제, 교과서문제 등으로 인해 일본에 대해 부정적 인식을 가지고 있었음에도 불구하고 미국의 요청에 의해 한일정보협정과 같은 한일군사협력을 강화하는 정책을 추진하기도 했다.

한국대외정책의 변이성은 현실주의가 주장하듯이 힘의 분배요소의 변화에서 발생했다기 보다는 각 정권과 정권의 지지 정치세력들의 관념에 따라 구성된 측면이 크다. 하지만 여전히 힘의 대결구도 속에 존재하는 한국은 관념적 요인과 더불어 힘의 요소에도 직접적 영향을 받고 있음을 확인하였다. 이런 측면에서 권력의 요소와 관념요소를 함께 고려하고 국가 이외의 행위체를 주체로 인정하는 현실적 구성주의가 대안적 접근법으로 고려 가능하다고 평가된다.

제10장

결 론 :
동아시아 국가들의 불일치외교와 분쟁

# I. 서론

동아시아는 전후 세계 경제성장의 엔진역할을 하고 있는 역동적 지역이지만 동시에 다른 어떤 지역보다도 갈등과 대립의 분쟁적 양상이 지속되고 있는 지역이다. 경제성장의 지역 내 확산에 힘입어 동아시아 국가 간 경제적 상호 의존성이 급격히 증가했음에도 불구하고 정치적, 군사적 갈등은 여전히 상존하고 있는 것이다. 최근 중국과 일본은 댜오위다오/센카쿠 열도 영유권분쟁의 상황에서 양국의 군사력이 대치하는 장면이 연출되었으며 북한은 한국 연평도에 포격을 가했음은 물론이고 최근에는 3차 핵실험 강행과 한국, 미국, 일본에 미사일 공격을 언급하는 등 일촉즉발의 상황이 발생하기도 했다. 특히 30여 년간의 고도 경제성장을 바탕으로 급속한 국력신장을 이룩하면서 '잠재적 초강대국' 중국과 기존 패권국이지만 경제적 쇠퇴를 경험하고 있는 미국과의 관계도 양국 간 힘의 분배상태가 변화하면서 경쟁적 성격이 강화되고 있다. 즉 국제질서가 미국과 중국 중심의 양극체제적 성격이 강화되면서 양국 간의 경쟁관계가 심화되고 있는 것이다. 예컨대 남지나해역에서의 중-필리핀 영유권분쟁과 중일 간 댜오위다오/센카쿠 열도 영유권분쟁 과정에서 미국이 필리핀과 일본을 간접적으로 지원함으로서 미중 간에도 긴장이 조성된 것은 양국간 견제적 경쟁관계를 보여준 것이다. 이렇듯 동아시아 국가들은 국제구조적 세력전이의 환경에서 미국과 중국은 물론 한국, 일본, 북한 등 역내 모든 국가가 갈등 또는 분쟁의 상호작용을 벌이고 있는 것이다.

왜 동아시아 국가들은 자유주의이론이 주장하는 것과는 달리 경제적 상호의존성이 급속히 증가한 상황에서도 갈등과 대립의 관계를 지속하고 있는 것인가? 중국의 부상 또는 미국의 쇠퇴는 결국 미중 간 패권경쟁과 군사적 대결로 이어지는 것인가? 특히 초강대국 미국과 부상하는 중국의 양극적 국제구조가 동아시아 국가 간 분쟁에 어떠한 영향을 미치는가? 동아시아 국가들 사이이의 갈등과 대립관계는 어떻게 완화시킬 수 있나? 마지막으로 이러한 미중 간 경쟁관계와 동아시아 국가들의 갈등적 관계 속에서 한국의 정책적 선택지는 무엇이 되어야 하는가?

　동아시아 국가 간 갈등 또는 분쟁에 대한 기존 연구들은 대부분 미국과 중국과의 관계가 동아시아질서 또는 국제정치에 미칠 영향에 집중되고 있다.[1] 기존 연구의 대부분은 중국국력 급부상 변수에 주목하여 중국의 부상으로 인한 세력전이 현상이 국제정치와 동아시아정치에 미칠 영향에 대해 집중적인 주장을 제기하고 있다. 즉 일부는 중국의 부상이 궁극적으로 현재 상태를 타파하는 결과를 가져올 것이라고 주장하는가하면[2], 일부 연구는 중국의 국력이 급격히 신장된다고 해도 기존 국제질서의 현상유지가 가능하다고 주장하고 있다.[3] 반면에 쇠퇴하는 패권국인 미국에 의해 동아시아

1) Fareed Zakaria, *The Post-American World: And the Rise of the Rest*, New York: W.W. Norton, 2009; Aaron L. Friedberg, "The Future of U.S.-China Relations: Is Conflict Inevitable?" *International Security*, Vol. 30, No. 2, Fall 2005, pp. 17–22; John Mearsheimer, *The Tragedy of Great Power Politics*, New York: Norton, 2000.
2) John Mearsheimer, *ibid.*; Thomas J. Christensen, "China, the U.S.-Japan Alliance, and the Security Dilemma in East Asia," *International Security*, Vol. 23, 1999; Denny Roy, "China's Reaction to American Predominance," *Survival*, Vol. 45, No. 3, Autumn 2003.
3) Alastair Iain Johnston, "Is China a Status Quo Power?" *International Security*, Vol. 27, No. 4, (Spring 2003). http://www.eai.or.kr/data/bbs/kor_report/2012101016234661.pdf (2013/4/1 검색); John Ikenberry, G. "Democracy, Institutions, and American Restraint," John G. Ikenberry,

국제질서의 변동요인을 주장하는 연구들도 제시되고 있다. 일부 학자들은 부상하는 도전국을 견제하고 패권적 위상을 유지하기 위해 기존 패권국인 미국이 중국을 압박하고 더 나아가 예방전쟁까지 불사하는 등 동아시아 국가 간 분쟁을 촉발시킨다는 것이다.[4]

이렇듯 대부분의 기존 연구들은 동아시아 국가들의 분쟁을 미국과 중국 간의 힘의 분배상태 변화 요인을 통해 설명하고 있다. 하지만 기존 연구들은 현재 전개되고 있는 동아시아 국가들 간의 갈등 또는 분쟁이 미중 간 힘의 분배 요소 변화 요인에 어느 정도 추동되었는지에 대한 경험적 연구결과를 충분히 제시하지는 못하고 있다. 즉 북한이 한국과 미국 등 역내 국가들의 안보를 위협하고 있고 중국과 일본이 댜오위다오/센카쿠 열도 영유권을 두고 갈등하는 등 최근 전개되고 있는 동아시아 국가들의 분쟁에 대해 미중간 힘의 분배상태 변화요인이 미친 영향이 경험적으로 분석되지 않고 있다는 것이다. 특히 상대적 약소국인 북한이 핵개발과 도발적 행태로 동아시아 국제분쟁에 중요한 원인을 제공하고 있지만 기존 연구들은 강대국 사이의 힘의 분배 요소 변화에만 집중하고 있기 때문에 이러한 현상에 대해서는 충분한 설명을 제공하지 못하는 것이다.

이런 맥락에서 본 연구는 동아시아 국가들의 갈등과 분쟁에 관한 보다 직접적인 원인을 규명하고 이를 바탕으로 동아시아 질서에

---

ed., *America Unrivaled: The Future of the Balance of Power*, Ithaca: N.Y.: Cornell University Press, 2002; Christopher Layne, "The Coming End of the United States's Unipoalr Moment," *International Security*, Vol. 31. No. 2, (Fall 2006).

4) Robert Gilpin, *War and Change in World Politics*, New York: Cambridge University Press, 1981; Jack S. Levy, "Declining Power and the Preventive Motivation for War," *World Politics*, Vol. 40, No. 1, 1987.

대한 체계적이고 종합적인 설명을 제시하는데 목적이 있다. 이에 동아시아 국가들 사이의 분쟁 원인을 규명하기 위해 현재 역내 국가들 사이에서 전개되고 있는 주요 분쟁과 갈등적 상호작용에 대해 살펴본다. 즉 본 연구는 동아시아 국가들 사이의 전개되고 있는 주요 갈등 사례들을 연구함으로서 개별 국가들의 행태와 상대국에 대한 정책을 파악하여 역내 국가들의 분쟁의 원인을 규명하는 것이다. 최근 동아시아 지역에서 전개되고 있는 명시적 분쟁은 중국과 일본 사이의 댜오위다오/센카쿠 열도 영유권분쟁과 북한과 한·미·일 등 사이의의 북핵분쟁 그리고 미국과 중국 사이의 경쟁관계 등으로 요약할 수 있다. 그러나 이렇듯 갈등적 상황이 실제 전개된 경우 외에도 북중·한중·한미 그리고 미일 사이에도 이견 또는 갈등 양상이 발생하기도 한다. 하지만 동아시아 국가들 모두가 모두에게 적대시하는 홉스적 무정부상태는 아니기 때문에 본 연구는 실제 분쟁 상태에 있는 국가들 간의 관계와 잠재적 분쟁관계가 형성될 가능성이 높은 미중관계, 중일관계, 북핵문제 등을 분석하는데 연구 범위를 제한한다.

이러한 사례연구 결과를 바탕으로 본 연구는 미중 간 힘의 분배 요소가 역내 분쟁에 어느 정도 영향을 미쳤는지를 평가하여 강대국 간 힘의 분배 변화 요인을 강조하는 기존 연구들의 이론적 적실성을 검증한다. 마지막으로 본 연구는 동아시아 분쟁 당사국의 행태와 선호정책 규명을 바탕으로 각 국가들의 정체성과 선호하는 바를 유형화함으로서 향후 전개될 동아시아 국제분쟁의 가능성을 전망한다.

## Ⅱ. 미중 경쟁관계

탈냉전 이후 미국과 중국과의 관계는 상당한 변화 속에서 전개되고 있다. 클린튼정부 시기 미국은 중국을 '전략적 동반자'로 규정했으며 중국 또한 국제정세를 장기간의 평화적 환경이 조성되는 시기로 인식하면서 협력적인 양국관계가 형성, 유지되었다. 장쩌민 중국정부는 등소평의 '도광양회' 기조를 이어가며 미국중심의 국제질서와 패권적 위상을 인정했고 대신 경제성장에 집중했던 것이다. 경제회복을 기치로 집권에 성공한 클린튼 미국정부도 경제력 소비가 요구되는 갈등보다는 협력관계 구축에 노력하면서 미중관계는 유래 없는 협력관계로 유지되었다.

하지만 이러한 협력적 미중관계는 중국이 지속적인 고도 경제성장을 통해 비약적인 국력신장을 성취하면서 변화되기 시작했다. 중국의 급속한 부상은 동아시아 지역 내에서 우월적 위상을 누려왔던 일본을 위협하기 시작했고 이는 미국과 일본을 중심으로 '중국위협론'이 설득력을 확보하며 확산되는 요인으로 작용했다. '중국위협론'은 안보를 중시하는 미국국방부와 공화당 등 보수세력을 중심으로 제기되었으며 신보수주의학자들이 논리를 확대 재생산하면서 클린튼정부 말기부터 국방정책에 반영되기 시작했다.[5] 즉 중국의

---

5) Aaron L. Friedberg, *op. cit.*, pp. 17-22. '중국위협론'은 세 가지 근거로 중국이 미국의 국가이익과 안보를 위협한다고 주장한다. 첫째, 가장 큰 근거는 중국의 급속한 경제성장이다. 중국은 탈냉전시기인 1980년대 초부터 2012년까지 연평균 9% 내외의 경제성장을 기록했으며 이 결과로 중국의 국민총생산은 이미 세계 2위이며 외환보유고도 3조 4,000억 달러에 이르는 세계최고 수준이다. 국민일보, 2013년 5월 21일. 둘째, 중국이 경제성장을 유지하기 위해 자원부국들에 대한 공격적인 외교정책을 펼친다는 것이다. 셋째, 군비지출확대와 군사력 증강이다.

경제성장이 군사력 강화로 이어지면서 미국내부에서 중국 견제의 필요성이 신보수주의자들 중심으로 제기되었던 것이다. 예컨대 폴 월포위츠(Paul Wolfowitz)와 루이스 리비(Louis Libby) 등은 미국의 패권질서 확립을 위해서는 새로운 강대국 부상을 방지해야 한다고 주장했으며 콘돌리자 라이스(Condoleezza Rice)는 보다 직접적으로 중국을 미국중심의 아시아 기존질서를 타파하려는 국가로 규정하고 이에 대응해 미국은 군사력을 강화하고 일본, 한국 그리고 인도 등과의 군사협력을 강화해야 한다고 주장했다.[6)]

이에 클린튼정부는 1990년대 말부터 중국을 견제하기 위해 일본과의 군사안보협력을 강화하는 정책을 실시하기 시작했다. 미국은 1997년 신 미일방위협력지침을 채택했으며 99년에는 일본의 '주변사태법' 제정을 허용하여 동아시아지역에서의 미일동맹군의 역할을 확대했고 특히 일본의 군사적 역할을 강화하는 미일동맹 강화정책을 추진했다. 이러한 클린튼정부의 미일동맹의 강화정책은 당시 북한의 1차 북핵위기가 잠정적으로 해소되었던 시점임을 감안한다면 중국에 대한 견제적 의미가 큰 것이다. 중국의 부상은 기존질서를 유지하려는 미국의 우려를 양산하면서 양국간 관계의 변화를 추동한 것이다. 즉 미국의 중국에 대한 견제적 안보정책이 중국을 '전략적 동맹자'로 규정하며 협력관계를 추구했던 클린튼정부부터 시작되었다는 점에서 양국간 힘의 분배상태의 변화요인이 미국의 중국정책 변화를 추동한 측면이 크다고 평가할 수 있는 것이다.

---

매년 두 자릿수 이상의 군비를 증강함으로서 궁극적으로 미국중심의 안보질서에 위협을 준다는 것이다.

6) Condoleezza Rice, "Campaign 2000: Promoting National Interest," *Foreign Affairs*, Vol. 79, January/February 2000.

이러한 미국과 중국의 경쟁관계로의 전환은 부시정부의 등장과 함께 더욱 강화되었다. 부시정부는 중국을 '전략적 경쟁자'로 규정하면서 중국에 대한 견제정책을 본격적으로 추진했다. 그러나 2001년 9.11 테러가 발생했고 이어 2002년에 제2차 북핵위기가 재현되면서 미국과 중국은 경쟁보다는 테러와의 전쟁과 핵비확산에 집중함으로서 부시정부 1기의 양국관계는 경쟁적이라기보다는 상호 협력적인 관계의 특징을 보였다.[7]

그러나 미국이 중동지역에 집중하며 국력을 소진하는 사이 중국의 국력은 꾸준히 성장했다. 특히 중국은 아시아지역에서의 경제적 영향력을 심화시켰으며 에너지 및 자원공급을 위해 러시아, 남미, 아프리카국가들과의 협력관계를 확대하는 등 강대국으로서의 역할과 위상을 강화해 나갔다. 특히 한국은 물론 일본, 호주 그리고 동남아국가들의 중국에 대한 비대칭적 열위의 무역 상호의존이 진전되면서 중국의 동아시아국가들에 대한 경제적 영향력은 급속히 증가했다.[8]

이러한 중국의 부상에 대해 부시정부는 2기 시작인 2005년부터 중국에 대한 견제정책을 본격화하여 중국 주변의 기존 동맹국들과의 관계강화와 새로운 동맹형성을 추진해나갔다. 이에 부시정부는 2006년 4개년국방전략검토 보고서에서 중국을 미국과 경쟁할 수 있는 강대국으로 규정하고 압도적 군사력으로 중국의 부상을 방지해야 한다고 적시했다.[9] 이를 바탕으로 미국은 MD체제 구축 등

7) 김관옥, 〈갈등과 협력의 동아시아와 양면게임이론〉, 서울: 리북, 2010, p. 70.
8) 손열, "미중관계와 동아시아: 경제아키텍처를 둘러싼 전략적 경쟁," 김병국 외 공편, 〈미중관계 2025〉, 서울: EAI, 2012, pp. 185–192.
9) U.S. Department of Defense, Quadrennial Defense Review Report, 6

중국을 견제하기 위한 국방력을 강화시켰으며 동시에 중국 주변국과의 동맹을 강화함으로서 중국의 초강대국 부상방지에 노력했다. 이런 맥락에서 2005년 미군과 일본군의 일체화를 추진하는 미일동맹 강화방안인 "미일동맹: 미래를 위한 변환과 재편"이라는 합의문을 채택함으로서 중국의 지역패권으로의 등장에 대한 견제를 구체화하기 시작했다.[10] 같은 맥락에서 미국은 2005년 한국과 동맹정책구상 협상(the Alliance Policy Initiative talks)을 전개하여 휴전선부근에 배치되어 있는 주한미군을 한강이남지역인 평택과 오산지역에 재배치하는데 합의함으로서 미군의 전략적 유연성을 높여 중국에 대한 견제력을 강화했다.

이러한 기존 동맹국들과의 관계강화와 더불어 부시정부는 인도 및 호주 등과의 새로운 동맹형성에도 집중했다. 부시정부는 인도가 핵무기를 보유해 핵비확산체제(NPT) 규범을 위반한 했음에도 불구하고 이를 인정하고 핵발전기술을 제공하는 등 중국 견제를 위한 새로운 동맹국 형성에 노력했다. 인도 외에도 미국은 호주, 필리핀, 몽골, 태국, 인도네시아 등과의 관계강화도 추구함으로서 중국을 완만하게 봉쇄하는 전략을 추진했다.

부시정부의 중국 견제정책에 대해 중국도 후진타오정부시기부터 국제정세를 패권주의와 강권정치로 인한 국지전 가능성이 커진 상황으로 규정하며 중국의 국제사회에서의 역할 확대를 강조하는 등 강대국 외교기조를 천명했다.[11] 이런 맥락에서 후진타오정부는

---

February, 2006.

10) "미일동맹: 미래를 위한 변환과 재편 (US-Japan Alliance: Transformation and Realignment for the Future) 내용은 다음을 참조. http://www.cfr.org/japan/us-japan-alliance-transformation-realignment-future-October-2005/p20745 (2013/5/24 검색).

미일동맹의 강화가 중국에 대한 봉쇄정책의 일환으로 간주했고 특히 미일동맹체제가 중국이 주권국가의 내정이라고 인식하는 대만문제에 대해 개입하자 강력한 비판과 경고를 보냈다.[12] 또 미국과 일본 그리고 대만이 중국을 겨냥해 MD체제를 구축하는 데에도 중국은 강력하게 반발하고 있다. 중국은 아시아에서의 MD체제가 중국의 경제적 성장 저해는 물론이고 군사적 역량을 약화시키며 궁극적으로 중국에 대해 대결적 행위를 위해 추진되는 것으로 간주하면서 강력한 반대를 유지하고 있다.[13]

후진타오정부는 이렇듯 미일동맹체제 강화에 대한 경고를 보내는 한편 자국의 군사력을 강화하고 러시아 및 중앙아시아 국가들과의 안보협력을 강화함으로서 국제질서의 다극화를 추구했다. 중국은 장기간의 고도의 경제성장을 배경으로 매년 두 자리 수 이상의 국방예산을 증가시켰으며 1,000억 달러에 가까운 실질적 방위비 지출을 통해 원양해군 건설과 공군력, 전략무기 증강 등 국방현대화에 집중함으로서 미국에 대한 균형적 안보정책을 추진했다.[14] 이와 더불어 중국은 러시아 및 중앙아시아 4개국과 더불어 2001년 '일방주의'와 '강권주의' 방지를 역할의 일부로 규정한 상하이협력기구(SCO)를 창설하여 미국을 견제하고 다극화의 국제질서를 강조하는

---

11) 中國共産黨 第十七次 全國代表大會 報告. http://www.chinataiwan. org/zt/szzt/zgsqd/yw/200710/t20071026_474249.htm (2013/05/10 검색).

12) *China Daily*, February 20, 2005.

13) Howard Diamond, "China Warns U.S. on East Asian Missile Defense Cooperation," *Arms Control Today*, Vol. 29, 1999, p. 27; Xuetong Yan, "Theater Missile Defense and Northeast Asian Security," *The Nonproliferation Review*, 1999, pp. 65~74.

14) 김재관, "미중 양국의 패권경쟁심화와 상호대응전략의 비교," 〈국제정치논총〉, Vol. 46, 2006, p. 151.

정책들을 추진했다.

하지만 후진타오정부는 미국의 패권주의와 강권주의에 대한 반대를 분명히 하면서도 2007년 중국공산당 제17기 전국대표대회보고서에서 '평화발전' '조화세계' '호리공영'을 새로운 대외정책 기조로 제시하여 미국을 포함한 상대국과의 평화적 관계와 윈-윈(win-win)관계를 강조함으로서 국제질서의 급속한 변화를 의도하지 않는 것을 보여주었다.15) 즉 후진타오정부는 지속적인 경제성장과 주변부 안정 등을 위해 미국중심의 세계질서를 수용하는 정책을 채택함으로서 급격한 현상타파 의지가 없음을 보여주었다. 미국이 요구하는 자유경제정책을 채택하여 세계무역기구(WTO)에 가입했고 미국이 주도하는 '테러와의 전쟁'에도 적극 협력함으로서 기존의 세계경제질서 및 안보질서 타파보다는 유지에 더 강한 의지가 있음을 보여줬다. 특히 주변부 안정과 핵비확산을 위해 북핵 2차위기 상황에서 미국 등과 적극적으로 협력했고 이 결과로 6자회담이 개최되었고 2005년 9.19공동성명을 도출하는데도 기여했다.

최근에 전개되고 있는 미국 오바마정부와 중국 시진핑 정부와의 관계도 경쟁적 관계의 기조 속에서 일부 분야에서의 선택적인 협력관계가 유지되고 있다. 2008년 서브프라임 모기지 사건 발생이후 집권한 오바마정부는 중국의 협력이 필요한 상황에서 중국을 G-2로 부르며 매년 최고위급 전략대화(Strategic Dialogue)를 개최하면서 양국 간의 협력을 추진하고 있지만 부시정부가 채택했던 중국 견제정책은 그대로 유지하고 있다. 국력의 약화에도 불구하고 오바마대통령은 2009년 취임과 함께 "첫 번째 태평양대통령이 되겠다"고

---

15) 김옥준 · 김관옥, "중국공산당 제17기 전국대표대회 보고서에 나타난 대외정책적 함의," 〈평화학연구〉, 제9권, 1호, 2008, pp. 206-207.

선언한 바 있으며 2013년 1월 2기 오바마정부 출범 시에도 다시 "아시아로의 회귀"를 선언하며 아시아를 미국외교의 핵심 대상지역으로 지목했다.16) 이는 오바마정부가 부상하는 중국을 견제함으로서 아시아에서의 패권적 위상을 유지하겠다는 의지의 표현인 것이다. 특히 미국이 경제적 쇠퇴를 겪고 있는 상황에서 패권유지를 위해서는 부상하는 중국을 견제해야 하는 필요성이 더 커졌다는 점에서 오바마정부는 중국 견제정책을 유지 강화하고 있는 것이다.

이런 맥락에서 오바마정부는 2012년 1월 5일 미국의 새로운 국방전략 가이드인 "미국 글로벌 리더십의 지속: 21세기를 위한 우선순위(Sustaining US Global Leadership : Priorities for 21st Century)"이라는 보고서를 제시하고 미국의 기존 군사역량을 아시아 지역에 집중하여 부상하는 중국을 견제하는 정책을 채택했다.17) 이 보고서는 중국을 미국의 동아시아 지역에 대한 전력투사와 작전수행을 저지하는 국가로 가정하고 이를 효과적으로 대처할 수 있는 역량을 강화할 것을 명시하고 있다.18) 이와 더불어 오바마정부는 부시 정부와 같이 중국의 주변국과의 관계를 강화함으로서 중국을 견제하는 정책도 병행하고 있다. 즉, 한국, 대만, 일본 등 기존 동맹국들과의 관계를 심화시키는 것은 물론 남사군도에서 중국과 영유권분쟁을 벌이고 있는 베트남과 필리핀 등과도 합동군사훈련 실시함으로서 중국을

---

16) 서울신문, 2013년 1월 23일.
17) Department of Defense, "Sustaining US Global Leadership : Priorities for 21st Century," January 2012, p. 2. http://www.defense.gov/news/ Defense_ Strategic_Guidance.pdf (2012/2/17 검색).
18) 동 보고서는 중국의 저지능력(Anti-Access/Area Denial)을 무력화시키는 역량으로 해중역량(undersea capabilities), 새로운 스텔스폭격기, 미사일방어체제(MD) 그리고 우주항공역량 강화 등을 강조했다.

견제하고 있다.[19] 특히 오바마정부는 중국의 오랜 동맹국인 미얀마와의 관계도 개선함으로서 인도 등과 더불어 서남아시아지역에서의 중국 견제도 강화하고 있다.

중국도 새로운 지도부를 구성하며 중국의 국제적 위상을 강화하는 정책을 추진하고 있다. 최근 중국은 전국인민대표회의(이후 전인대)와 전국인민정치협상회의 등 '양회'를 개최하여 시진핑체제를 공식적으로 출범시키면서 '중국의 꿈'을 화두로 제시하고 있다. 시진핑 중국국가주석 2013년 3월 17일 전인대 폐막연설에서 중화민족의 위대한 부흥이라는 중국의 꿈의 실천을 시진핑 정권의 과제로 제시했다. 시진핑이 제시한 중국의 꿈은 5가지로 해석되고 있으며 대외적 측면에서는 강력한 군대를 육성하여 군사대국으로 성장하며 이를 배경으로 초강대국 반열의 위상을 구축하여 미중 양강의 G-2시대를 여는 것으로 해석되고 있다.[20] 이미 2012년 11월 18차 당대회 보고서에서 시진핑 총서기는 "중국의 국제적 지위에 걸맞고 국가안보와 발전이익에 부응하는 강한 군대를 건설하는 것이 전략적 임무"라고 밝힌 바 있기 때문에 중국은 '중화민족의 위대한 부흥'이라는 중국의 꿈'을 강력한 경제력과 군사력을 바탕으로 미국과의 패권경쟁을 통해서 현실화할 것으로 예상되는 것이다.[21] 이러한 시진핑 주석의 강군에 대한 의지는 지속적으로 표출되고 있고 이런 맥락에서 최초 항공모함인 랴오닝호의 첫 원양항해를 준비 중에

---

19) 경향신문, 2012년 1월 9일.
20) 중국의 꿈은 국가통합, 인민의 행복, 국가 현대화, 강력한 군대 그리고 초강대국화 등이 포함되는 것으로 해석되고 있다. 경향신문, 2013년 4월 1일. http://news.khan.co.kr/kh_news/khan_art_view.html?artid=201303312145235&code=990100 (2013/4/1 검색).
21) 중앙일보, 2013년 3월 4일.

있다. 특히 시진핑주석이 첫 해외방문지로 러시아를 선택한 것은 물론 2013년 6월 중·러가 동해에서 대규모 합동군사훈련을 예고 하는 등 미국에 대한 견제력 과시를 분명히 하고 있다.[22]

이렇듯 민족주의와 강력한 군사력에 기반을 둔 시진핑 정부의 대국외교 기조는 동중국해 및 남중국해 영유권분쟁 그리고 인도와 의 국경분쟁에서 강경한 행태로 나타난 것이다.[23] 즉 중국은 주변 국들과 영유권분쟁에서 영유권을 중국의 핵심이익으로 규정하면서 압도적 군사력을 바탕으로 초강경의 행태를 취하고 있고 이는 결과 적으로 주변국들은 물론 미국중심의 동아시아 국제질서를 위협하 는 요인으로 작용하고 있는 것이다.[24]

그러나 시진핑 정부가 미국 중심의 기존질서를 적극적으로 타파 하는 정책을 추진하지는 않고 있다. 지역 강대국으로의 부상을 추 진하지만 기존 질서에 정면으로 도전하는 방식보다는 점진적인 변 화를 추구하는 경향성이 큰 것이다. 2012년 방미 시 시진핑 당시부 주석은 대만과 티베트와 같은 핵심이익을 주장하면서도 경제협력 을 강조하며 미국과의 협력적 공존을 언급한 것은 이러한 시진핑 정부의 정책기조를 보여주는 것이다.[25] 특히 최근 북한이 제3차 핵실험을 강행한데에 대해서도 시진핑 정부는 반대의사를 분명히 했으며 북한에 대한 유엔안보리 제재 2094호를 적극적으로 실행에

---

22) 연합뉴스, 2013년 3월 3일.
23) 한겨레신문, 2013년 5월 7일.
24) David Shambaugh, "China's Leadership Transition: Will It Go Deep Enough?" *Global Asia*, March 2013, (2013/4/1 검색), http://globalasia.org/ V8N1_Spring_2013/China_s_Leadership_Transition_Will_It_ Go_Deep_ Enough.html
25) 위키프레스, 2012년 2월 20일.

옮김으로서 핵비확산이라는 기존의 국제규범에 대한 준수 의지를 명확히 했다. 이는 시진핑 정부가 자국의 핵심이익을 확보하는 강대국외교를 추진하면서도 미국과의 불필요한 경쟁을 지양하겠다는 것으로 해석할 수 있는 것이다.

이렇듯 중국의 부상과 미국의 쇠퇴에 따른 미중관계의 대칭적 힘의 분배상태로의 전환은 아시아지역 패권의 위상을 두고 양국이 경쟁하는 구조를 양산하고 있다.[26] 예컨대 중국이 영유권분쟁을 감수하며 해양세력으로서의 영향력을 확대해 나가자 미국은 영유권분쟁에 개입하여 필리핀에 핵잠수함을, 일본에는 제7함대를 파견함으로서 중국과의 대결 상황을 무릅쓰고 미국중심의 기존 질서를 유지하는데 주력한 바 있다. 이렇듯 미국은 패권적 위상을 유지하기 위해 견제정책 중심의 중국정책을 추진하고 있으며 반면 중국은 미국중심의 기존 질서에 정면으로 도전하지 않으면서도 점진적으로 자국의 핵심이익을 확대해나가고 있는 것이다. 즉 미국은 미국중심의 동아시아질서의 현상유지에 외교적 주안점이 있는 반면 중국은 지역 강대국으로의 부상을 위해 핵심이익의 영역을 확대하는 등 점진적인 현상 변화를 추진하고 있다. 이렇듯 미국과 중국의 동아시아 질서에 대한 선호정책의 차이는 경쟁적 관계를 구성하게 한 것이다.

---

26) 정재호, 〈중국의 부상과 한반도의 미래〉, 서울: 서울대학교출판문화원, 2011. p. 397.

## Ⅲ. 중일 갈등관계

중일관계는 1972년 수교 이후 협력과 견제가 반복되는 과정을 거치며 전개되었고 최근에는 댜오위다오/센카쿠 열도 영유권분쟁을 거치며 본격적인 갈등관계로 전환되었다. 양국의 수교는 1972년 닉슨 미국대통령이 중국을 방문해 모택동주석과 상해코뮤니케를 발표하며 양국 간 적대관계를 청산하는 과정에서 추진되었다. 소련의 위협에 대한 공동대처의 성격이 컸던 미국과 중국의 관계개선상황에서 중국은 미일동맹 추인과 일본에 대한 배상청구 포기까지 제시하며 일본과의 관계정상화도 추진했던 것이다.[27] 이 과정에서 1972년 9월 마오쩌둥정부와 다나카정부가 국교정상화에 합의하는 '중일공동성명'을 발표함으로서 중국과 일본의 정치 외교적 관계가 정상화되었다. 특히 1978년 덩샤오핑 중국정부와 후쿠다 일본정부가 "중일 평화우호조약"을 체결함으로서 중일관계는 실질적인 정상화단계에 진입하며 협력관계를 구축해 나갔다. 중일은 '평화우호조약'을 통해 양국 간 상호불가침, 내정불간섭 및 평화공존을 천명함으로서 협력관계의 기초를 다졌다. 이러한 중일 간의 협력관계는 1979년 소련이 아프가니스탄을 침공하면서 미국과 중국의 협력의 필요성이 증가하면서 더욱 긴밀해졌고 1980년 소련을 '악의 화신'으로 규정하며 신냉전체제를 추동했던 레이건정부가 등장하면서 레이건 미국정부, 등소평 중국정부 그리고 나카소네 일본정부 사이의 협력관계는 심화되었다.[28]

---

27) 최은봉, 오승희, "중국의 대 일본 배상청구 포기의 양면성: '타이완문제'의 타결과 중일경제 협력의 확장," 〈담론 201〉, 제13집 2호, 2010, pp. 1-3.

이런 맥락에서 일본은 동아시아 지역에서의 위상을 강화하고 경제적 이익을 증진시키기 위해 중국에 대한 차관 제공과 투자 확대 등 우호관계를 강화해 나갔다. 일본은 1979년 중국에 500억 엔 규모의 차관을 시작으로 2003년까지 누적 3조엔 가량의 정부개발지원(ODA: Official Development Assistance)을 공여했다. 특히 1989년 천안문사건 발생 때에도 경제제재를 단행한 서방국가들과는 달리 제재를 유지하면서도 중국에 대한 압박이 동아시아 질서에 불안정성을 높인다고 주장하며 다른 서방국가들보다 먼저 1990년 차관제공을 재개했고 92년에는 일왕이 중국을 방문하는 등 우호관계 유지에 노력했다.

중국도 소련이 베트남과의 군사동맹 체결과 아프가니스탄 침공을 통해 아시아로의 진출을 강화하자 대 소련 전략상의 고려에서 미국과의 협력강화뿐만 아니라 일본과의 협력도 증진시키는 등 일본과 미국에 대한 우호적 관계 조성에 노력했다. 특히 등소평정부가 개혁, 개방을 적극 추진하는 과정에서 역내 질서의 안정이 긴요했고 일본과 미국 등 서방국가들의 투자확대와 기술 유치가 필요했기 때문에 일본과의 우호적 관계 형성에 적극적이었다. 이에 중국은 1974년 일본과의 무역협정을 체결하여 최혜국대우(MFN)와 중일 무역혼합위원회 설치 등 중일간의 경제협력을 제도화했고 이런 환경에서 일본은 중국으로부터 원유를 수입했고 중국은 일본으로부터 플랜트수입이라는 보완적 경제관계를 구조화해 나갔다.[29]

따라서 1970년 초반부터 1990년대 초반까지 20년간 중일관계는

---

28) 손기섭, "고이즈미 내각기의 중일 '72년체제'의 갈등과 전환," 〈국제정치논총〉, 제45집 4호, 2005, pp. 241-242.
29) 모리 카즈코 저 · 조진구 역, 〈중일관계: 전후에서 신시대로〉, 서울: 리북, 2006, p. 118.

우호적 기조에서 전개되었으나 냉전종식으로 양국협력의 동인으로 작용했던 소련의 위협이 사라지면서 새로운 국면으로 전환되었다. 즉 소련의 붕괴로 중일 간 협력의 고리가 취약해진 구조적 환경에서 수면에 잠복해있던 양국 간 갈등요소들이 부각되기 시작하면서 우호적 관계는 갈등적 관계로 변화하기 시작했다. 특히 1990년대 중반 이후 중국의 고도 경제성장이 지속되면서 국력이 급격히 증가하자 미국과 일본을 중심으로 '중국위협론'이 확산되었고 이에 일본이 중국에 대한 견제정책을 강화하면서 갈등적 관계가 심화되기 시작했다. 중국의 부상으로 인한 동아시아 국가간 힘의 분배상태의 변화가 중일 간 갈등을 촉진하는 효과를 보인 것이다.

첫째, 1980년대 이후 중단되었던 일본수상의 야스쿠니신사 참배가 하시모토 류타로수상에 의해서 96년에 재개되었고 2001년 고이즈미 준이치로수상이 5년 집권기간 매년 참배하면서 중국의 반발을 불러왔다. 이렇듯 일본수상의 A급전범의 위폐가 안치되어 있는 신사를 참배하는 행위는 난징대학살과 침략전쟁을 부정하는 일본역사 교과서 문제와 결합되면서 중국과의 관계를 악화시키는 요인으로 작용했다. 특히 이런 신사참배와 역사교과서 문제는 최근 아베 정권시기에 들어와 더 심각해지면서 민족주의를 자극하면서 댜오위다오/센카쿠 열도 영유권분쟁과 같은 다른 갈등요인들을 더 악화시키는 효과를 보이는 것이다. 중국은 신사참배와 교과서 문제가 일본의 침략전쟁에 대한 무반성을 보이는 것으로서 후진타오주석은 2004년 중일정상회담에서 중일관계의 최대 난관은 일본지도자들의 야스쿠니신사 참배라는 것을 분명히 함으로서 과거에 대한 인식과 가치의 문제 해결없이 양국관계 개선이 어렵다는 것을 밝혔다.[30]

둘째, 90년대부터 본격적으로 전개된 중국의 국력신장에 기인한 역내 국가간 힘의 분배상태의 변화는 보다 근본적인 중일갈등의 요인으로 작용했다. 중국이 신장된 국력을 바탕으로 두 자리 수 이상의 군비를 매년 증강하며 군사력을 강화하자 일본내에서는 중국에 공여하는 ODA차관의 중지를 요구하는 목소리가 커지면서 2000년에 ODA대강(大綱)을 제정하고 2003년에는 마침내 차관제공 중단을 결정했다.[31] 이렇듯 중국의 군사력 강화는 일본의 안보우려를 확대하는 요인으로 작용하면서 중국견제정책을 추진하게 되었다. 특히 1995년과 1996년 중국의 연쇄적 핵실험 단행과 96년 대만 총통선거를 앞두고 강행한 미사일발사와 군사훈련은 일본으로 하여금 중국의 잠재적 위협에 대한 대응의 필요성을 강화시켰다. 이런 맥락에서 일본은 미일동맹을 강화하기 시작해 96년 4월 미일 신안보협력선언을 발표했으며 1997년에는 신 미일방위협력지침을 채택해 동아시아지역에서의 미일동맹군의 역할을 확대 강화했다. 일본정부는 이어 99년에는 '주변사태법'을 제정하여 양안관계 등 동아시아지역에서의 일본의 군사개입 근거를 확보함으로서 중국견제를 본격화했다.[32]

이러한 일본의 미일동맹 강화정책과 일본군의 역할 및 개입 확대정책은 중국으로 하여금 일본과 미국이 중국봉쇄정책을 본격화하는 것으로 인식하게 했다.[33] 이에 중국은 미일동맹을 견제하기 위

---

30) 朝日新聞, 2004년 11월 23일.
31) 모리 카즈코, 위의 글, p. 134.
32) 이기완, "중일관계 갈등의 이슈와 원인: 일본 측 정치동학을 중심으로," 〈국제지역연구〉, 제13권 제1호, 2009, p. 303.
33) 박병광, "중국의 아태지역 안보전략과 중일관계," 〈한일군사문화연구〉, 제14집, 2012, pp. 71-72.

해 냉전기간 동안 적대시 했던 러시아와의 관계를 개선하기 시작했으며 1996년 러시아와 카자흐스탄, 키르기스스탄, 타지키스탄 등 중앙아시아 3개국과 더불어 "상하이-5"의 다자간 회의체의 구축을 주도했고 결국 2001년 우즈베키스탄을 포함한 안보협력기구인 상하이협력기구(SCO)를 창설했다. 즉 중국의 급부상은 미일동맹을 강화시킨 효과를 보인 반면 다시 미일동맹 강화는 중국의 다자주의를 통한 다극화정책을 추진하게 한 결과를 가져왔다.

   이런 중국의 급부상과 미일동맹 강화 그리고 중국의 군사력 강화와 중러 안보협력정책의 악순환은 2000년대에 들어 더 공고화되는 경향을 보이고 있다. 2000년부터 '중국위협론'을 수용하는 부시정부가 집권하고 유사한 성격의 고이즈미 정권이 들어서면서 중국에 대한 견제정책이 강화되기 시작했다. 이런 환경에서 2001년 91.11 테러가 발생하자 일본은 미국의 '테러와의 전쟁(global war on terror)'를 지원하고 국제적 위상과 역할을 확대하기 위해 테러대책특별조치법을 제정했으며 같은 맥락에서 유사제법을 제정하고 자위대법을 개정하는 등 일본군의 해외파병과 역할확대를 가능하게 하는 제도적 정비를 마무리했고 2004년 신방위계획대강과 2005년 방위백서를 통해 공식적으로 중국을 안보위협국으로 규정했다.[34] 더 나아가 2010년에는 새로운 신방위계획대강(2011~2015)을 발표하여 중국견제를 위해 '동적방위개념'을 도입하고 320조원을 해군력과 공군력 향상에 투자하겠다는 계획을 분명히 했다. 특히 일본은 중국 견제를 위한 미일동맹강화를 가속화하여 2005년에는 미국과 미군과 일본군의 일체화를 추진하는 미일동맹 강화방안인 "미일동맹: 미래를

────────────────

34) 손기섭, 위의 글, pp. 246-247.

위한 변환과 재편"이라는 합의문을 채택했다. 이렇듯 일본은 중국의 급부상이 일본의 안보를 위협하고 국가이익에 저해된다는 인식 아래 미일동맹 강화를 통해 기존 질서를 유지하는데 집중하고 있는 것이다.

이러한 미일동맹 강화에 대해 중국은 외교부 대변인을 통해 "미일동맹은 냉전이라는 특수한 상황에서 만들어진 양자관계이며 양국의 범위를 넘어서서는 안 된다. 공동성명에 중국의 국가주권, 영토보전, 국가안전과 관련 있는 타이완문제가 들어있는 것에 대해 중국은 단호하게 반대한다"라고 주장함으로서 미일동맹의 강화와 대만문제와 같은 영역에 대한 역할 확대에 대해 강력한 경고를 보냈다.[35] 중국은 미일동맹강화에 대해 경고와 함께 국방력 강화를 동시에 추진함으로서 힘의 균형을 추구하고 있다. 중국은 1,000억 달러에 가까운 국방비를 바탕으로 최근 '랴오닝호'로 불리는 첫 항공모함을 취역했으며 스텔스전투기 '젠-20'을 개발 시험운행하기 시작했다. 특히 실전 배치된 200~400개의 핵무기를 보유하고 있는 것으로 알려지고 있으며 미국 항공모함을 겨냥한 순항미사일 '둥펑(東風)' 등을 개발 배치하고 10척의 핵추진 잠수함을 가동함으로서 군사력 현대화와 투사능력 향상을 적극 추진하고 있다.[36] 중국의 부상에 따른 동아시아 국가 간 힘의 분배 상태의 변화는 일본의 안보 우려를 촉진함으로서 미일동맹을 재강화하는 요인으로 작용했고 결국 갈등적인 중일관계를 형성시키는 효과를 발휘했다.

셋째, 보다 직접적인 중일갈등은 동중국해의 댜오위다오/센카쿠 열도 영유권분쟁에서 촉발되고 있고 이는 양국이 물리적 충돌까지

---

35) 人民日報, 2005년 2월 21일.
36) 아시아경제, 2012년 1월 23일.

갈수 있는 폭발성 있는 요인으로 작용하고 있다. 댜오위댜오/센카쿠 열도는 2차대전 이후 미국이 오키나와와 같이 잠정적으로 점령하다가 1972년 중국과 대만의 반대에도 불구하고 일본에게 반환한 열도로서 행정관할권은 일본에게 이양 했지만 최종적인 영유권 소재에 대해서는 중립적 입장을 천명했다.[37] 이러한 댜오위댜오/센카쿠 열도 영유권 문제에 대해 중국과 일본은 1978년 중일우호조약 체결 당시 영유권문제는 후세에게 맡기는 것으로 합의를 봤고 79년 이후 일본이 실효지배 강화를 위해 댜오위댜오/센카쿠 열도에 시설 설치를 시도하면서 중일간의 갈등이 발생하기는 했지만 90년대 전까지는 양국 정부 간 갈등으로 비화되지 않았다.[38]

하지만 중국이 석유순수출국에서 순수입국으로 전환된 1992년 중국은 전국인민대표대회에서 영해에 대한 법을 개정하여 댜오위댜오/센카쿠 열도를 이에 포함시켰다.[39] 이 법을 통해 중국은 남중국해와 동중국해의 대부분을 중국의 영유권이 적용되는 해역으로 규정한 것이다.[40] 특히 2003년 일본정부가 댜오위댜오/센카쿠 열도를 임대하자 중국 내에서 댜오위댜오/센카쿠 열도 영유권 분쟁

37) James Hsiung, C. "Sea Power, Law of the Sea, China-Japan East China Sea Resource War," Forum on China and the Sea Institute of Sustainable Development, Macao University of Science and Technology, October 9-11, 2005, pp. 10-11.
38) 손기섭, "중일영토분쟁 '차세대해결론'의 전환," JPI PeaceNet, 제주평화연구원, 2010, October 12, 2010.
39) Sujit Dutta, "Securing the Sea Frontier: China's Pursuit of Sovereignty Claims in the South China Sea." *Strategic Analysis*, Vol. 29, No. 2, 2005, p. 275.
40) United States of America, Department of Defense, Office of Naval Intelligence, "The People's Liberation Army Navy: A Modern Navy with Chinese Characteristics," Washington D.C.: Office of Naval Intelligence, August 2009, p. 10.

에 대한 이슈가 부각되기 시작했다. 이에 2004년 댜오위다오/센카쿠 열도에 상륙한 중국인 7명을 일본이 체포하자 중국 외무성은 댜오위다오/센카쿠 열도 영유권을 주장하며 일본은 '국제법 위반행위'를 자행했다고 주장하며 정부차원에서 영유권 사안을 거론하기 시작했다.

이렇듯 분쟁의 잠재성이 누적되어 가던 중일 간 댜오위다오/센카쿠 열도 영유권분쟁은 2010년 9월 일본순시선과 중국어선 사이에 물리적 충돌이 발생하면서 폭발하기 시작했다. 일본순시선이 중국어선이 불법으로 일본영해를 침범하여 어로활동을 했다고 주장하며 국내법에 따라 나포하고 선장을 구금하자 중국은 댜오위다오/센카쿠 열도는 중국의 영토이기 때문에 일본의 행위는 불법임을 주장하고 선장석방을 요구했다.[41] 그러나 일본은 선장억류를 강행했고 중국은 이에 대한 보복으로 댜오위다오/센카쿠 열도 영유권 천명과 주중 일본대사 초치 등의 외교적 수단과 더불어 희토류 대일 수출금지, 일본산 수입품에 대한 통관절차 강화 등의 다양한 조치를 통해 일본을 압박했다.[42] 이에 일본은 중국의 요구를 수용하며 선장을 석방시켰으나 중국외교부는 일본의 사죄와 배상을 요구하며 강경하게 대응했다.[43] 즉 중국은 1992년 영해법 개정 이후 남중국해와 동중국해의 영유권을 핵심이익으로 간주하고 있었기 때문에 상호 연계된 영유권 분쟁 상황에서 어느 쪽 사안에 대해서도 유연한

---

41) 홍성후, "일본의 영토분쟁에 대한 비판적 고찰," 〈한국동북아논총〉, 58집, 2011, p. 12.
42) 서울경제, 2010년 9월 26일.
43) 이명찬, "일・중간 센카쿠제도 분쟁과 일본의 대응," '동아시아 지역 영토분쟁의 과거・현재・미래' 국제심포지엄, 동북아역사재단, 2012년 5월 10-11일.

입장을 정립하기 어려웠고 결국 '힘의 외교'를 통해 분쟁상황을 유리하게 가져간 것이다.

급격히 악화된 중일간의 댜오위다오/센카쿠 열도 영유권분쟁은 미국의 개입을 불러왔다. 미국은 중일간 영토분쟁에 대해 기존의 불개입의 전통을 벗어나 힐러리 클린튼장관이 댜오위다오/센카쿠 열도가 미일안보조약 제5조(일본영토 방위의무)에 해당하는 것이라고 주장하며 일본영유권을 지지한다는 입장을 표명했다.[44] 특히 중일 간의 영유권 분쟁상황에서 일본과 미국은 오키나와지역과 댜오위다오/센카쿠 열도 해역 등에서 미국과의 합동군사훈련을 실시함으로서 중국에 군사적 역량을 시위했으며 중국도 이에 대해 미국이 제1열도선 및 제2열도선 등으로 중국을 봉쇄하는 한 군사적 마찰이나 충돌을 피하기 어렵다고 경고했다.[45]

그러나 이러한 중일 간 댜오위다오/센카쿠 열도 분쟁은 2012년 9월 11일 일본정부가 댜오위다오/센카쿠 열도 국유화를 선언하면서 다시 격화되기 시작해 중국해양감시선이 일본 영해에 진입했고 대만 선박 50척도 댜오위다오/센카쿠 열도 영해에 진입했다 빠져나가는 등 국제적 영유권분쟁 양상으로 확대 재생산되고 있다. 특히 중국과 일본 국내에서 상대국을 겨냥한 시위가 격화되면서 민족주의 대결로 비화되는 상황이며 특히 양국 정부가 댜오위다오/센카쿠 열도 부근에서 군사훈련과 같은 군사역량 시위를 전개하면서 분쟁은 물리적 충돌로 이어질 가능성을 높이고 있다. 리언 패네타 당시 미국국방장관은 2012년 9월 중일 간의 영유권분쟁에 미국은

---

44) 조양현, "일 · 중 센카쿠/댜오위다오열도 분쟁과 동아시아 지역질서," 〈주요국제문제분석〉, 2010년 12월 31일, p. 11.
45) 조선일보, 2011년 12월 6일.

특별한 입장을 취하지 않는다고 언급하면서도 양국간 무력 충돌 가능성이 높아지고 있음을 경고했다.[46) 이러한 중일간 갈등은 미국의 연루 가능성도 높이고 있다. 2013년 1월 일본의 요청으로 미국소속 조기경보통제기가 동중국해에 등장하자 중국은 이에 맞서 J-10 2기를 긴급 출격시키고 다시 일본이 F-15전투기를 출격시킨 사례가 보여주듯이 중일간 영유권분쟁은 무력분쟁의 수위에 버금가는 수준으로 전개되고 있는 것이다.[47) 이렇듯 격화되는 댜오위다오/센카쿠 열도 영유권분쟁은 다른 어떤 요인보다 중일관계를 악화시키고 있으며 물리적 충돌의 가능성마저 높이고 있다.

중일관계는 1972년 수교이후 우호적 관계에서 점차 갈등적 관계로 전환되었고 최근에는 분쟁적 양상으로 전개되고 있다. 앞서 언급한대로 중국의 급부상은 쇠퇴하는 미국뿐만 아니라 일본으로 하여금 안보에 대한 우려를 확산시키는 효과를 가져왔고 이에 대한 대응으로 일본은 미국과의 동맹을 강화하는 중국견제정책을 추진하면서 중일관계는 갈등적 양상으로 전개된 측면이 강하다. 이 이외에도 일본지도자들의 지속적인 야스쿠니신사 참배와 역사교과서 왜곡문제는 일본의 과거사에 대한 반성적 정리 의지를 의심하게 하면서 양국관계를 정체시키거나 악화시키는 역할을 하고 있다. 이런 갈등적 상황에서 댜오위다오/센카쿠 열도 영유권분쟁이 본격적으로 전개되면서 중일관계는 수교 이후 최고의 갈등관계가 전개되고 있는 것이다. 이는 국력이 급격히 신장되며 중국이 지역 강대국으로서 핵심이익 영역을 확대해나가는 현상변화의 외교기조를 보이는 반면

---

46) 경향신문, 2012년 9월 17일.
47) 뉴스한국, 2013년 2월 8일. http://www.newshankuk.com/news/ content.asp?articleno=201302080825561824 (2013/5/30 검색).

일본은 미일동맹을 통해 중국을 견제함으로서 현상유지를 추구함으로서 나타나는 양국간 선호하는 바의 불일치의 결과인 것이다.


## IV. 제2차 북핵분쟁

2002년 북한이 우라늄농축형 핵개발을 시인하면서 시작된 북핵문제는 10년이 넘는 기간 동안 동아시아 안보불안의 주요 요인으로 작용했으며 2013년에는 북핵과 관련된 북한의 극단적 도발행위가 이어지면서 위기를 고조시켰다. 특히 북핵문제는 핵확산의 문제라는 점에서 동아시아 안보 전체에 지대한 영향을 미치면서 대부분의 동아시아 국가들이 개입되는 사안으로 진행되었다.

2003년 부시미국정부가 이라크전쟁을 시작하여 '악의 축' 정권에 대해 군사력을 통한 정권교체전략을 추진하자 주변부 안정과 북한의 존재가 긴요했던 중국은 미국과의 양자대화만을 고집했던 북한에 압력을 가함으로서 북,미,중 3국의 북핵 3자회담을 주도했다.[48) 부시정부는 1차 북핵위기 상황에서 클린튼정부의 북한과의 양자협상이 북한의 합의 위반을 막지 못했다고 판단해 북한과의 합의를 보증하고 위반 시 공동으로 제재하는 다자협상을 선호했다. 이에 3자회담 직후 미국은 한국과 일본이 참여하는 다자협상을 요구했고 북한이 러시아참여를 요구하면서 북핵 6자회담이 성립되었다.

6자회담 초기 부시미국정부는 북핵불용과 북한의 선핵폐기 그리고

---

48) Shale Horowitz and Min Ye, "China's Grand Strategy, the Korean Nulcear Crisis, and the Six-Party Talks," *Pacific Focus*, Vol. XXI, No. 2, Fall, 2006, p. 69.

'완전하고 검증가능하며 돌이킬 수 없는 폐기(complete, Verifiable, Irreversible, Dismantlement: CVID)원칙을 주장하며 북핵문제에 대해 강경한 입장을 견지했다.[49] 이에 대해 북한은 비핵화를 추구하지만 미국의 선핵폐기 주장은 받아들일 수 없고 미국이 북한에 대한 적대정책을 포기하고 체제안보 보장을 위해 북미간 불가침조약 체결과 관계정상화 그리고 경제협력을 추진한다면 북한은 핵은 폐기할 것이라고 주장했다.[50] 〈표 1〉이 보여주듯이 참여 국가들, 특히 북한과 미국의 북핵문제 해결에 대한 이견 속에 6자회담은 난항을 거듭했고 북한은 결국 2005년 2월 핵보유를 선언하고 6자회담 복귀를 거부하면서 위기는 다시 고조되었다.

〈표 1〉 6자회담 초기 참가국들 선호정책

|   | 미국 | 북한 | 한국 | 중국 | 일본 | 러시아 |
|---|------|------|------|------|------|--------|
| 1 | 북핵의 선행폐기 (CVID 방식) | 체제수호(상호불가침/자주권 확약) | 북핵불용 | 북핵불용 | 북핵불용 | 한반도비핵화 |
| 2 | 핵확산방지 | 경제협력 | 평화적 해결 | 북한체제유지 | 납치문제 해결 | 동북아에서의 영향력회복 |
| 3 | 북한의 정권교체 | 미·일과 관계정상화 | 한국의 주도적 역할 | 동북아질서 안정 | 북한미사일위협 문제해결 | 에너지협력 |
| 4 | 동북아국제질서현상유지 | 일괄타결과 동시행동 | 한반도 평화체제구축 | 핵확산방지 | 북일관계 안정화 | 핵확산방지 |
| 5 | 선제공격 가능 | 에너지공급 확보 | 3단계 해법제시 | 평화적 해결 |  |  |
| 6 | 양자회담 거부 | 양자회담 |  |  |  |  |

출처: 김관옥, 2010, p. 178

---

49) 프리처드, 찰스 저, 김연철, 서보혁 역, 〈실패한 외교〉, 서울: 사계절, 2008, p. 110.
50) 연합뉴스, 2003년 8월 29일.

이러한 난관은 동아시아 질서 안정과 북핵불용 그리고 평화적 해결이라는 공통의 이해관계를 공유하며 조속한 문제해결의 의지가 강했던 한국과 중국의 적극적인 역할로 새로운 국면을 맞이했다. 한국은 미국의 '경수로 제공 반대'라는 선호정책과 북한의 '에너지 지원요구'라는 선호정책의 절충안으로 한국정부가 200만kw 전력을 공급하는 절충적 '중대제안'을 제시하며 북미간의 이견을 좁히는데 힘을 기울였고[51] 중국은 후진타오주석이 나서서 미국 측의 메시지를 전달함은 물론 북한의 6자회담 복귀를 위해 설득과 압박을 전개함으로서 북미간 타협점을 모색해나갔다.[52]

이런 맥락에서 제4차 6자회담이 재개되었고 결국 9.19공동성명[53]을 도출했다. 9.19공동성명은 미국이 CVID방식의 선핵폐기와 경수로지원 반대의사를 철회했다는 점에서 미국이 일부 양보한 안이며 북한도 핵프로그램을 검증 가능한 다자적 방식으로 폐기한다

---

51) 정동영, 〈개성역에서 파리행 기차표를〉, 서울: 랜덤하우스, 2007, pp. 54-55.

52) 박홍서, "북핵위기시 중국의 대북 동맹안보딜레마 관이 연구: 대미관계 변화를 주요 동인으로," 〈국제정치논총〉, 제46집 1호, 2006, pp. 114-115.

53) 9.19공동성명의 내용은 북한은 모든 핵무기와 현존 핵계획 포기 및 NPT IAEA 안전조속복귀하며 미국은 핵무기 또는 재래식 무기로 북한공격 또는 침공의사 없음을 재확인하는 것을 포함한다. 특히 북미는 상호평화공존하며 관계정상화 노력한다. 추가적으로 6자는 경제협력을 증진하고 북한에 대한 경수로지원을 논의하며 북한에 에너지를 지원하고 한국은 200만kw 전력을 공급한다. 더 나아가 6자는 동북아의 항구적 평화에 노력하고 한반도평화체제 구축에 대한 협상을 개시한다. 상기합의 사항은 '공약 대 공약' '행동대 행동'의 원칙을 적용한다. 9.19공동성명 전문은 외교부 사이트 참고. http://www.mofat.go.kr/webmodule/htsboard/hbd/hbdread.jsp?typeID=6&boardid=247&seqno=293917&c=TITLE&t=&pagenum=2&tableName=TYPE_DATABOARD (2013/5/31 검색).

는 것을 수용했다는 점에서 일부 양보한 측면이 있다. 그러나 9.19 공동성명의 도출은 부시정부의 변화가 가장 큰 기여를 했다고 평가된다. 부시2기정부에서 신보수주의자들이 대거 퇴각하며 전통적 현실주의자인 콘돌리자 라이스국무장관이 협상권을 쥐며 실질적인 외교적 성과를 거두는데 집중했다는 점과 더 현실적으로는 부시1기의 '악의적 무시정책'이 성공적이지 못했다는 내부반성이 정책의 변화를 가져온대서 기인한 결과라는 것이다.[54]

하지만 이렇듯 험난한 과정을 거쳐 도출된 9.19공동성명은 미국이 북한을 위폐제작국으로 지목하며 방토델타아시아(BDA)은행에 있는 북한자금을 동결하면서 상황은 원점으로 돌아가 심각한 위기 국면으로 전환되었다. 북한자금동결로 촉발된 북미 간 대치상황은 북한이 2006년 7월 '대포동 2호'를 발사하고 이어 10월 9일에는 제1차 핵실험을 전격적으로 강행함으로서 최고 수준의 위기상황으로 전환되었다.

이런 위기 상황은 미국의 정책변화와 함께 북핵문제 해결에 가속도를 붙이는 효과를 발휘했다. 북한의 1차핵실험은 2006년 11월 중간선거를 앞두고 있던 미국 내에서 부시정부의 대북정책 실패의 목소리를 비등하게 했으며 이런 평가와 공화당의 중간선거 참패는 부시정부의 대북정책을 변화시키는 요인으로 작용했고 결국 미국은 북한과의 양자회담을 수용하며 BDA 사안에 대한 논의를 받아들였다. 이런 맥락에서 2007년 제5차 6자회담이 진행되었고 6자는 9.19공동성명의 내용을 이행할 2.13합의를 도출했다. 이 2.13합의를 바탕으로 2007년 9월에는 제6차 6자회담이 개최되어 한반도비핵화

---

54) 프리처드, 찰스 저, 위의 글, p. 161.

과정과 일정을 구체화하는 10.3합의를 도출했다. 이런 과정에서 북한은 2008년 5월 핵시설불능화 조치의 일환으로 영변냉각탑을 폭파했으며 6월에는 핵신고서를 제출했다. 이에 대해 미국도 북한을 테러지원국 명단에서 삭제하면서 북핵문제는 급진전되었다.

하지만 북핵프로그램 폐기를 위한 검증방법문제가 다시 쟁점으로 부각되면서 협상의 진전을 막았다. 특히 북한과의 대화를 주장하며 집권했던 오바마정부는 2008년 서브프라임 모기지사건 발생으로 경제회복에 집중하면서 북한과의 대화는 이루어지지 않았다. 이에 북한은 다시금 위기를 촉발하여 협상을 이끌어내는 '벼랑끝 외교전략'의 일환으로 2009년 4월 '광명성 2호'를 발사했으며 5월 25일에는 제2차 북핵실험을 강행했다. '위기촉발전략'을 통해 오바마정부를 자극해 다시 한 번 미국을 협상장으로 이끌어내 국면을 북한에게 유리하게 전환시키려는 의도였던 것이다.

북한의 2차 핵실험이 오바마정부의 대북정책 기조인 '전략적 인내'정책을 근본적으로 변화시키지 못했지만 미국을 협상장으로 이끌어내는 데는 성공했다.[55] 오바마정부는 대북 유엔제재 결의 1874호를 바탕으로 북한을 제재하면서도 대화를 재개해 2009년 12월에는 대북정책 특별대표인 보스워즈가 평양을 방문해 강석주 북한외무성 제1부장과 만나 양국이 6자회담 재개와 9.19공동성명의 실천의 필요성을 논의했다.[56]

2차 북핵실험은 북한과 중국의 관계가 강화되는 계기로도 작용했다. 중국은 북한의 국제적 고립이 동아시아 안정에 부정적으로

---

55) 백학순, "북핵문제 해결은 불가능한가?," 〈정세와 정책〉, 세종연구소, 2010년 4월, pp. 1-2.
56) 경향신문, 2009년 12월 11일.

인식하며 북한에 대해 제재보다는 경제협력에 집중하여 황금평개발을 포함한 다양한 경제협력사업을 추진했고 천안함사건 발생 시에도 북한의 책임을 강조하기 보다는 "과학적이고 객관적인 조사"와 "냉정하고 절제된 태도"만을 강조함으로서 북한과의 관계유지에 집중했다.[57]

이러한 대화국면에서 오바마정부는 2011년 7월부터 본격적으로 북한과의 양자대화를 재개하여 2011년 12월 김정일 위원장의 사망에도 불구하고 2012년 2월 '2.29합의'를 도출시켰다. '2.29합의'는 북한의 핵실험과 장거리미사일 발사 잠정중단과 미국의 식량지원 카드를 주고받는 형식의 낮은 단계의 북미간 합의로서 양국의 내부적 필요성에 의해서 추진된 성격이 크다.[58] 즉 대선을 앞둔 오바마정부는 협상과정을 통해 북한의 도발 관리가 필요했고 권력공고화가 이루어지지 않은 김정은 정권으로서는 외부적 압박을 감소시켜야 하는 상황이 합의 도출의 결과로 이어졌다는 것이다.

그러나 이런 '2.29합의'는 현실화되지 못했다. 북한이 2012년 4월 '광명성 3호'를 발사함으로서 다시 긴장국면이 조성되었고 미국과의 협상은 단절되었다. 미국과의 협상단절과 국제적 고립은 북한의 중국에 대한 의존도 심화를 의미하는 것으로 중국에 대한 경제의존도가 최고조를 이루었고 이는 북한의 오랜 국정기조인 '자주'개념을 위협하는 요인으로 작용했다. 김정은 정권은 김정일 사망 일주기를 앞두고 2012년 12월 다시 '은하3호'를 발사함으로서 다시금 동아시아 안보질서를 위협했으며 이에 대해 미국을 중심으로 유엔안보리

---

57) 한국일보, 2010년 5월 25일.
58) 백학순, "북한 인공위성 로켓발사와 북미관계," 〈창비주간논평〉, 2012년 4월 18일.

제재결의안 2087호이 추진되었고 시진핑 중국정부도 이에 동의했다.

이러한 국제사회의 제재에 대해 김정은 북한정권은 미국은 물론 중국의 적극적 반대에도 불구하고 2013년 2월 12일 제3차 북핵실험을 강행했다. 이에 대해 국제사회는 일제히 북한을 비난하며 강력한 수위의 유엔안보리 제재결의안 2094호를 채택함으로서 북한을 압박했다. 특히 시진핑 중국정부는 1, 2차 북핵실험 시기와는 달리 적극적으로 북한제재를 이행하고 있으며 이런 맥락에서 황금평개발 등 북한에 대한 투자계획을 전면 중단했음은 물론 중국은행들의 북한 조선은행과의 거래도 단절했다.[59] 이는 북한의 국제사회로부터의 실질적인 고립 심화를 의미하는 것이며 높은 수준의 제재국면을 의미하는 것이다.

이러한 제재에 대해 김정은 정권은 최고 수준의 위기조성전략을 추진했다. 북한은 2013년 3월 11일 정전협정 백지화를 선언했으며 동시에 판문점 남북 연락사무소 간 직통전화를 단절했다. 더욱이 북한은 3월 26일에는 한반도에 핵전쟁 상황이 조성되었다고 주장하며 한국과 미국에 대한 핵타격 가능성을 언급하기도 했고 27일에는 남북 군사당국간 통신선까지 단절했다.[60] 즉 김정은 북한정권은 한반도 안보상황을 위협의 수준에서 물리적 충돌의 상황으로 확대시킨 것이다. 더욱이 3월 26일에는 북한은 미사일 군부대와 장거리 포병부대를 포함한 모든 야전포병군을 "1호 전투태세"에 진입시킨다고 선언하며 군사적 위협의 강도를 최고조로 높였다. 특히 북한의 도발적 행태에 대한 대응 차원에서 미국이 B-52폭격기와 B-2

---

59) 중앙일보, 2013년 5월 13일; 연합뉴스, 2013년 5월 19일.
60) 연합뉴스, 2013년 3월 27일.

스텔스폭격기 그리고 핵잠수함을 한반도에 보내자 북한군은 국가 급 군사훈련을 실시했으며 김정은은 3월 28일 전략미사일부대에 사격대기를 명령함으로서 한국과 미국 그리고 일본 등에 대한 타격 계획을 공개했다.[61]

특히 존 케리 미국국무장관이 한국을 방문하며 북한과의 대화의 지를 표명하고 박근혜대통령이 대화를 제의하고 북한도 미사일발 사를 취소함으로서 소강국면에 진입한 상황에서도 북한은 4월 개성 공단까지 폐쇄시킴으로서 한반도 안보의 긴장국면은 지속되고 있 다. 따라서 북한에 대한 봉쇄와 대화거부 정책을 유지했던 이명박 정부와는 달리 대화를 강조하는 '한반도 신뢰프로세스 정책'을 주장 하며 집권했던 박근혜정부도 김정은 정권이 핵실험을 강행하고 다 양한 수단을 통해 위기를 극대화하자 북한 제재국면을 유지하는 정책을 추진하고 있다.

이렇듯 제3차 북핵실험 이후 북핵문제는 새로운 국면에 진입하 고 있다. 북한의 '위기촉발'을 통한 협상국면 조성과 주도권 확보 전략이 난관에 봉착한 것이다. 오바마 미국정부는 '전략적 인내' 정책기조 속에서 북한에 대한 제재를 유지하며 동시에 북한의 대화 조건 충족 의지를 예의주시하고 있으며 중국도 이전과는 달리 북한 에 대한 제재에 적극적으로 협조함으로서 국제사회 공조를 강화하 는데 기여하고 있다. 이러한 새로운 국면 조성은 중국의 변화에서 기인되었다. 시진핑 주석은 최근 최룡해 김정은 제1국방위원장 특 사 방중 시 6자회담 재개의 필요성과 북한의 비핵화를 강조함으로 서 과거와는 달리 핵보유국 북한이 아니라 비핵국 북한이 중국과의

---

61) 한국일보, 2013년 3월 29일.

동맹국임을 명시적으로 밝혔다.[62] 이는 중국이 북한의 존재도 중요하지만 동아시아 핵확산과 안보 불안정의 동인으로 작용할 수 있는 북한핵을 인정하지 않겠다는 것을 분명히 한 것이며 중국에 대한 경제의존도가 높은 북한에게는 새로운 딜레마로 작용할 것이다.[63] 즉 최근 핵무기와 경제발전 병진정책을 천명해 중국의 경제협력이 절실한 김정은 정권에게 시진핑 중국정부의 이러한 핵비확산에 대한 원칙적 태도는 상당한 압박으로 작용하는 것이다.

김정일 사후 전개된 북핵 3차 실험과 그 이후의 북한의 도발적 행태들은 동아시아 안보를 근본적으로 위협하고 있다. 북핵위기는 소련붕괴 이후의 탈냉전의 상황에서 미국중심의 단극적 국제질서를 안보위협으로 인식했던 북한의 핵개발로부터 시작되었지만 북한체제에 내제되어 있는 정치, 경제적 한계성이 보다 근본적인 요인으로 작용하고 있다. 즉 사회주의경제체제와 주체적 일인독재체제의 폐쇄적 정치경제구조가 재생산성을 갖지 못함으로서 정권유지와 재화공급에 한계를 보이는 것이며 이를 극복하기 위해 핵무기를 바탕으로 '위기촉발'을 이어가는 것이다. 이런 맥락에서 북한은 핵을 통한 급진적인 현상타파정책을 추진하는 것이며 이는 현상유지를 강조하고 있는 한국과 미국 그리고 일본과 더불어 점진적 변화에 주안점을 두고 있는 중국 등에 의해 인정받지 못하고 견제되고 있는 것이다.

---

62) 경향신문, 2013년 5월 23일.
63) 한국일보, 2013년 5월 30일.

## V. 동아시아 국가들의 선호정책 비교와 전망

본 연구는 동아시아 국가들의 지속적인 갈등과 분쟁의 원인을 파악하여 동아시아 외교에 대한 종합적 이해와 한계를 규명하는데 목적이 있다. 이를 위해 본 연구는 미중 경쟁관계와 중일 갈등관계 그리고 제2차북핵분쟁 등의 사례연구를 통해 분쟁의 주요 원인 파악에 집중했다. 사례연구 결과 중국의 급부상에 따른 미중 간 힘의 분배상태의 변화가 패권적 위상을 유지해야 하는 미국으로 하여금 중국에 대한 견제정책을 추진하게 했고 중국은 미국의 견제정책에 대해 대내외적 역량을 강화하는 균형정책을 추진함으로서 미중 경쟁관계가 형성된 것이다.

즉 미국은 패권유지를 위해 현상유지정책을 추진하고 있으며 이의 일환으로 역량을 아시아로 집중하고 있으며 동시에 중국의 주변 국가들과의 동맹 및 관계 강화를 통해 급부상하는 중국을 견제하는 것이다. 이에 대해 중국은 미국중심의 기존 질서에 정면으로 도전하지는 않고 있으나 내부적 역량 강화와 동시에 러시아 등과의 안보협력 강화를 통한 균형외교를 추진함으로서 현상의 점진적 변화를 추구하고 있다.

이러한 소련의 붕괴에 따른 냉전체제종식과 중국의 급부상으로 인한 미중간 양극적 패권경쟁구조와 같은 힘의 분배상태 변화 요소가 중일 간의 갈등관계에도 상당한 영향을 미쳤다. 1990년대 초반까지 자본주의 국가인 일본과 사회주의 국가인 중국은 1972년 수교 이래 공히 주적인 소련에 공동 대응하기 위해 우호적 관계를 유지했다. 그러나 중국이 급부상하면서 일본이 미일동맹을 통해 견제하기 시작했고 중국도 동중국해 등에서 핵심이익 영역을 확대했다는 점에서 힘의 분배상태 변화요인이 중일 갈등관계 형성에 중요한 영향을 미쳤다는 것이 확인되었다. 그러나 중일 갈등관계는 미중패권경쟁 구도와 같은 역내 국가간 힘의 분배상태 변화의 요인 외에도 일본의 과거침략사에 대한 정리가 충실히 이루어지지 않음으로 인한 부정적 영향도 복합적으로 작용하고 있다. 즉 과거사문제는 중일간의 상대에 대한 부정적 인식을 유지하게 하는 요인으로 작용하면서 양국 간 갈등상황을 악화시키는 역할을 하는 것이다. 특히 일본의 과거문제는 중일관계는 물론 한일관계에도 매우 부정적 영향을 미치고 있기 때문에 힘의 분배상태 변화요인과 더불어 동아시아 분쟁의 또 다른 원인으로 파악되었다.

북핵분쟁은 사실상 소련붕괴에 따른 미국중심의 단극적 국제질서 형성이라는 힘의 분배상태 변화요인에 기인해서 시작된 측면이 크다. 그러나 2차 북핵분쟁은 북한의 동맹국인 중국이 급부상하고 있던 시기이기 때문에 힘의 분배상태 변화요인이 충분한 설명력을 갖기는 어렵다. 즉 힘의 분배상태 변화요인을 통해 북핵문제를 설명한다면 소련의 붕괴가 북한의 국제적 고립구조를 만들고 이러한 안보불안에 대한 대응으로서 북한의 핵개발이 설명될 수 있지만 2002년 이후 북한이 편승할 수 있는 중국이 급부상하는 유리한 힘의 분배상태에서 북한이 핵위기를 조성하는 것은 힘의 요인으로 충분히 분석되지 않는 것이다. 특히 제3차 북핵실험 이후 중국이 북한에 대해 실질적인 제재를 이행하는 행태는 미중간 양극적 구조에서 힘의 분배상태를 유리하게 전개해야 한다는 주장이 설명력을 갖기 어려운 부분인 것이다.

북핵분쟁은 북한 정치경제체제의 내재적 모순에 대한 대응 차원에서 전개된 측면이 크다고 평가된다. 일인독재체제를 유지하기 위해 고안된 장기간에 걸친 주체사상과 선군정치 이데올로기는 개방정책은 물론 중국에 대한 편승을 기피하는 정책으로 나타나면서 북한은 핵무기를 수단으로 정권유지는 물론 국제사회에서의 유리한 위상을 확보하기 위해 위기를 촉발하는 행태를 전개하는 것이다. 특히 20년이 넘는 경제위기 상황에서 정권유지를 위해 핵을 매개로 군사적 강대국과 경제적 조건 향상을 함께 추진하는 '핵과 경제 병진정책'을 추진하는 것이다. 즉 북한은 핵무기를 통해 현상을 급격히 자국에게 유리한 방향으로 변화시키려는 현상타파적 정책기조를 유지하고 있는 것이다.

이와 같이 동아시아 국가들 사이의 주요 갈등과 분쟁의 상황에서 국가간 힘의 분배상태 변화의 요인이 강력한 영향을 미쳤음을 확인했다. 그러나 중일갈등관계와 북핵문제에서 나타난 바와 같이 일본 과거사 문제에 대한 상이한 인식과 주체사상 및 선군사상과 같은 인식적 요인 그리고 국내 경제적 요인 등도 동아시아 국가간 갈등과 분쟁의 주요 요인으로 작용했음이 확인되었다.

특히 이런 동아시아 국가간 힘의 분배상태 요인과 상대국에 대한 인식적 요인들은 각 국가들의 선호정책 결정에 중요한 영향을 미쳤기 때문에 향후 전개될 역내 국가간 상호작용도 각 국가들의 정체성과 선호정책에 따라 전개될 가능성이 높은 것이다. 〈표 2〉가 보여주듯이 미국은 미국과 일본은 현상유지정책 기조 속에서 대부분의 사안에 있어 유사한 선호정책을 보여주고 있다. 즉 양국은 미국중심의 국제질서를 유지하는 차원에서 중국을 견제하고 북한의 비핵화를 추진하는 것이고 일본은 북한과 중국에 지리적으로 근접해 있다는 점에서 안보확보를 위해 북한과 중국에 대한 보다 적극적인 견제정책을 추진할 것으로 예상된다.

<표 2> 동아시아 주요 현안에 대한 각국의 선호정책

|  | 한국 | 북한 | 미국 | 중국 | 일본 |
|---|---|---|---|---|---|
| 선호<br>정책기조 | 현상유지/<br>중견국외교 | 현상타파 | 패권유지/<br>현상유지 | 점진적<br>현상변화/<br>강대국외교 | 현상유지 |
| 미·중<br>경쟁사안 | 한미동맹유지 +<br>중국 관여정책<br>(위험분산정책) | 중국편승 유지<br>+ 미국관계<br>개선 추구 | 중국견제정책 | 점진적<br>균형정책<br>(다극화추구) | 중국견제정책 |
| 북핵<br>분쟁사안 | 북핵불용,<br>평화적 해결 | 정권유지<br>(핵+경제<br>병진정책) | 비핵화/<br>확산방지 | 비핵화/<br>주변부 안정 | 비핵화/<br>북한 미사일<br>위협해소 |
| 중·일<br>갈등사안 | 동북아<br>다자평화체제<br>구축 |  | 미일동맹<br>기조유지 | 미일동맹<br>균형정책/<br>핵심이익확보 | 중국견제정책 |

　　반면 중국은 지속 가능한 경제발전과 사회안정을 위해 현상유지를 동의하면서도 국력 향상에 따른 강대국 위상 확보를 선호하고 있다는 점에서 점층적 현상변화를 추진할 것으로 평가된다. 특히 중국은 주변부 안정이 국가발전에 긴요하다고 인식하기 때문에 향상된 역량을 바탕으로 주변부와 해양진출을 핵심이익 영역으로 규정하고 확보하는 정책을 추진할 것으로 예상된다. 북한은 경제, 사회적 위기 상황에서 정권을 유지하기 위해 가장 급진적으로 현상을 타파하는 정책을 추진하고 있다. 특히 기존 핵비확산 국제규범을 훼손하며 군사적 강대국을 추구하고 있기 때문에 현상유지 또는 점진적 변화를 추구하는 주변 국가들과의 관계는 지속적으로 악화될 가능성이 높은 것이다.

　　반면 한국은 현상유지정책을 추진하면서도 미중 간 대결구도의 심화가 국익에 저해된다고 판단하고 미국과의 동맹관계를 강조하면서도 중국에의 관여도를 높여 위험을 분산하는 전략을 선호하는 것으로 평가된다. 특히 북핵문제에 가장 직접적인 영향을 받는 다는 점에서 한국은 북핵불용과 더불어 평화적 해결방법을 강조하고 있고 한반도 안보 확보와 역내 분쟁 방지를 위해서 다자간 평화체제 구축에 주도적 역할 수행을 선호하고 있다.

〈표 2〉에서 보듯이 동아시아 역내 국가들은 일치하지 않는 선호정책을 추구하고 있고 이런 현상이 역내 갈등과 분쟁을 지속적으로 유지시키는 요인인 것이다. 따라서 이런 '불일치의 딜레마'의 상황을 극복하여 역내 갈등과 분쟁을 최소화하기 위해서는 상호배제정책을 지양하고 유럽과 같이 다자적 구조 속에서 협력의 범위와 수준을 점차 확대, 강화시켜나가는 동아시아 외교가 요구되는 것이다.


## V. 결론

이 책이 10개의 장을 통해서 살펴본 동아시아외교는 경쟁과 갈등 중심으로 전개되고 있음을 확인하였다. 그러나 갈등과 분쟁의 양상이 과거 냉전시대와는 달리 진영 대 진영의 대결구도 또는 이데올로기 대결의 모습은 현격히 줄어든 모습을 보이고 있다. 특히 갈등과 분쟁의 성격도 냉전시기와는 달리 모든 분야에서의 전면적 대결 또는 충돌의 양상을 띠기보다는 '갈등 속에서 타협' '분쟁 속에서 협상'이 반복, 재연되는 일관성이 결여된 이중적 모습을 보이고 있다.

이러한 부분적이며 비전면적인 갈등과 분쟁의 동아시아 외교는 '불일치 딜레마' 외교에서 비롯된 측면이 크다. 서장에서 언급했듯이 중국의 급속한 국력신장으로 인한 역내 국가간 힘의 분배상태의 변화는 동아시아 국가들의 안보 우려를 증대시켜 미국과의 협력관계를 강화하는 외교를 전개하게 했다. 하지만 동시에 중국에 대한 높은 경제 의존도 요인은 대부분의 동아시아 국가들로 하여금 중국에 대해 직접적으로 대결 또는 균형정책을 지양하는 외교를 보였다. 6장과 7장에서 보듯이 중국을 견제하면서도 중국과 대결을 원치 않는 행태를 전개한 것이다. 이에 중국에 대한 경제적 의존도가 높은 일본, 인도, 호주 등은 미국과의 군사협력 강화라는 연성편승정책을 통해 중국을 완만하게 견제하는 정책을 추진하는 것이다. 유사한 맥락에서 한국도 중국과의 경제교류를 급속하게 확대하면서도 동시에 중국경제의 패권적 확산을 견제하기 위해 한미FTA를 체결했다. 미국도 부상하는 중국을 견제하기 위해 FTA와 TPP 등 동아시아국가들과의 양자 또는 다자적 경제협력을 추진하고 있는 것이다. 4장에서 보듯 중국도 예외는 아니다. 미국에 대한 정면 도전을 피하고 다자주의외교, 남미 및 아프리카국가들과의 자원외교 등을 통해 미국을 견제하고 다극화를 추진하는 온건한 대미 균형외교를 취하고 있는 것이다.

동아시아 국가간의 갈등적 외교관계는 역내 국가간 힘의 분배상태의 변화와 미중패권경쟁과 같은 구조적 요인에 의해 촉발되었지만 세계화의 확산에 따른 높은 경제적 상호의존성이라는 관계적 요인에 의해 완화되는 효과를 보이면서 그 양상이 점진적 또는 비전면적인 갈등의 모습으로 나타나고 있는 것이다. 즉 중국에 대한 경제적 의존과 안보 우려라는 '불일치 딜레마' 상황이 동아시아 국가들로 하여금 일방적 방향의 외교를 지양하게 하는 요인으로 작용하고 있음이 확인된 것이다.

이러한 미중경쟁구도의 구조적 요인과 경제적 상호의존성이라는 관계적 요인은 '불일치 딜레마' 환경을 조성하며 한국과 북한의 외교에도 중요한 영향을 미쳤다. 9장에서 다루었듯이 한국은 중국에 대한 높은 경제 의존도를 보이며 경제적 협력관계를 강화하고 있지만 북한의 도발을 억제하고 안보를 확보하기 위해 한미동맹 강화를 동시에 추진하고 있다. 그러나 한국은 미중패권경쟁이 가속화되면서 외교적 선택에 대한 구조적 제약이 증대됨에 따라 일관성이 결여된 외교가 추진된 것이 확인되었다. 특히 중국은 경제적 요인뿐만 아니라 북핵문제 해결에도 중요한 조정자 역할을 수행하고 있다는 점도 한국외교가 고려해야 하는 또 다른 요인이 되면서 한국외교는 '불일치 딜레마'의 상황에 직면하게 된 것이다. 북한도 유사한 상황에 존재하고 있다. 8장에서 논의했듯이 미중패권경쟁 구도에서 중국을 지원하는 역할을 수행하고 있지만 심각하게 높은 중국에 대한 경제적 의존과 종속적 관계에 대한 우려는 북한으로 하여금 미국과의 양자협상을 요구하고 북핵문제 해결의 주체를 북한과 미국으로 국한시키는 정책을 추진하게 한 것이다. 즉 중국으로부터는 경제적 지원을 미국으로부터는 정권안보를 확보해야 하는 북한은 또 다른 형태의 '불일치 딜레마'를 겪고 있는 것이다.

이렇듯 역내 힘의 분배상태의 변화에서 촉발된 미중패권경쟁 구도와 경제적 상호의존관계의 요인들은 동아시아외교에 심대한 영향을 미치고 있는 것이 확인되었다. 그러나 이런 구조적 또는 관계적 요인만으로는 동아시아 외교를 충분하게 설명하기 어렵다. 8장, 9장, 10장에서 보듯이 인식적 요인도 동아시아 외교에 상당히 중요한 영향을 미치고 있음이 밝혀졌다. 북한 지도부의 상대국가와 상황에 대한 인식이 핵실험과 미사일 발사 결정에 중요한 영향을 미친 것으로 연구되었고 한국대통령들의 미국에 대한 인식의 차이가 외교정책의 변화로 나타난 것을 확인했다. 특히 일본에 대한 부정적 인식이 미중패권경쟁의 효과를 축소시키며 한일안보협력을 저지하는 요인으로 작용한 것도 인식적 요인이 외교에 미치는 중요한 영향을 보여준 것이다.

'불일치 딜레마' 상황은 동아시아 국가들에게 보다 전략적인 외교를 요구하고 있다. 특히 한국은 가장 높은 수준의 '불일치' 상황에 직면해 있다는 점에서 우려와 고민은 더욱 깊은 것이다. 한국은 북핵문제가 악화되면 될수록 딜레마 상황에서 헤어나기 어려워진다. 즉 북한의 도발이 증가할수록 2010년 천안함사건과 연평도사건 당시와 같이 미국에 대한 안보의존도가 커지게 되며 경제적으로 의존되어 있는 중국과의 관계는 악화될 가능성이 크기 때문이다. 외교적 자율성과 경제적 기회가 심각한 제약을 받게 되는 것이다. 따라서 북핵문제 해결 또는 대화국면으로 전환을 통한 긴장완화는 한국외교가 우선적으로 해결해야 할 핵심적 이익에 해당되는 것이다. 특히 미중패권경쟁 구도가 고착화될수록 남북관계 개선 또는 북핵문제 해결도 어려워질 가능성이 커진다.

하지만 이렇듯 미중패권경쟁 구도가 형성한 '불일치 딜레마' 상황을 오히려 남북문제를 개선할 수 있는 기회로 활용하는 지혜가 요구된다. 미중패권경쟁에서 한반도가 차지하는 의미는 매우 중요한 것이다. 즉 한반도의 전략적 가치는 미중경쟁과정에서 더욱 커지는 것이며 이런 전략적 가치를 극대화하기 위해서는 남북관계 개선이 최우선적 조건이 되는 것이다. 따라서 한국외교가 당면한 '불일치 딜레마' 상황을 슬기롭게 극복하는 가장 유효한 방법은 단기적으로는 남북관계 개선이며 궁극적으로는 북핵문제 해결과 한반도 평화체제 구축인 것이다.

■ 참고문헌

강봉구, "편승과 균형: 21세기 세계정치와 러-미관계," 〈국제정치논
　　총〉, 제45집, 3호, 2005.
강석찬, "중국의 중남미정책 – 정책과 행위의 양면성을 중심으로"〈중
　　국연구〉, 1995.
국가안전보장회의 상임위원회, 〈평화번영과 국가안보〉, 서울: 국가안
　　전보장회의 사무처, 2004.
김관옥, 〈갈등과 협력의 동아시아와 양면게임이론〉, 서울: 리북, 2010.
＿＿＿, "부시정부의 선택적 핵비확산정책 연구: 미국의 인도핵정책
　　분석을 중심으로," 〈국제정치연구〉, 제11집 1호, 2008.
＿＿＿, "한미동맹의 변화와 미국세계전략의 영향," 〈사회과학논총〉,
　　제27집 1호, 2008.
김기정 · 천자현, "중국 자원외교의 다자주의와 양자주의: 중앙아시아
　　및 아프리카에 대한 중국자원외교 비교," 〈국제지역연구〉, 제
　　13권 제1호, 2009.
김기정, "21세기 한국외교의 좌표와 과제: 동북아균형자론의 국제정치
　　학적 의미를 중심으로," 〈국가전략〉, 11권, 4호, 2005.
김기정 · 김순태, "군사주권의 정체성과 한미동맹의 변화," 〈국방정책
　　연구〉, 제24권, 제1호, 2008년.
김영춘, "일본의 북한위협 인식과 군사력 강화," 〈연구총서〉, 통일연구
　　원, 2001년 5월.
김예경, "중국의 부상고가 북한의 대응전략: 편승전략과 동맹, 유화 그
　　리고 현안별 지지정책," 〈국제정치논총〉, 제47집, 2호, 2007.
김옥준 · 김관옥, "상하이 협력기구(SCO)의 중국 국가안보전략에서의
　　함의," 〈중국연구〉, Vol. 43, 2008.

김옥준 · 김관옥, "중국공산당 제17기 전국대표대회 보고서에 나타난 대외정책적 함의," 〈평화학연구〉, 제9권, 2008.

김우상, "동북아균형자가 되려면 '소프트파워' 키워라," 〈시사저널〉, 2005년 5월 5일.

김재관, "미중 양국의 패권경쟁심화와 상호대응전략의 비교," 〈국제정치논총〉, Vol. 46, 2006.

김주영, "중국의 자원수급 문제와 파급효과," 〈수은해외경제〉, 2006.

김준형, "2012년 미국과 동북아: 연속 또는 불연속," 〈KNSI 특별기획〉, 제37호, 2012.

김진오, "중국의 대중남미 경제협력 강화배경과 전망," 〈세계경제〉, 2005년 4월.

김진하, "김정은 등장이후 대외전략과 동북아 정세변화," 〈김정은체제의 변화 가능성과 동북아 안보〉, 통일연구원, 2012.

김창수, "광명성 3호발사의 딜레마," 〈창비주간논평〉, 2012년 4월 4일. http://weekly.changbi.com/621 (2012/4/6 검색).

김태현, "상호주의와 국제협력," 〈국가전략〉, 제8권 3호, 2002.

김학노, "합리주의적 기능주의 비판과 구성주의적 대안 모색," 〈국가전략〉, 제6권 2호, 2000.

김현종, 〈김현종, 한미FTA를 말하다〉, 서울: 홍성사, 2010.

김홍규, "후진타오 신외교노선과 북중관계," 〈주요국제문제분석〉, 서울: 외교안보연구원, 2006.

노무현, 〈성공과 좌절〉, 서울: 학고재, 2009.

대통령비서실, 〈노무현대통령 연설문집〉, 2004.

모리 카즈코 저 · 조진구 역, 〈중일관계: 전후에서 신시대로〉, 서울: 리북, 2006.

문경희, "호주의 아시아 관여정치: 국제정치경제의 변동과 호주 정당 간의 경쟁적 대 아시아관점," 〈세계지역연구논총〉, 28집, 3호, 2010.

문순보, "임기 후반의 오바마정부의 대북정책 변화 전망," 〈정세와 정책〉, 2011년 5월호.

박건영외 역, 〈국제정치의 사회적 이론〉, 서울: 사회평론, 2009.

박병광, "중국의 아태지역 안보전략과 중일관계," 〈한일군사문화연구〉, 제14집, 2012.

박영호 외, 〈이명박정부 외교안보통일정책의 추진환경 및 전략과 실천방안〉, 서울: 통일연구원, 2010.

박종철, "중국의 대북 경제정책과 경제협력에 관한 연구," 〈한국동북아 논총〉, 제17집 1호, 2012.

박창건, "한국의 FTA 추진전략에 있어서 동아시아 지역주의 발전에 대한 고려: 한-일 FTA와 한-미 FTA를 중심으로," 〈대한정치 학회보〉, 15집, 2호, 2007.

박창식, "노무현에게 미국은 무엇인가," 〈한겨레 21〉, 2003년 5월 14일.

박홍서, "북핵위기시 중국의 대북 동맹안보딜레마 관이 연구: 대미관계 변화를 주요 동인으로," 〈국제정치논총〉, 제46집 1호, 2006.

박홍석, "북한 핵실험 이후의 미국의 대응전략," 〈국제정치연구〉, 제11 집, 2호, 2008.

박흥순, "이명박정부의 대외정책(외교, 안보): 특징과 과제," 〈평화학연 구〉, 제9권 1호, 2008.

배성인, "이명박정부의 한미관계와 남북관계: 선순환 구조를 위한 제 언," 〈북한연구학회보〉, 제12집 1호, 2008.

배정호 외, "오바마행정부 출범 이후 동북아전략환경의 변화와 한국의 동북아 4국 통일외교전략," 〈KINU 연구총서〉, 통일연구원, 2010.

배종윤, "동북아시아 지역질서 변화와 한국의 전략적 선택: '동북아 균 형자론'을 둘러싼 논쟁의 한계와 세력균형론의 이론적 대안," 〈국제정치논총〉, 제48집 3호, 2008.

백학순, "북핵문제 해결은 불가능한가?," 〈정세와 정책〉, 세종연구소, 2010년 4월.

_____, "북한 인공위성 로켓발사와 북미관계," 〈창비주간논평〉, 2012년 4월 18일. http://weekly.changbi.com/626 (2012/4/26 검색).

서동주, "주요국의 자원외교 전략과 우리의 정책과제," 〈국제문제연 구〉, 2005 여름.

손기섭, "고이즈미 내각기의 중일 '72년체제'의 갈등과 전환," 〈국제정치 논총〉, 제45집 4호, 2005.

_____, "중일영토분쟁 '차세대해결론'의 전환," 〈JPI PeaceNet〉, 제주평 화연구원, 2010, October 12, 2010.

손 열, "미중관계와 동아시아: 경제아키텍처를 둘러싼 전략적 경쟁," 김병국 외 공편, 〈미중관계 2025〉, 서울: EAI, 2012.

신욱희, "구성주의 국제정치이론의 의미와 한계," 〈한국정치학회보〉, 제32집 2호, 1998.

———, "동아시아에서의 후견-피후견 국가관계의 동학: 국가변화의
　　　외부적/지정학적 근원," 〈국제정치논총〉, 제32집, 2호, 1992.

안성호, 안치섭, "북한 김정은체제와 민주화 전망," 〈한국동북아논총〉,
　　　제17집 4호, 2012.

양기웅, "미일동맹과 동아시아의 세 가지 딜레마," 〈코리아연구원 현안
　　　진단〉, 제194호, 서울: 코리아연구원, 2011.

양준희, "월츠의 신현실주의에 대한 웬트의 구성주의의 도전," 〈국제정
　　　치논총〉, 제41호, 3호, 2001.

오연호, 〈노무현, 마지막 인터뷰〉, 서울: 오마이뉴스, 2009.

외교통상부, 〈이명박정부 주변 4국 외교성과〉, 2009.

———, "한 · 미FTA 상세설명자료," 2010. http://www.fta.go.kr/
　　　pds/fta_korea/usa/kor/2K_books.pdf (2011/5/12 검색).

———, "한 · 미FTA 추가협상결과 합의문서 상세설명자료," 2011.
　　　http://www.fta.go.kr/pds/fta_korea/usa/kor/2K_books_1.pdf
　　　(2011/5/12 검색).

유태환 외, 〈양극화 시대의 한국경제〉, 서울: 후마니타스, 2008.

윤석준, "동아시아 해군력 현대화 추세와 전망," 〈국방연구〉, 제52권, 2호, 2009.

윤성학 · 이재영 · 이시영, "중앙아시아-중국 가스관 개통과 정책 시사
　　　점," 〈지역경제포커스〉, 2010년 1월 25일.

윤 황, "북한의 핵실험이 한반도 통일환경에 미치는 영향," 〈국제정치
　　　연구〉, 제10집 1호, 2007.

이광길, "이명박정권 한 · 일 군사정보보호협정 추진한 절실한 이유 있
　　　었다," 〈민족 21〉, 2012년 8월호.

이기완, "중일관계 갈등의 이슈와 원인: 일본 측 정치동학을 중심으로,"
　　　〈국제지역연구〉, 제13권 제1호, 2009.

이계만, 김일기, "김정은체제의 권력구조와 대내정책에 관한 연구," 〈평
　　　화학연구〉, 제13권 4호, 2012.

이대우, "인도양 해양질서 변화: 중국의 진출과 주변국 대응," 〈세종정
　　　책연구〉, 세종연구소, 2012.

이동선, "미국의 안보실행전략," EAI 국가안보패널(NSP)보고서,
　　　2009년 12월. http://www.eai.or.kr/data/bbs/kor_report/
　　　2009122914432569.pdf (2012/4/22 검색).

이명박, 〈이명박대통령 연설문집〉, 서울: 대통령실, 2010.

이명찬, "일·중간 센카쿠제도 분쟁과 일본의 대응," '동아시아 지역 영토분쟁의 과거·현재·미래' 국제심포지엄, 동북아역사재단, 2012년 5월 10~11일.

이상현, "한미동맹 50년의 성찰과 한미관계의 미래," 〈국가전략〉, 제9권, 1호, 2003.

_____, "미·인도 핵협력의 전략적 의미" 〈정세와 정책〉, 세종연구소, 2005년 8월.

이서항, "동아시아 해군력 증강의 동향과 함의," 〈주요국제문제분석〉, 외교안보연구원, 2009.

이수훈, "미중관계와 동북아," 〈한반도 포커스〉, 제10호, 2010년 11/12월호.

이승주, "FTA 정책 형성의 국내정치적 기원: 한국, 일본, 싱가포르의 사례를 중심으로," 〈21세기정치학회보〉, 제20집 2호. 2010.

이장훈, "미국-인도 핵협력을 고리로 전략결혼" 업코리아, 2006년 3월 3일. http://www.upkorea.net/news/articleView.html?idxno=10611 (2011/5/7 검색).

이정태, "중·일 동중국해 안보전략과 조어도 게임," 〈한국동북아논총〉, 제16집, 4호, 2011.

이종석, "2차 핵실험 이후 북한의 대외전략의 변화와 그 배경," 〈정세와 정책〉, 세종연구소, 2009.

이창휘, "중국의 도서와 해양경계 문제," 〈국제법학회논총〉, 제54권 1호, 2009.

이철승, "'균형자론'의 동북아의 '소외자론'," 〈한국논단〉, 2005년 5월호.

이해영·정인교, 〈한미FTA 하나의 협정 엇갈린 '진실'〉, 서울: 시대의 창, 2008.

장노순, "약소국의 갈등적 편승외교정책: 북한의 통미봉남 정책," 〈국제정치논총〉, 제33집, 1호, 1999.

전병곤, "중국공산당 제17차 전국대표대회의 의미와 전망," 통일연구원, 2007. 10.

전재성, "구성주의 국제정치이론에 대한 탈근대론과 현실주의 비판 고찰," 〈국제정치논총〉, 제50집 2호, 2010.

정기열, "한미동맹 고집하다 고립만 자초 '환난지교'의 마음으로 소통해야 한다," 〈월간민족 21〉, 2008년 7월 1일.

정동영, 〈개성역에서 파리행 기차표를〉, 서울: 랜덤하우스, 2007.

정상화, "한미FTA 추가협상의 이해와 평가," 〈세종논평〉, No. 205, 2010년

12월 7일. http://www.sejong.org/pub_cm/PUB_CM_DATA/
k-cm205.pdf (2011/5/12 검색).

정성윤, "미일동맹과 한국의 안보," 〈전략연구〉, 제17권, 2010.

정욱식, "미일동맹의 재편과 동북아의 미래," 〈역사비평〉, 2005년 가을호.

_____, "국제정세의 변화와 이명박정부 대외·대북정책 문제점," 〈내
일을 여는 역사〉, 제24호 봄호, 2011.

정인교, 〈자유무역협정(FTA) 이해하기〉, 대외경제정책연구원, 2001.

정재호, 〈중국의 부상과 한반도의 미래〉, 서울: 서울대학교 출판문화원, 2011.

조양현, "일·중 센카쿠/댜오위다오열도 분쟁과 동아시아 지역질서,"
〈주요국제문제분석〉, 2010. 12. 31.

진창수, "일본의 동아시아 공동체 구상," 〈세종정책연구〉, 2011년 1월
25일. http://www.sejong.org/Pub_st/PUB_ST_DATA/
k13.pdf (2012/5/2 검색).

청와대, 〈성숙한 세계국가: 이명박정부의 외교안보의 비전과 전략〉, 2009.

최영종, 〈글로벌 한국의 신외교전략〉, 서울: 오름, 2008.

최은봉·오승희, "중국의 대 일본 배상청구 포기의 양면성: '타이완문제'
의 타결과 중일경제 협력의 확장," 〈담론 201〉, 제13집 2호, 2010.

최장근, "일본의 주변3국과의 영토분쟁의 특성: 조어제도, 독도, 쿠릴열
도 남방 4도를 중심으로," 일어일문학, 대한일어일문학회, 제35
집 2007.

최춘흠, 〈중국의 대북정책과 2.13 합의에 대한 입장〉, 서울: 통일연구원,
2007.

최희식, "TPP를 둘러싼 일본 국내정치적 배경분석 및 평가," KNSI 특별
기획, 제36호, 코리아연구원, 2012.

최희식, "현대 일본의 아시아 외교전략: 내재적 접근에서 외재적 접근
으로," 〈국제정치논총〉, 제49집 2호, 2009.

프리처드 찰스 저, 김연철·서보혁 역, 〈실패한 외교〉, 서울: 사계절, 2008.

허재영·엄기홍, "노무현대통령의 자주국방인식: 노무현대통령 연설
문집 분석을 중심으로," 〈東西硏究〉, 제24권, 4호, 2012.

황지환, "전망이론의 현실주의적 이해: 현상유지경향과 상대적 손실의
국제정치이론," 〈국제정치논총〉, 제47집 3호, 2007.

홍기빈, "개방과 통합을 어떻게 볼 것인가?" 이정우 외, 노무현이 꿈꾼
나라, 파주: 동녘, 2010.

홍성후, "일본의 영토분쟁에 대한 비판적 고찰," 〈한국동북아논총〉, Vol. 58, 2011.

홍성후, "북한의 2차 핵실험과 핵개발 의도," 〈한국동북아논총〉, 제15집 2호, 2010.

한승호, "〈광명성3호〉 발사 이후 북한의 전략," 〈평화학연구〉, 제13권 4호, 2012.

홍현익, "부시행정부의 한반도 전략과 한미동맹의 장래," 홍현익·송대성·이상현 공저, 〈남북화해시대의 주한미군〉, 성남: 세종연구소, 2003.


中國共産黨 第十六次 全國代表大會 報告.
　　　http://news.xinhuanet.com/ziliao/2002-11/17/content_693542.htm

中國共産黨 第十七次 全國代表大會 報告.
　　　http://www.chinataiwan.org/zt/szzt/zgsqd/yw/200710/t20071026_474249.htm

"上海合作組織憲章"
　　　ttp://big5.huaxia.com/zt/tbgz/2004-87/00245151.html

許鐵兵 編·김옥준 역주, 〈21세기 중국과 세계〉, 대구: 중문출판사, 2003.

"南海军情特报"(Special Military Intelligence Report on the South China Sea), 军事世界 (Inside Defense) May 2009.


"Agreement Concerning the Application of the GATT Agreement on Trade Civil Aircraft." 1992.

Altman, Roger C. and Richard N. Haass, "American Profligacy and American Power: The Consequences of Fiscal Irresponsibility," *Foreign Affairs*, 89:6, Nov/Dec, 2010.

Aquino, Marco, "China Miners Keenly Eyeing Peru Resources," *Reuters News*, September 13, 2007.

Art, Robert, "Geopolitics Updated: The Strategy of Selective Engagement," *International Security*, Vol. 23, No. 3, Winter 1998/1999, pp. 79-113.

Art, Robert, "Selective Engagement after Bush," in Michele Flournoy and

Shawn Brimley, *Finding Our Ways: Debating American Grand Strategy*, Center for a New American Security, 2008. http://www.cnas.org/files/documents/publications/ FlournoyBrimley_ Finding%20Our%20Way_June08.pdf (2012/4/25 검색).

Australian Department of Defense, Defending Australia in the Asia Pacific: Force 2030, Defense White Paper 2009, May 2, 2009.

Awanohara, Susumu, and Jonathan Friedland. "How to Handle America." *Far Eastern Economic Review*, June 24, 1993, pp. 67–68.

Axelrod, Robert and Robert Keohane. "Achieving Cooperation Under Anarchy: Strategies and Institutions," *World Politics*, Vol. 38, 1985.

Bajoria, Jayshree. "The U.S.–India Nuclear Deal" *Council on Foreign Relations*, November 5, 2010. http://www.cfr.org/publication/ 9663 (2011/4/30 검색).

Baldwin, David. *Neorealism and Neoliberalism*, Princeton, N.J.: Princeton University Press, 1988.

Banks, Howard. "Airbus Comes of Age." *Forbes*. 23 February, 1987, pp. 36–37.

Barkin, Samuel, "Realist Constructivism," *International Studies Review*, Vol. 5, No 3, 2003.

Barkin, Samuel, "Realist Constructivism and Realist–Constructivism," *International Studies Review*, Vol. 6 No. 2, June 2004.

Berejikian, Jeffrey, "The Gains Debate: Framing State Choice," *American Political Science Review*, Vol. 91, No. 4, December 1997.

Bert, Wayne, "Assessing China: The Obama Administration Looks at a Rising Power," Paper presented at the annual meeting of the International Studies Association Annual Conference "Global Governance: Political Authority in Transition", Le Centre Sheraton Montreal Hotel, MONTREAL, QUEBEC, CANADA, Mar 16, 2011.

Bhagwati, Jagdish. "VERs, Quip Pro Quo DFIs and VIEs: Political Economy Theoretical Analysis." *International Economic Journal*. 1, 1987, pp. 1–14.

Brooks, Stephen and William Wohlforth, *World out of Balance:*

*International Relations and the Challenge of American Primacy*, Princeton: Princeton University Press, 2008.

Buckley, Chris, "China and Russia Are Set to Begin Joint Military Exercise Today," *New York Times*, August 18, 2005.

Burns, John, F., "India's New Defense Chief See Chinese Military Threat," *The New York Times*, May 05, 1998. http://www.nytimes.com/1998/05/05/world/india-s-new-defense-chief-sees-chinese-military-threat.html (2012/5/10 검색).

Buszynski, Leszek "Rising Tensions in the South China Sea: Prospects for a Resolution of the Issue," *Security Challenges*, Vol. 6, No. 2, 2010.

Calleo, David P., *Follies of Power: America's Unipolar Fantasy*, New York: Cambridge University Press, 2009.

Carr, Edward H. *The Twenty Years' Crisis*, 1919–1939. New York: Perennial, 2001.

Cha, Victor and David Kang, *Nuclear North Korea: A Debate on Engagement Strategies*, New York: Columbia University Press, 2003.

Chambers, Michael, "Framing the Problem: China's Threat Environment and International Obligations," in Roy Kamphausen and Andrew Scobell, eds. *Right Sizing the People's Liberation Army: Exploring the Contours of China's Military*, Carlisle: Strategic Studies Institute of the US Army War College, 2007.

Chanlett-Avery, Emma, "North Korea: U. S. Relations, Nuclear Diplomacy, and Internal Situation," *CRS Report for Congress*, January 17, 2012.

Chanlett-Avery, Emma and Bruce Vaughn, "Emerging Trends in the Security Architecture in Asia: Bilateral and Multilateral Ties Among the United States, Japan, Australia, and India," *CRS Report for Congress*, January 7, 2008.

Checkel, Jeffrey T., "The Constructivist Turn in International Relations Theory," *World Politics*, Vol. 50, No 2, January 1998.

Chen, Sean and John Feffer "China's Military Spending: Soft Rise or Hard Rise?" *Asian Perspective*, Vol. 33, No. 4, 2009.

Chen, Wen—Hsien. *State Autonomy and the International Trade regime:*
*A Study of United States Domestic Politics of the Automobile*
*Trade.* Ph.D. Dissertation. Gainsville: University of Florida, 1990.

Christensen, Thomas J. "China, the U.S.—Japan Alliance, and the Security
Dilemma in East Asia," *International Security,* Vol. 23, 1999.

Chung, Jae Ho, *Between Ally and Partner,* New York: Columbia University
Press, 2007.

Cohen, Stephen and John Zysman. *Manufacturing Matters: The Myth*
*of the Post—Industrial Economy.* New York: Basic Books, 1987.

Congressional Budgeting Office, *Has Trade Protection Revitalized*
*Domestic Industries?.* Washington, D.C.: U.S. Government
Printing Office, 1986.

Congressional Research Service, Library of Congress, *China's Foreign*
*Policy and "Soft Power" in South America, Asia, and Africa,*
Washington D.C.: U.S. Government Printing Office, 2008.

Cooper, Richard N. "Economic Interdependence and Foreign Polices in
the 1970's," *World Politics,* Vol. 24, 1972.

Copeland, Dale C., "The Constructivist Challenge to Structural Realism,"
*International Security,* Vol. 25 No. 2, Fall 2000.

Copeland, Dale C., *The Origins of Major War,* Ithaca: Cornell University
Press, 2000.

Cowan, Gerrard, "China's arms spend continues to soar," *Jane's Defense*
*Weekly,* July 30, 2008.

Cowhey, Peter F. and Edward, Long. 1983. "Testing Theories of Regime
Change: Hegemonic Decline or Surplus Capacity?" *International*
*Organization,* 37, pp. 157—188.

Cuomo, Scott, "U.S. and Indian Navies Close Again," *U.S. Naval Institute*
*Proceedings,* Vol. 128, Issue 2, February 2002.

De Castro, Renato Cruz, "China, the Philippines, and U.S. Influence in
Asia," *American Enterprise Institute for Public Policy Research,*
No. 2, July 2007.

Department of Defense, "Sustaining US Global Leadership : Priorities
for 21st Century," January 3, 2012, p. 2. http://www.defense.gov/

news/Defense_ Strategic_Guidance.pdf (2012/2/17 검색).

Diamond, Howard, "China Warns U.S. on East Asian Missile Defense Cooperation," *Arms Control Today*, Vol. 29, 1999.

Drezner, Daniel W., "Bad Debts: Assessing China's Financial Influence in Great Power Politics," *International Security*, Vol. 34, No. 2, Fall 2009.

Dutta, Sujit, "Securing the Sea Frontier: China's Pursuit of Sovereignty Claims in the South China Sea," *Strategic Analysis*, Vol. 29, No. 2, 2005.

Dueck, Colin, *Reluctant Crusaders: Power, Culture, and Change in American Grand Strategy*, Princeton: Princeton University Press, 2006.

Dwivedi, Ramakant, "China's Central Asia Policy in Recent Time," *China and Eurasia Quarterly*, Vol/ 4, No. 4, 2006.

Economy, C. Elizabeth, "The Game Changer: Coping With China's Foreign Policy Revolution," *Foreign Affairs*, Vol. 89, No. 6, November/December 2010.

Elliott, Geoff, "Hawkish US warns of negative China," The Australian, March 11, 2006. http://chinhdangvu.blogspot.com/2006/03/hawkish-us-warns-of-negative-china.html (2012/5/11 검색).

Emmers, Ralf, "The Changing Power Distribution in the South China Sea: Implications for Conflict Management and Avoidance," *RSIS Working Paper Series*, 183, 2009.

Friedberg, Aaron L., "The Future of U.S.-China Relations: Is Conflict Inevitable?" *International Security*, Vol. 30, No. 2, Fall 2005.

Ganguly, Sumit, Brian Shoup, and Andrew Scobell eds., *Indo-U.S. Strategic Cooperation in the Twenty-First Century*, London: Routledge, 2006.

Gill, Stephen R. and David Law, "Global Hegemony and the Structural Power of Capital," *International Studies Quarterly*, 33, 4, December 1989.

Gilpin, Robert, *War and Change in World Politics*, New York: Cambridge University Press, 1981.

Glosny, Michael A., and Phillip Saunders, "Correspondence: Debating China's Naval Nationalism," *International Security*, Vol. 35, No. 2, Fall 2010.

Goldstein, Judith. *Ideas, Interests, and American Trade Policy*. Ithaca: Cornell University Press, 1993.

Golich, Vicki. "From Competition to Collaboration: the Challenge of Commercial-Class Aircraft Manufacturing." *International Organization*. 46. 1992.

Grieco, Joseph, "Anarchy and the limits of cooperation: a realist critique of the newest liberal institutionalism," *International Organization*, Vol. 42, No. 3, Summer 1988.

Haas, Ernst B., *Beyond the Nation State: Functionalism and International Organization*, Stanford, Cal.: Stanford University Press, 1964.

Haggard, Stephen and Beth A. Simmons. "Theories of International Regimes" *International Organization*, 41, 1987.

Harman, Donna, "Young Chinese Idealists Vie to Join their Peace Corps in Africa," *Christian Science Monitor*, 27, June 2007.

Harsch, Ernrst, "Big Leap in China-Africa Ties," *Africa Renewal*, 20, January 2007.

Hart, Paul, Eric Stein, and Bengt Sundelius, *Beyond groupthink: political groups dynamics and foreign policy-making*, Ann Harber: University of Michigan Press, 1997.

Hayes, Jarrod, "Identity and Images in the Democratic Peace: The US approach towards Iran and India on the Nuclear question", Prepared for presentation at the 49th International Studies Association annual convention, San Francisco, March 26-29, 2008.

Hopf, Ted, "The Promise of Constructivism in International Relations Theory," *International Security*, Vol. 23, No. 1, 1998.

Horowitz, Shale and Min Ye, "China's Grand Strategy, the Korean Nulcear Crisis, and the Six-Party Talks," *Pacific Focus*, Vol. XXI, No. 2, Fall, 2006.

Hsiung, C. James, "Sea Power, Law of the Sea, China-Japan East China Sea Resource War," Forum on China and the Sea Institute of Sustainable Development, Macao University of Science and Technology, October 9-11, 2005.

Hu, Jintao, "Full text of Hu Jintao's speech at China—Africa summit," November 4, 2006. http://english.people.com.cn/200611/04/eng20061104_318372.html 2010/10/3 검색.

Hui, Victoria Tin—bor, "Toward a Dynamic Theory of International Politics: Insights from Comparing Ancient China and Early Modern Europe," *International Organization*, Vol. 58, Winter 2004, pp. 175—205.

Hume, David, "Of the Balance of Power," in Paul Saebury, ed., *Balance of Power*, San Francisco: Chandler, 1965.

Hunker, Jeffrey A., *Structural Change in the U.S. Automobile Industry*. Lexington: Lexington Books, 1983.

Huntington, Samuel P., "Coping with the Lippmann Gap," *Foreign Affairs*, Vol. 66, No. 3, May/June 1988.

Iacocca, Lee. 1984. *Iacocca: An Autobiography*. New York: Bantam Books.

Ikenberry, G. John, "Democracy, Institutions, and American Restraint," John G. Ikenberry, ed., *America Unrivaled: The Future of the Balance of Power*, Ithaca: N.Y.: Cornell University Press, 2002.

Ikenberry, G. John, David A. Lake and Michael Mastanduno. "Introduction: Approaches to Explaining American Foreign Economic Policy." *International Organization*, 42, 1988.

Jackson, Steven, "Reflections of Soft Power: African Perceptions of China," Paper prepared for International Studies Association Annual Convention, New Orleans, February 19, 2010.

Jane's Intelligence Review, "Secret Sanya—China's new nuclear naval base revealed," *Jane's Intelligence Review*, 21 April 2008.

Japan Automobile Manufacturers Association, *The Motor Industry of Japan*, Tokyo: JAMA, 1995.

Jervis, Robert, "The Implications of Prospect Theory for Human Nature and Values," *Political Psychology*, Vol. 25, No. 2, 2004.

Jo, Dong—Joon, "Aging Eagle and Dark Clouds on the Security Horizon," *EAI Issue Briefing*, No. MASI 2012—06, October 10, 2012.

Joffe, Josef, "The Default Power: The False Prophecy of America's Decline," *Foreign Affairs*, Vol. 88, No., 5, 2009.

Johanns, Mike. "Transcript of Remarks by Agriculture Secretary Mike Johanns concerning U.S. Beef Exports," January 24, 2006. http://www.usda.gov/wps/portal/usdahome?contentidonly= true&contentid=2006/01/0022.xml (2010/5/12 검색).

Johnston, Alastair Iain, "Is China a Status Quo Power?" *International Security*, Vol. 27, No. 4, Spring 2003. http://www.eai.or.kr/ data/bbs/kor_report/2012101016234661.pdf (2013/4/1 검색).

Kagan, Robert "The Illusion of Managing China," *The Washington Post*, May 15, 2005.

Kahneman, Daniel and Amos Tversky, "Prospect Theory, an Analysis of Decision Making under Risk," *Econometrica*, Vol. 47, No. 2, 1979.

Kaplan, Robert, "The Geography of Chinese Power: How Far Can Beijing Reach on Land and at Sea," *Foreign Affairs*, Vol. 89, No. 3, May/June 2010.

Kapur, S. Paul and Sumit Ganguly, "The Transformation of U.S.-India Relations, *Asian Survey*, Vol. XLVII, No. 4, July/August 2007.

Kawamura, Noriko, *Turbulence in the Pacific: Japanese-U.S. Relations During World War I*, Westport, CT: Praeger, 2000.

Kennedy, Paul, *The Rise and Fall of the Great Powers: Economic Change and Military Conflict from 1500 to 2000*, London: Fontana Press, 1989.

Keohane, Robert. *After Hegemony*. Princeton: Princeton University Press, 1984.

Keohane, Robert, "Multilateralism: an agenda for research," *International Journal*, 45, No. 4, 1990.

Keohane, Robert. "Reciprocity in International Relations." *International Organization*, 40, 1986.

Keohane, Robert, and Lisa L. Martin. "The Promise of Institutional Theory," *International Security*, Vol. 20, 1995.

Keohane Robert and Joseph Nye, *Power and Interdependence*, New York: Longman, 2001.

Kim, Kwanok. "Sources of Variation in International Cooperation: A Comparative Analysis of U.S.-Japan Automobile Trade Negotiations

(1980−81 & 1993−95)," *Pacific Focus*, 14. 1999.

Kindleberger, Charles P. *The World in Depression, 1929−39*, Berkeley: University of California Press, 1973.

Krasner, Stephen. "State Power and the Structure of International Trade." *World Politics*, Vol. 28, 1976.

Krasner, Stephen D., *Problematic Sovereignty*, New York: Columbia University Press, 2001.

Krauss, Ellis S. and Simon Reich. "Ideology, Interests, and the American Executive: Toward a Theory of Foreign Competition and Manufacturing Trade Policy." *International Organization*, Vol, 46, 1992.

Krugman, Paul. ed., *Strategic Trade Policy and New International Economics*, Cambridge: MIT Press, 1986.

Kumar, Dheeraj, "Indo−U.S. Relations: Historical Perspectives," *Strategic Insights*, Vol. VIII, Issue 3, August 2009.

Kupchan, Charles, "Enemies into Friends," *Foreign Affairs*, Vol. 89, No. 2, March/April, 2010.

Kwo, Wu−Ping and Shiau−Shyang Liou, "Competition and Cooperation between Russia and China in Central Asia and Shanghai Cooperation Organization: Analytical View from International Regime," *Issues and Studies*, Vol. 44, No. 3, 2005.

Layne, Christopher, "Graceful Decline: The End of Pax America," *American Conservative*, Vol. 9, No. 5, May 2010.

Layne, Christopher, "The Coming End of the United States's Unipoalr Moment," *International Security*, Vol. 31. No. 2, Fall 2006.

Layne, Christopher, "The Unipolar Illusion: Why New Great Powers Will Rise," *International Security*, Vol. 17, No. 4, Spring 1993.

Layne, Christopher, "America's Middle East Grand Strategy after Iraq: The Moment for Offshore Balancing Has Arrived," *Review of International Studies*, Vol. 35, No. 1, 2009.

Layne, Christopher, *The Peace of Illusions: American Grand Strategy from 1940 to the Present*, Ithaca, NY: Cornell University Press, 2007.

Lebow, Richard Ned, "Constructivist Realism," *International Studies Review*, Vol, 6, 2004.

Levy, Jack S., "Declining Power and the Preventive Motivation for War," *World Politics*, Vol. 40, No. 1, 1987.

Levy, Jack, "Loss Aversion, Framing Effects, and International Conflicts," *International Political Science Review*, Vol. 17, No. 2, 1996.

Levy, Jack S. and William R. Thompson, "Hegemonic Theories and Great Powers: Balancing in Europe, 1495–1999," *Security Studies*, 14, 1999.

Levy, Jack S. and William R. Thompson, "Balancing on Land and at Sea: Do States Ally against the Leading Global Power," *International Security*, Vol. 35, No. 1, Summer 2010.

Li, He, "China's Growing Interest in Latin America and Its Implications," *The Journal of Strategic Studies*, Vol. 30, No. 4–5 August–October 2007.

Lipson, Charles, "International Cooperation in Economic and Security Affairs," *World Politics*, 37, 1984.

MacDonald, Paul K., and Joseph M. Parent, "Graceful Decline?: The Surprising Success of Great Power Retrenchment," *International Security*, Vol. 35, No. 4, Spring 2011.

Mahbubani, Kishore, *The New Asian Hemisphere: The Irresistible Shift of Global Power to the East*, New York: Public Affairs, 2008.

Mansfield, Edward and Jack Snyder, "Democratization and the Danger of War," *International Security*, Vol. 20, No. 1, Summer 1995.

Marketos, Thrassy, *China's Energy Geopolitics: The Shanghai Cooperation Organization and Central Asia*, New York: Routledge, 2009.

Mastanduno, Michael, David A. Lake, and G. John Ikenberry, "Toward a Realist Theory of State Action," *International Studies Quarterly*, Vol. 33, No. 4, December 1989.

Matthews, John. "Current Gains and Future Outcomes," *International Security*, Vol. 21, No. 1, 1996.

McDermott, Rose, "Prospect Theory in Political Science: Gains and Losses from the first decade," *Political Psychology*, Vol. 25, No. 2, 2004.

McDermott, Rose, James Fowler, and Oleg Smirnov, "On the Evolutionary Origin of Prospect Theory Preferences," *Journal of Politics*, Vol.

70, No. 2, April, 2008.

Mckeown, Timothy, "Decision Processes and the Co-operation in Foreign Policy," *International Journal*, Vol. 47, No. 2, 1992.

McKeown, Timothy J. "Firms and Tariff Regime Change: Explaining the Demand for Protection." *World Politics*, Vol. 36, 1984.

Mcneal, Dewardric, *China's Relations with Central Asian States and Problems with Terrorism*, Washington D.C.: Library of Congress, 2001.

Mearsheimer, John, *The Tragedy of Great Power Politics*, New York: Norton, 2000.

Mearsheimer, John J. "The False Promise of International Institutions" *International Security*, Vol. 19, 1994/5.

Mearsheimer, John J., "Clash of the Titans," *Foreign Policy*, January/ February, 2005.

Mearsheimer, John "Back to the Future: Instability in Europe after the Cold War," *International Security*, Vol. 15, No. 1, Summer 1990.

Mearsheimer, John, "The Future of American Pacifier," *Foreign Affairs*, Vol. 80, No. 5, 2001.

Milner, Helen and David B. Yoffie. "Between Free Trade and Protectionism: Strategic Trade Policy and a Theory of Corporate Trade Demand." *International Organization*, Vol. 43, 1989.

Mistry, Dinshaw. "Diplomacy, Domestic Politics, and The U.S.-Indian Nuclear Agreement" *Asian Survey*, Vol. XLVI, No. 5, 2006.

Mitchell, Derek and Chietigj Bajpaee, "China and Latin America," Background Paper, China Balance Sheet, Center for Strategic and International Studies, July, 2006.

Mitrany, David. *A Working Peace System*, Chicago: Quadrangle Press, 1966.

Mohammed, A., 2008. Critics try to sway debate on U.S.-India nuclear deal (Electronic Versiion), Reuters.com. 2008/1/9 http://uk.reuters.com/article/oilRpt/idUKN0954728720080109 (2011/5/6 검색).

Morgenthau, Hans, *Politics Among Nations: The Struggle for Power and Peace*, New York: Knopf, 1966.

Morrow, James, "When Do 'Relative Gains' Impede Trade?," *Journal of Conflict Resolution*, Vol. 41, 1997.

Mowery, David, *Alliance Politics and Economics: Multinational Joint Ventures in Commercial Aircraft*, Cambridge: Ballinger, 1987.

Mowery, David and Nathan Rosenberg,, "The Commercial Aircraft Industry," Richard Nelson. ed., *Government and Technical Progress: A Cross-Industry Analysis*, New York: Pergamon Press, 1982.

Mowery, David and Nathan Rosenberg, *Technology and the Pursuit of Economic Growth*, Cambridge: Cambridge University press, 1989.

Nations, Richard. "Pressure for a Trade-Off," *Far Eastern Economic Review*, March 27, 1981.

Nikitin, Mary Beth Mark Manyin, Emma Chanlett-Avery, and Dick Nanto, "North Korea's Second Nuclear Test: Implications of U.N. Security Council Resolution 1874," *CRS Report for Congress*, April 15, 2010.

Niv-Solomon, Anat, "When Risky Decisions are Not Surprising: An Application of Prospect Theory to the Israeli War Decision in 2006," Prepared for the International Studies Association Annual Conference, Montreal, Canada, March 16-19, 2011.

Noland, Marcus and Stephan Haggard, "Limited Effect Likely from New Sanctions on North Korea," *Peterson Institute for International Economics*, March 7th, 2013.

Nollen, Stanley and Dennis P. Quinn. "Free Trade, Fair Trade, Strategic Trade, and Protectionism in the U.S. Congress, 1987-88." *International Organization*, Vol. 48, 1994.

Nye, Joseph S., "Neorealism and Neoliberalism," *World Politics*, Vol. 40, No. 2, 1988.

Nye, Joseph, "The Future of American Power," *Foreign Affairs*, Vol. 89, No., 6, 2010.

Nye, Joseph, "Soft Power," *Foreign Policy*, No. 80, Autumn, 1990.

Nye, Joseph, *Bound to Lead: The Changing Nature of American Power*, New York: Basic Books, 1990.

Nye, Joseph and Robert Keohane, *Power and Interdependence*, New York: HarperCollins Publishers, 1989.

Obama, Barack, *The Audacity of Hope: Thoughts on Reclaiming the American Dream*, New York: Random House, 2006.

Office of Technology Assessment, *Competing Economics: America, Europe, and the Pacific Rim*, Washington D.C.: Government Printing Office, 1991.

Okimoto D. and Michael, Amacost, *The Future of America's Alliances in Northeast Asia*, Washington D.C.: The Asia Pacific Research Center, 2004.

Organski, A.F.K., *Power Transition: Strategies for the 21st Century*, New York: Chatham House, 2000.

Oye, Kenneth A., "Explaining Cooperation Under Anarchy: Hypotheses and Strategies," *World Politics*, 38, 1985.

Pape, Robert, "Soft Balancing against the United States," *International Security*, Vol. 30, No. 1, Summer 2005.

Paul, T.V., "Soft Balancing in the Age of U.S. Primacy," *International Security*, Vo. 30, No. 1, Summer 2005.

Pham, Derek, "Gone Rogue? : China's Assertiveness in the South China Sea," *Journal of Politics and Society*, Vol. 22, No. 1. 2011.

Powell, Robert. *In the Shadow of Power: States and Strategies in International Politics*, Princeton: Princeton University Press, 1999.

Rae, John Bell. *The American Automobile Industry*, Cambridge: Twayne Publishers, 1984.

Reinart, Carmen M. and Kenneth S. Rogoff, *This Time Is Different: Eight Centuries of Financial Folly*, Princeton: Princeton University Press, 2009.

Rennack, Dianne E., "India and Pakistan: U.S. Economic Sanctions," *CRS Report for Congress*, February 3, 2003.

Rhodes, Carolyn, *Reciprocity, U.S. Trade Policy, and the GATT Regime*, Ithaca: Cornell University Press, 1993.

Rice, Condoleezza, "Campaign 2000: Promoting National Interest," *Foreign Affairs*, Vol. 79, January/February 2000.

Richardson, J. David, "The Political Economy of Strategic Trade Policy," *International Organization*, Vol. 44, 1990.

Ross, Robert S., "China's Naval Nationalism: Sources, Prospects, and the U.S. Response," *International Security*, Vol. 34, No. 2, Fall 2009.

Rourke, Ronald, "China's Naval Modernization: Implications for US Navy Capabilities—ackground and Issues for Congress," *Congressional Research Service*, October 1, 2010.

Roy, Denny, "China's Reaction to American Predominance," *Survival*, Vol. 45, No. 3, Autumn 2003.

Samuelson, William and Richard Zeckhauser, "Status Quo Bias in Decision Making," *Journal of Risk and Uncertainty*, Vol. 1, 1988.

Sasaki, Tomonori, "China Eyes the Japanese Military: China's Threat Perception of Japan since the 1980s," *The China Quarterly*, Vol. 203, 2010.

Schweller, Randall, *Deadly Imbalance: Tripolarity and Hitler's Strategy of World Conquest*, New York: Columbia University Press, 1998.

Schweller, Randall, "Unanswered Threats: A Neoclassical Realist Theory of Underbalancing," *International Security*, Vol. 29, 2004.

Schweller, Randall, "Bandwagoning for Profit: Bringing the Revisionist State Back in," *International Security*, Summer 1994.

Schweller, Randall "Domestic Structure and Preventive War: Are Democracies More Pacific?" World Politics, Vol. 44, January 1992.

Selden, Zachary, "Soft Bandwagoning and the Endurance of American Hegemony," Paper for Presentation at the American Political Science Association Annual Meeting, Washington D.C., September 2–5, 2010.

Setser, Brad and Arpana Pandey, "China's $1.5 Trillion Bet: Understanding External Portfolio," *Working Paper*, New York: Center for Geoeconomic Studies, Council on Foreign Relations, May 2009.

Severino, C. Rodolfo, "ASEAN and the South China Sea," *Security Challenges*, Vol. 6, No. 2, Winter 2010.

Shambaugh, David, "China's Leadership Transition: Will It Go Deep Enough?" *Global Asia*, March 2013. http://globalasia.org/

V8N1_Spring_2013/China_s_Leadership_Transition_Will_It_
Go_Deep_Enough.html (2013/4/1 검색).

Shichor, Yitzhak, "China's Central Asian Strategy and the Xinjiang Connection:
Predicaments and Medicaments in a Contemporary Perspective,"
*China and Eurasia Forum Quarterly*, Vol. 6, No. 2, 2008.

Snidal, Duncan. 1991. "International Cooperation Among Relative Gains
Maximizers," *International Studies Quarterly*, 35, 4.

Stockman, David A., *The Triumph of Politics: How the Reagan
Revolution Failed*, New York: Harper & Row, 1986.

Stokes, Bruce "China's New Red Line at Sea" *National Journal*, July 3, 2010.

Storey, Ian and Clive Schofield. "The South China Sea Dispute: Increasing
Stakes and Rising Tensions," *Jamestown Foundation Occasional
Paper*, November 2009.

Sutter, G. Robert, *China's Rise in Asia: Promises and Perils*, Lanham:
Rowman and Lettlefield, 2005.

Talbott, Strobe, *Engaging India Diplomacy, Democracy, and the Bomb*,
Washington D.C.: Brookings Institution Press, 2004.

Tammen, Ronald L., Jacek Kugler, and Douglas Lemke, *Power
Transitions: Strategies for 21th Century*, New York: Chatham
House Publishers, 2001.

Taylor, Ian, "China's Foreign Policy Toward Africa in the 1990s'," *The
Journal of Modern African Studies*, Vol. 36, No. 3, 1998.

Tellis, Ashley J., "The Evolution of U.S.−Indian Ties: Missile Defense
in an Emerging Strategic Relationship," *International Security*,
Vol. 30, No, 2006.

Tessman, Brock and Wojtek Wolfe, "Great Powers and Strategic Hedging:
The case of Chinese Energy Security Strategy," *International
Studies Review*, Vol. 13, 2011.

Testimony Before the Section 301 Committee of the Office of the USTR.
1995. June 8.

Thayer, Carlyle, "Recent Developments in the South China Sea: Grounds
for Cautious Optimism," *RSIS Working Paper*, No. 220, S.
Rajaratnam School of International Studies, Singapore, December

14, 2010.

The International Institute For Security Studies, "Strategic Survey 2011," *The Annual Review of World Affairs*, New York: Routeldge, 2011.

The White House, The National Security Strategy of the United States, September 2002.

Toh, Rex and Richard Higgins. "The Impact of Hub and Spoke Network Centralization and Route Monopoly on Domestic Airline Profitability," *Transportation Journal*, Vol. 24, 1985.

Tyson, Laura D. Who's Bashing Whom?: Trade Conflict in High-Technology Industries. Washington D.C.: Institute For International Economics, 1992.

United States Department of Commerce, Emerging Technologies: A Survey of technical and Economic Opportunities. Washington D.C.: U.S. Department of Commerce, 1990.

United States Department of Commerce, Statistical Abstract of the United States 1995. Washington, D. C.: Government Printing Office, 1993.

United States Department of Commerce, Statistical Abstract of the United States 1995. Washington, D. C.: Government Printing Office, 1995.

"U.S.-Japan Automotive Agreement and Supporting Documents." in *International Legal Materials*. Vol. 34, 1995.

U.S. Department of Defense, "U.S.-India Defense Relationship," Fact Sheet, March, 2006. http://www.defense.gov/news/Mar2006/d20060302us-indiadefenserelationship.pdf (2012/5/6 검색).

U.S. Department of Defense, "Report to Congress on U.S.-India Security Cooperation," November 2011. http://www.defense.gov/pubs/pdfs/20111101_NDAA_Report_on_US_India_Security_Cooperation.pdf (2012/5/11 검색).

United States of America, Department of Defense, Office of Naval Intelligence, "The People's Liberation Army Navy: A Modern Navy with Chinese Characteristics," Washington D.C.: Office of Naval Intelligence, August 2009.

U.S. Department of Defense, Quadrennial Defense Review Report, 6

February, 2006.

United Nations, Treaty on the Non-Proliferation of Nuclear Weapons, 1968. http://www.un.org/events/npt2005/npttreaty.html (2011/5/6 검색).

Valencia, Mark J. "China and the South China Sea Dispute: Conflicting Claims and Potential Solutions in the South China Sea," *Adelphi Paper*, no. 298. Oxford: Oxford University Press, 1995.

Walt, Stephen M. "In the National Interest: A New Grand Strategy for American Foreign Policy," *Boston Review*, Vol. 30, No. 1, 2005. http://www.bostonreview.net/BR30.1/walt.php

Walt, Stephen M., "Offshore balancing: An idea Whose time has come," *Foreign Policy*, November 2, 2011. http://walt.foreignpolicy.com/posts/2011/11/02/offshore_balancing_an_idea_whose_time_has_come (2012/4/20 검색).

Walt, M. Stephen, *The Origins of Alliances*, Ithaca, New York: Cornell University Press, 1987.

Walt, M. Stephen, "Alliance Formation and the Balance of World Power," *International Security*, Vol. 9, 1985.

Waltz, Kenneth, *Theory of International Politics*, New York: Random House, 1979.

Waltz, Kenneth, *Realism and International Politics*, New York: Routledge, 2008.

Wendt, Alexander, *Social Theory of International Politics*, Cambridge: Cambridge University Press, 1999.

Wendt, Alexander, "Anarchy is What States Make of It," *International Organization*, Vol. 46, No. 2. 1992.

White House, "President Bush's Statement on North Korea Nuclear Test," October 9, 2006.

Winham, Gilbert R., and Ikuo Kabashima. "The Politics of U.S.-Japanese Auto Trade," in I.M. Destler, and Hideo Sato, ed., *Coping with U.S.-Japanese Economic Conflicts*, Lexington: Lexington Books, 1982.

Wolfowitz, Paul, "Bridging Centuries: Fin de Siecle All Over Again,"

*National Interest*, Vol. 47, 1997.

Yan, Xuetong, "Theater Missile Defense and Northeast Asian Security," *The Nonproliferation Review*, 1999.

Yang, Jiechi, "Foreign Minister Yang Jiechi Refutes Fallacies on the South China Sea Issue," Ministry of Foreign Affairs of the People's Republic of China, July 26, 2010.

Yu, Chih–Wei and Ming–Te Hung, "An Analysis of Chinese Foreign Policy in Central Asia," Paper prepared for International Studies Association Annual Convention, New Orleans, February 17–20, 2010.

Zakaria, Fareed, *The Post–American World: And the Rise of the Rest*, New York: W.W. Norton, 2009.

Zhu, Zhiqun, "China's New Diplomacy in Africa and Its Implication," Prepared for delivery at the 48th International Studies Association Annual Conference in Chicago, Il, February 28–March 3, 2007.